한자 나무 3

漢字樹 3

교유서가

【서문】

'한자나무' 시리즈가 책으로 출판된 후 독자들이 보여준 응원과 격려에 크게 감동했다. 어떤 독자는 외국에 나가《한자나무》로 중국어를 가르치겠다는 의욕을 보였으며, 미국, 호주 등지에서 중국어를 가르치는 교사들은 필자에게 온라인 사이트를 개설하여 관련 교재를 발행해 외국 학생들이 그림문자를 통해 한자를 익히도록 했으면 하는 희망을 밝히기도 했다. 이 밖에 메일을 보내와 번체자에 대한 열의를 표한 중국 대륙과 홍콩의 독자들도 있었다. 여러분의 격려를 마음에 새기고 기대에 어긋나지 않도록 더 노력하겠다.

《한자나무》는 두 권이 출판되었는데, 총 몇 권을 출판할 예정인지, 전체적 구조와 내용에 대해 문의해온 독자들도 있었다.《한자나무》는 총 다섯 권을 출판할 계획이다. 1권부터 3권까지는 '생물'에 관한 한자를 다루고 4권과 5권은 무생물에 관한 한자를 다룰 예정이다. 생물 부분은 다시 1권 사람 편, 2권 신체 기관 편, 3권 동식물 편으로 나뉘게 된다. 무생물 부분은 4권 기물(器物) 편, 5권 자연계 편으로 나눠 소개할 것이다. 이렇게 총 다섯 권으로 대부분의 상용한자를 총망라하게 된다.

《한자나무 3》은 주로 한자 속의 동식물을 소개했다. 한자에서는 동물을 크게 벌레(蟲), 물고기(魚), 새(鳥), 짐승(獸)의 네 종류로 나누는데, 다리가 없는 벌레, 물고기부터 다리가 둘 달린 조류와 넷 달린 짐승이 그것이다. 이런 글자들의 파생구조로 볼 때, 옛 중국인들이 동물을 분류하는 방식이 독특했음을 알 수 있다. 그들은 동물에 이름을 붙일 때

외형적 특징을 기록했을 뿐 아니라 동물의 습성까지 고려했다. 예를 들어 '鷹(매 응)'은 작은 새를 잡아먹는 큰 새, '雞(닭 계)'는 사람에게 붙잡혀 자유를 잃은 새이며, '龍(용 용)'은 수해로 인한 우환을 일으키는 큰 뱀이고 '鳳(봉새 봉)'은 변경 밖에서 날아오는 큰 새를 가리키는 식이다. 이 밖에도 각종 동물에서 파생된 한자만 봐도 해당 동물의 습성을 알 수 있다. '虎(범 호)'에서 파생된 한자의 경우, '虐(모질 학)'은 잔인하고 포악한 호랑이 발톱을 표현했으며, '虜(사로잡을 로·노)'는 호랑이가 남자를 잡아가는 것을, '慮(생각할 려·여, 사실할 록·녹)'은 호랑이를 두려워하는 사람들의 우려를 묘사했다. '處(곳 처)'는 호랑이가 출몰하는 곳이며 '彪(범 표)'와 '虔(공경할 건)'은 호랑이 무늬(虎紋, 호문)이다. '豦(큰 돼지 거)', '劇(심할 극)', '戲(놀이 희, 서러울 호, 기 휘, 술통 이름 사)', '噱(크게 웃을 갹)'은 호랑이가 멧돼지를 사냥하여 먹는 장면을 상징해 호랑이의 사나운 본성을 충분히 표현했다.

한자는 식물을 표현하는 면에서 더욱 절묘하다. '屮(왼손 좌, 싹 날 철, 풀 초)'의 한자나무만 봐도 모든 식물을 아우르고 있다. '屮'의 옛 한자  는 위를 향해 자라는 식물을 상징하여 가지와 잎이 달려 있다. 따라서 식물과 관련된 주요 한자의 구성 요소는 모두 이 기호를 포함하고 있으며, 이러한 기초 구성 요소에서 여러 한자로 파생될 수 있다. 각종 식물은 물론이고 이러한 식물을 이용하여 제작한 각종 용구들도 포함된다.

지난 1년간 강연에 초빙하여 《한자나무》를 청중에게 소개할 기회를 준 교육부, 타이베이(台北)시 문화국, 타이완대학, 사범대학, 민룽장탕

(敏隆講堂), 위안즈(元智)대학, 이란(宜蘭)대학 등 10여 개 기관에 감사드린다. 룽안(龍安)초등학교에서 강연했을 때 아이들의 열정적인 반응이 깊은 인상을 남겼다. 초등학생들은 한자의 기원에 관한 설명을 잘 알아듣지 못할 것이라고 걱정했는데, 그런 우려가 무색하게도 그림문자를 통한 그들의 직관적 반응과 인지능력은 우회적으로 사고하는 성인들의 그것을 종종 뛰어넘었다. 나는 그림문자를 통해 아이들에게 옛 중국인의 글자 창제문화를 알리고 아이들의 예술과 창조 능력을 향상하며, 이를 통해 한자에 대한 아이들의 애정을 촉발할 수 있기를 기대한다.

외국의 한 대학교수는 이 방식으로 중국어를 가르쳐 학생들로부터 큰 인기를 끌었다. 학생들은 상형문자를 보면서 그 뜻을 무척 궁금해했으며, 글자 맞히기 퀴즈를 진행하기도 했다. 그림문자를 통한 의사 전달은 인류의 타고난 능력과 갈망임을 알 수 있다. 우리는 전 세계에서 가장 완벽한 그림문자 시스템을 갖고 있다. 이를 개발하고 이용하지 않으면 조상이 남긴 풍부한 문화유산을 낭비하는 결과를 가져올 것이다.

《한자나무》 간체자 버전이 출판된 후 한자 문화권 독자들이 보내준 뜨거운 응원에 감사드린다. 양안(兩岸)의 교류와 협력을 통해 장차 가장 재미있고 익히기 쉬운 한자 그림문자 문화를 발전시킬 수 있으리라 믿는다.

가르침을 기다리며…….

랴오원하오

【 차례 】

朩에서 파생된 한자

竹에서 파생된 한자

耑에서 파생된 한자

제2장 | 木

木—수목(樹木)

목제 용구

제3장 | 禾

禾에서 파생된 한자

朿에서 파생된 한자

帚에서 파생된 한자

제4장 | 승삭

동물과 관련된 한자

제5장 | 虫

虫—뱀과 벌레류

큰 사룡

乙—꿈틀거리는 벌레

蟲—각종 작은 벌레

風—벌레를 실어 오는 사자

제6장 | 魚

魚에서 파생된 한자

冉은 어떤 동물일까?

물고기와 자라 이외의 수생동물

제7장 | 鳥

隹—하늘을 나는 새

제8장 | 獸

羊에서 파생된 한자

牛에서 파생된 한자

호랑이가 돼지를 문다

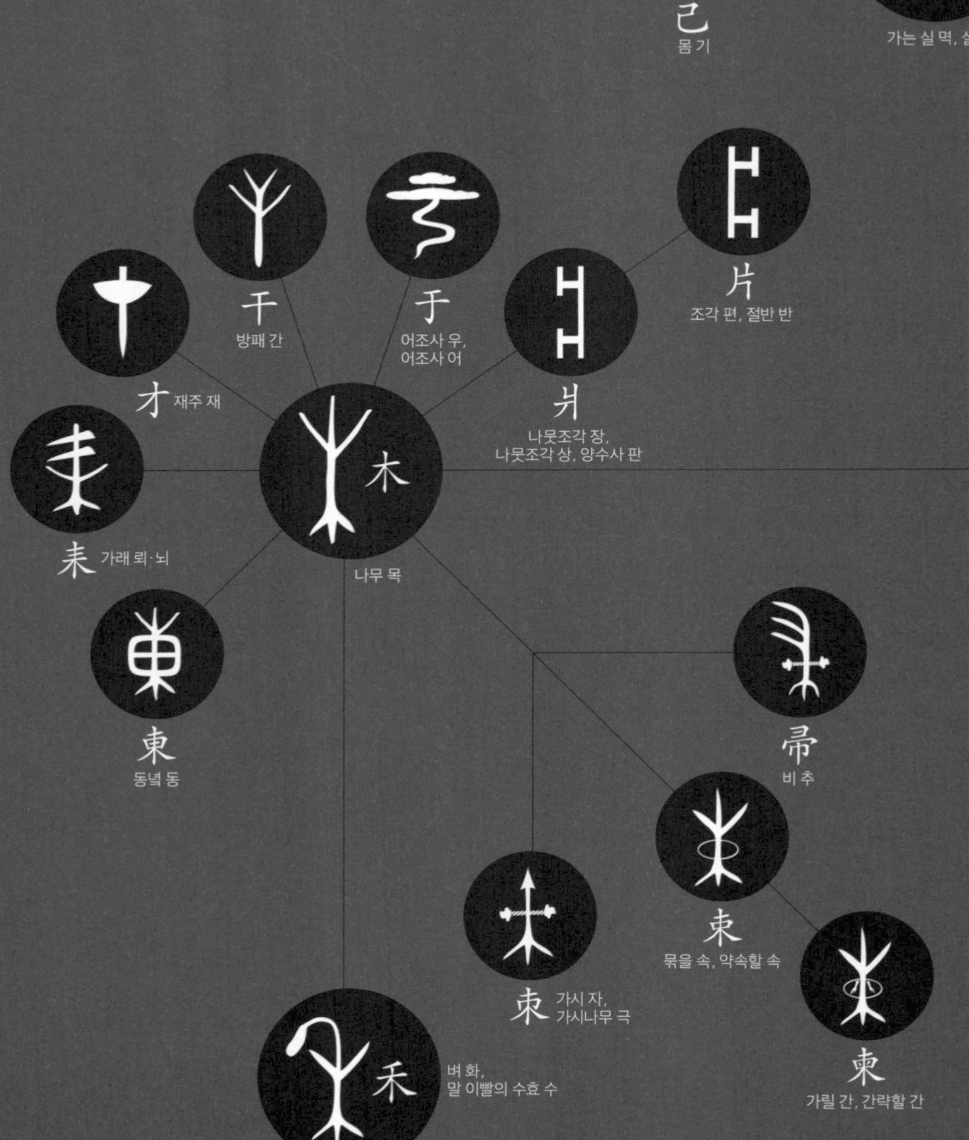

己
몸 기
糸
가는 실 멱, 실 사
干
방패 간
于
어조사 우,
어조사 어
片
조각 편, 절반 반
才 재주 재
爿
나뭇조각 장,
나뭇조각 상, 양수사 판
木
耒 가래 뢰·뇌
나무 목
東
동녘 동
帚
비 추
束
묶을 속, 약속할 속
朿 가시 자,
가시나무 극
柬
가릴 간, 간략할 간
禾
벼 화,
말 이빨의 수효 수

식물과 관련된 한자

植物
韭
부추 구
生
날 생
艸
풀 초
屮
예쁠 봉,
풍채 풍 丰
왼손 좌,
싹 날 철,
풀 초
朩
삼줄기 껍질 빈
耑
끝 단, 오로지 전
甫
클 보, 채마밭 포
支
지탱할 지
聿
붓 율
竹 대 죽

식물과 관련된 기초 구성 요소

그림문자	해서(楷書)	구성 요소의 원래 의미	파생된 상용한자
	屮 왼손 좌, 싹 날 철, 풀 초	줄기와 잎이 있는 식물	
	艸 풀 초 艹 초두머리 초	작은 풀	卉(풀 훼), 茻(우거질 망), 若(같을 약, 반야 야), 芻(꼴 추), 奔(달릴 분), 莫(없을 막, 저물 모, 덮을 멱), 莽(우거질 망), 葬(장사지낼 장), 慕(그릴 모), 幕(장막 막), 墓(무덤 묘) 등
	丰 예쁠 봉, 풍채 풍	가지와 잎이 무성한 식물	豐(풍년 풍, 부들 풍), 奉(받들 봉), 彗(살별 혜, 살별 수, 살별 세), 夆(끌 봉, 두터울 방), 邦(나라 방), 封(봉할 봉, 묻을 폄), 青(푸를 청), 毒(독 독, 거북 대), 素(본디 소, 흴 소), 孛(살별 패, 안색 변할 발) 등
	生 날 생	땅속에서 자라 나오는 작은 풀	姓(성씨 성), 性(성품 성), 牲(희생 생), 星(별 성), 產(낳을 산), 隆(높을 륭·융), 甦(깨어날 소, 긁어모을 소), 不(아닐 부·불), 韭(부추 구) 등
	韭 부추 구	땅속에서 한 떨기의 가늘고 긴 경엽(莖葉, 줄기잎)이 자란다	韱(부추 섬), 籤(제비 첨), 殲(다 죽일 섬), 纖(가늘 섬), 孅(가늘 섬) 등
	朩 삼줄기 껍질 빈	식물의 줄기를 한 가닥씩 분산시키다	散(흩을 산), 麻(삼 마), 摩(문지를 마), 魔(마귀 마), 磨(갈 마), 麼(작을 마) 등
	甫 클 보, 채마밭 포	농사짓는 밭에서 작은 묘목을 키우다	匍(길 포), 苗(모 묘), 圃(채마밭 포), 尃(펼 부, 퍼질 포), 傅(스승 부), 博(넓을 박), 敷(펼 부) 등
	竹 대 죽	대나무	等(무리 등), 策(꾀 책, 채찍 책),籍(문서 적, 온화할 자), 筆(붓 필), 笑(웃음 소), 筋(힘줄 근), 筍(죽순 순), 竽(피리 우), 籥(피리 약), 箏(쟁 쟁), 筑(악기 이름 축, 쌓을 축), 算(셈 산), 筮(점 서) 등
	聿 붓 율	손으로 대나무 붓을 잡고 글씨를 쓰다	筆(붓 필), 書(글 서), 畫(그림 화, 그을 획), 晝(낮 주), 盡(다할 진), 建(세울 건, 엎지를 건), 律(법칙 률·율), 肇(비롯할 조), 肄(익힐 이), 肆(방자할 사), 肅(엄숙할 숙) 등

	支 지탱할 지	손으로 대나무 가지를 잡다	肢(북 고), 枝(가지 지, 육손이 기), 翅(날개 시), 技(재주 기), 岐(갈림길 기) 등
	耑 끝 단, 오로지 전	식물의 상하 양 끝	端(끝 단, 헐떡일 천, 홀 전), 揣(헤아릴 췌, 헤아릴 취, 때릴 추, 뭉칠 단), 瑞(상서 서), 惴(두려워할 췌, 꿈틀거릴 천), 湍(여울 단), 踹(발꿈치 단)
	木 나무 목	뿌리, 줄기가 있는 식물	本(근본 본, 달릴 분), 末(끝 말), 朱(붉을 주), 未(아닐 미), 果(실과 과, 열매 과), 某(아무 모, 매화 매), 李(오얏 리·이, 성씨 리·이), 杏(살구 행), 森(수풀 삼), 林(수풀 림·임), 楚(초나라 초, 회초리 초), 樂(노래 악, 즐길 락·낙, 좋아할 요), 栽(심을 재), 埶(재주 예, 심을 예, 형세 세), 干(방패 간), 爿(나뭇조각 장, 나뭇조각 상, 양수사 판), 禾(벼 화, 말 이빨의 수효 수), 東(동녘 동), 朿(가시 자, 가시나무 극) 등
	耒 가래 뢰·뇌	나무 막대기와 꼴을 베는 날로 구성된 농기구	耕(밭 갈 경), 耤(짓밟을 적), 籍(문서 적, 온화할 자), 藉(깔 자, 짓밟을 적, 빌 차, 빌릴 차) 등
	東 동녘 동	나무로 만든 들것	東(동녘 동), 重(무거울 중, 아이 동), 動(움직일 동), 量(헤아릴 량·양), 糧(양식 량·양), 陳(베풀 진, 묵을 진), 曹(무리 조, 성씨 조), 遭(만날 조), 童(아이 동, 땅 이름 종) 등
	才 재주 재	나무 말뚝	材(재목 재), 存(있을 존), 在(있을 재), 閉(닫을 폐), 財(재물 재), 栽(심을 재), 哉(비롯할 재, 어조사 재), 戴(일 대), 載(실을 재, 떠받들 대) 등
	干 방패 간	나무로 만든 갈고랑이	扞(막을 한, 펼 간), 訐(들추어낼 알, 거리낌 없이 말할 계), 赶(쫓을 간), 旱(가물 한), 桿(난간 간, 몽둥이 한), 竿(낚싯대 간), 稈(볏짚 간), 乖(어그러질 괴), 插(꽂을 삽), 軒(집 헌), 罕(드물 한), 庚(별 경), 唐(당나라 당, 당황할 당), 康(편안 강), 庸(떳떳할 용, 쓸 용) 등
	于 어조사 우, 어조사 어	양주(樑柱, 대들보 기둥)	宇(집 우), 平(평평할 평, 다스릴 편)

	亐 어조사 우, 이지러질 휴	대들보를 따라 하늘로 올라가는 연기	竽(피리 우), 盂(사발 우), 汚(더러울 오, 구부릴 우, 팔 와), 迂(에돌 우, 에돌 오), 吁(탄식할 우, 부를 유), 虧(이지러질 휴), 夸(자랑할 과, 아름다울 후), 雩(기우제 우), 粵(말 내킬 월, 나라 이름 월) 등
	爿 나뭇조각 장, 나뭇조각 상, 양수사 판	나무의 왼쪽 절반, 평상 또는 담을 상징한다	牀(평상 상), 牆(담 장), 戕(죽일 장), 寢(잘 침), 寐(잘 매), 寤(잠 깰 오), 將(장수 장, 장차 장), 妝(단장할 장), 臧(착할 장, 오장 장), 疾(병 질), 病(병 병), 疒(병들어 기댈 녁·역, 병들어 기댈 상), 淵(못 연), 肅(엄숙할 숙), 蕭(쓸쓸할 소, 맑은대쑥 소)
	片 조각 편, 절반 반	나무의 오른쪽 절반 부분으로, 나뭇조각을 상징한다	牌(패 패), 版(판목 판), 牒(편지 첩), 牘(서찰 독), 牖(들창 유) 등
	禾 벼 화, 말 이빨의 수효 수	뿌리, 줄기, 보리(麥), 이삭이 있는 식물	來(올 래·내), 利(이로울 리·이), 秉(잡을 병), 和(화할 화), 黍(기장 서), 稻(벼 도), 稷(피 직, 기울 측), 麥(보리 맥), 穀(닥나무 곡), 稟(여쭐 품, 곳집 름·늠), 秦(성씨 진, 나라 이름 진), 穆(화목할 목), 秋(가을 추, 밀치끈 추), 科(과목 과), 稅(세금 세, 벗을 탈, 기뻐할 열), 齊(가지런할 제, 재계할 재, 옷자락 자, 자를 전), 香(향기 향) 등
	束 묶을 속, 약속할 속	끈으로 목재를 단단히 묶다	辣(매울 랄·날), 賴(의뢰할 뢰·뇌), 剌(발랄할 랄·날, 어그러질 랄·날, 수라 라·나), 速(빠를 속), 敕(칙서 칙, 신칙할 칙), 柬(가릴 간, 간략할 간), 揀(가릴 간, 가릴 련·연), 練(익힐 련·연), 煉(달굴 련·연, 썩어 문드러질 란·난), 諫(간할 간, 헐뜯을 란·난), 闌(가로막을 란·난, 난간 란·난), 欄(난간 란·난, 나무 이름 련·연) 등
	朿 가시 자, 가시나무 극	뿌리, 줄기, 가시가 있는 식물	棘(가시 극), 刺(찌를 자, 찌를 척), 責(꾸짖을 책, 빚 채), 棗(대추 조), 策(꾀 책, 채찍 책) 등
	帚 비 추	바닥을 쓸 수 있게 한데 묶은 식물	掃(쓸 소), 婦(며느리 부), 歸(돌아갈 귀), 浸(잠길 침), 侵(침노할 침), 寢(잘 침) 등

	糸 가는 실 멱, 실 사	두 가닥을 꼬아 엮은 끈	維(벼리 유), 網(그물 망), 綱(벼리 강), 紀(벼리 기), 約(맺을 약, 부절 요, 기러기발 적), 紐(맺을 뉴·유), 糾(얽힐 규, 가뜬할 교), 緊(긴할 긴), 素(본디 소, 흴 소), 絕(끊을 절), 繼(이을 계), 綴(엮을 철), 繁(번성할 번)
	己 몸 기	한 가닥의 구부러진 끈	弗(아닐 불, 근심할 불), 費(쓸 비, 땅 이름 비), 夷(오랑캐 이), 弔(조상할 조, 이를 적), 弟(아우 제, 기울어질 퇴), 紀(벼리 기), 記(기록할 기), 改(고칠 개)

붓 율

왼손 좌, 싹 날 철, 풀 초

가는 실 멱, 실 사

지탱할 지

예쁠 봉, 풍채 풍

삼줄기 껍질 빈

耑

끝 단, 오로지 전

풀 초

날 생

부추 구

클 보, 채마밭 포

제 1 장

屮

왼손 좌 / 싹 날 철 / 풀 초

屮(왼손 좌, 싹 날 철, 풀 초)의 옛 한자 Ұ는 위를 향해 자라는 한 그루의 식물을 표현한 것이다. 따라서 식물과 연관이 있는 많은 한자의 구성 요소에 반드시 이 부호가 포함되어 있다.

屮에서 파생된 한자

❶ 椿(참죽나무 춘)
蠢(꾸물거릴 준)

❷ 頓(조아릴 돈, 둔할 둔, 흉노 왕 이름 돌)
鈍(둔할 둔)
飩(경단 돈)
訰(어지러울 준)
邨(마을 촌)

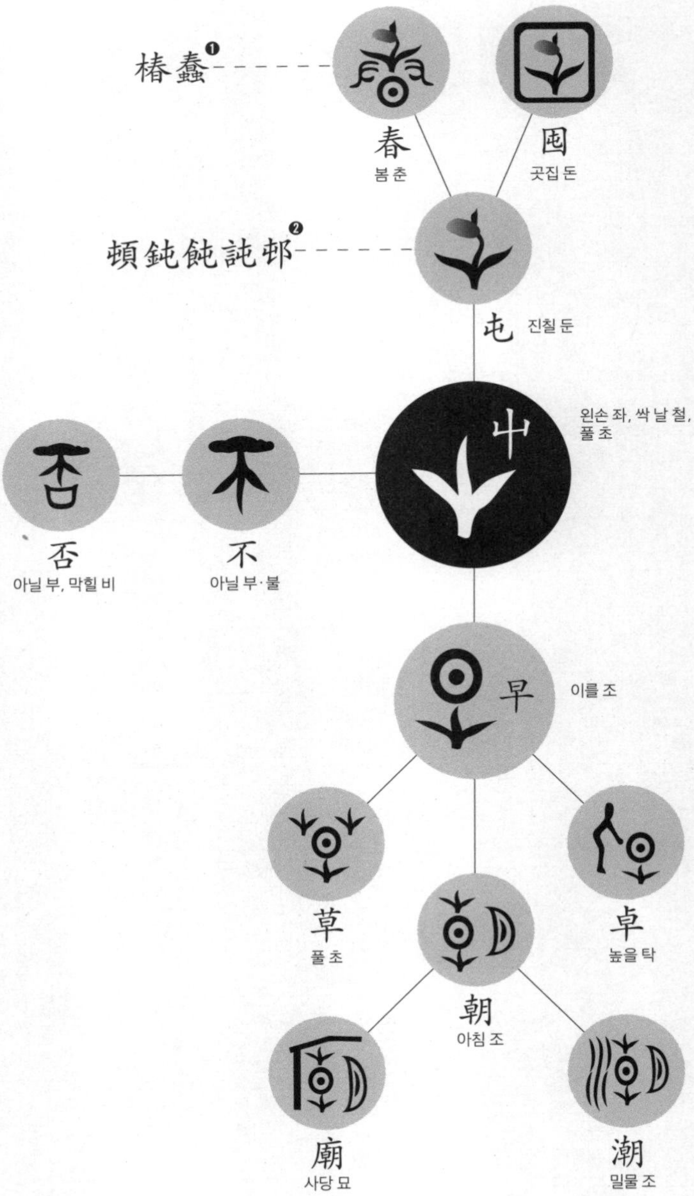

椿蠢❶
春 봄 춘
囤 곳집 돈
頓鈍飩訰邨❷
屯 진칠 둔
屮 왼손 좌, 싹 날 철, 풀 초
否 아닐 부, 막힐 비
不 아닐 부·불
早 이를 조
草 풀 초
卓 높을 탁
朝 아침 조
廟 사당 묘
潮 밀물 조

不 아닐 부·불

bù

하늘을 거슬러 자라는 풀

옛 중국인들은 식물이 자라는 모습을 관찰하다가 모든 꽃과 풀, 나무가 하늘을 향해 위로 자라는 현상을 발견했다. 하늘과 반대 방향으로 자라는 식물을 본 적이 없었다. 갑골문(甲骨文) 은 정상적으로 자라는 한 그루의 식물을 나타내는데, 뿌리는 아래로 뻗고 줄기는 위로 향한다. 그러나 不의 갑골문 , , 과 금문(金文) 은 아래로 자라는 식물을 묘사하고 있다. 윗부분에 있는 한 개나 두 개의 가로획은 하늘을 상징하며, 이것으로 이 식물이 하늘을 거슬러 자란다는 의미를 더 분명하게 나타냈다. 옛 중국인들의 경험상 모든 식물은 하늘을 향해 자라며, 결코 반대 방향으로는 자랄 수 없었다. 따라서 사람의 행동도 하늘의 뜻에 순응하여 이를 거역해서는 안 된다고 생각했다. 고대 글자 중에는 天(하늘 천), 雲(구름 운), 帝(임금 제), 示(보일 시), 辛(매울 신), 不처럼 한 개나 두 개의 가로획이 하늘을 상징하는 경우가 많다.

현대 한자	天	雲	帝	示	辛	不
고대 글자의 가로획 1개						
고대 글자의 가로획 2개						

否 아닐 부, 막힐 비

fǒu 또는 pǐ

입(口입 구,)으로 '아니오(不아닐 부·불,)'라고 말하다

屯 진칠 둔

tún 또는 zhūn

씨앗에서 새싹이 움트다

봄이 되면 각종 식물의 씨앗이 땅을 뚫고 올라와 새싹을 틔운다. 갑골문 , 금문 , 은 씨앗에서 새싹이 움트는 모습을 묘사했다. 단 며칠 만에 작디작은 씨앗과 그것을 에워싼 떡잎인 아포(芽苞)에서 새잎이 무더기로 돋아난다. 옛 중국인들은 씨앗이 겨울 휴면기를 지나면서 상당한 에너지를 축적하며, 그 에너지가 방출된 결과물이 아포라고 여겼다. 따라서 屯은 '쌓아놓다' 또는 '모여들다'의 의미로 확장되어 둔취(屯聚, 여러 사람이 한곳에 모여 있음), 둔병제(屯兵制, 군사를 주둔하는 제도) 등의 단어를 파생시켰다. 《옥편(玉篇)》은 "屯은 만물이 생겨나기 시작하는 것이다"라고 풀이했다. 屯은 囤(곳집 돈)의 본자(本字)이며, 囤( )은 물건을 어떤 곳에(, 口큰입구몸) 축적하는(, 屯) 것으로, 물건을 사재는 행위가 여기에 포함된다.

春 봄 춘

chūn

따뜻한 해(⊙, 日날 일)가 솟아오를 때 두 손(, 廾받들 공)을 부지런히 움직여 싹이 움튼 씨앗(, 屯진칠 둔)을 밭에 파종하다

금문 은 따뜻하게 비춰주는 태양(⊙) 별 아래 새싹을 틔운 종자()에서 무성한 가지와 잎사귀()가 난 모습이다. 전서체(篆書體) 는 여기에서 약간 변화를 주어 햇빛 아래 두 손으로 망울진 새싹을 땅에 심는 모습으로, 사람들에게 때를 맞춰 파종하라는 교화의 의미가 있는 듯하다. 여기에서 더 간소화한 글자가 春으로, 현대 한자와 거의 일치한다.

금

전

早 이를 조

zǎo

태양(⊙, 日날 일)이 초원(, 屮왼손 좌, 싹 날 철, 풀 초) 위로 점점 솟아오르다

옛 중국인들은 키가 작은 草(풀 초)로써 나지막이 떠 있는 태양을 묘사했다. 따라서 이른 아침을 나타내는 한자 朝(아침 조)와 早는 모두 부수 屮를 포함하고 있다. 전서체 에서 十(열 십)의 의미는 과연 무엇일까? 早의 갑골문과 금문은 아직 발견되지 않았지만, 朝와 卓(높을 탁)의 갑골문을 대조해보면 '十'이 '屮'에서 단순하게 변한 글자임을 알 수 있다.

전

그림문자	해서	갑골문		금문		전서	
	朝 아침 조						
	早 이를 조						
	草 풀 초						
	卓 높을 탁						

朝 아침 조

zhāo 또는 cháo

태양(, 日날 일)이 풀숲() 사이로 떠올랐는데 달(月달 월,)이 아직 모습을 감추기 전인 새벽녘의 정경이다

갑골문 은 풀숲 사이로 해가 솟았는데 달이 아직 하늘가에 걸려 있는 모습을 나타낸다. 朝와 연관된 단어로는 조양(朝陽, 떠오르는 해), 조회(朝會, 학교나 관청 따위에서 아침에 모든 구성원이 한자리에 모이는 일. 또는 그런 모임) 등이 있다. 주(周)나라 때 벼슬아치들은 날이 밝기 전 입궐하여 임금과 국사를 의논했다. 이를 상조(上朝) 혹은 조조(早朝)라고 했으며, 아침 일찍 국사를 논하는 곳을 조정(朝廷)이라고 불렀다. 또 아침 일찍부터 임금을 알현해야 했으므로 이를 조견(朝見)으로도 불렀다.

潮 밀물 조

cháo

동틀 무렵(, 朝아침 조) 물()의 높이에 변화가 생기다

潮는 낮의 수위 변화, 汐(조수 석)은 저녁의 수위 변화를 가리키며, 이 둘을 합하여 조석(潮汐)이라고 부른다.

금

전

草 풀 초

cǎo

이른 아침(早이를 조,)에 고개를 내민 풀(艸풀 초,)

갑골문 에는 풀, 해, 달을 나타내는 세 가지 기호가 있으며, 이는 早, 草, 朝로 각각 나뉘기 전의 본자이다. 전서체 , 는 艸와 早로 구성된 회의자(會意字, 둘 이상의 한자를 뜻으로 결합하여 만든 글자)이다.

금

전

卓 높을 탁

zhuó

아침(早이를 조,)에 일어난 사람(人사람 인,)

이른 아침의 태양이 사람을 비추니 그림자가 높게 드리워졌다. 그래서 卓은 우뚝 솟았다는 의미로 확장되었으며, 관련 단어로는 탁립(卓立, 우뚝 서 있음), 탁월(卓越, 월등하게 뛰어남) 등이 있다. 갑골문 의 오른쪽(右偏旁, 우편방) 은 서 있는 사람, 작은 풀( ), 태양(갑골문 , 은 모두 태양의 상형자)을 표현했으며, 금문 , 과 전서체 는 필획이 조정된 결과다. 옛 중국인들은 卓으로써 사람들에게 늦잠 자지 않고 일찍 일어나 부지런히 일해야 사업을 일으키고 크게 성공할 수 있다고 교화했다. 晨(새벽 신)도 마찬가지의 교화 개념이 있으며, 晨은 해가 뜨자마자 강가에 나가 농토를 개간하는 것('晨' 편 참조)을 말한다.

갑

금

전

茻에서 파생된 한자

한자의 구조에서 풀 한 포기를 屮(왼손 좌, 싹 날 철, 풀 초)라고 하며, 풀 두 포기는 艹(초두머리 초), 세 포기는 卉(풀 훼), 네 포기는 茻(우거질 망)으로 부른다.

갑 금 전

芻 꼴 추

chú

손(手손 수,)으로 풀(草풀 초,)을 뽑는다

芻의 원래 의미는 풀을 뽑아 소나 양을 먹인다는 것이며, 관련 단어로는 추말(芻秣, 소나 양에게 먹이는 꼴), 반추(反芻, 한번 삼킨 먹이를 다시 게워내어 씹음. 또는 그런 일) 등이 있다. 芻의 간체자(簡體字, 중국에서 문자 개혁을 통해 전통 방식의 한자인 번체자(繁體字)를 간략하게 만든 한자)는 刍이다.

전

莖 줄기 경

jīng

초본식물( )의 수직(垂直, , 巠물줄기 경)으로 난 줄기

花 꽃 화

huā

풀(艹초두머리 초,)이 변하여 된(化될 화,) 사물

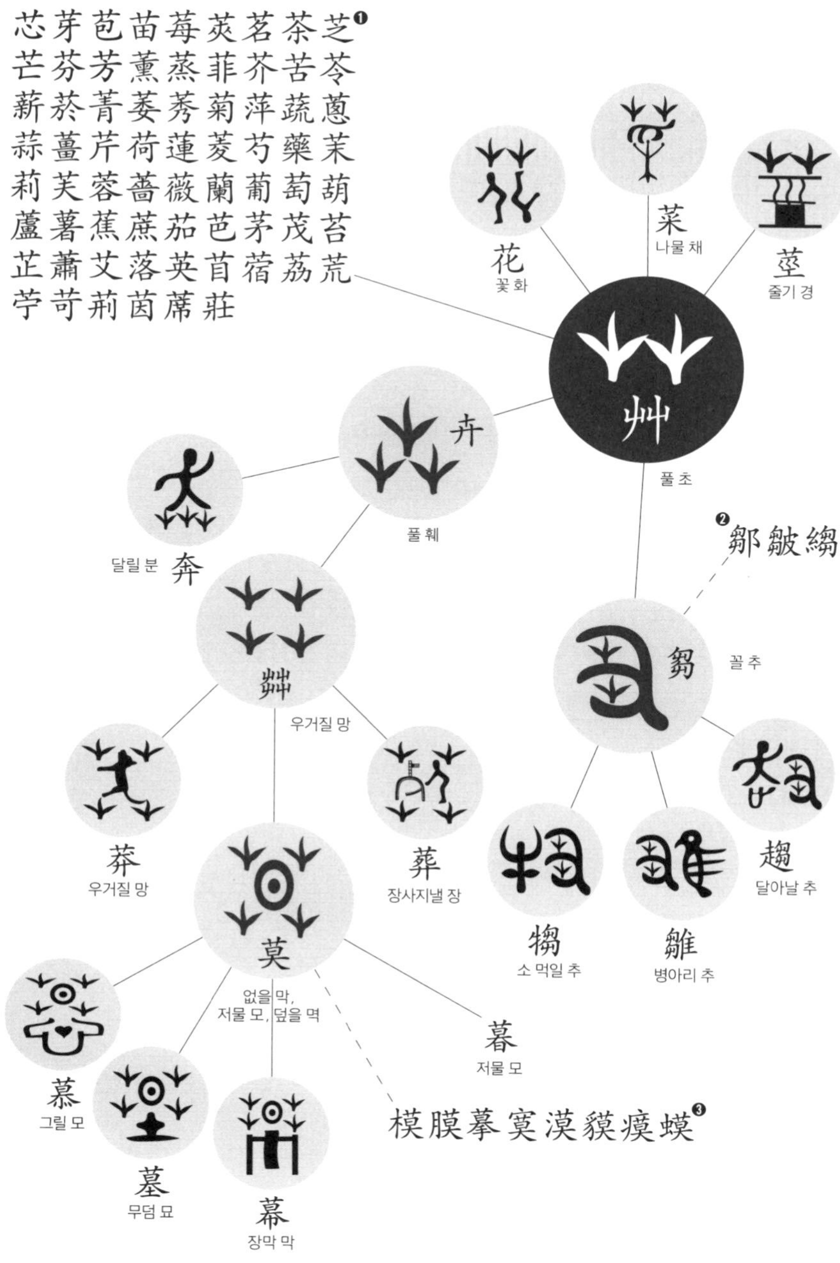

❶ 芯(골풀 심), 芽(싹 아), 苞(쌀 포), 苗(모 묘), 莓(나무딸기 매), 莢(꼬투리 협), 茗(차 싹 명), 茶(차 다), 芝(지초 지), 芒(까끄라기 망, 황홀할 황), 芬(향기 분), 芳(꽃다울 방), 薰(향초 훈), 蒸(찔 증), 菲(엷을 비, 짚신 비), 芥(겨자 개, 작은 풀 개), 苦(쓸 고, 땅 이름 호), 苓(도꼬마리 령·영, 연꽃 련·연), 薪(섶 신), 菸(향초 어, 시들 언), 菁(우거질 청, 순무 정), 萎(시들 위), 莠(가라지 유, 씀바귀 수), 菊(국화 국), 萍(부평초 평), 蔬(나물 소), 蔥(파 총), 蒜(마늘 산, 마늘 선), 薑(생강 강), 芹(미나리 근), 荷(멜 하, 꾸짖을 하, 잗달 가), 蓮(연꽃 련·연), 菱(마름 릉·능), 芍(함박꽃 작, 연밥 적), 藥(약 약, 뜨거울 삭, 간 맞출 략·약), 茉(말리 말), 莉(말리 리·이), 芙(연꽃 부), 蓉(연꽃 용), 薔(장미 장, 여뀌 색), 薇(장미 미), 蘭(난초 란·난), 葡(포도 포), 萄(포도 도), 葫(마늘 호), 蘆(갈대 로·노, 절굿대 려·여), 薯(감자 서), 蕉(파초 초), 蔗(사탕수수 자), 茄(연줄기 가), 芭(파초 파), 茅(띠 모), 茂(무성할 무), 苔(이끼 태), 芷(어수리 지), 蕭(쓸쓸할 소, 맑은대쑥 소), 艾(쑥 애, 다스릴 예), 落(떨어질 락·낙), 英(꽃부리 영, 뛰어날 영, 못자리의 모 앙), 苜(거여목 목), 蓿(거여목 숙), 荔(타래붓꽃 려·여), 荒(거칠 황), 苧(모시풀 저, 모시풀 녕·영), 苛(가혹할 가), 荊(가시나무 형), 茵(수레 깔개 인, 사철쑥 인), 蓆(자리 석), 莊(엄할 장, 전장 장)

❷ 鄒(추나라 추), 皺(주름 추), 縐(주름질 추, 주름질 축)

❸ 模(본뜰 모), 膜(꺼풀 막), 摹(베낄 모), 寞(고요할 막), 漠(넓을 막), 貘(짐승 이름 맥), 瘼(병들 막), 蟆(두꺼비 마, 파리매 막)

 전

菜 나물 채

cài

캐서(採캘 채, , 采캘 채, 풍채 채) 먹을 수 있는 풀(草풀 초) 또는 잎(葉잎 엽, 땅 이름 섭)( )

 금

 풀 훼

huì

매우 많은 풀(草풀 초) 무리

옛 중국인들은 셋(三석 삼)으로 수가 많은 것을 표현했다. 따라서 풀이 세 포기 있으면 풀이 매우 많은 것을 뜻했다. 卉는 모든 풀을 아우르는 명칭이다.

 금

전

奔 달릴 분

bēn

초원(草原,)에서 빠르게 달리는 사람( )

관련 단어로는 광분(狂奔, 어떤 목적을 이루기 위하여 미친 듯이 날뜀), 분주(奔走, 몹시 바쁘게 뛰어다님)가 있다.

전

茻 우거질 망

mǎng

무성한 들풀이 덩굴져서 나다

茻은 莽(우거질 망)의 본자이다.

莽 우거질 망

mǎng

개(, 犬개 견)가 풀이 우거진 언덕(茻原,)으로 모습을 감추다

莽은 풀과 나무가 우거져 많다는 의미로 파생되었으며, 관련 단어로는 초망(草莽, 풀 덤불), 망한(莽漢, 거친 사내) 등이 있다.

전

莫 없을 막, 저물 모, 덮을 멱

mò

태양( )이 풀이 우거진 언덕( )으로 사라지다

莫은 황혼 무렵을 묘사하며, 태양이 점차 모습을 감춘다는 본뜻이 있다. 暮(저물 모)의 본자이며 '없다', '필요 없다'의 의미가 파생되었다. 관련 단어로는 막명(莫名, 말로 표현할 수 없음), 막비(莫非, 아닌 것이 없음), 막괴(莫怪 mòguài, '탓하지 마라'를 의미하는 중국어) 등이 있다.

갑 금 전

慕 그릴 모

mù

태양이 시야에서 점점 모습을 감출(, 莫없을 막, 저물 모, 덮을 멱) 때의 심정( )

"석양이 한없이 아름답건만 머지않아 황혼이 다가오리니(夕陽無限好, 只是近黃昏: 석양무한호, 지시근황혼)." 이상은(李商隱, 당(唐)나라의 정치가이자 시인)이 노래하여 오랫동안 많은 이에게 사랑받은 이 시구는 아름다운 석양을 바라보며 아쉬워하는 심정을 노래했다. 慕는 애틋해하거나 그리워하는 의미로 파생되었으며, 관련 단어로는 선모(羨慕, 부러워하며 사모함), 앙모(仰慕, 우러러 그리워함) 등이 있다.

금 전

幕 장막 막

mù

경물(景物)의 모습을 시야에서 사라지게 하는(, 莫없을 막, 저물 모, 덮을 멱) 한 조각의 천(布베 포, , 巾수건 건)

고대에는 수레와 가마 또는 장막을 덮는 포건(布巾, 베로 만든 건)을 막(幕)이라고 했으며, 관련 단어로는 염막(簾幕, 발과 장막), 유막(帷幕, 작전을 짜는 곳), 장막(帳幕, 햇빛이나 비를 막을 수 있게 둘러치는 막), 막료(幕僚, 중요한 계획의 입안이나 시행 따위의 일을 보좌하는 사람) 등이 있다.

전

墓 무덤 묘

mù

사람을 사라지게(隱沒, , 莫없을 막, 저물 모, 덮을 멱) 하는 흙(土흙 토, 뿌리 두, 쓰레기 차)더미()

전

葬 장사지낼 장

zàng

죽은(死죽을 사) 사람()을 풀이 우거진 언덕()으로 사라져 보이지 않게 하다

사람이 죽으면 흙과 먼지가 되어 들판으로 돌아가게 해 주는 것이 옛 습속이었다. 들판에 묻어줄 수 없다면 묻은 곳에 풀을 덮어 떼를 입히기라도 해야 했다. 《설문(說文)》은 "葬은 감추는 것이다. 주검이 수풀 사이에 있다는 뜻이다"라고 풀이했다.

丯에서 파생된 한자

, 과 은 모두 옛 한자로, '무성하게 자란다'의 의미를 갖고 있다. 옛 중국인들은 (屮왼손 좌, 싹 날 철, 풀 초)로써 위를 향해 자라는 식물을 표현했으며, 이 식물의 양측에 몇 가닥의 가지와 잎을 더함으로써 무성하게 자라는 식물을 상징했다.

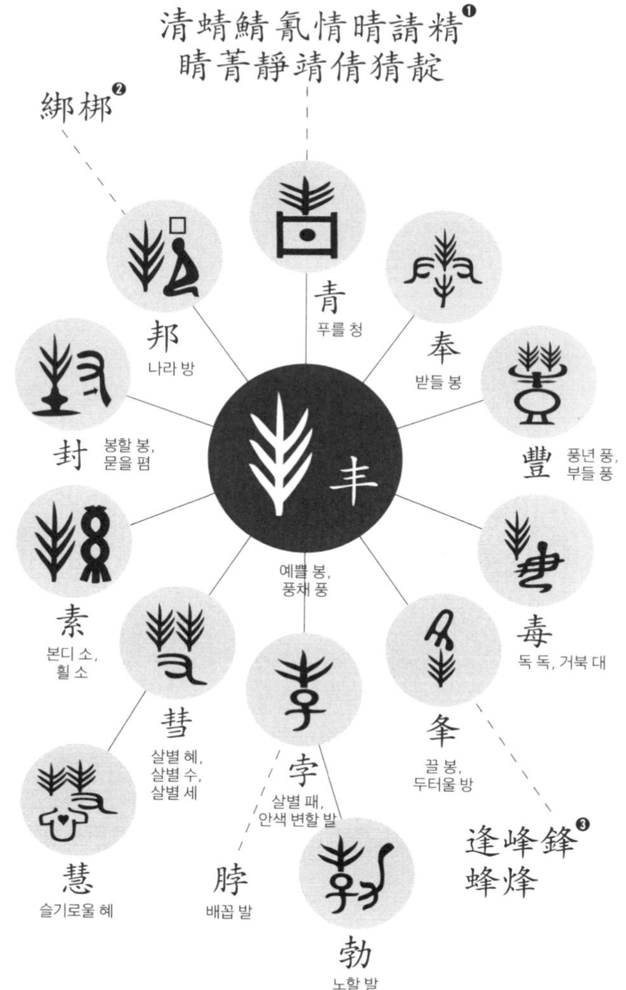

❶ 清(맑을 청), 蜻(잠자리 청), 鯖(청어 청, 잡회 정), 氰(시안 청), 情(뜻 정), 晴(갤 청), 請(청할 청, 받을 정), 精(정할 정, 찧을 정), 睛(눈동자 정), 菁(우거질 청, 순무 정), 靜(고요할 정), 靖(편안할 정), 倩(예쁠 천, 사위 청), 猜(시기할 시, 시기할 채), 靛(청대 전)

❷ 綁(동여맬 방), 梆(목어 방)

❸ 逢(만날 봉), 峰(봉우리 봉), 鋒(칼날 봉), 蜂(벌 봉), 烽(봉화 봉)

금

전

奉 받들 봉

fèng

여러 개의 손( )이 같은 마음으로 풍성(豐盛, 丰예쁠 봉, 풍채 풍,)한 예물을 바치다

옛사람들은 추수 후의 제사를 무척 중요하게 생각했다. 신이 내려준 풍성한 수확에 감사를 표하기 위해 그들은 수확한 곡식과 과실을 신에게 바쳤다. 금문 은 두 손( )으로 풍성( )한 예물을 바치는 모습을 묘사한 것으로 풍(丰)은 소리 기호(성부(聲符), 한자의 구성에서 음을 나타내는 부분)이기도 하다. 전서 는 하나의 손( )을 추가하여 여러 사람이 한마음으로 예물을 바치는 모습을 표현했다. 奉은 공경하는 태도로 바친다는 의미로 파생되었으며, 관련 단어로는 경봉(敬奉, 존경하여 받듦), 봉양(奉養, 부모나 조부모와 같은 웃어른을 받들어 모심), 봉명(奉命, 임금이나 윗사람의 명령을 받듦) 등이 있다.

금

전

彗 살별 혜, 살별 수, 살별 세

huì

하나의 손(手손 수,)으로 빽빽이 들어찬 두 가지 식물(, 丰예쁠 봉, 풍채 풍)을 합쳐 빗자루로 만들다

彗는 빗자루를 제작한다는 본뜻에서 빗자루(掃帚, 소추)의 의미가 파생되었다. 혜성(彗星)을 소파성(掃把星)으로도 부르는데, 이는 혜성이 태양에 가까이 갈 때 긴 꼬리가 생겨 그 모양이 빗자루와 같다고 하여 붙여진 이름이다. 《광운(廣韻)》은 “彗는 빗자루이다”라고 풀이했다.

빗자루를 만들 줄 아는(, 彗살별 혜, 살별 수, 살별 세) 사람의 마음(心마음 심,)의 지혜

慧 슬기로울 혜

huì

옛날 옛적에 두강(杜康, 중국에서 술을 최초로 빚었다는 사람)이라는 사람이 살았다. 그는 술을 빚을 줄 알았을 뿐 아니라 쓰레받기와 빗자루도 발명할 정도로 지혜롭고 재주가 많았다. 평범한 재료를 이용해 가치 있는 도구들을 만들어낸다면 틀림없이 지혜로운 사람일 것이다. 慧는 '총명하고 재능 있다'의 의미로 확장되었으며, 관련 단어로는 지혜(智慧, 사물의 이치를 빨리 깨닫고 사물을 정확하게 처리하는 정신적 능력), 혜안(慧眼, 사물을 꿰뚫어 보는 안목과 식견) 등이 있다. 《설문》은 이렇게 설명했다. "옛날 사람 소강이 처음으로 키와 비를 만들고 차조술을 빚었다. 소강은 두강을 말한다(古者少康初作箕, 帚, 秫酒. 少康, 杜康也: 고자소강초작기, 추, 출주. 소강, 두강야)."

금 전

손으로 빗자루를 들고() 하늘에서 떨어지는 것(, 雨비 우)을 제거하다

雪 눈 설

xuě

기후가 차가운 지역에서는 겨울철에 눈이 내리면 집집마다 눈을 치우느라 분주하다. 눈이 많이 내리면 교통마비를 초래하기도 한다. 그러나 옛 시인들에게 눈을 치우는 일은 특별한 정취를 안겨주기도 했다. 송나라 시인 육유(陸游)는 《만춘기사(晩春記事)》에서 이렇게 노래했다. "햇살 좋은 날 서재에서 일이 없음을 말하다가는, 문을 닫아걸고 눈을 치우며 향을 피운다네(日永東齋淡無事, 閉門掃雪只焚香: 일영동재담무사, 폐문소설지분향)." 雪은 '새하얀

갑 금 전

색', '제거하다, 씻어내다'의 의미로 파생되었으며, 관련 단어로는 설백(雪白, 눈의 빛깔과 같은 흰색), 설치(雪恥, 부끄러움을 씻음) 등이 있다.

갑 금 전

豐 풍년 풍, 부들 풍

fēng

북(鼓북 고, , 壴악기 이름 주)을 울려서 풍년(豐풍년 풍, , 丰예쁠 봉, 풍채 풍)의 수확을 축하하다

豐은 북을 울려 술을 마시며 풍년의 수확을 축하한다는 의미가 있으며, '많음(多많을 다)'과 '가득 차다(滿찰 만)' 등의 의미로 파생되었다. 관련 단어로는 풍부(豐富, '넉넉하고 많다'를 의미하는 '풍부하다'의 어근), 풍수(豐收, 풍성한 수확), 풍공위업(豐功偉業fēnggōngwěiyè, '위대한 공적'을 의미하는 중국어) 등이 있다. 《주송(周頌)》에서 "풍년이라 기장도 많고 벼도 많으니 …… 술을 빚고 감주도 빚는다(豐年多黍多稌 …… 為酒為醴: 풍년다서다도 …… 위주위례)"라고 했다. 그러나 豐의 글자 구조는 상당히 많은 우여곡절을 겪으며 변천했다. 《전국책(戰國策)》에 이런 내용이 있다. "대우(大禹, 우임금)의 신하 중에 술 빚는 재주가 좋은 의적(儀狄)이 있었다. 어느 날 의적이 술을 빚어 우임금에게 바쳤는데 우임금은 이 술을 마시고 무척 달게 여겼다. 그러나 좋은 술을 좋아하면 나라를 망칠 것을 우려하여 이때부터 의적을 멀리했다. 훗날 우임금의 후손 하(夏)나라 걸(桀)왕은 과연 술로 인해 망국에 이르렀다." 《유향·신서(劉向·新序)》에는 "걸왕은 요대를 쌓는 데 백성의 힘과 재산을 갈취했으며, 술로 못을 이루고 술지게미로 둑을 쌓아 환락에 빠져 지냈다. 북이 한 번 울리면 술을 들이켜는 자가 삼천 명이었다(桀作瑤臺, 罷民力, 殫民財, 為酒池糟隄, 縱靡靡之樂, 一鼓

而牛飮者三千人: 걸작요대, 파민력, 탄민재, 위주지조제, 종미미지락, 일고이우음자삼천인)"라고 나온다. 북이 한 번 울리면 삼천 명이 동시에 잔을 들어 술을 들이켰다고 하니, 당시 문무백관이 술과 여흥을 즐기는 장면이 얼마나 성대했을지 짐작할 수 있다. 豐의 갑골문 은 壴( )와 亡(망할 망, 없을 무, ,)으로 구성되었다. 이는 풍성(豐盛)한 국가 하나라를 상징하며, 북이 울릴 때마다 삼천 명이 술을 마시다가 결국 망국을 맞이하게 된 것을 표현한 것이다. 豐은 고대에는 벌주(罰酒)를 담은 주기(酒器)를 뜻하는 말이었다. 송나라 사람 섭정규(葉庭珪)는 《해록쇄사(海錄碎事)》에서 "옛 풍국(豐國)의 임금이 술로써 나라를 망쳤기에 벌작(罰爵, 벌로 술을 마시게 하는 일)으로 여겼다(古豐國之君以酒亡國, 故以為罰爵: 고풍국지군이주망국, 고이위벌작)"라고 말했다. 그러나 주나라 사람들은 하늘에서 내려준 것이라며 술을 풍성한 수확의 상징으로 여겼고, 이에 따라 亡을 빼고 그 자리에 丰을 집어넣었다. 따라서 豐의 금문과 전서는 과 으로 변천했다. 豐의 간체자는 丰이며, 북을 울려 축하하는 의미의 기호가 사라졌다.

封 봉할 봉, 묻을 폄

fēng

거느리는 땅(土흙 토, 뿌리 두, 쓰레기 차,)속에 손(手손 수,)으로 식물(植物, , 丰예쁠 봉, 풍채 풍)을 재배하다

금

전

주나라의 무왕(武王)은 천하를 얻은 후 '봉건제도(封建制度)'를 실시하고 국토를 같은 성씨의 친족에게 나눠 줬으며, 봉토를 받은 사람들은 하사받은 영토의 변방에 돌아가며 나무를 심어 국경으로 삼았다. 《상서(尚書)》 주나라 강왕(康王)의

문고(文誥)에 "하늘이 그의 도를 가르치고 세상을 맡기셨다. 이에 명하여 제후들을 세우고 울타리를 만들었다(皇天用訓厥道, 付畀四方, 乃命建侯樹屏: 황천용훈궐도, 부비사방, 내명건후수병)"라는 내용이 있다. 즉 하늘의 상제(上帝)가 선왕(先王)께 사방의 백성을 내려주셨고, 이에 선왕은 제후들에게 명하여 국가를 세우고 주위에 나무를 심어 장벽으로 삼았다는 것이다. 《주례(周禮)》에도 "경기(京畿, 왕도 주위로 오백 리 이내의 땅) 지방인 기내(畿內)를 사방 천 리로 정하여 나무를 심어 봉했다(制其畿, 方千里而封樹之: 제기기, 방천리이봉수지)"라고 적혀 있다. 주나라의 수도 외곽의 사방 천 리에 이르는 땅에 나무를 심어 이로써 방벽을 삼았음을 알 수 있다. 封의 금문 은 손(手, ,)으로 친히 거느리는(領) 땅(土,)에 무성한 식물()을 심은 것을 묘사했다. 封은 토지나 작위(爵位), 영지(領地), 한제(限制, 일정한 범위를 넘지 않게 정한 한도)를 내린다는 의미로 파생되었으며, 관련 단어로는 책봉(冊封, 지위에 봉하여 세우는 일), 봉강(封疆, 제후로 봉할 때 내리는 땅), 봉폐(封閉, 일정한 곳에 가둠) 등이 있다. 곽말약(郭沫若, 중국 근대 역사가)은 이렇게 말했다. "옛날에는 경기 지역에 나무를 심어서 경계로 삼았으며 이 풍습은 여전히 존재한다. 그러나 그 원류는 아득히 먼 태고(太古)에서 시작되었다. 태고 사람들은 자연의 숲을 이용하여 부족 간 경계로 삼았는데 서양 학자들은 이를 경계림(境界林)으로 부르기도 한다."

邦 나라 방

bāng

경내(境內) 사람(, 邑고을 읍)이 영토(領土)에 식물(, 丰예쁠 봉, 풍채 풍)을 재배하다

封(봉할 봉, 묻을 폄)과 邦의 글자 구조에는 둘 다 나무를 빽빽하게 심어 경계로 삼는다는 정보가 담겨 있다. 邦의 금문 은 성내(城內) 사람(, 邑)이 땅(土흙 토, 뿌리 두, 쓰레기 차,)에 식물( )을 심는 모습을 묘사했다. 이 구조 형태는 封의 금문 과 유사하다.

금

전

夆 끌 봉, 두터울 방

fēng

무성한 식물(, 丰예쁠 봉, 풍채 풍)이 촘촘히 자란 숲에서 천천히 앞을 향해 가다(, 夂뒤처져 올 치, 마칠 종)

夆을 성부로 하여 파생된 글자로는 逢(만날 봉), 峰(봉우리 봉), 鋒(칼날 봉), 蜂(벌 봉), 烽(봉화 봉) 등이 있다. 逢은 다시 縫(꿰맬 봉), 篷(뜸 봉), 蓬(쑥 봉) 등을 파생시켰다.

갑

금

전

毒 독 독, 거북 대

dú

사람을 해치는 무성한 식물(, 丰예쁠 봉, 풍채 풍)이므로 만지면 안 된다(毋말 무, 관직 이름 모,)

《한서·서남이(漢書·西南夷)》에 중국 서쪽과 남쪽의 오랑캐(지금의 윈난성(雲南省), 구이저우성(貴州省), 쓰촨성(四川省) 지역)가 자주 한(漢)나라를 침범했으며, 심지어 한나라에서 사신을 보내 화해를 청했으나 경멸(輕蔑)을 당했다는 내용이 나온다. 그들은 어찌하여 한나라 대군을 두려워하지 않았을까? 《한서》는 그들이 '따뜻하고 더운 독초들이 있는 땅(溫暑毒草之地: 온서독초지

전

지)'에 몸을 숨기고 적군을 불구덩이와 깊은 못에 빠뜨려 소탕했다고 묘사했다.

青 푸를 청

qīng

그 색이 무성한 식물(, 丰예쁠 봉, 풍채 풍)과 같은 안료(顏料, , 丹붉을 단, 붉을 란·난)

금문 과 전서 青는 丰과 丹으로 구성된 회의자이며, 훗날 예서(隸書, 전서의 번잡함을 생략하여 노예와 같이 천한 일을 하는 사람도 이해하기 쉽게 만든 글씨라는 뜻에서 붙은 이름)에서는 '丹'이 와전되어 '月(달 월)'로 변했다.

素 본디 소, 흴 소

sù

식물(, 丰예쁠 봉, 풍채 풍)섬유를 짜서 만든 가는 실(絲실 사, , 糸가는 실 멱, 실 사), 생사(生絲, 익히지 아니한 명주실)

素는 염색을 하지 않은 실이며, 원래의 색, 가공하지 않은 자연의 상태라는 뜻으로 파생되었다. 관련 단어로는 소색(素色, 흰색, 점잖은 색), 박소(樸素pǔsù, '소박하다', '원소(元素, 물질을 이루는 기본 성분)'를 의미하는 중국어) 등이 있다. 금문 , 은 두 개의 손으로 식물섬유를 편직하여 끈으로 만드는 모습이며, 전서 에는 두 개의 손이 생략되었다.

孛 살별 패, 안색 변할 발

bó 또는 bèi

해자(孩子, 두서너 살 된 어린아이,)가 무성한 식물(, 丰예쁠 봉, 풍채 풍)처럼 빠르게 성장하다

孛는 빠르게 성장한다는 뜻으로 확장되었다. 옛 중국인들은 사람의 일생이 아이가 자라는 속도로 빠르게 지나간다는 사실을 깨닫고 그 개념을 빌려 孛에서 파생된 글자를 만들어냈다.

勃 노할 발

bó

아이가 무성한 식물처럼 빠른 속도로 성장하여(孛살별 패, 안색 변할 발**) 힘(**力힘 력·역, **)이 있는 강한 모습으로 변하다**

勃은 왕성한 모습의 뜻으로 파생되었으며, 관련 단어로는 발발(勃發, 전쟁이나 사건이 갑자기 일어나는 것), 봉발(蓬勃, 구름 따위가 성(盛)하게 일어나는 모양)이 있다.

悖 거스를 패, 우쩍 일어날 발

bó 또는 bèi

빠르게 성장하는(, 孛살별 패, 안색 변할 발**) 야망을 이루려는 마음(** , 忄심방변 심**)**

관련 단어로는 패역(悖逆, 도리에 어그러져 패악하고 불순함)이 있다.

生에서 파생된 한자

生 날 생

shēng

땅(土흙 토, 뿌리 두, 쓰레기 차, **)에서 자라나는 작은 풀(**草풀 초, **)**

봄이 오면 말라 죽은 작은 풀에서 다시 싹이 트고 자라나기 시작한다. 사람들은 이토록 대를 이어가며 끊이지

않는 번식능력에 경탄을 금치 못한다. 生은 땅에서 움트는 작은 풀로써 표현한다.

갑

전

姓 성씨 성

xìng

여자(女여자 녀·여, 너 여,) 안에서 태어나다(生날 생,)

금문 은 女와 生으로 구성된 회의자이며 여자에게서 생겨나는 것을 말한다. 원고시대(遠古時代, 아주 먼 옛날)는 결혼제도가 아직 만들어지기 전이어서 아버지가 누구인지 알 수 없는 아이들도 많았다. 그러나 그 아이를 열 달 동안 배 안에 품어 키우고, 낳아서는 젖을 먹여 키우는 어머니는 분명히 알 수 있었다. 그 모계(母系)의 씨족임을 분명히 하기 위해 최초의 성(姓)이 생겨난 것이다. 상고(上古) 8대 성에는 '女' 방(旁)이 있었으며, 염제(炎帝, 신농씨(神農氏))의 성은 강(姜), 황제(黃帝)의 성은 희(姬), 순(舜)임금의 성은 요(姚)이다.

전

隆 높을 륭·융

lóng

천자(天子)가 내려와(降내릴 강, 항복할 항,) 태어나다(生날 생,)

전서 는 降( )과 生( )으로 구성된 회의자이며, 황제가 탄생한 것을 의미한다. 《순자(荀子)》는 "천자가 태어나면 천하는 한 번에 융성해진다(天子生則天下一隆: 천자생즉천하일륭)"라고 하여 천제(天帝, 하느님, 절대자)의 아들이 탄생하는 것이 천하의 큰 기쁜 일이라고 말했다. 따라서 隆은 '숭고하고 성대하다'의 의미로 확장되었으며, 관련 단어로는 융은(隆恩, 임금이나 윗사람의 은혜), 흥륭(興隆, 일어나 번영함) 등이 있다.

牲 희생 생

shēng

도살이 예정된 살아 있는(生날 생,) 소(牛소 우,). 生은 음성기호이기도 하다

《주례》에 "희생인 선(膳, 선물, 반찬)은 육생(六牲, 여섯 가지 생. 말, 소, 양, 돼지, 개, 닭)을 사용한다(膳用六牲: 선용육생)"는 내용이 나온다. 牲이 음식상에 올리기 위해 도살할 가축(家畜)임을 알 수 있다. 그렇다면 축(畜)과 생(牲)은 어떤 차이가 있을까? 《포인주(庖人註)》에 "육축(六畜)은 육생(六牲)이다. 키우기 시작할 때는 축(畜)이라고 하며, 이를 사용할 때는 생(牲)이라고 한다(六畜, 六牲也. 始養之曰畜, 將用之曰牲: 육축, 육생야. 시양지왈축, 장용지왈생)"라고 적혀 있다. 즉 기를 때는 축(畜)이고 도살할 때는 생(牲)이라는 것이다. 희생(犧牲)은 제사에 사용할 소나 양을 가리킨다.

性 성품 성

xìng

나면서(生날 생,)부터 갖추고 있는 본질(本質, , 忄심방변 심), 즉 천성적인 본질을 말한다

《중용(中庸)》은 "하늘이 명한 것을 性이라 한다(天命之謂性: 천명지위성)"라고 했다.

產 낳을 산

chǎn

가파른 낭떠러지(, 厂기슭 엄, 기슭 한, 공장 창)의 무늬와 빛깔로(, 文글월 문) 여러 가지 유용한 물건을 만들다 (, 生날 생)

옛 중국인들은 낭떠러지 바위의 화려한 색채에 호기심

이 많았다. 낭떠러지의 각종 광석(礦石)에 다양한 색이 있다는 사실을 발견하고, 이런 광석을 캐낸 후 빻아서 안료를 만들어 염료나 다른 용도로 사용했다. 단사(丹砂) 같은 광석에서 나는 붉은색 염료로 옷감을 염색해 옷을 만들어 입기도 했다.

星 별 성

xīng

흩어져 있는 많은 별(, 晶맑을 정)을 조합하여(, 生날 생) 하나의 별자리로 만들다

曐(별 성)은 星의 본자이다. 갑골문 , 은 흩어져 있는 별과 生으로 구성된 것으로, 각각의 별이 정기적으로 모여 하나의 별자리(星座, 성좌)를 생성한다는 의미를 담고 있다. 주나라 사람들은 일찍부터 별자리 개념을 파악하고 스물여덟 숙성(宿星)을 체계적으로 정리했으며, 이를 토대로 각종 절기를 정했다. 星의 소리에서 파생된 한자로는 醒(깰 성), 腥(비릴 성), 猩(성성이 성), 惺(깨달을 성) 등이 있다.

갑

금

전

晶 맑을 정

jīng

세 개의 빛나는 별

옛 중국인들은 많다는 표현에 '셋(三석 삼)'을 즐겨 이용했다. 따라서 晶은 하늘에서 밝게 빛나는 많은 별을 가리킨다. 晶으로부터 파생된 한자 중에는 별과 관련한 것들이 꽤 있다.

❶ 醒(깰 성)
腥(비릴 성)
猩(성성이 성)
惺(깨달을 성)

❷ 慘(참혹할 참)
摻(가늘 섬, 잡을 삼, 칠 참)

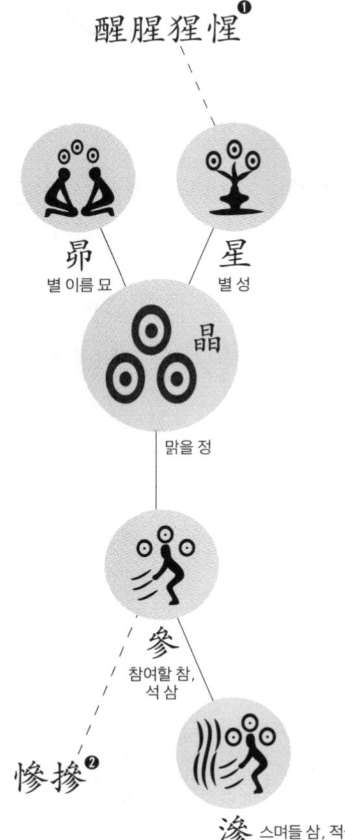

參 참여할 참, 석 삼

cān

세 개의 별(, 晶맑을 정)이 발하는 광채(光彩,)는 어떤 사람(人사람 인,)의 운명과 연관이 있다

한겨울 밤하늘에는 유난히 빛나는 세 개의 별이 직선으로 도열하고 있는데, 오리온자리에서 가장 눈에 띄는 이 별들은 사냥꾼의 허리띠를 상징한다. 옛 중국인들은 이 세 개의 별을 '삼수(參宿)'라고 불렀으며, 각각 복(福), 녹(祿), 수(壽)의 삼성(三星)으로도 불렀다. 금문 은 세 개의 별이 발하는 광채( )를 묘사한 것이며, 금문 , , 과 전서 , 는 사람( )과 세 개의 별이 연결된 별들로 구성되어 어떤 사람(혹은 임금)의 운명이 이 별들과 연관되어 있음을 나타낸다. 고대에 별자리를 관찰하던 사람들은 별자리의 변화가 사람의 운명에 영향을 미친다고 믿었다. 《후한서(後漢書)》에는 "세 개의 별이 모이면 임금의 집안에 초상 치를 일이 생긴다(三星合軫為白衣之會: 삼성합진위백의지회)"라고 기재되어 있다. 參은 3(三석 삼)이라는 뜻 외에 병렬(並列), 가입(加入) 등의 의미도 있으며, 이에 많은 별이 모여 하나의 별자리를 구성하는 것을 상징하게 된다. 관련 단어로는 참가(參加), 참여(參與), 참관(參觀, 어떤 자리에 직접 나아가서 봄), 참견(參見, 자기와 별로 관계없는 일이나 말 따위에 끼어들어 쓸데없이 아는 체하거나 이래라저래라 함) 등이 있다.

갑

금

滲 스며들 삼, 적실 침, 흐를 림

shèn

물(水물 수,)이 더하여 들어온다(, 參참여할 참, 석 삼)

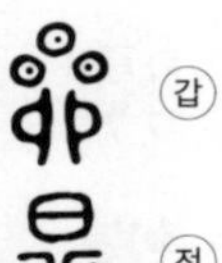

갑

전

昴 별 이름 묘

mǎo

한데 모여 있는(, 卯토끼 묘, 넷째 지지 묘) 백호(白虎) 별자리( )

《설문》은 "昴는 백호 별자리다"라고 풀이했다.

전

韭 부추 구

jiǔ

땅속에서 자라 올라오는 가늘고 긴 줄기와 잎이며, 부추의 상형자이다

갑

전

戋 다할 첨

jiān

무기(, 戈창 과)를 이용해 많은 사람을 죽이다(, 从좇을 종)

戋은 殲(다 죽일 섬)의 본자이며, 적을 모조리 죽인다는 의미이다. 갑골문 과 전서 는 창 하나로 두 사람을 죽이는 모습을 묘사했다. 많은 적을 섬멸하는 모습은 어떻게 표현했을까? 부추를 베어낼 때 가늘고 연약한 부춧잎들을 함께 움켜쥐고 단칼에 베는 모습을 연상하면 쉽다. 중국 속담에 "사람을 삼대 베듯 죽인다(살인여마, 殺人如麻 shārénrúmá)"가 있는데, 이 속담을 "사람을 부추 베듯 죽인다(살인여구, 殺人如韭 shārénrújiǔ)"로 바꿔 말해도 될 것 같다. 훗날 사람들은 '戋'에 '韭(부추 구)'를 추가하여 많은 사람을 죽인다는 의미로 사용했으며, 여기에 歹(살 바른 뼈 알, 몹쓸 대)을 덧붙여 죽음의 의미로 사용하면서 오늘날 殲이라는 한자로 변천했다.

韱 부추 섬

xiān

부추(韭부추 구,)를 모두 베어내다(, 𢦏다할 첨)

韱은 많은 부추를 베어낸다는 본뜻에서 '섬세하다' 또는 '많다'의 의미로 확장되었다.

韱 ㉶

殲 다 죽일 섬

jiān

마치 부추를 베어 수확하듯(, 韱부추 섬) 적을 모조리 살해하여 죽게(死죽을 사, , 歹살 바른 뼈 알, 몹쓸 대) 하다

전국(戰國)시대에 진(秦)나라 대장군 백기(白起)는 빛나는 전공(戰功)을 세워 감히 따를 자가 없었다. 그러나 이토록 빛나는 전공은 160만 명이 넘는 육국(六國) 병사들을 섬멸하며 '사람 죽이기를 부추 베어내듯' 하면서 이룩한 것이다. 殲의 관련 단어로는 섬멸(殲滅, 모조리 무찔러 멸망시킴), 섬적(殲敵jiāndí, '적을 섬멸하다'를 의미하는 중국어) 등이 있다.

懺 뉘우칠 참

chàn

무수한 사람을 죽인(, 韱부추 섬) 후 마음(心마음 심, , 忄심방변 심)에 후회가 생겨나다

백기는 진(秦)나라를 위해 그토록 빛나는 전공을 세웠으나 훗날 소왕(昭王)의 명령을 어긴 죄로 사형을 당한다.

죽음을 앞두고 백기는 크게 후회했는데, 명령을 어긴 행동 때문이 아니라 생전에 많은 사람을 죽인 것에서 비롯된 후회였다. 죽음을 앞둔 백기는 조(趙)나라와 벌였던 장평지전(長平之戰)을 떠올렸다. 그는 조나라 군사 40만 명을 포로로 잡았으나 많은 인원을 관리하기 어렵다는 이유로 구덩이를 파서 포로들을 몰살해버렸다. 잔인하게 죽이는 장면이 그의 뇌리에 하나하나 떠올랐고, 백기는 죄의식에 사로잡혀 후회막심이었다.

전

籤 제비 첨

qiān

가늘고 긴 여러 대나무(竹대 죽,) 막대기의 모습이 마치 베어낸 한 무더기의 부추(, 韱부추 섬)와 같다

籤은 가늘고 긴 대나무 막대기이며, 관련 단어로는 죽첨(竹籤, 얇고 반반하게 깎은 대의 조각), 아첨(牙籤, 상아로 만든 책갈피) 등이 있다.

朩에서 파생된 한자

삼베옷을 지으려면 먼저 삼의 줄기를 베어 껍질을 벗기고 다발을 정리한다. 이것을 햇빛에 말려 삶아 가늘게 째어 실을 잣고 염색 및 직조 과정을 거친다. 《예기(禮記)》에는 “그 삼과 실을 다듬어서 직물을 짰다(治其麻絲 以為布帛: 치기마사 이위포백)”라는 기록이 나온다. 삼줄기(朩삼줄기 껍질 빈,)에서 파생된 한자를 통해 중국 고대의 삼베 관련 문화를 엿볼 수 있다.

朩 삼줄기 껍질 빈

pìn

마류(麻類) 식물의 줄기(莖줄기 경,)를 나누는(分나눌 분, , 八여덟 팔) 것으로, 마 껍질을 벗겨내는 장면을 묘사한 것이다

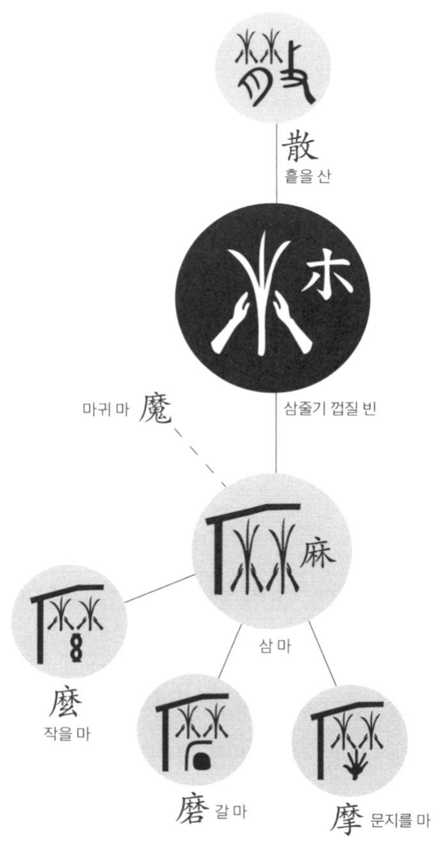

麻 ㉠

麻 삼 마

má

집의 처마(簷처마 첨, ⌐, 广집 엄, 넓을 광, 암자 암) 밑에서 마 식물의 줄기를 하나하나 분리하여(木, 朩삼줄기 껍질 빈) 마 섬유를 삼는다

옛 중국인들은 대마(大麻), 황마(黃麻), 아마(亞麻) 또는 저마(苧麻) 등 마 식물의 섬유를 이용해 베를 짜거나 줄을 엮었다. 따라서 농한기에는 집집마다 문 앞에서 베를 짜는 정경을 볼 수 있었다. 마 한 줄기로 삼을 수 있는 섬유가 무척 많기 때문에 '빼곡하다'의 뜻과 살인여마(殺人如麻) 등의 의미가 파생됐다.

이 밖에 摩(문지를 마), 磨(갈 마), 麼(작을 마)도 모시를 삼는 정경을 묘사하고 있다. 磨( )는 표면이 거친 돌(石돌 석, 섬 석,)을 이용해 저마의 단단한 껍질을 제거하는 모습으로, 마 껍질 벗기기는 삼베 짜기의 첫 번째 작업이다. 摩( )는 손(手손 수,)으로 문질러서 마 섬유를 분리해내는 작업이며, 麼( )는 마 섬유로 실(, 幺작을 요)을 잣는 작업이다. 관련 단어로는 저마(這麼zhè·me, '이렇게, 이토록'을 의미하는 중국어), 나마(那麼nà·me, '그렇게, 저렇게, 그토록'을 의미하는 중국어), 다마(多麼duō·me, '얼마나, 아무리, 참으로'를 의미하는 중국어) 등이 있다.

㉠ ㉡

散 흩을 산

sàn 또는 sǎn

도구를 손에 쥐고(, 攴칠 복) 제사용 고기(肉고기 육,)를 하나하나 분할한 후 그 고기를 다시 삼실(마사(麻絲),)로 묶어 분배하다

주나라 때는 양과 소를 잡아 제를 올렸으며, 제사가 끝난 후에는 태관(太官)이 제사에 참여한 대부(大夫)들에게

고기를 나눠 줬다. 제사에 올린 고기를 나누는 습속은 청(清)나라에까지 전해졌다. 청나라 조정에서는 매일 날이 밝을 때마다 돼지 한 마리를 잡아 제사를 올렸고, 끝난 후에는 산복(散福)이라 하여 가까운 사람들끼리 그 고기를 나눠 먹었다. 춘추(春秋)시대에 제사 고기를 나누는 것과 관련하여 안타까운 일화가 전해진다. 노왕(魯王)은 공자(孔子)에게 옥결(玉玦, 갈라진 틈새가 있는 옥패. 간언을 했다가 축출되는 것을 의미함)을 건네며 소원해진 마음을 전했다. 게다가 제사가 끝난 후에는 으레 나눠 주던 제사 고기도 주지 않았다. 공자는 실망하여 제자들을 이끌고 관직에서 물러나 노나라를 떠나야 했다. 금문 은 도구를 손에 쥐고( ) 삼으로 짠 실( )을 이용해 나누는 모습을 표현했으며, 전서 는 여기에 고기 한 덩이를 추가하여 제사용 고기를 나누는 모습을 묘사했다. 散은 '집중하지 않고 흩어져 분포한다'의 본뜻에서 '순서가 어지럽게 흩어진다'의 의미로 확장되었으며, 관련 단어로는 분산(分散), 산포(散布, 흩어져 퍼지거나 퍼트림), 산회(散會, 모임을 해산함), 산란(散亂, 흩어져 어지러움, 어수선하고 뒤숭숭함), 산보(散步) 등이 있다.

竹에서 파생된 한자

筮 점서

shì

무당(巫무당 무,)이 점을 칠 때 사용하는 대나무(竹대 죽,) 그릇

갑골문 은 무당( )이 두 손( )으로 대나무(竹,) 그릇을 들고 점을 치는 모습을 표현했다. 관련 단어로는 복서(卜筮, 길흉을 알기 위해 점을 침), 서인(筮人, 점치는 사람, 무당) 등이 있다.

筆 붓 필

bǐ

손에 대나무(竹대 죽,)로 만든 붓(筆붓 필, , 聿붓 율)을 들고 있다

진(秦)나라 대장군 몽념(蒙恬)이 양털을 대나무 관에 끼우고 글씨를 쓰다가 붓을 발명했다. 과거에 사용하던 딱딱한 붓인 율(聿)과 구별하기 위해 몽념은 이를 불율필(弗聿筆)이라고 불렀다. 이때부터 筆은 문인들에게 사랑받는 글쓰기 도구로 자리 잡았으며, 훗날 사람들은 점차 聿 대신 筆을 사용하게 되었다. 또 다른 전서 (笔붓 필)는 양의 털(毛터럭 모,)을 대나무( ) 자루에 끼운 것으로, 이 구조 형태는 진나라 몽념이 만든 붓을 더욱 사실적으로 표현하고 있으며, 대나무로 자루를 만들고 양이나 이리의 털로 붓끝을 만들었다. 筆의 간체자는 笔이다.

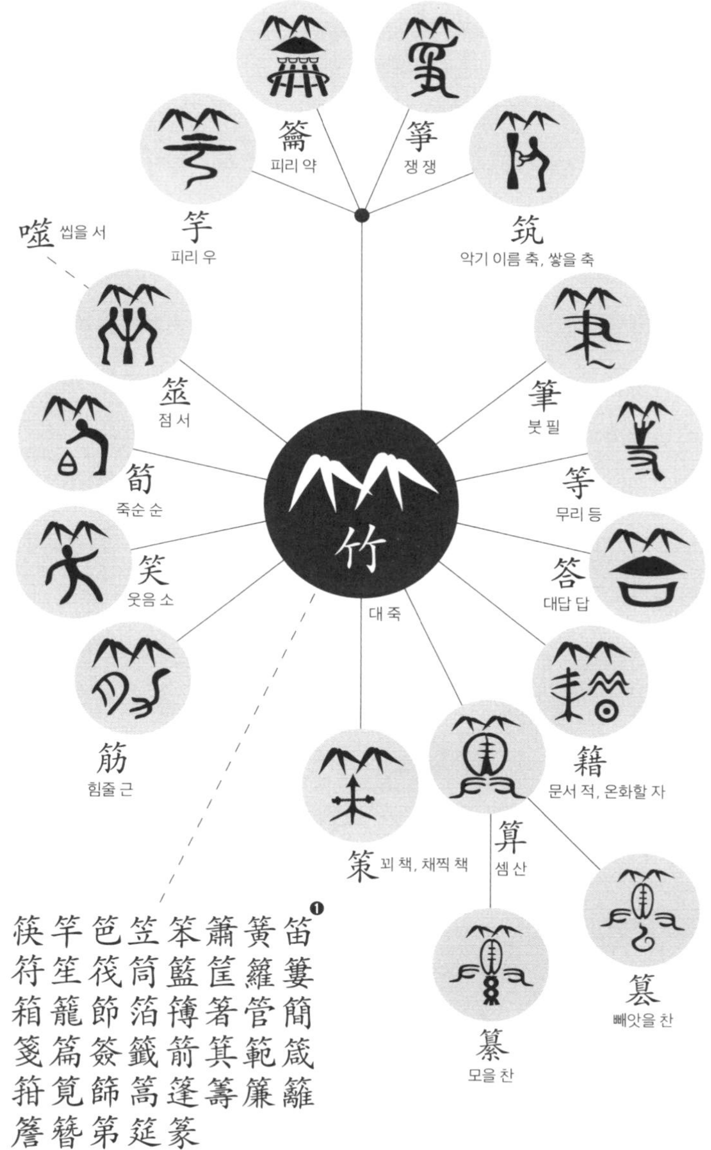

❶ 筷(젓가락 쾌), 竿(낚싯대 간), 笆(가시대 파), 笠(삿갓 립·입), 笨(거칠 분), 簫(퉁소 소), 簧(서 황), 笛(피리 적), 符(기호 부), 笙(생황 생), 筏(뗏목 벌), 筒(대통 통), 籃(대바구니 람·남), 筐(광주리 광), 籮(키 라·나), 簍(대 채롱 루·누), 箱(상자 상), 籠(대바구니 롱·농), 節(마디 절), 箔(발 박), 簙(섶 박), 箸(젓가락 저), 管(대롱 관, 주관할 관), 簡(대쪽 간, 간략할 간), 箋(기록할 전), 篇(책 편), 簽(제비 첨), 籤(제비 첨), 箭(화살 전), 箕(키 기), 範(법 범), 箴(경계 잠), 箝(재갈 먹일 겸), 筧(대 홈통 견), 篩(체 사), 篙(상앗대 고), 篷(뜸 봉), 籌(살 주), 簾(발 렴·염), 籬(울타리 리·이), 簷(처마 첨), 簪(비녀 잠, 빠를 잠), 第(차례 제), 筵(대자리 연), 篆(전자 전)

等 무리 등

děng

앞으로 나아가(, 之갈 지) 죽간(竹簡,)을 처리하는 일(, 寸마디 촌)

베이징 칭화(清華)대학은 전국시대 죽간 한 벌을 소장하고 있는데, 중국 최초의 역사서인 《상서》가 여기 기록되어 있다. 等이라는 한자는 죽간으로 책을 만들었던 것에서 유래했다. 고서(古書) 한 권을 제작하려면 수백 쪽이나 되는 많은 죽간이 필요하고, 재료 선정부터 대나무의 푸른색을 제거하고 변형을 방지하는 작업을 거쳐, 연마, 같은 크기로 자르기, 조각 연결하기, 글씨 쓰기에 이르기까지 복잡한 가공 과정이 필요하다. 따라서 等은 여러 가지 의미로 파생되었는데 그중 하나가 '기다린다'로, 죽간서 한 권을 제작하려면 꽤 많은 시일이 걸리기 때문에 파생된 뜻이다. 두 번째로 '서로 같다'는 뜻이 있는데, 각 죽간의 길이가 같아야 하는 데서 유래했다. 세 번째 의미로는 등급(等級)이 있다. 죽간에 사용되는 재료의 품질이 각각 달라서 등급을 매기기 때문이다. 《설문》은 "等은 가지런한 죽간이다"라고 풀이했다.

算 셈 산

suàn

가는 대(竹대 죽,)막대기로 양손에 받쳐 든 돈(, 具갖출 구)을 세다

대로 만든 산주(算籌, 산가지)는 고대에 사용한 계산 도구이며 산판(算盤, 주판)의 전신이다. 대나무 산가지는 길이가 일정한 가는 대나무 막대로 만들며, 가로와 세로 방향을 번갈아 놓는 방식으로 임의의 숫자를 표시할 수 있다. 가령 가로로 놓으면 5를 의미하고, 세로로 놓으면 1을 의미하는 식이다. 숫자의 덧셈과 뺄셈은 10진법을 이용하며 그 원리는 주판과 같다. 대나무 산가지로 계산하는 방법을 주산(籌算)이라고 한다. 고고학자들은 후난(湖南) 창사(長沙) 지역에서 전국시대에 사용했던 12센티미터 길이의 산가지 40개를 출토했다. 《전한·율력지(前漢·律曆志)》에 이런 기록이 있다. "셈법은 대나무 가지를 사용하는데 지름 1푼(分)이요, 길이 6촌(寸)이며 산가지 271매(枚)로 6고(觚)를 이루는데 이것이 1악(握)이다(算法用竹, 徑一分, 長六寸, 二百七十一枚而成六觚, 為一握: 산법용죽, 경일푼, 장육촌, 이백칠십일매이성육고, 위일악)." 算은 '수를 헤아리다', '추측하다', '인정하다'의 뜻이 파생되었으며, 관련 단어로는 산수(算數), 산판(算盤), 계산(計算) 등이 있다. 《설문》은 "算은 세는 것이며, 대나무를 도구로 사용한다"라고 풀이했다.

전

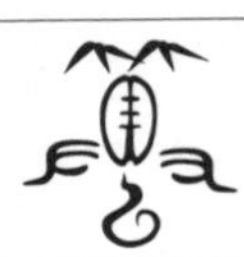

篡 빼앗을 찬

cuàn

입으로 기운을 내뿜어(, 厶사사 사, 아무 모) 타인을 음해하다( )

篡은 '부당하게 빼앗다'의 의미로 파생되었으며, 관련 단어로는 모찬(謀篡móucuàn, '찬탈을 꾀하다'를 의미하는 중국어), 찬위(篡位cuànwèi, '신하가 임금의 자리를 찬탈하다'를 의미하는 중국어), 찬개(篡改cuàngǎi, '속임수로 고치다'를 의미하는 중국어) 등이 있다.

전

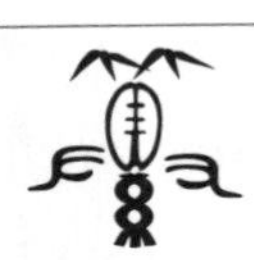

纂 모을 찬

zuǎn

죽간의 수를 계산한(, 算셈 산) 후, 끈(, 糸가는 실 멱, 실 사)으로 연결하여 한 권의 책을 엮다

纂은 '모으다', '편찬하고 수정하다'의 의미로 파생되었으며, 관련 단어로는 찬집(纂輯, 편찬과 편집을 아우르는 말), 편찬(編纂, 여러 자료를 수집하고 정리하여 책으로 만듦) 등이 있다.

전

筍 죽순 순

sǔn

대(竹대 죽,)숲에서 몸을 숙이고(, 勹쌀 포) 죽순( )을 캐다

笑 웃음 소

xiào

웃느라 몸을 제대로 가누지 못하는 사람(, 夭일찍 죽을 요, 어릴 요, 어린아이 오, 땅 이름 옥, 예쁠 외)의 모습이 마치 불어오는 바람에 대나무( )가 휘어지는 형태와 비슷하다 대나무가 바람에 휘어질 때 나는 소리가 사람이 웃는 '큭큭' 소리와 비슷하다는 것이 흥미롭다. 이를 두고 이양빙(李陽冰, 당나라의 서예가)은 "바람에 대나무가 휘어지는 모습이 마치 사람이 웃는 것 같다"라고 했다.

筋 힘줄 근

jīn

힘(力힘 력·역,)을 전달하는 몸의 부위( )로, 그 조직의 형태가 마치 대나무(竹대 죽,) 섬유와 같다 관련 단어로는 근골(筋骨, 근육과 뼈), 각근(腳筋, 다리 근육) 등이 있다.

筋 전

(전)

答 대답 답

dá

두 사람이 대나무(竹대 죽,)를 맞붙여(合합할 합, 쪽문 합,) 일문일답(一問一答)을 진행하다

합죽(合竹)은 둘로 쪼갠 댓조각을 다시 맞붙이는 것으로, 고서 기록에 따르면 고대인들은 합죽을 칼자루나 지팡이, 그릇으로 사용하는 등 다양하게 활용했다. 이 밖에 '댓조각을 맞붙이는 것처럼 정이 깊다'는 뜻의 '정여합죽(情如合竹)'으로 두 사람의 친밀한 관계를 의미하기도 했다. 箚(찌를 차)는 고대에 글씨를 쓸 때 사용한 댓조각으로, 대나무를 반으로 쪼갠 반죽(半竹)이 그것이다. 答은 선생님이 왼쪽 반죽에 문제를 적으면 학생들은 나머지 조각에 답안을 적어 선생님이 제시한 상련(上聯)과 학생들이 적어낸 하련(下聯)을 연결하여 하나의 구절을 완성했다.

대나무로 만든 악기

箏 쟁 쟁

zhēng

쟁(爭쟁 쟁,)탈한 대나무(竹대 죽,)로 악기를 만들다

箏은 대나무 조각으로 현(弦)을 켜서 소리를 내는 악기의 일종이다. 진(秦)나라는 풍습이 각박했다. 어떤 부자(父子)가 살았는데 어느 날 현이 25개 달린 거문고를 빼어 왔다. 두 사람은 서로 갖겠다고 다투다가 결국 악기를 둘로 갈라 12현과 13현으로 나눠 갖기로 하고 그것을 쟁(箏)이라고 불렀다. 이 일화의 원문은 《집운(集韻)》에 소개된 "秦俗薄惡, 有父子爭瑟者, 各入其半, 當時名為箏(진속박악, 유부자쟁슬자, 각입기반, 당시명위쟁)"이다. 그러나 훗날 이 이야기의 사실 여부를 놓고 논란이 벌어졌다. 이에 《석명(釋名)》은 箏이라는 이름의 유래에 대해 "현의 소리가 높고 급해서 붙여진 것"이라고 설명했다.

전

籥 피리 약

yuè

많은 대나무(竹대 죽,) 관(管)으로 구성된 편관악기(編管樂器, 여러 개의 관을 엮어 만든 악기, , 龠피리 약)

갑골문 은 안이 빈 관 두 개를 엮어놓고, 관의 위쪽에 있는 입구(口입 구,)를 입으로 불어 연주하는 모습이다. 금문 은 관 입구에 다문 입(亼삼합 집)을 더하여 입으로 악기를 불어 연주하는 모습을 표현했다. 전서 는 '竹'을 더하여 이것이 대나무로 만든 악기임을 분명히 했다.

갑

금

전

筑 ㉠ 전

筑 악기 이름 축, 쌓을 축

zhù

대나무(竹대 죽,)로 타격(打擊, 때리어 침, , 巩굳을 공)하는 악기를 제작하다

전국시대에 형가(荊軻)와 가까이 지내던 고점리(高漸離)는 축(筑)을 타는 데 뛰어난 고수였다. 그는 진시황에게 두 눈을 잃었으면서도 여전히 아름다운 음악을 연주할 수 있었다. 巩의 금문 은 한 사람이 절굿공이( )를 두 손으로 움켜쥔(, 丮잡을 극) 모습을 표현하여 두드리고 치는 의미를 나타냈다. 《사기·형가전(史記·荊軻傳)》에는 "고점리가 축을 울리고 형가가 거기 맞추어 노래를 불렀다(高漸離擊筑, 荊軻和而歌於市中: 고점리격축, 형가화이가어시중)"라고 기록되어 있다.

耑에서 파생된 한자

耑 끝 단, 오로지 전

duān

식물의 뿌리( )와 끝부분(, 屮왼손 좌, 싹 날 철, 풀 초)

耑은 端(끝 단, 헐떡일 천, 홀 전)의 본자이다. 갑골문 은 식물의 뿌리와 之(갈 지)로 구성되어 식물의 성장이 뿌리로부터 위로 향하는 것을 표현했으며, 사물의 발단이라는 의미가 파생되었다. 금문 은 식물의 뿌리와 끝부분의 줄기와 잎을 묘사하여 식물의 머리와 뿌리라는 양 끝을 표현했다.

갑 금 전

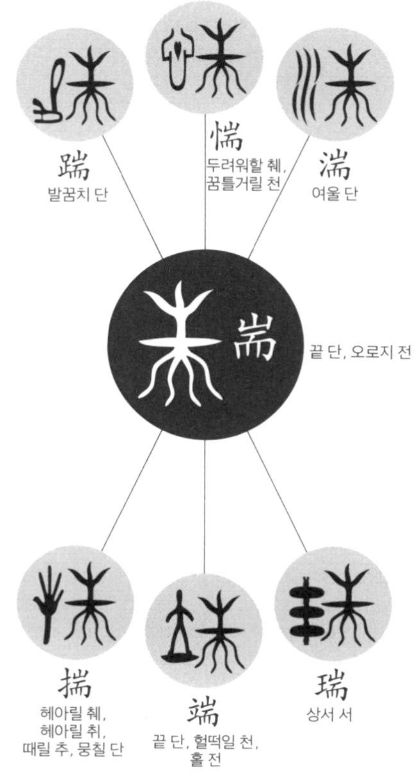

端 전

端 끝 단, 헐떡일 천, 홀 전

duān

처음과 끝의 양쪽 끝(, 耑끝 단, 오로지 전)이 모두 수직으로 서(立설 립, 입자리 위,) 있다

端의 본자는 耑이고 본뜻은 단점(端點, 시작이나 끝을 나타내는 점)으로, 시작 부분을 의미하는 개단(開端), 끝부분을 의미하는 말단(末端)에 사용된다. 여기에 '立'이 추가되어 '정직(正直, 바르고 곧다, 정직하다)'의 뜻으로 확장되었으며, 관련 단어로는 단정(端正), 단장(端莊, 단정하고 장중하다) 등이 있다. 《설문》은 "端은 곧은 것이다"라고 설명했다.

揣 전

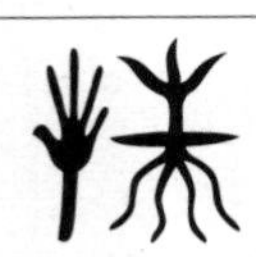

揣 헤아릴 췌, 헤아릴 취, 때릴 추, 뭉칠 단

chuǎi

손(手손 수,)으로 양쪽 끝(, 耑끝 단, 오로지 전)을 만지며 길이를 헤아리다

관련 단어로는 췌탁(揣度, 남의 마음을 미루어서 헤아림), 췌마(揣摩, 남의 마음을 미루어서 헤아림), 췌상(揣想 chuǎixiǎng, '추측하다'를 의미하는 중국어) 등이 있다.

瑞 전

瑞 상서 서

ruì

옥(玉구슬 옥,)을 둘로 쪼개서 두 사람이 각각 끝(, 耑끝 단, 오로지 전)부분을 한 쪽씩 지녀 증표로 삼다

옛 중국인들은 옥을 둘로 쪼개 두 사람이 각각 한 쪽씩 지녀 증표로 삼곤 했다. 이렇게 하여 각자가 지닌 옥을 서옥(瑞玉)이라고 불렀다. 이른바 '반서옥(班瑞玉)' 또는 '반서(班瑞)'는 이렇게 옥을 둘로 갈라 증표로 지니는 것이다. 《상서》에는 순임금이 즉위한 후 각 제후국의 왕에게 서옥을 나눠 줬다는 기록이 있다. 훗날 이러한 반서옥의 의식(儀式)은 주나라에서 각급 관리를 임명하는 의식으로 자리 잡았다. 임금이 서옥을 제후나 대신들에게 하사한 후, 그들이 조정에 와서 임금을 알현하고자 하면 지니고 있던 서옥을 입구에서 제시해야 했다. 문을 지키는 사람은 이 증표를 지닌 사람들에게만 조정 출입을 허락했다. 《예기》에 따르면 대신이 잘못을 저지를 경우, 그가 지닌 서옥은 압수당하여 잘못을 뉘우치거나 공을 세워 속죄해야만 돌려받을 수 있었다고 한다. 서옥을 지니는 것이 평안함과 상서로움을 의미했다고 할 수 있다. 따라서 瑞는 행운의 의미로 확장되었으며, 관련 단어로는 상서(祥瑞, 경사롭고 길한 징조), 서설(瑞雪, 상서로운 눈), 서하(瑞霞, 상서로운 노을) 등이 있다.

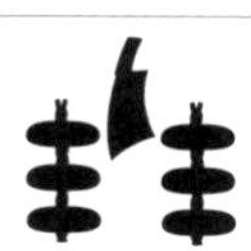

班 나눌 반

bān

칼( )을 이용해 옥을 두 쪽으로 가르다(, 珏쌍옥 각, 쌍옥 곡)

班 (금)
班 (전)

임명된 관리는 직급의 서열에 따라 서옥을 받는다. 따라서 班은 '나눠 주다', '등급', '순서', '직급에 따라 편성된 조직' 등의 뜻으로 확장되었으며, 관련 단어로는 반사(班賜=頒賜, 임금이 물건을 나누어 줌), 반차(班次, 품계나 신분, 등급의 차례), 배반(排班, 순서에 따라 배치하다), 반급(班級bānjí, '학급', '학년'을 의미하는 중국어), 일반인마(一班人馬, 한 무리의 인마) 등이 있다. 이 밖에도 둘로 쪼갠 옥을 원래대로 다시 합칠 수 있다 하여 '귀환하다'의 뜻이 파생되기도 했다. 가령 개선한 군대가 조정으로 귀환한다는 의미의 '반사회조(班師回朝bānshīhuícháo)'가 있다. 《설문》은 "班은 서옥을 나눠 주는 것이다"라고 풀이했다. 《상서》에 "여러 제후에게 서옥을 나눠 줬다(班瑞于羣后: 반서우군후)"는 기록이 있다.

전

惴 두려워할 췌, 꿈틀거릴 천

zhuì

사람의 마음(心마음 심, , 忄심방변 심)이 선과 악의 양쪽 끝(, 耑끝 단, 오로지 전) 사이에서 갈등하다

사람의 마음은 늘 선과 악의 양단(兩端) 사이에서 갈등한다. 따라서 늘 경계하고 두려운 마음을 가지며 모든 면에서 신중해야 한다. 이것이 곧 동중서(董仲舒, 중국 전한 중기의 대표적 유학자)가 《춘추번로(春秋繁露)》에서 주장한 "선과 악의 끝을 조심하라(謹善惡之端: 근선악지단)"는 말이다. 《시경(詩經)》은 "마치 나무 위에 앉아 있는 것처럼 온유하고 공손해야 하며, 깊은 골짜기를 가는 것처럼 조심해야 한다. 얇은 얼음을 밟고 있는 것처럼 전전긍긍해야 한다(溫溫恭人, 如集于木. 惴惴小心, 如臨于谷. 戰戰兢兢, 如履薄冰: 온온공인, 여집우목. 췌췌소심, 여임우곡. 전전긍긍, 여리박빙)"라고 하였다. 관련 단어로는 췌췌불안(惴惴不安zhuìzhuìbùān, '벌벌 떨며 불안해하다'를 의미하는 중국어)과 소심(小心, 마음을 조심스럽게 가지다)이 있다.

전

湍 여울 단

tuān

위와 아래의 양쪽 끝(, 耑끝 단, 오로지 전) 사이에 흐르는 물(水물 수,)

옛 중국인들은 물이 흐르는 속도가 양 끝의 낙차(落差)에 따라 다르며, 낙차가 클수록 유속도 빨라진다는 사실을 알았다. 낙차가 큰 깊은 못의 폭포는 물의 흐름이 매우 급하다. 湍은 급류(急流)의 의미로 확장되었으며, 관련 단어로는 단급(湍急tuānjí, '물살이 세다'를 의미하는 중국어), 단류(湍流, 급하고 세차게 흐르는 물), 단뢰(湍瀨, 여울) 등이 있다. 《회남자(淮南子)》에는 "여울과 깊은 연못(湍瀨旋淵: 단뢰선연)"이라는 내용이 나온다.

踹 발꿈치 단

chuài

상단, 즉 위쪽 끝(, 耑끝 단, 오로지 전)에서 아래를 향해 힘을 주어 밟는다(, 足발 족, 지나칠 주)

관련 단어로는 단각(踹腳chuàijiǎo, '짓밟다'를 의미하는 중국어), 단답(踹踏chuàità, '짓밟다'를 의미하는 중국어), 단개(踹開chuàikāi, '걷어차서 열다'를 의미하는 중국어) 등이 있다. 《회남자》에는 "추격병들이 들이닥치자 발을 구르며 분노했다(追者至, 踹足而怒: 추자지, 단족이노)"라는 내용이 나온다.

나무 목

❶ 어조사 우, 이지러질 휴
❷ 어조사 우, 어조사 어

干

방패 간

爿

나뭇조각 장,
나뭇조각 상, 양수사 판

재주 재

조각 편, 절반 반

耒

가래 뢰·뇌

동녘 동

묶을 속, 약속할 속

제 2 장

木

나무 목

한자에서 木의 구조는 주로 세 가지 의미가 있다. 첫 번째는 수목(樹木)이고, 두 번째는 나무로 만든 용품이며, 세 번째는 목재나 장작을 의미한다.

木—수목(樹木)

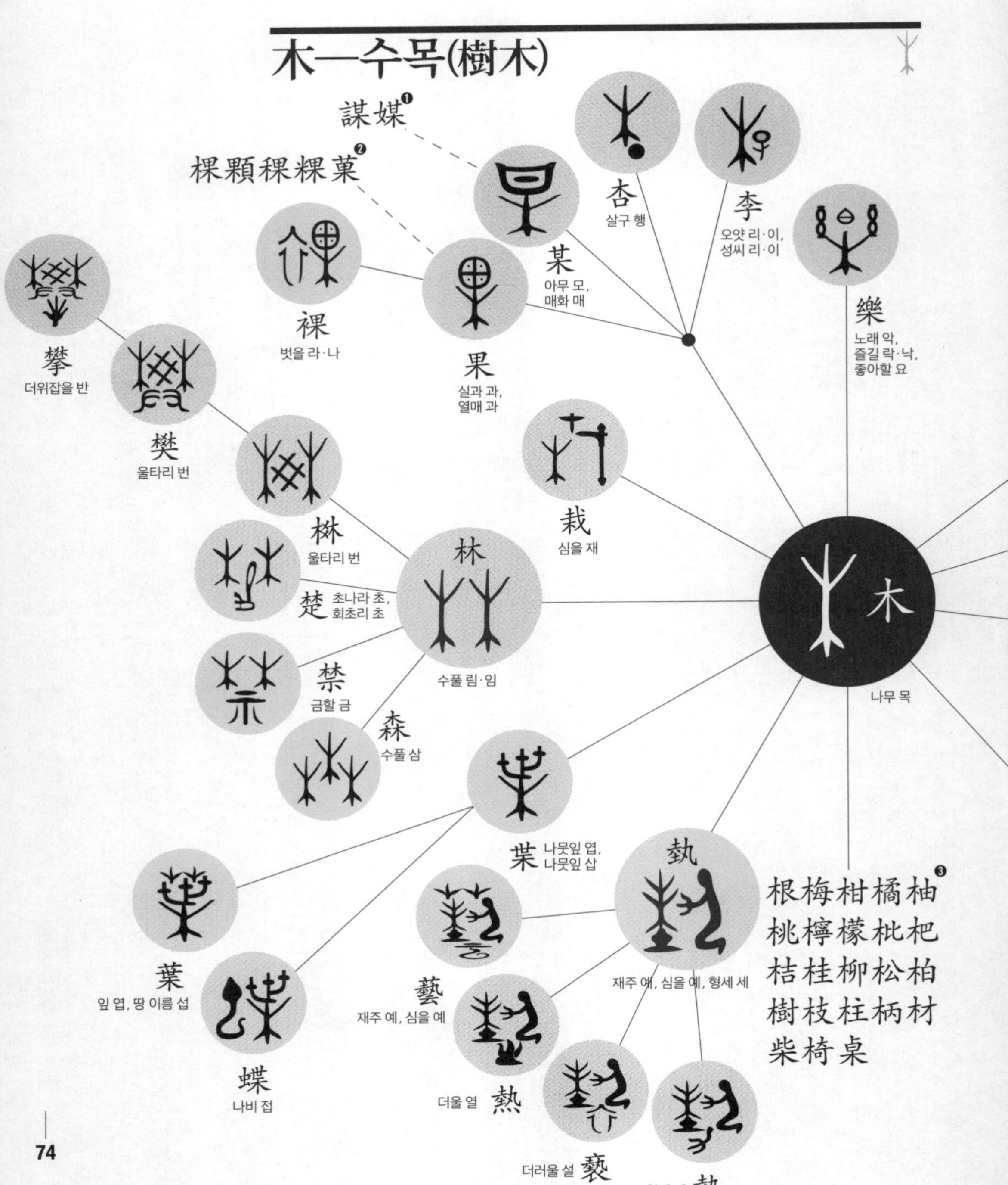

謀媒❶
棵顆稞粿菓❷
杏
살구 행
李
오얏 리·이,
성씨 리·이
某
아무 모,
매화 매
樂
노래 악,
즐길 락·낙,
좋아할 요
裸
벗을 라·나
果
실과 과,
열매 과
攀
더위잡을 반
樊
울타리 번
栽
심을 재
楙
울타리 번
林
수풀 림·임
楚
초나라 초,
회초리 초
木
나무 목
禁
금할 금
森
수풀 삼
枼
나뭇잎 엽,
나뭇잎 삽
埶
재주 예, 심을 예, 형세 세
根梅柑橘柚❸
桃檸檬枇杷
桔桂柳松柏
樹枝柱柄材
柴椅桌
葉
잎 엽, 땅 이름 섭
蝶
나비 접
藝
재주 예, 심을 예
熱
더울 열
褻
더러울 설
勢
형세 세

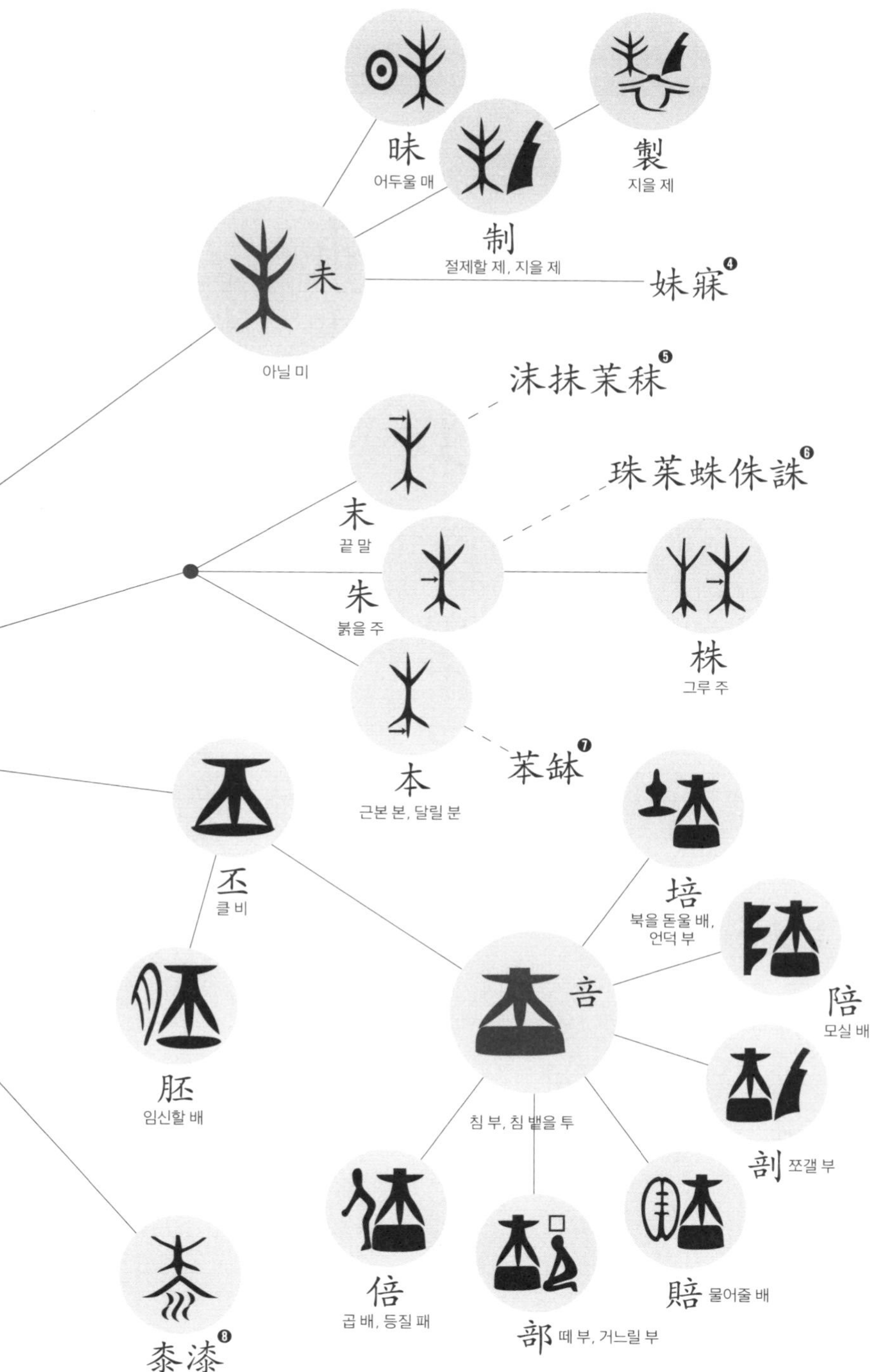

❶ 謀(꾀 모), 媒(중매 매)

❷ 棵(도마 과, 땔나무 관, 괘 괘), 顆(낟알 과), 稞(보리 과), 粿(알곡식 과), 菓(과자 과, 실과 과)

❸ 根(뿌리 근), 梅(매화 매), 柑(귤 감, 재갈 물릴 겸), 橘(귤 귤), 柚(유자 유, 바디 축), 桃(복숭아 도), 檸(레몬 녕·영), 檬(레몬 몽), 枇(비파나무 비, 참빗 비), 杷(비파나무 파), 桔(도라지 길), 桂(계수나무 계), 柳(버들 류·유), 松(소나무 송, 더벅머리 송, 따를 종), 柏(측백 백), 樹(나무 수), 枝(가지 지, 육손이 기), 柱(기둥 주, 버틸 주), 柄(자루 병), 材(재목 재), 柴(섶 시, 울짱 채, 가지런하지 않을 치, 쌓을 지), 椅(의자 의), 桌(높을 탁)

❹ 妹(누이 매), 寐(잘 매)

❺ 沫(물거품 말), 抹(지울 말), 茉(말리 말), 秣(꼴 말)

❻ 珠(구슬 주), 茱(수유 수), 蛛(거미 주), 侏(난쟁이 주), 誅(벨 주)

❼ 苯(풀 떨기로 날 분), 鉢(바리때 발)

❽ 桼(옻 칠), 漆(옻 칠, 일곱 칠, 삼가는 모양 절, 전심할 철)

수목의 각 부위

그림문자	해서	갑골문	금문	전서	글자 구조의 의미
	本 근본 본, 달릴 분				나무뿌리
	末 끝 말				나무의 끝
	朱 붉을 주				나무줄기
	未 아닐 미				가지와 잎이 무성하여 열매가 열리기를 기다리는 나무
	果 실과 과, 열매 과				나무에 가득 열린 열매
	杏 살구 행				나무에 달린 둥근 형태의 열매
	李 오얏 리·이, 성씨 리·이				나무에 달린 작고 어린 열매
	某 아무 모, 매화 매				나무에 달린 달콤한 열매
	葉 나뭇잎 엽, 나뭇잎 삽				나무에 달린 30그루의 풀
	葉 잎 엽, 땅 이름 섭				나무에 달린 30그루의 풀

本 근본 본, 달릴 분

běn

나무의 뿌리. 지사법(指事法, 상징적인 기호를 사용하여 한자를 만드는 것)을 이용해 나무( ) 밑에 가로획 하나를 더함으로써 나무 한 그루의 뿌리 부분을 표시했다

금

전

末 끝 말

mò

나무의 끝부분. 지사법을 이용해 나무( )의 위에 가로획 하나를 더함으로써 나무의 끝부분(末梢, 말초)을 표시했다

금

전

朱 붉을 주

zhū

나무줄기. 지사법을 이용해 나무( )의 중간 부분에 가로획 하나를 더함으로써 나무의 줄기를 표시했다

갑

금

전

朱의 본뜻은 나무줄기인데 나중에 '포기', '그루'를 의미하는 '株(그루 주)'로 바뀌었다. 관련 단어로는 식주(植株 zhízhū, '뿌리·줄기·잎을 갖춘 성장한 식물체'를 의미하는 중국어), 수주대토(守株待兔, 나무 그루터기를 지키며 토끼를 기다리다, 요행을 바라다) 등이 있다. 아마도 옛 중국인들은 나무줄기의 껍질이나 목재에서 붉은색을 많이 보았을 것이고, 그래서 朱가 붉은색의 의미를 파생하게 되었는지도 모른다.

금

전

未 아닐 미

wèi

가지와 잎이 무성해졌으나 아직 열매가 맺히지 않은 나무(木나무 목,)

果(실과 과)의 갑골문은 이고 未의 금문은 인 것으로 볼 때, 未가 열매 맺기를 기다리는 나무를 상징한다는 것을 알 수 있다.

금

전

昧 어두울 매

mèi

태양( )이 아직 떠오르지 않았다(未아닐 미,)

昧는 '어둡다'의 의미가 파생하였으며, 관련 단어로는 혼매(昏昧, 어둡고 어리석어서 아무것도 모름), 우매(愚昧, 어리석고 사리에 어두움) 등이 있다.

금

전

制 절제할 제, 지을 제

zhì

아직 완성되지 않은(未아닐 미,) 옷을 자르고 재단하다(裁剪cáijiǎn, '재단하다'라는 의미의 중국어, , 刀칼 도, 조두 조)

制는 製의 옛 한자로, 원래는 옷을 짓는다는 의미가 있다. 《시경·빈풍(豳風)》에도 "옷을 지어 입고(制彼裳衣: 제피상의)"라는 내용이 나온다. 制는 규칙이나 규범을 세운다는 의미로 파생되었으며, 관련 단어로는 제도(制度), 제복(制服), 공제(控制kòngzhì, '제어하다, 규제하다'라는 의미의 중국어) 등이 있다.

製 지을 제

zhì

재단하여 짓는(制절제할 제, 지을 제,) 옷(衣옷 의,)

관련 단어로는 제작(製作), 제조(製造) 등이 있다. 妹(누이 매)와 寐(잘 매)는 未(아닐 미)를 의미기호로 하는 회의자로, 妹는 아직 성숙하지 않았거나(未) 결혼하지 않은 여자(女여자 녀·여)를 의미한다. 寐는 실(室집 실)내의 침상(牀평상 상)에 누워 아직 깨어나지 않은(未) 것을 의미한다.

전

果 실과 과, 열매 과

guǒ

나무(木나무 목,)에 가득 열린 열매( )

果의 갑골문 은 (未아닐 미)에 많은 열매를 추가했으며, 금문 에서는 과 를 합친 글자로 변경되었다. 그중 는 周(두루 주)의 갑골문으로 밭에 벼의 싹을 가득 심은 모습을 표현하며, 여기서는 가득 열린 열매를 의미한다.

갑

금

전

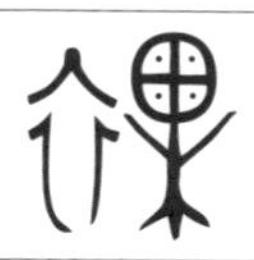

裸 벗을 라·나

luǒ

열매(果실과 과,) 외부의 옷(衣옷 의,), 즉 과피(果皮)

裸는 적라(赤裸, 알몸이 되게 벌거벗음), 나체(裸體) 등 '아무것도 가리지 않은 모양'의 의미가 파생되었다.

금

전

杏 살구 행

xìng

등근 형태의 열매가 맺힌(●) 나무(Ɏ)

杏의 본래 의미는 살구나무, 또는 살구 열매이다. 시안(西安) 등지에서 생산되는 살구는 크기가 복숭아만큼 크다.

금

전

李 오얏 리·이, 성씨 리·이

lǐ

어린(子아들 자,) 열매가 맺힌 나무(Ɏ)

금문 은 상형자이며 글자의 윗부분은 나무(木나무 목,), 아랫부분은 가지와 잎이 달린 과실로 구성되었다. 전서 는 열매가 '子()'로 바뀌어 작은 열매를 상징한다. 李의 본뜻은 이수(李樹, 오얏나무) 또는 이자(李子, 오얏 열매)이다.

금

전

某 아무 모, 매화 매

mǒu

열매가 달콤(甘달 감,)하지만 이름은 모르는 나무(木나무 목, Ɏ)

달콤한 열매가 달린 어떤 나무를 어떻게 묘사할까? 통일된 이름이 없는 상황이라면 말하는 사람은 어떤 식물에 대해 각종 비유를 들어가며 듣는 사람을 이해시켜야 한다. 某는 열매는 달콤하나 명칭을 모르는 나무를 표현하는 글자이며, 나중에는 이름을 모르는 사람이나 사물을 지칭할 때 널리 사용되었다. 가령 모인(某人, 어떤 사람), 모갑(某甲, 남자의 이름을 모르거나 비밀로 할 때 쓰는 가명), 진모(陳某, 진씨 성을 가진 이름을 모르는 사람) 등이다. 某의 소리에서 파생된 상용한자에는 謀(꾀 모), 媒(중매 매), 煤(그을음 매) 등이 있다.

桼 또는 漆

옻 칠

qī

나무(木나무 목,)에서 흘러나오는 수액이 물(水물 수,)에 녹아 들어가(入들 입,) 염료(染料)로 배합되다

世 인간 세, 대 세

shì

삼십(, 卅서른 삽) 년을 지나오다(, 止그칠 지)

옛 중국인들은 세대교체가 되는 주기를 30년으로 생각하여 일세(一世) 또는 일대(一代)라고 불렀다. 아버지에서 아들로 이어져 계승하는 것이 일세(一世)이다. 금문 과 전서 는 止( )와 卅( )을 합친 글자로, 30년을 지나왔다는 의미를 담고 있다. 아래는 世와 연관된 한자 대조표이다.

해서	갑골문	금문	전서	글자 구조의 의미
十 열 십				열
廿 스물 입				스물

卅 서른 삽				서른
世 인간 세, 대 세				30년을 지나왔다
枼 나뭇잎 엽, 나뭇잎 삽				나무에서 자라는 30개의 잎
葉 잎 엽, 땅 이름 섭				나무에서 자라는 30그루의 풀

갑 금 전

枼 나뭇잎 엽, 나뭇잎 삽

yè

나무(, 木나무 목)에서 자라는 삼십(, 世인간 세, 대세) 개의 잎

枼은 葉의 본자이다. 갑골문 과 금문 은 卅(서른 삽, ,)과 木으로 구성되어 30개의 나뭇잎을 묘사했다. 나중에 '卅'이 '世'로 변경되었다. 30이든 한 세대이든 옛 중국인들에게는 큰 숫자임에 틀림없었다. 한 세대에 많은 후손을 낳을 수 있었기 때문에 이 기호를 이용해 많은 나뭇잎을 묘사했다.

전

葉 잎 엽, 땅 이름 섭

yè

나무(, 木나무 목)에서 자라는 삼십(, 世인간 세, 대세) 그루의 풀(艸풀 초,)

蝶 나비 접

dié

생긴 모습이 나뭇잎(枼나뭇잎 엽, 나뭇잎 삽,)과 유사한 벌레(蟲벌레 충, 벌레 훼, 찔 동,)

나풀나풀 날아다니는 나비의 날개는 마치 나풀거리며 떨어지는 낙엽(落葉)처럼 보인다. 그래서 옛 중국인들은 나뭇잎으로 나비를 묘사했다.

전

근기를 배양하다

丕 클 비

pī

나무뿌리( )의 맨 아랫부분(一)

선진(先秦)의 전적(典籍)을 보면 '비기(丕基)'는 근기(根基, 뿌리내린 터전)를 가리키며, '비비기(丕丕基)'는 거대한 기업(基業, 대대로 전하는 사업)을 지칭하여 통상적으로는 국가와 제위(帝位)를 의미한다. 《상서》는 "하늘의 명이 두려운 이유는 우리의 거대한 기업을 돕기 때문이다(天明畏, 弼我丕丕基: 천명외, 필아비비기)", "너그러운 덕을 꾀하시고 따르셔서 이 크나큰 터전을 함께 받게 되신 것이다(率惟謀從容德, 以並受此丕丕基: 솔유모종용덕, 이병수차비비기)"라고 했다. 《일주서(逸周書)》는 "주나라의 큰 터전이다(丕維周之基: 비유주지기)"라고 하였으며, 당나라 사람 장소(張紹)는 "빛나는 선조들이 큰 터전을 다시 세우니(赫赫烈祖, 再造丕基: 혁혁열조, 재조비기)"라고 노래했다. 丕의 본뜻은 '뿌리내린 터전'이며, 여기서 '위대하다', '관례나 명령을 지키고 받들다'의 뜻이 파생되었다. 관련 단어로는 비변(丕變, 전부터 내려오던 나쁜 풍습을 타파함), 비업(丕業, 큰 사업),

금

전

비훈(丕訓, 큰 교훈) 등이 있다. 글자 구조를 볼 때 丕는 큰 나무의 뿌리 아래에 가로획 하나를 더하여 '뿌리내린 터전'을 표현했다. 丕의 금문  은 木(나무 목) 아래에 가로획 하나를 더하여 나무의 기반을 표현했다. 그러나 나무의 뿌리 부위를 두드러지게 하기 위해 그 부분을 크게 확대하였으며, 이에 따라 나무의 가지 부분은 축소되거나 생략되었다. 전서  는 여기서 더 나아가 땅 밑의 뿌리와 그 토대 부분만 묘사함으로써 땅 윗부분은 전부 생략했다.

허신(許愼)은 丕가 不(아닐 부·불)와 一의 합체자라고 주장했다. 따라서 후대의 학자들이 丕를 不와 동일시하는 경향이 있었는데, 사실 이 두 글자의 의미 사이에는 상당히 큰 차이가 있다. 고대 서적을 보면 丕는 不가 아니라 咅(침 부, 침 뱉을 투)로 쓰는 경우가 많은데, 이는 咅가 丕에서 파생된 한자이기 때문이다. 丕나 咅의 금문 독체자(獨體字, 한자의 구성에서 더는 분리할 수 없는 글자)는 찾을 수 없었으나 원래의 뜻을 연구하기 위해 우리는 丕나 咅를 포함한 금문 합체자에서 그 답을 찾아보기로 했다. 가령 箁(죽순 껍질 부)의 금문  은 竹(대 죽,), 丕(), 口(입 구,)로 구성되었다. 咅는 또 丕와 口가 합쳐진 글자이다. 따라서 이 글자는 竹과 咅의 합체자로 볼 수 있으며, 箁로 표기함으로써 대나무의 성장을 배양(培養)한다는 의미로 쓰인다. 이 글자를 통해 丕의 금문  이 木 아래에 가로획을 더한 것으로 나무의 뿌리 기반을 의미한다는 것을 알 수 있다. 이 밖에 한자 本의 금문 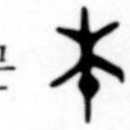 은 나무의 뿌리를 의미하며, 전국시대 초(楚)나라에서 사용한 죽간(竹簡)에는  으로 써서 나무의 뿌리()를 절구(臼절구 구, )에 넣은

모습을 표현했다. 이는 나무뿌리를 단단히 붙잡아 견고하게 한다는 의미가 있다. 이상의 옛 한자들은 모두 옛 중국인들이 뿌리내린 터전의 개념을 묘사한 것이다.

신체 기관(, 肉고기 육, 둘레 유)의 터전(, 丕클 비)

胚 임신할 배

pēi

갓난아이는 수정란에서부터 시작되며, 수정란은 서서히 분열하여 생물 형태를 갖춘 배태(胚胎)가 된다. 옛 중국인들은 어머니의 배 속에 있는 배태가 터전에 뿌리내렸다고 여기고 갓난아이로 성장할 수 있도록 계속 영양을 공급했다. 胚는 발육 초기의 생물체라는 의미로 파생되었으며, 관련 단어로는 배태(胚胎, 수태 후 얼마 안 된 태아), 배아(胚芽, 씨의 속에 있으며 자라서 싹이 될 부분), 배반(胚盤, 핵을 포함하는 세포질 부분) 등이 있다. 《설문》은 "胚는 부인이 아이를 밴 지 한 달 된 때를 가리킨다"로 풀이했다.

나무의 뿌리 터전(, 丕클 비)을 큰 흙덩이로 단단히 다지다( ). 즉 토양을 추가하여 터전을 확장한다는 의미이다

咅 침 부, 침 뱉을 투

pǒu

咅는 培(북을 돋울 배, 언덕 부)와 倍(곱 배, 등질 패)의 본자로, '확장하다' 또는 '특별히 더하다'의 의미가 파생되었다. 주나라 사람들은 농사에 소질이 있어서 식물을 강하게 키우려면 심을 때 뿌리에 충분한 흙을 덮어줘야 한다는 사실을 알았다. 적당히 부드러운 흙은 식물의 안정적인 성장을 도울 뿐 아니라 성장에 필요한 양분도 공급해준다. 《여씨춘추(呂氏春秋)》에 이런 기록이 있다. "벼의 씨를 뿌려 연한 흙에서 자라게 하되 이식한 후에는 단단한 흙에서 자라게 해야 한다. 파종할 때는 신중해야 하며, …… 흙을 갈아서 종자를 덮게 되면 너무 부족할 정도로 얇게 덮지 않도록 하며, …… 반드시 북돋아주는 데 힘써야 한다(稼欲生於塵, 而殖於堅者. 愼其種, …… 於其施土, 無使不足, …… 必務其培: 가욕생어진, 이식어견자. 신기종, …… 어기시토, 무사부족, …… 필무기배)." 《예기》도 "따라서 심은 것을 북돋아준다(故栽者培之: 고재자배지)"라고 하였다. '배토(培土)'는 식물 뿌리에 흙을 더하여 그 뿌리를 단단히 다지고 자양분을 충분히 공급하는 것을 말한다. 咅는 뿌리에 영양을 공급하고 토양을 더해준다는 의미이며, 培와 倍의 본자이다. 咅와 丕는 서로 통하며, 전자는 뿌리의 터전을 더 단단히 함을, 후자는 거대한 뿌리 터전을 가리키므로 유사한 의미를 갖는다. 마찬가지로 培와 坯(언덕 배, 무너질 괴)도 서로 통한다. 가령 《예기》에는 "무덤에 흙을 더하지 않는다(墳墓不培: 분묘불배)"라고 적혀 있는데, 같은 내용이 《대대례기(大戴禮記)》에는 '墳墓不坯'로 적혀 있다.

전

培 북을 돋울 배, 언덕 부

péi

식물의 뿌리에 흙(土흙 토, 뿌리 두, 쓰레기 차,)을 북돋아 터전을 확장하다(, 音침 부, 침 뱉을 투)

옛 서적에서 培는 토양을 북돋는 것과 연관이 있다. 《여씨춘추》의 배토(培土) 개념 이외에 《일주서》에도 겨울이 오기 전에 곤충들은 동굴 입구 주변을 흙으로 덮어 입구를 막아 동면을 준비한다는 내용이 나온다. 이를 '칩충배호(蟄蟲培戶)'라고 하는데 《일주서》에는 이렇게 소개된다. "낮과 밤의 길이가 같은 추분에는 천둥이 비로소 그 소리를 거두며, 칩거하는 벌레가 그 구멍의 입구를 작게 다듬는다(秋分之日, 雷始收聲, 又五日, 蟄蟲培戶: 추분지일, 뇌시수성, 우오일, 칩충배호)." '배묘(培墓)'란 청명절 성묘를 하러 갔을 때 토양을 더함으로써 무덤을 보수하는 것을 말하며, 이와 관련한 내용은 《예기》에 나온다. "상은 3년을 넘기지 않고 상복이 해져도 깁지 않으며 무덤에 더 흙을 쌓지 않는다(喪不過三年, 苴衰不補, 墳墓不培: 상불과삼년, 저최불보, 분묘불배)." 培는 식물 뿌리 부분에 흙을 더한다는 본뜻에서 '양분을 공급하다', '단단하게 보강하다'의 의미가 파생되었다. 관련 단어로는 배양(培養), 재배(栽培), 배육(培育péiyù, '기르다'를 의미하는 중국어) 등이 있다.

倍 곱 배, 등질 패

bèi

사람(人 사람 인,) 수를 확장하다(, 咅 침 부, 침 뱉을 투)

고대 서적에서 임금이 제후의 봉지(封地)를 늘려주는 것을 '배돈(倍敦)'이라고 했으며, '培敦' 또는 '陪敦'으로 표기하기도 했다. 倍, 培(북을 돋울 배, 언덕 부), 陪(모실 배) 세 글자에 공통으로 있는 '咅'에 첨가하거나 더한다는 의미가 있음을 알 수 있다. 《일주서》는 "그들에게 논과 밭을 더 나눠 준다(分之土田倍敦: 분지토전배돈)"라고 하였으며, 《설문》은 "배돈(培敦)하는 것은 논밭과 산천이다"라고 했다.

전

전

陪 모실 배

péi

성벽의 기초를 다지기 위해 확장한( ) 담(牆담 장, , 阜언덕 부)

陪는 '배장(陪牆)'이라고도 하며, 담의 안쪽에 낮은 담을 더 쌓아 기초를 보강하는 것을 말한다. 그래서 후베이(湖北) 지역 사람들은 안쪽 담을 배장이라 부른다. 陪는 본래 성벽 내에 담 하나를 더 두르는 것을 의미했으며, 중첩(重疊, 거듭 겹치거나 포개어짐), 반수(伴隨, 짝이 되어 따름)의 의미가 파생되었다. 옛 서적에 등장하는 '배정(陪鼎)'은 솥을 하나 더하여 음식 가짓수를 늘리는 것을 지칭한다. '배신(陪臣)'은 대신 집안의 신하, 즉 제후 집안의 가신(家臣)을 가리킨다. 기타 관련 단어로는 배반(陪伴péibàn, '동반하다'를 의미하는 중국어), 봉배(奉陪fèngpéi, '동반하다'를 높여 말하는 중국어), 배친(陪襯péichèn, '다른 사물을 사용하여 중요한 사물을 돋보이게 하다'를 의미하는 중국어) 등이 있다. 《좌전(左傳)》은 "잔치를 열 때는 좋은 물건을 준비해놓고 식사를 할 때는 음식의 가짓수를 더한다(宴有好貨, 飧有陪鼎: 연유호화, 손유배정)"라고 하였으며, 《사기》에는 "주 왕조의 세력이 쇠약해져서 제후의 가신들이 정치 대권을 장악했다(周室微, 陪臣執政: 주실미, 배신집정)"라고 기록되어 있다.

전

剖 쪼갤 부

pǒu 또는 pōu

칼(刀칼 도, 조두 조,)질을 몇 번 더 하다( )

이미 죽은 시체에 칼질을 몇 번 더 하는 것은 시체를 분해하기 위해서이며, 이로써 '분해(分解)'라는 의미가 파생되었다. 관련 단어로는 해부(解剖), 부석(剖析, 가르거나 쪼개서 분석함), 부백(剖白pōubái, '변명하다, 해명하다'를 의미하는 중국어) 등이 있다.

賠 물어줄 배

péi

곱절(倍곱 배, 등질 패, [image])로 더한 재물([image], 貝조개 패, 성씨 배)을 피해자에게 배상하다

일본 드라마 〈한자와 나오키(半澤直樹)〉는 '당한 만큼 배로 갚아준다(加倍奉還)'는 내용으로 시청자들에게 통쾌함을 선사했다. 옛날 법률에 손해를 곱절로 배상하라는 법이 있는데, 그렇게 된 연유가 있다. 옛날에 도둑질을 한 자는 처벌을 받는 것 외에 피해자의 손해를 곱절로 배상해야 했다. 《태평예람(太平預覽)》에 "도적질한 자는 유배시키고 훔친 물품의 배를 징수한다(盜者流, 其贓兩倍征之: 도자유, 기장양배정지)"라는 내용이 나온다. 훔친 물건을 배로 배상하는 법은 한(漢)나라 때 부여국(扶餘國) 법률에 의거한 것으로, 이 법에 따르면 도적질한 죄인은 심지어 열두 배를 배상해야 했다. 《상서》는 "그 벌이 배이다(其罰惟倍: 기벌유배)"라고 했다. 賠는 피해자에게 손해 본 재물을 배로 배상한다는 본뜻에서 '용서를 빌다', '닳거나 줄어 없어짐'의 의미가 파생되었다. 관련 단어로는 배죄(賠罪péizuì, '사죄하다'를 의미하는 중국어), 배상(賠償, 남의 권리를 침해한 사람이 그 손해를 물어주는 일), 배본(賠本péiběn, '밑지다'를 의미하는 중국어), 배전(賠錢péiqián, '손해 보다', '보상하다'를 의미하는 중국어) 등이 있다.

部 떼 부, 거느릴 부

bù

사람 수가 배(倍)로 늘어나서(, 흠침 부, 침 뱉을 투) 외부에 새로운 고을(邑 고을 읍, 아첨할 압,)을 개척해야 하다

조직이 커지면 여러 부서로 나누어 관리해야 하며, 사람이 많아지면 밖으로 나가 새로운 도시를 개척해야 한다. 部는 '배치하다'의 뜻으로 파생되었으며, 관련 단어로는 분부(分部fēnbù, '지점', '분점'을 의미하는 중국어), 부문(部門), 부속(部屬) 등이 있다. 《광운》은 "部는 배치하는 것이며, 육경을 배치하여 육부라 한다"라고 설명했다.

나무를 심다

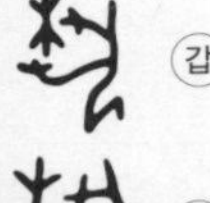

埶 재주 예, 심을 예, 형세 세

yì 또는 shì

한 사람이 손을 뻗어( ) 아직 성숙하게 자라지 않은(未 아닐 미) 나무( )를 흙(土 흙 토, 뿌리 두, 쓰레기 차,) 속에 심다

갑골문 , 과 금문 , 은 모두 한 사람이 나무를 심고 있는 모습을 표현했다. 埶는 藝(재주 예, 심을 예), 勢(형세 세)의 본자이다. 《설문》은 "埶는 심는 것이다"라고 풀이했다.

褻 더러울 설

xiè

나무를 심을(, 埶 재주 예, 심을 예, 형세 세) 때 입는 옷(衣 옷 의,)

褻은 '개인의', '편안한'의 뜻을 파생했으며, 관련 단어로는 설의(褻衣, 예복이 아닌 평소 입는 옷), 설독(褻瀆, 더럽게 되거나 더럽힘)이 있다. 《설문》은 "褻은 사복(私服)이다"라고 풀이했다.

勢 형세 세

shì

나무를 심을 때(, 埶재주 예, 심을 예, 형세 세) 힘(力힘 력·역)을 쓰는( ) 모습

勢는 '자태(姿態)', '양식(樣式, 일정한 모양이나 형식)'의 의미로 파생되었으며, 관련 단어로는 자세(姿勢), 태세(態勢), 권세(權勢, 권력과 세력을 아울러 이르는 말) 등이 있다. 주나라 경전에는 '埶'로 표기되어 있다.

熱 더울 열

rè

나무를 심어(, 埶재주 예, 심을 예, 형세 세) 불(火불 화,)처럼 뜨거운 햇빛을 막아주다

藝 재주 예, 심을 예

yì

나무 심기(, 埶재주 예, 심을 예, 형세 세)나 화초(草풀 초,) 심기를 다른 사람에게 지도하다(, 云이를 운, 구름 운)

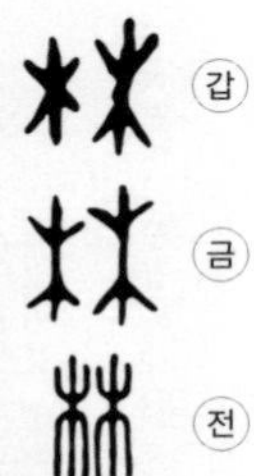

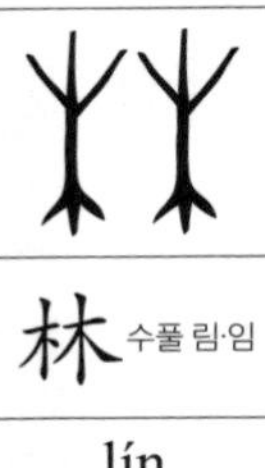

林 수풀 림·임

lín

많은 수목이 자라는 곳

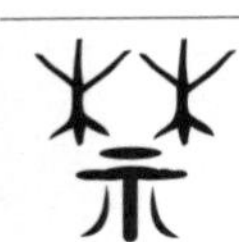

禁 금할 금

jìn

숲(林 수풀 림·임, ⽀⽀)에는 신(神 귀신 신, 示)이 있어서 출입을 금지한다

옛날 임금들은 산에 나무가 무성하면 그 숲에 신이 있다고 여겼다. 그리고 그곳을 성스러운 곳으로 정해 제단을 쌓고 백성의 출입을 금지했다. 지나가는 사람이라도 마차에서 내려 얼른 그곳을 떠나야 했다. 이는 《유향·신서》에 나오는 내용이다. “만약 산이 그 자원들을 드러내 보이면 군주께서는 출입을 엄격히 금지하고 제사를 지내십시오. 출입을 금지한 산의 십 리마다 제단 하나를 만들고, 수레와 말에 탄 사람은 내려서 걷고, 걸어다니는 사람은 그 앞을 빨리 지나가라고 명령하십시오. 만약 명령을 어기는 사람이 있으면 사형에 처하십시오(苟山之見其榮者, 君謹封而祭之. 距封十里而為一壇, 是則使乘者下行, 行者趨, 若犯令者罪死不赦: 구산지견기영자, 군근봉이제지. 거봉십리이위일단, 시즉사승자하행, 행자추, 약범령자죄사불사).” 고대 경전의 여러 곳에서 이런 내용을 찾아볼 수 있다. 상(商)나라 탕(湯)임금이 재위하고 7년 동안 큰 가뭄이 들었다. 탕임금은 상림(桑林)

에 제단을 차리고 하늘에 기도를 드리며 자신이 올바르게 정치를 하였는지 반성했다. 그러자 하늘도 감동했는지 마침내 가뭄이 풀리고 단비가 내렸다. 탕왕이 상림에 나아가 기도한 이유가 무엇일까? 상림에 신이 있다고 믿었기 때문이다. 상림은 훗날 상나라 선조의 성지(聖地)가 되었다. 禁은 '저지하다', '제한하다'의 뜻으로 파생되었으며, 관련 단어로는 금지(禁止), 금기(禁忌, 마음에 꺼려서 하지 않거나 피함), 금구(禁區, 출입이 금지된 구역) 등이 있다.

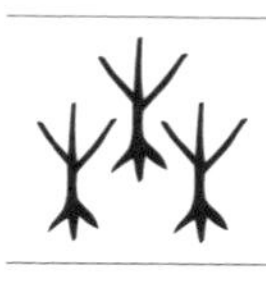

森 수풀 삼

sēn

나무가 많이 있는 곳

옛 중국인들은 '삼(三)'을 사용하여 많다는 것을 표현했다. 따라서 나무(木)가 셋 있으면 아주 많은 나무가 있음을 의미한다. 《설문》은 "森은 나무가 많은 모양이다"라고 풀이했다.

금

전

楚 초나라 초, 회초리 초

chǔ

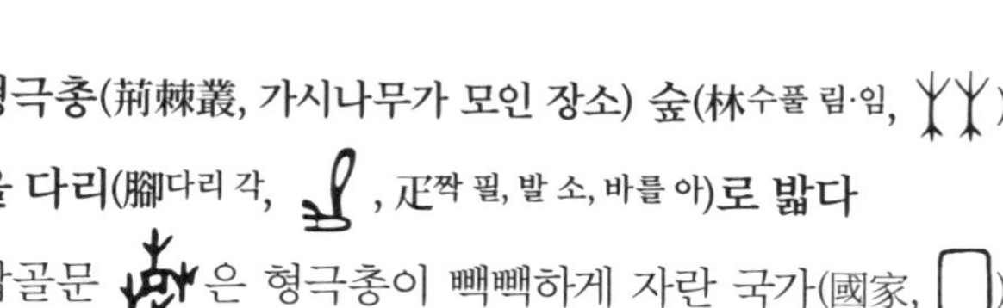

형극총(荊棘叢, 가시나무가 모인 장소) 숲(林수풀 림·임,)을 다리(腳다리 각, , 疋짝 필, 발 소, 바를 아)로 밟다

갑골문 은 형극총이 빽빽하게 자란 국가(國家,)에 가는(走달릴 주,) 모습을 표현했다. 상주(商周)시대의 초(楚)나라는 온 천지에 가시나무가 자라고 있었기 때문에 형국(荊國)으로도 불렸으며, 지금의 후난(湖南)과 후베이 일대에 위치했다. 금문 과 전서 는 가시나무 숲을 다리(腳)로 밟고 있는 모습을 묘사했다. 楚는 본래 나무의 가시(荊棘, 형극)를 의미했으며,

옛날에는 '모형(牡荊)'이라 하여 학생을 꾸짖을 때 회초리로 사용했다. 따라서 '고통', '꾸짖어 깨닫게 하다'의 의미가 파생되었으며, 관련 단어로는 고초(苦楚, 심한 어려움과 괴로움), 청초(淸楚qīng·chu, '분명하다', '이해하다'를 의미하는 중국어) 등이 있다.

금 전

棥 울타리 번

fán

두 나무 사이( )의 가지를 교차시켜( ) 울타리를 만들다

《광운》은 "棥은 울타리이다"라고 풀이했다.

금 전

樊 울타리 번

fán

두 손( )으로 두 나무 사이의 가지를 엮어 짜다(, 棥울타리 번)

樊은 '울타리를 엮는다'는 본뜻에서 '울타리'의 의미가 파생되었다. 관련 단어로는 번리(樊籬, 울타리), 번롱(樊籠, 새장)이 있다.

전

攀 더위잡을 반

pān

손( )으로 울타리(, 棥울타리 번)를 잡고 위로 올라가다

관련 단어로는 반등(攀登, 험한 산이나 높은 곳의 정상에 이르기 위하여 오름), 반부(攀附, 어떤 연줄을 타고 섬기어 따름) 등이 있다.

목제 용구

나무를 이용해 유용한 기물(器物)을 만들 수 있다. 가령 농기구인 가래(耒가래 뢰·뇌)나 동물을 운반할 때 사용하는 목제 들것을 의미했던 동(東동녘 동), 건물과 관련한 담(牆담 장), 마루(床평상 상) 등이 있다.

그림문자	해서	글자 구조의 본뜻	파생된 상용한자
	耒 가래 뢰·뇌	나무 막대기와 꼴을 베는 날로 구성된 농기구	耕(밭 갈 경), 耤(짓밟을 적), 藉(깔 자, 짓밟을 적, 빌 차, 빌릴 차), 籍(문서 적, 온화할 자) 등
	東 동녘 동	나무로 만든 들것	東(동녘 동), 重(무거울 중, 아이 동), 動(움직일 동), 量(헤아릴 량·양), 糧(양식 량·양), 陳(베풀 진, 묵을 진), 曹(무리 조, 성씨 조), 遭(만날 조), 童(아이 동, 땅 이름 종) 등
	才 재주 재	나무 말뚝	材(재목 재), 存(있을 존), 在(있을 재), 閉(닫을 폐), 財(재물 재), 栽(심을 재), 哉(비롯할 재, 어조사 재), 戴(일 대), 載(실을 재, 떠받들 대) 등
	干 방패 간	나무로 만든 갈고랑이	扞(막을 한, 펼 간), 訐(들추어낼 알, 거리낌 없이 말할 계), 赶(좇을 간), 旱(가물 한), 桿(난간 간, 몽둥이 한), 竿(낚싯대 간), 稈(볏짚 간), 乖(어그러질 괴), 插(꽂을 삽), 軒(집 헌), 罕(드물 한), 庚(별 경), 唐(당나라 당, 당황할 당), 康(편안 강), 庸(떳떳할 용, 쓸 용) 등
	于 어조사 우, 어조사 어	대들보	宇(집 우), 平(평평할 평, 다스릴 편), 竽(피리 우), 盂(사발 우), 污(더러울 오, 구부릴 우, 팔 와), 迂(에돌 우, 에돌 오), 吁(탄식할 우, 부를 유), 虧(이지러질 휴), 夸(자랑할 과, 아름다울 후), 雩(기우제 우), 粵(말 내킬 월, 나라 이름 월) 등
	爿 나뭇조각 장, 나뭇조각 상, 양수사 판	木(나무 목)의 왼쪽 절반 변(左半邊)은 평상 마루나 담을 의미함	牀(평상 상), 牆(담 장), 戕(죽일 장), 寢(잘 침), 寐(잘 매), 寤(잠 깰 오), 將(장수 장, 장차 장), 妝(단장할 장), 臧(착할 장, 오장 장), 疾(병 질), 病(병 병), 疒(병들어 기댈 녁·역, 병들어 기댈 상), 淵(못 연), 肅(엄숙할 숙), 蕭(쓸쓸할 소, 맑은대쑥 소)
	片 조각 편, 절반 반	木의 오른쪽 절반 변(右半邊)은 나뭇조각을 의미함	牌(패 패), 版(판목 판), 牒(편지 첩), 牘(서찰 독), 牖(들창 유) 등

耒 가래 뢰·뇌

lěi

나무(木나무 목) 자루( )와 꼴을 베는 날( )로 구성된 농기구

금문 은 쟁기의 상형자로, 나무 막대기(耒)와 꼴을

베는 날(耜보습 사, '보습'은 땅을 갈아 흙덩이를 일으키는 데 쓰는 농기구를 의미) 두 부분으로 구성되었다. 전서 [耒 seal]는 나무(木)로 자루를, 세 개의 가로획으로는 밭고랑을 낼 수 있는 쟁기 날을 표현했다. 《백호통(白虎通)》에 따르면, 가래는 신농씨(神農氏)가 발명했으며 쟁기 날(또는 삽날)을 나무 막대기에 묶어서 밭고랑을 갈 수 있는 농기구이다.

耕 밭 갈 경

gēng

'정'전([井] , 井우물 정)에서 가래(耒가래 뢰·뇌, [耒])로 밭을 갈다

耕 전

耤 짓밟을 적

jí 또는 jiè

옛(昔예 석, 섞일 착)날에([昔]) 농부가 가래(耒가래 뢰·뇌, [耒])로 밭을 갈다

耤의 갑골문 [耤 oracle] 은 한 사람이 손을 뻗어 쟁기를 붙잡고 있는 모습으로, 밭을 가는 모습을 묘사한 상형자이다. 이 글자에 표현된 쟁기의 형상은 하모도(河姆渡) 유적지에서 발굴된 유적과 거의 같다. 耤의 전서는 [耤 seal] 으로 바뀌었으며, 옛날([昔] , 昔) 사람이 가래(耒, [耒])에 의지하여 밭을 가는 것을 묘사했다.

갑 금 전

전

藉 깔 자, 짓밟을 적, 빌 차, 빌릴 차

jiè

옛(昔예 석, 섞일 착)날에 농부가 가래(耒가래 뢰·뇌)에 의지하여(, 耤짓밟을 적) 잡초(草풀 초,)를 토양에 섞어서 넣다

藉는 '의지하다', '뒤섞여 어지럽다'의 의미가 파생됐으며, 관련 단어로는 빙자(憑藉, 힘을 빌려서 의지함), 배반낭자(杯盤狼藉, 술자리가 파할 무렵 또는 파한 뒤 술잔과 접시가 어지럽게 흩어져 있는 모양을 이르는 말) 등이 있다.

전

籍 문서 적, 온화할 자

jí

죽간(竹簡,)에 농부가 경작(, 耤짓밟을 적)한 일을 기록해놓다

주나라 관청은 농민이 경작하는 일을 관가의 죽간서에 기록하여 세금 징수의 근거로 삼았다. 籍은 호적(戶籍), 세적(稅籍, 세금을 부담하는 사람의 이름·주소 등을 기록한 장부), 서적(書籍)처럼 장부나 문서에 등기한다는 의미로 쓰였다.

東—나무 들것

갑

금

전

東 동녘 동

dōng

나무(木나무 목,)로 만든 들것( )

車와 東의 글자는 구성 개념이 비슷하며, 심지어 호환하기도 한다. 가령 輿(수레 여, 명예 예)의 갑골문은 이지만 전서는 로 쓴다. 車와 東의 글자 구성은 모두 로써 사람이나 화물을 운반할 수 있는 판가(板架)

를 묘사한다. 東의 갑골문 , 과 금문 , 은 나무(木,) 에 판가 하나를 추가했으며( ), 이는 무거운 물건을 운반할 수 있는 나무 들것을 묘사한 것이다. 따라서 東에서 파생된 한자인 重(무거울 중, 아이 동), 動(움직일 동), 童(아이 동, 땅 이름 종), 陳(베풀 진, 묵을 진), 曹(무리 조, 성씨 조), 遭(만날 조) 등은 모두 무거운 물건의 운반과 연관된다. 상주시대에 동쪽에 위치한 진(陳)나라, 조(曹)나라 사람들은 나무 들것으로 무거운 물건을 운반하는 데 능했으며, 이에 따라 나무 들것( )의 모양이 동쪽을 의미하게 되었다.

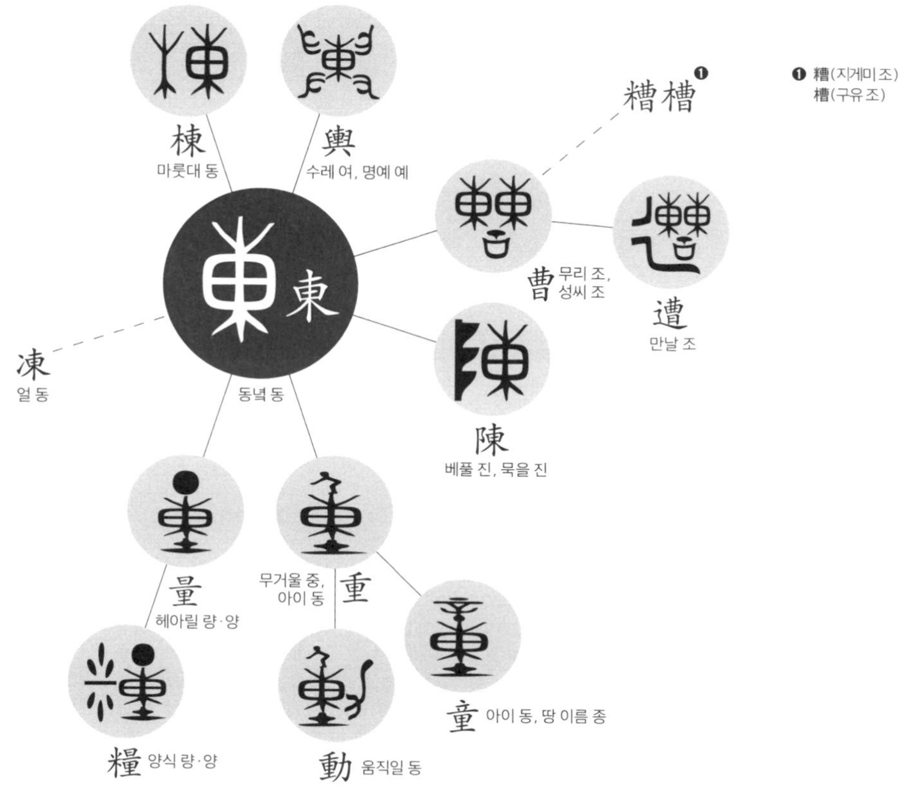

❶ 糟(지게미 조)
槽(구유 조)

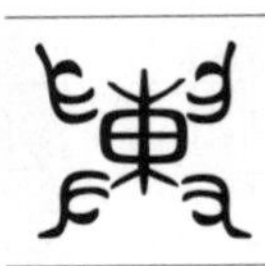

輿 수레 여, 명예 예

yú

네 사람이( ) 나무로 만든 들것( )을 동시에 들어서 가마를 메다

전서 는 네 개의 손( )으로 하나의 수레(車수레 차, 수레 거,)를 동시에 메는 모습이다. 그런데 수레에는 구르는 바퀴가 달려 있는데 굳이 사람이 메야 하는지 의아한 생각이 든다. 알아보니 수레의 갑골문 은 네 손으로 나무 들것(, 東동녘 동)을 들어 올리는 모습이었다. 나무로 만든 들것은 무거운 물건을 메는 데 이용하는데, 사람을 운반하면 가마가 된다. 수레와 나무 들것의 기능은 모두 물건이나 사람을 운반하는 것으로 용도가 같기 때문에 전서 는 東을 車로 바꿔서 표현한 것이다. 輿의 또 다른 전서 는 사면을 모두 멜 수 있는 가마를 표현했으며, 전서 는 음성기호 '与(더불 여, 줄 여)'를 추가했다. 輿는 본래 수레나 가마를 메는 의미였다가 훗날 의미가 확장되어 육상 교통수단을 널리 칭하게 되었으며, 더 나아가 '여러 사람의(많은 사람이 가마를 메는 데서 비롯된 의미)', '지리(교통수단이 지나가는 도로에서 비롯된 의미)'로도 파생되었다. 관련 단어로는 승여(乘輿, 예전에 임금이 타는 수레를 이르던 말), 여론(輿論, 사회 대중이 공통으로 제시하는 의견), 지여(地輿, 대지(大地)를 예스럽게 이르는 말) 등이 있다. 가마는 《상서》에 최초로 기재되었다. "나는 사재를 타고 산을 따라 나무를 벴다(予乘四載, 隨山刊木: 여승사재, 수산간목)." 여기 등장하는 '사재(四載)'가 곧 네 사람이 메는 가마다.

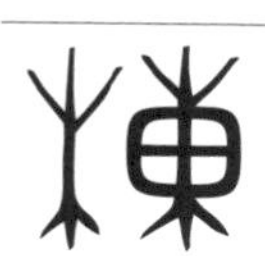

棟 마룻대 동

dòng

들것( )을 메는 데 이용하는 횡목(橫木, 가로질러놓은 나무,)

들것을 멜 때 사용하는 목재는 단단해야 무거운 물건의 하중을 견딜 수 있다. 따라서 棟은 단단하고 강한 횡목이라는 의미가 파생하였다. 즉 횡량(橫樑, 가로지른 들보)과 동량(棟樑, 마룻대와 들보)이 그것이다.

전

重 무거울 중, 아이 동

zhòng 또는 chóng

사람(人 사람 인,)이 나무 들것( )을 어깨에 메고 흙(土 흙 토, 뿌리 두, 쓰레기 차,)을 운반하다

갑골문 은 한 사람이 들것 위에 있는데, 가마를 타고 있는 사람으로 보인다. 그러나 금문 , 은 한 사람이 나무 들것을 어깨에 메고 있는 모습이며, 전서 는 여기에 '土'를 더하여 나무 들것으로 흙을 옮기는 것을 표현했다. 고대의 건축 공사는 대부분 흙 파내기와 메우기, 소토(燒土, 논밭의 겉흙을 긁어모아 그 위에 마른풀이나 나뭇조각을 놓고 태우거나, 철판 위에 흙을 펴놓고 불을 때어 살균하는 토양 소독법), 땅 다지기로 이뤄진다. 따라서 많은 양의 흙을 운반하는 일이 잦았다. 결론적으로 사람이나 흙 어느 것을 옮기든 짐을 메는 사람에게는 부담이 상당히 크다.

금

전

動 움직일 동

dòng

힘(力힘 력·역,)을 써서 무거운(重무거울 중, 아이 동,) 물건을 밀어야 이동할 수 있다

아주 무거운 돌이 앞을 가로막고 있으니 온 힘을 다해 힘껏 밀어서 돌을 치워야 한다. 이런 광경은 옛날 사람들에게 자주 있는 경험이었을 것이고, 이에 따라 이렇게 재미있는 한자가 만들어졌다.

갑

금

전

量 헤아릴 량·양

liáng 또는 liàng

물건( )이 얼마나 무거운지(重무거울 중, 아이 동,) 헤아리다

갑골문 , 과 금문 은 어떤 물체를 나무 들것( )에 올려놓고 메는 사람이 그 무게를 느끼는 것을 표현했다. 훗날 전서 에서는 그중의 '東'이 '重'으로 바뀌어서 물건이 얼마나 무거운지(重) 재보는 것을 의미했다.

전

糧 양식 량·양

liáng

쌀(米쌀 미,)의 무게를 재다(量헤아릴 량·양,)

童 아이 동, 땅 이름 종

tóng

무거운(重무거울 중, 아이 동,) 물건을 운반하는 나이 어린 죄인(罪犯, , 辛매울 신)

금문 은 서 있는(立설 립·입, 자리 위) 사람( )이 무거운(重) 물건을 들고 있는( ) 모습이며, 전서 는 辛과 重이 합쳐진 회의자로, 죄인( )이 무거운(重) 물건을 운반하는( ) 모습이다. 《설문》은 "남자가 죄가 있으면 노(奴)라고 칭하고 奴를 童이라고 하며, 여자가 죄가 있으면 첩(妾)이라 부른다"라고 풀이했다.

陳 베풀 진, 묵을 진

chén

나무로 만든 들것( )을 이용해 진흙을 운반하여 성벽(城牆, , 阝좌부변 부)을 쌓는 모습

진(陳)나라는 춘추시대의 제후국으로, 완구(오늘날 허난(河南)성 화이양(淮陽))에 수도를 세웠다. 완구(宛丘)는 사방이 경사지로 둘러싸인 지역을 의미하며, 흔히 말하는 분지(盆地) 지형이다. 《시경·진풍·완구(陳風·宛丘)》는 "둥둥 북을 치며 완구의 아래서 노닐고 …… 탕탕 질장구 치면서 완구의 길에서 노닌다(坎其擊鼓, 宛丘之下 …… 坎其擊缶, 宛丘之道: 감기격고, 완구지하 …… 감기격부, 완구지도)"라고 하면서 지형을 묘사했다. 진(陳)씨의 조상인 진만(陳滿)은 제후국의 왕으로 책봉된 후 완구의 사방에 높은 성벽을 쌓고 성벽 바깥에도 호성하(護城河, 성을 보호하는 하천)를 파서 성을 지켰다. 따라서 진나라는 부유하고 견고한 국가로 발전했다. 《여씨춘추》에는 진나라의 높은 성벽과 관련한 내용이 있다. "형(荊)나라 장왕(莊王)

이 진나라를 정벌하려고 사람을 시켜 살펴보게 했다. 사자는 '진나라는 정벌할 수 없습니다'라고 보고했다. 장왕이 그 까닭을 묻자, 사자가 '진나라 성곽은 높고 성곽 둘레의 해자는 깊으며 축적되어 있는 전쟁물자가 많기 때문입니다'라고 대답했다(荊莊王欲伐陳, 使人視之. 使者曰: '陳不可伐也.' 莊王曰: '何故?' 對曰: '其城郭高, 溝壑深, 蓄積多, 其國寧也': 형장왕욕벌진, 사인시지. 사자왈: '진불가벌야.' 장왕왈: '하고?' 대왈: '기성곽고, 구학심, 축적다, 기국녕야')." 陳의 금문 , 과 전서 는 도구를 손에 들고(, 攴칠 복) 땅을 파내서 나무 들것( )으로 흙( )을 운반해 성벽( )을 쌓는 모습이다. 이는 옛날 진나라 백성들이 성벽을 쌓고 해자를 파는 정경을 묘사한 듯하다. 陳은 '성벽을 쌓다'라는 원래 의미에서 '가지런히 배열하다'라는 의미를 파생시켰다. 관련 단어로는 진열(陳列), 진설(陳設, 제사나 잔치 때 음식을 법식에 따라 상 위에 차려놓음) 등이 있다.

금

전

曹 무리 조, 성씨 조

cáo

두 조(組짝 조)의 사람과 말이 나무 들것( )으로 무거운 물건을 운반하며 앞으로 나아갈 때 일제히 내는 목소리(, 曰가로 왈)

군대가 행진할 때는 항상 '하나, 둘, 하나, 둘' 구호를 붙인다. 금문 은 나무 들것을 양쪽에 메고 전진하는 것을 묘사한 회의자이다. 금문 과 전서 는 여기에 말을 한다는 의미의 '曰'을 더했다. 따라서 구호를 외침으로써 순서대로 전진할 수 있음을 의미한다. 《초사·초혼(楚辭·招魂)》에 기록된 '분조병진(分曹

並進)'이 바로 대오(隊伍)를 나눠 순서대로 전진하는 것을 가리킨다. 曹에서 '무리'의 의미가 파생되었으며, 관련 단어로 아조(我曹wǒcáo, '우리'를 의미하는 중국어), 이조(爾曹ěrcáo, '그대들, 너희'를 의미하는 중국어), 관조(官曹, 관공서) 등이 있다. 전서 [seal], [seal], [seal]는 점차 단순하게 변한 것이다.

遭 만날 조

zāo

무거운 물건을 함께 메고([seal] , 曹무리 조, 성씨 조) 길을 걷는다([seal] , 辶쉬엄쉬엄 갈 착)

遭는 '감당하다', '불행한 일을 당하다', '견디어내다' 등의 의미가 파생했으며, 관련 단어로는 조수(遭受zāoshòu, '받다', '(불행이나 손해를) 당하다'를 의미하는 중국어), 조우(遭遇, 우연히 서로 만남), 주일조(走一遭zǒuyìzāo, '한 번 다녀오다'를 의미하는 중국어)' 등이 있다.

전

일부 학자들은 [seal] (東동녘 동)이 양쪽 끝을 동여맨 큰 자루 또는 겹겹이 묶은 보따리라고 주장한다. 그 구조 형태로 볼 때 확실히 그렇게 보이기도 한다. 그러나 이런 주장은 불합리하다고 생각된다. 마대 자루는 양쪽 다 뚫려 있지 않고 한쪽만 뚫려 있기 때문이다. 양쪽 다 뚫려 있는 자루는 사용하기 불편하다. 게다가 마대 자루를 상징하는 상형자는 西이지 東이 아니다. 이 밖에도 옛 한자에 보면 東과 土 두 기호가 동시에 출현하여 東을 이용해 土를 운반하는 의미로 쓰인다. 만약 東이 꽁꽁 싸맨 보따리를 의미한다면 어떻게 흙을 흘리지 않고 담을 수 있을까? 게다가 흙을 운반하기 전 그것을 겹겹이 싸맨다면 얼마나 비효율적인가!

才—나무 말뚝 

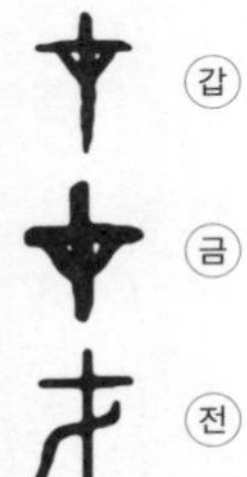

才 재주 재
cái

땅속에 단단히 박아놓은( ) 나무 말뚝( )

갑골문 , 과 금문 , 전서 , 는 땅속에 단단히 박아놓은 나무 말뚝이나 기둥을 의미한다. 才는 본래 나무 말뚝 또는 건축용으로 쓰는 좋은 목재라는 의미가 있으며, 材(재목 재)의 본자로, 유용한 사람이나 물건이라는 뜻이 파생되었다. 관련 단어로는 재능(才能), 인재(人才) 등이 있다.

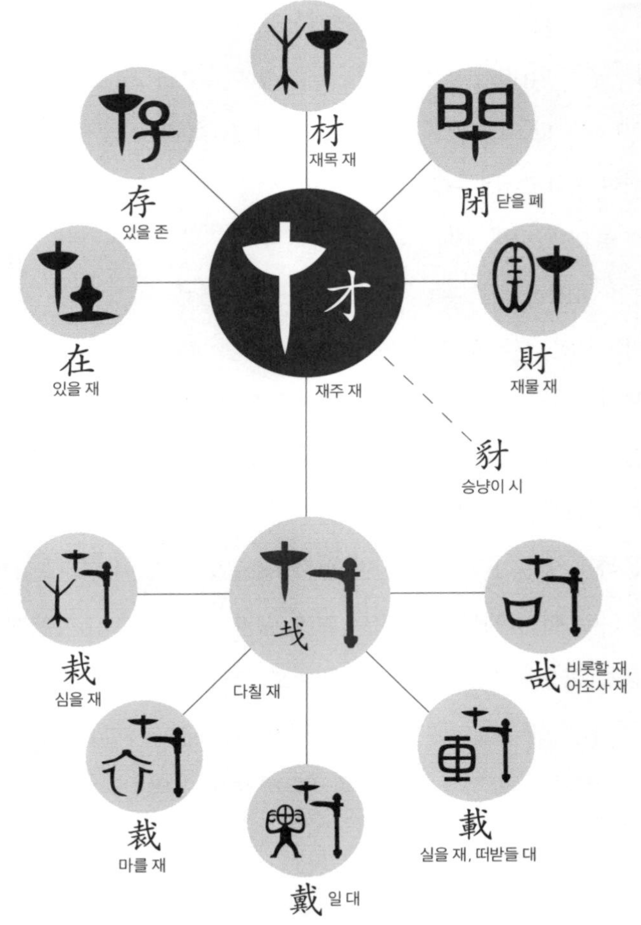

材 재목 재

cái

땅속에 단단히 매어놓은(, 才재주 재) 견실한 나무(木나무 목) 재목()

在 있을 재

zài

어떤 땅(土흙 토, 뿌리 두, 쓰레기 차,)에 나무 말뚝을 단단히 고정하다(, 才재주 재)

在는 본래 나무 말뚝을 쳐서 땅속으로 밀어 넣는다는 의미가 있으며, '어떤 곳에서 생존하다'라는 의미가 파생되었다. 관련 단어로는 존재(存在), 재장(在場zàichǎng, '그 자리에 있다', '현장에 있다'를 의미하는 중국어) 등이 있다. 《설문》은 "在는 있다는 뜻이다"라고 풀이했다.

금 전

存 있을 존

cún

아이(子아들 자,)가 마치 땅에 단단히 매어진 나무 말뚝과 같다(, 才재주 재)

옛날에는 다 자라기 전에 세상을 떠나는 아이들이 많았다. 存은 안정적으로 성장한다는 의미로 파생되었으며, 관련 단어로는 생존(生存), 존활(存活cúnhuó, '생존하다', '죽지 않고 있다'를 의미하는 중국어), 보존(保存), 존재(存在) 등이 있다.

전

㉮ 금 ㉮ 전

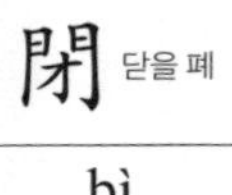

bì

문(門문 문)갑( )에 가로 막대(, 才재주 재)를 단단히 질러 넣어 빗장을 걸다

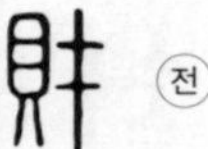

전

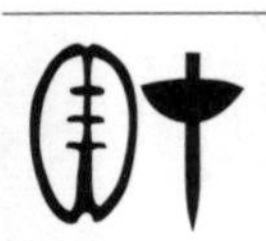

財 재물 재

cái

조개(貝조개 패, 성씨 배)껍데기( )에 가는 막대를 찔러 넣고(, 才재주 재) 구멍을 뚫어 화폐를 만들다

하상(夏商)시대에 유통되던 화폐를 패폐(貝幣)라고 불렀다. 금문 은 對(대할 대)와 貝로 구성되어 손에 끌을 들고 조개껍데기에 구멍을 뚫어 패폐를 제작하는 모습이다. 옛날 화폐는 끌로 구멍을 뚫고 문지르는 과정을 거쳐야 화폐로 사용할 수 있었기 때문이다.

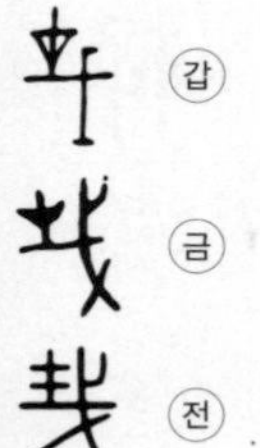

갑 금 전

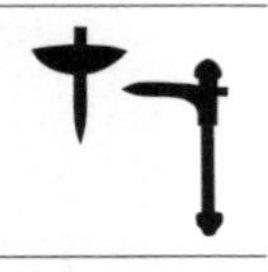

𢦏 다칠 재

zāi

창 머리의 끼우는 부분(𢦏,)을 긴 손잡이 자루( )에 단단히 꽂아 넣다(, 才재주 재)

완전한 창(戈창 과,)은 창 머리( ), 자루(柲자루 비, 자루 필,) 그리고 물미(창의 자루 끝을 싼 쇠붙이로 만든 원추형의 물건, 鐏창 물미 준,)로 구성된다. 柲는 나무로 만든 긴 자루이며, 창 머리와 물미는 청동으로 제작하여 긴 창 자루의 앞과 뒤의 끝단에 각각 장착한다. 전국시대의 창 머리는 두 종류(,)가 있는데, 전자는 직접 씌워 넣는 것이고, 후자는 끈으로 묶는 것이다. 갑골문 [ancient glyph], [ancient glyph], 금문 [ancient glyph]과 전서 [ancient glyph]는 모두 才와 戈로 구성되며, 戈의 머리를 긴 자루에 단단히 고정한 모습을 묘사했다. 이러한 상형자들은 모두 才를 창 머리 부위에 놓고 있으며, 이는 단단히 끼워 넣었음을 강조하는 의미가 있다. 𢦏는 哉(비롯할 재, 어조사 재)의 본자이며, '창 머리를 끼워 넣다'라는 본뜻에서 '단단히 장착하다'라는 의미가 파생되었다.

哉 비롯할 재, 어조사 재

zāi

창(戈창 과) 머리( )를 긴 자루( )에 단단히 끼워 넣은(, 才재주 재) 후에 발하는 감탄의 소리(, 口입 구)

哉의 본자는 𢦏(다칠 재)이다. 가령 載(실을 재, 떠받들 대)를 𨎮로 쓰기도 하는데, 그중의 哉와 𢦏는 서로 바꿔 쓸 수 있는 글자이다. 哉에 있는 口는 원래 창 머리의 입구를 가리키며, 창 머리를 장착할 때 반드시 그 입구를 정확히 맞추라는 것을 의미했다. 그러나 여기에서 哉와 𢦏가 동일하기 때문에 감탄할 때 사용하는 글자로 바뀌었다. 관련 단어로는 애재(哀哉, 슬프도다), 미재(美哉, 아름답도다)가 있다.

哉 금
哉 전

栽 심을 재

zāi

나무(木나무 목) 말뚝( )을 땅속에 단단히 끼워 넣다(, 𢦏다칠 재)

《좌전》에 리이재(里而栽, '리'는 채나라 국도로부터 1리의 거리, '재'는 판축을 설치하여 보루를 쌓다)에 관한 전고(典故)가 기록되어 있다. 춘추시대 노애공(魯哀公) 원년에 초나

栽 금
栽 전

라가 채(蔡)나라를 침공했다. 그러나 채나라는 성벽을 높고 튼튼하게 쌓았을 뿐 아니라 성벽 밖에는 성을 보호하는 해자(垓子)가 있었기 때문에 공략에 성공하기 어려웠다. 초나라는 어쩔 수 없이 사람을 도성 백거(柏擧)에 보내 이러한 곤경을 보고했다. 이에 초나라 대신 자서(子西)는 9일 동안 도성을 둘러싼 보루를 쌓을 계획을 세웠다. 먼저 채나라 도성에서 1리 떨어진 곳에 울타리를 쌓았다. 빙 둘러가며 나무 말뚝을 박은 다음 말뚝을 따라 큰 목판을 세워 울타리를 만들고 그 사이에 흙을 부어 단단히 다졌다. 9일간 주야로 작업하니 과연 자서의 계획대로 간단한 흙벽 울타리가 완성되었다. 이렇게 하여 채나라의 모든 출입구를 포위하였으며 울타리 위에는 초나라의 궁수들이 배치되어 성을 나오는 사람을 쏘아 죽였다. 채나라 사람들은 꼼짝없이 성안에 갇혀버렸다. 식량이 점점 바닥을 드러내는 상황에 탄식하던 채나라는 마침내 백기를 들고 성문을 열어 투항했다. 성안의 백성들은 목숨을 부지하기 위해 남녀를 구분하여 좌우 두 줄로 대열을 이뤄 성에 들어온 적에게 굴복하며 복종을 표했다. 이때부터 채나라는 소멸했으며, 백성들은 장강(長江)과 여수(汝水)의 사이에 강제 이주되었다. 위와 같은 내용은 《좌전》에 다음와 같이 기록되어 있다. "초나라 소왕이 채나라의 도성을 포위하여 백거의 전쟁에 보복했다. 도성으로부터 1리 떨어진 곳에 보루를 쌓았는데 너비는 1장이고 높이는 그 두 배였다. 병사들이 9일간 주야로 작업하여 자서의 계획대로 완성했다. 채나라는 남녀를 구분하여 결박하고 항복했다. 초나라는 채나라를 장강과 여수의 사이로 천도하게 하고 돌아왔다(楚子圍蔡, 報柏擧也, 里而栽, 廣丈, 高倍, 夫屯, 晝夜

九日, 如子西之素, 蔡人男女以辨, 使疆于江汝之間: 초자위채, 보백거야, 리이재, 광장, 고배, 부둔, 주야구일, 여자서지소, 채인남여이변, 사강우강여지간)." 《설문》은 "栽는 긴 나무판으로 벽을 쌓는 것이다"라고 풀이했다. 이로써 栽의 본뜻이 말뚝을 박아 담을 쌓는 것임을 알 수 있으며, '나무를 심다'라는 의미로 확장되었다. 관련 단어로는 재종(栽種zāizhòng, '재배하다', '심다'를 의미하는 중국어), 재배(栽培) 등이 있다.

戴 일 대

dài

두 손으로 탈(, 異다를 이·리)을 잡고 머리에 맞게 끼워 넣다(, 𢦏다칠 재)

戴는 '끼워 넣다', '옹호하다'의 의미로 파생되었으며, 관련 단어로는 배대(配戴pèidài, '착용하다'를 의미하는 중국어), 용대(擁戴yōngdài, '받들어 모시다, 추대하다'를 의미하는 중국어) 등이 있다.

전

栽 마를 재

cái

옷(衣옷 의,)을 알맞게 끼워 넣을 수 있다(, 𢦏다칠 재)

재봉(裁縫)하는 사람이 타인의 옷을 만들 때는 먼저 고객의 몸 치수를 재고 그 치수대로 천을 잘라 옷을 만들어야 한다. 이렇게 해야만 고객이 몸에 맞는 옷을 입을 수 있다. 裁는 본래 옷을 몸에 맞춰 제작한다는 의미였으며, '남는 천을 잘라내다', '알맞게 제작하다', '적절히 처리하다'의 의미가 파생되었다. 관련 단어로는 재봉(裁縫, 옷감 따위를 말라서 바느질하는 일), 재판(裁判,

전

옳고 그름을 따져 판단함) 등이 있다.

載 금
載 전

載 실을 재, 떠받들 대

zài

화물을 차(車수레 차, 수레 거, 車) 안에 흔들리지 않게 잘 싣다(𢦏, 𢦏다칠 재)

차가 길을 갈 때는 이리저리 흔들린다. 따라서 운반하려는 화물을 반드시 끈으로 차에 잘 고정해야 한다. 옛날 술을 운반하던 수레에는 술 항아리가 운반 과정에서 부딪쳐 깨지는 일을 방지하기 위해 특별히 제작한 주옹좌(酒甕座, 술 항아리를 놓는 곳)를 설치했다. 載는 '운송하다'의 의미가 파생됐으며, 관련 단어로는 승재(承載chéngzài, '적재 중량을 견디다'를 의미하는 중국어), 재객(載客zàikè, '승객, 여객을 태우다'를 의미하는 중국어) 등이 있다.

干—나무로 만든 갈고랑이 

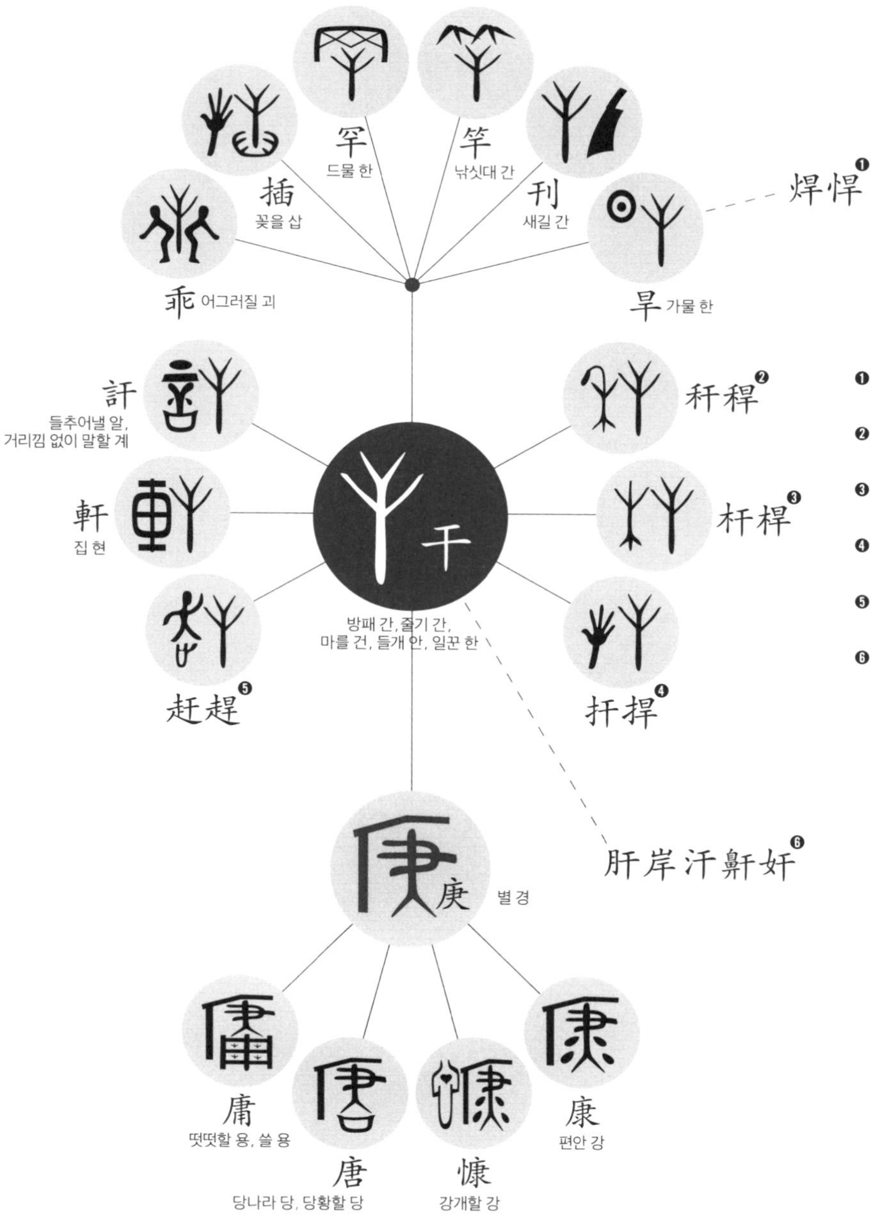

乖 어그러질 괴

插 꽂을 삽

罕 드물 한

竿 낚싯대 간

刊 새길 간

旱 가물 한

焊悍[1]

訐 들추어낼 알, 거리낌 없이 말할 계

軒 집 헌

赶趕[5]

干 방패 간, 줄기 간, 마를 건, 들개 안, 일꾼 한

秆稈[2]

杆桿[3]

扞捍[4]

肝岸汗鼾奸[6]

庚 별 경

庸 떳떳할 용, 쓸 용

唐 당나라 당, 당황할 당

慷 강개할 강

康 편안 강

❶ 焊(말릴 한)
悍(사나울 한)

❷ 秆(볏짚 간)
稈(볏짚 간)

❸ 杆(몽둥이 간)
桿(난간 간, 몽둥이 한)

❹ 扞(막을 한, 펼 간)
捍(막을 한, 몽둥이 간)

❺ 赶(쫓을 간)
趕(쫓을 간)

❻ 肝(간 간)
岸(언덕 안)
汗(땀 한, 현 이름 간)
鼾(코 고는 소리 한)
奸(간사할 간)

옛 중국인들은 나무에서 좌우로 갈라진 가지를 잘라 햇빛에 말려 단단하게 만들었다. 이렇게 만든 도구는 간단한 방어용 무기나 사냥 용구 또는 갈퀴로 사용할 수 있었다. 干은 고대의 작살형 무기나 갈퀴를 의미한다. 庚(별 경)의 갑골문 , , , 과 금문 , , 은 끝이 각각 두 갈래, 세 갈래, 네 갈래, 다섯 갈래로 갈라진 갈퀴를 '두 손'으로 들고 있는 상형자이다. 소전 은 양손으로 '방패(干)'를 들고 있는 모습을 묘사하였는데, 干이 여러 갈래로 갈라진 갈퀴임을 알 수 있다. 干은 본래 갈퀴를 의미했다가 무기(武器), 침요(侵擾, 침범하여 소요를 일으키다), 초야(招惹zhāorě, '일으키다', '초래하다'를 의미하는 중국어) 등 의미가 파생되었다. 관련 단어로는 간과(干戈, 창과 방패, 무기의 총칭), 간범(干犯, 간섭하여 남의 권리를 방해함. 또는 그런 죄를 저지른 범인), 간섭(干涉) 등이 있다. 干에는 또 하나의 용도가 있는데, 높은 곳에 있는 물건이 손에 닿지 않을 때 긴 장대로 꺼내는 것에서 유래하여 간구(干求, 바라고 구함), 간록(干祿, 벼슬을 하고자 함)과 같이 '위에 청하다'의 의미로 파생되었다.

전

扞 막을 한, 펼 간

또는

捍 막을 한, 몽둥이 간

hàn

손(手손 수,)으로 무기(, 干방패 간, 줄기 간, 마를 건, 들개 안, 일꾼 한)를 들고 방어하다

관련 단어로는 한위(扞衛, 방어하다), 간격불입(扞格不入, 서로 막아서 들이지 않다)이 있다.

訐 들추어낼 알, 거리낌 없이 말할 계

jié

말(言말씀 언,)로써 타인의 권리를 침범하다(, 干방패 간, 줄기 간, 마를 건, 들개 안, 일꾼 한)

관련 단어로는 공알(攻訐gōngjié, '남의 허물·비밀을 들춰내서 공격하다'를 의미하는 중국어), 알발(訐發jiéfā, '폭로하다'를 의미하는 중국어)' 등이 있다.

訐 전

赶 또는 趕 쫓을 간

gǎn

손에 무기(, 干방패 간, 줄기 간, 마를 건, 들개 안, 일꾼 한)를 들고 적을 쫓아내다(走달릴 주,)

금문 과 전서 는 干과 辶(쉬엄쉬엄 갈 착), 또는 走의 회의자이다. 이는 작살 형태의 무기를 들고 적을 쫓아버리는 광경을 묘사한 것이며, 관련 단어로는 추간(追趕zhuīgǎn, '(뒤)쫓다', '따라잡다'를 의미하는 중국어), 간포(趕跑gǎnpǎo, '쫓아버리다'를 의미하는 중국어) 등이 있다. 예서는 赶을 趕으로 바꿔놓았으며, 간체자는 趕을 赶으로 되돌려놓았다.

금

전

插 꽂을 삽

chā

손(手손 수,)으로 무기(干방패 간, 줄기 간, 마를 건, 들개 안, 일꾼 한,)를 절구(臼절구 구,)에 놓아두다

관련 단어로는 삽화(插花, 꽃을 꽂다), 삽화(插畫, 그림을 끼워 넣다. 또는 끼워 넣는 그림) 등이 있다.

插 전

旱 (전)

햇볕(, 日날 일)에 말린 나뭇가지(, 干방패 간, 줄기 간, 마를 건, 들개 안, 일꾼 한)

旱 가물 한

hàn 또는 gǎn

旱은 햇볕에 말린 나뭇가지라는 본뜻에서 '건조하다', '오랫동안 비가 오지 않다'의 의미가 파생되었다. 관련 단어로는 건한(乾旱gānhàn, '극심한 가뭄'을 의미하는 중국어), 한재(旱災, 가뭄으로 인한 재앙) 등이 있다. 옛 중국인들은 나무에서 끝이 갈라진 나무를 꺾어다 햇볕에 말려 단단하고 내구성이 좋은 갈퀴로 사용했다. 옛 한자에서 干과 旱은 통용되었으며, 이에 따라 赶(쫓을 간)과 趕(쫓을 간), 杆(몽둥이 간)과 桿(난간 간, 몽둥이 한), 秆(볏짚 간)과 稈(볏짚 간)은 모두 같은 글자로 통용된다.

杆 몽둥이 간

또는

桿 난간 간, 몽둥이 한

gǎn

나무(木나무 목,)로 만든 긴 장대(干방패 간, 줄기 간, 마를 건, 들개 안, 일꾼 한,)

桿의 간체자는 杆이다.

竿 (전)

竿 낚싯대 간

gān

대나무(竹대 죽,)로 만든 긴 장대(干방패 간, 줄기 간, 마를 건, 들개 안, 일꾼 한,)

秆 또는 稈 볏짚 간

gǎn

보리와 벼(禾벼 화, 말 이빨의 수효 수,)**의 긴 줄기**(干방패 간, 줄기 간, 마를 건, 들개 안, 일꾼 한,)

전서 , 는 모두 길게 자란 벼의 줄기를 가리킨다.

전

刊 새길 간

kān

칼(刀칼 도, 조두 조,)**로 불필요한 가지를 깎아내어 방패**(干방패 간, 줄기 간, 마를 건, 들개 안, 일꾼 한,)**를 만들다**

刊은 '불필요한 부분을 깎아내다'의 본뜻에서 '깎아내어버리다', '수정하다'의 의미가 파생되었으며, 관련 단어로는 수산간목(隨山刊木, 산을 따라서 베다), 간정(刊正kānzhèng, '잘못을 삭제하다', '정정하다'를 의미하는 중국어), 간물(刊物kānwù, '출판물', '간행물'을 의미하는 중국어) 등이 있다. 《광아(廣雅)》는 "刊은 깎는 것이다"라고 풀이했다.

전

軒 집 현

xuān

긴 방패(干방패 간, 줄기 간, 마를 건, 들개 안, 일꾼 한,) **끝에 차광막이 달린 차**(車수레 차, 수레 거,)

軒은 '지붕이 있는 큰 차'라는 의미로 파생되었으며, 고대의 화려한 마차를 뜻한다.

전

 ㉑전

罕 드물 한

hǎn

새를 잡을 때 쓰는 긴 장대(Y**, 干**방패 간, 줄기 간, 마를 건, 들개 안, 일꾼 한**)에 달린 그물(**網그물 망, **, 罓**그물 망**)**

罕은 새를 잡을 때 사용하는 긴 장대에 달린 그물이다. 그물에 걸려든 새는 쉽게 빠져나가기 어렵기에 '드물다'의 의미가 파생되었다. 관련 단어로는 한견(罕見, 드물게 봄), 희한(稀罕, '매우 드물거나 신기하다'를 의미하는 '희한하다'의 어근) 등이 있다. 罕은 畢(마칠 필, 그물 필)과 글자 구성 개념이 상당히 유사하다. 《광운》은 "罕은 새 잡는 그물이다"라고 하였으며, 《사기·천관서(天官書)》는 "畢은 한거(罕車)라고 하여 변방의 군대를 상징하며 사냥을 관장한다(畢曰罕車, 爲邊兵, 主弋獵: 필왈한거, 위변병, 주익렵)"라고 했다.

갈퀴를 들고 추수하느라 바쁘다

《시경·빈풍》에서 주나라의 추수 장면을 이렇게 묘사했다. "9월이 되어 건초 더미를 쌓고 10월에는 곡식을 거둬들여 창고에 넣었다(九月築場圃, 十月納禾稼: 구월축장포, 십월납화가)." 9월에 타작하고 수확하여 10월에 곡식을 말려 식량 창고에 넣어두었다는 의미다. 庚(별 경), 康(편안 강), 唐(당나라 당, 당황할 당)은 추수의 정경을 묘사하는 한자이다.

庚 별경 gēng

손(手손 수, 𠂇)에 갈퀴를 들고( ) 집 앞 광장(厂, 广집 엄, 넓을 광, 암자 암)에서 거둬들인 곡식을 갈무리하다

干(방패 간, 줄기 간, 마를 건, 들개 안, 일꾼 한)은 작살 형태의 고대 무기나 갈퀴이다. 庚의 갑골문 , , , 과 금문 , , 은 두 손으로 끝이 각각 두 갈래, 세 갈래, 네 갈래, 다섯 갈래로 갈라진 갈퀴를 들고 있는 상형문이다. 소전 은 양손으로 방패(干)를 들고 있는 모습을 묘사하였는데, 干이 여러 갈래로 갈라진 갈퀴임을 알 수 있다. 庚은 두 손으로 갈퀴를 들고 수확한 곡물을 갈무리하는 것이며, '추수하는 계절', '연세(年歲, 나이. 북방의 밀은 1년에 한 번 수확하기 때문에 생긴 말)'의 의미로 확장되었다. 《설문》은 "庚은 가을에 만물이 실하게 익어가는 모습을 형상화했다"라고 풀이했다. 수확의 계절이 올 때마다 농민들은 거둬들인 보리와 벼를 타작하고, 건조하고, 키질하는 등의 절차를 거쳐야 먹을 수 있다. 타작은 볏단을 두들겨 곡식 알갱이만 떨어져 나오게 하는 것으로, 농부는 농기구를 이용해 바닥의 나락을 두들겨 알갱이가 아래쪽으로 떨어지게 한 후 갈퀴로 알갱이가 떨어져 나간 볏짚을 긁어서 치우고 알갱이만 남겨놓는다. 庚의 글자 구조는 예서에 이르러 변혁이 발생하여 '广(집 앞의 타작 장소를 상징함)'을 추가했다. 갈퀴를 쥔 두 손은 한 손으로 단순하게 변했으며, 네 갈래로 갈라진 갈퀴는 두 갈래로 갈라진 갈퀴로 변했다. 같은 이치로 庚에서 파생된 한자 康(편안 강), 唐(당나라 당, 당황할 당), 庸(떳떳할 용, 쓸 용)에도 마찬가지로 변화가 생겼다.

갑

금

전

해서	庚 별 경	康 편안 강	唐 당나라 당, 당황할 당	庸 떳떳할 용, 쓸 용
변화 전				
변화 후				

康 편안 강

kāng

집 앞 광장에서 손에 갈퀴를 들고(, 庚별 경) 곡식을 키질하면 겨와 기울() 등이 바람에 떨어져 나간다

옛날에는 송풍기가 없었기 때문에 농부들이 갈퀴로 곡식을 높이 들어 올려 바람에 쭉정이가 날아가게 했다. 가을바람이 곡식 건조장으로 불어올 때 농부들이 갈퀴로 마른 나락을 위로 던져 올리면 겨와 기울이 바람에 날아가고 실한 알갱이만 남는다. 康은 糠(겨 강)의 본자이며, 본래 '키질로 겨를 제거하다'라는 뜻이 있었으나, '안락하다, 부유하다'의 뜻으로 파생되어 수확의 계절 가을을 맞아 풍성하고 즐거운 정경을 표현하게 되었다. 관련 단어로는 강락(康樂, 몸이 편안하여 마음이 즐거움), 안강(安康, '평안하고 건강하다'를 의미하는 '안강하다'의 어근), 건강(健康) 등이 있다. 簸(까부를 파)와 康은 글자 구성 개념이 유사하며, 탈곡하여 겨를 제거하는 것이 바로 키질을 의미하는 파곡(簸穀)이다. 簸()는 삼태기와 키(箕키 기,)를 이용해 껍질(皮가죽 피,)을 제거하는 것을 표현했다. 《설문》은 "康은 糠(겨 강)을 생략한 글자이다"라고 풀이했다.

慷 강개할 강

kāng

키질로 겨를 제거할(, 康편안 강) 때의 심정(, 忄심방변 심)

慷은 추수할 때의 심정을 묘사한 것으로, 감격과 흥분, 열정이 끓어오른다는 의미로 파생되었다. 관련 단어로는 강개격앙(慷慨激昂, 의기·어조가 격앙되어 정기가 충만한 모양), 강개대방(慷慨大方kāngkǎidàfāng, '관대하다', '마음이 넓다'를 의미하는 중국어) 등이 있다.

갑

唐 당나라 당, 당황할 당

táng

집 앞 광장에서 농사용 갈퀴를 들고(, 庚별 경) 키질하여 겨를 제거할 때 입(口입 구,)을 벌려 말하다

옛날 대만 농촌에서는 송풍기로 바람을 일으켜 곡식의 껍질을 제거하는 장면을 흔히 볼 수 있었다. 벼를 햇볕에 말린 후 농부는 벼를 회전하는 송풍기에 밀어 넣는다. 이때는 가가호호 모두 창문을 단단히 닫아서 가려움증을 유발하는 겨와 쭉정이가 집 안에 날아들지 않도록 했다. 탈곡장에 있는 사람은 온몸을 꽁꽁 싸맨 채 입을 꼭 다물고 말을 하지 않았다. 이런 정경은 주나라 때부터 일찌감치 등장했으니, 주나라 사람들은 唐이라는 말을 사용하여 탈곡할 때 사람들이 함부로 입을 열지 않도록 경계했다. 갑골문 , 금문 , 전서 는 모두 탈곡할( ) 때 입을 벌려( ) 말하는 것을 묘사했다. 탈곡할 때는 말하는 것 자체가 적절치 못하다. 소리를 크게 질러야 함은 물론이고 벼쭉정이가 사방에 날아다니는 환경에서 입을 벌리면 비위생적이기 때문이다. 따라서 唐은 '경솔하다',

갑

금

전

'허풍 떨다'의 의미로 확장되었으며, 관련 단어로는 당돌(唐突, '꺼리거나 어려워하는 마음이 조금도 없이 다부지다'를 의미하는 '당돌하다'의 어근)이 있다. 唐은 나라의 명칭으로도 쓰였다. 《설문》은 "唐은 큰 소리이다"라고 풀이했다.

금

전

庸 떳떳할 용, 쓸 용

yōng

집 앞의 논밭(, 用쓸 용)에서 갈퀴를 손에 들고 열심히 경작하다(, 庚별 경)

庸은 '평범하다', '열심히 일하다'의 뜻으로 파생되었으며, 관련 단어로는 평용(平庸píngyōng, '평범하다'를 의미하는 중국어), 수용(酬庸chóuyōng, '공로에 보답하다', '공로가 있는 사람에게 주는 보수'를 의미하는 중국어) 등이 있다.

于—대들보를 타고 서서히 위로 올라가는 연기

❶ 坪(들 평)
評(평할 평)
萍(부평초 평)
秤(저울 칭)
抨(탄핵할 평)

❷ 污(더러울 오, 구부릴 우, 팔 와)
汙(더러울 오, 구부릴 우, 팔 와)
盓(물 소용돌이치며 흐를 우)

干 갑
干 금
干 전

干

于 어조사 우, 어조사 어

yú

위아래 두 개의 가로 들보(二)와 한 개의 수직으로 된 기둥(丨)으로 구성된 양주(梁柱, 대들보)

于의 갑골문 干, 금문 干, 전서 于는 위아래 두 개의 가로지른 들보와 한 개의 수직으로 된 기둥으로 구성된 양주를 상징한다. 상량(上梁)은 지붕을 지탱하고, 하량(下樑)은 사람이 거주하는 바닥을 지탱한다. 이 구조는 하모도 문화의 간란식(干欄式, 땅에 기둥을 박고 그 위에 목조 주택을 얹어 지면과 집 사이에 공간을 두는 건축 방식) 건축과 유사하다. 저장(浙江)성 위야오(餘姚)의 하모도 유적지에서 대규모의 간란식 건축물이 발견되었는데 6천 년 전에 지어진 것으로 알려졌다. 간란식 건축은 홍수와 야생동물의 습격을 막기 위해 발전한 일종의 고가(高架)식 목조건축이다. 집을 지을 때는 먼저 땅속에 나무 말뚝을 박아 넣은 다음, 그 위에 가로 들보를 걸어 나무판자를 두껍게 깐다. 다 지어진 집의 위층에는 사람이 살고 아래층은 개방식 공간으로 남겨둔다. 파생된 한자 중에는 平(평평할 평, 다스릴 편), 宇(집 우)처럼 집의 건축과 연관된 글자가 많다.

갑
금
전

宇

宇 집 우

yǔ

가옥(宀, 宀 집 면)의 대들보(干, 于 어조사 우, 어조사 어) 아래의 활동 공간

《역경(易經)》에 이런 내용이 있다. "상고시대에 사람들은 동굴에서 살았다. 훗날 이른바 상동하우(上棟下宇)의 궁실(宮室)에 거주하며 바람과 비를 막았다." 여기서 '상동하우'는 2층식의 간란식 건축을 지칭하는 듯하다. '상동(上棟)'은 사람이 거주하는 위층의 화려한 집을 가리키고, '하우(下宇)'는 아래층의 개방된 공간을 지칭한다. 송나라 사람 원문(袁文)은 《옹유한평(甕牖閑評)》에서 이를 '정우(庭宇), 원우(院宇), 우하(宇下)'로 표기했다. 아래층의 개방된 공간은 작업 공간이자 휴식 공간이기도 했으며, 동물을 사육하는 용도로도 사용할 수 있었다. 宇는 넓은 활동 공간으로 의미가 확장되었으며, 관련 단어로는 원우(院宇, 안뜰과 가옥), 우주(宇宙), 옥우(屋宇, 여러 집채) 등이 있다. 《역경》에는 이렇게 기재되어 있다. "상고시대에 동굴과 들판에서 거처하다가 후세에 성인이 궁궐과 집으로 바꿔 위로 동량을 올리고 아래에 집을 내어 비바람을 막았다(上古穴居而野處, 後世聖人易之以宮室, 上棟下宇, 以待風雨: 상고혈거이야처, 후세성인역지이궁실, 상동하우, 이대풍우)."

平 평평할 평, 다스릴 편

píng

좌우를 균일하게 나누어(分 나눌 분, 푼 푼,) 대들보(, 于 어조사 우, 어조사 어)를 설치해야 한다

집을 지을 때 대들보를 놓는 것은 매우 중요한 절차다. 가로지른 들보를 설치할 때는 수평을 잘 맞춰야 했다. 자칫하면 "상량이 비뚤어지며 하량도 기울어지는" 문제가 발생했다. 平의 금문 , 과 전서 는 모두 가로 들보 양측에 '八(分의 본자)'을 추가하여 상하 두 개의 들보가 수직 기둥에 균등하게 놓여 있음을 표시했으며, 이것으로 이 집의 가로 들보가 수평 교정을 거쳤음을 알 수 있었다. 관련 단어로는 평형(平衡), 평면(平面), 평탄(平坦), 공평(公平) 등이 있다.

금

전

갑
금
전

亐 어조사 우, 이지러질 휴

yú

하늘로 올라가는(二) 연기(ㄣ)

옛 중국인들이 대들보 아래에서 불을 지펴 음식을 할 때, 수직 기둥과 가로 들보를 타고 오른 연기가 다시 처마를 따라 집 밖으로 흩어졌다. 亐의 갑골문 과 금문 은 연기( )가 대들보( )를 타고 서서히 위로 올라가는 장면을 표현했다. 나중에 조금씩 변화하여 전서 는 빙글빙글 돌며 올라가는(二) 연기를 묘사했다. 亐는 于(어조사 우, 어조사 어)에서 파생된 한자로, 두 글자의 의미는 비슷하나 완전히 일치하지는 않는다. 그러나 2천여 년 동안 이체자(異體字)로 간주하여 통용하고 있다. 亐는 대들보를 타고 상승하는 연기라는 본래의 뜻을 갖고 있으며, '~로 향하여, ~에' 등의 의미로 확장되었다. 관련 단어로는 지자우귀(之子于(亐)歸, 자식이 시가에 돌아가는 것, 즉 딸이 시집가는 것을 의미함) 등이 있다.

갑
금
전

雩 기우제 우

yú

비(雨비 우,)를 내려달라며 연기가 하늘에 닿도록 제사드리는 일(, 于어조사 우, 어조사 어, 亐어조사 우, 이지러질 휴)

갑골문 은 신(神귀신 신, , , 示보일 시, 땅귀신 기, 둘 치)에게 비를 간청하는( ) 모습을 표현했다. 나중에 다른 갑골문 , 금문 , 전서 는 '示' 대신 '于'로 표기함으로써 신에게 비를 내려달라고 제사 지내며 그 연기가 하늘에 직접 닿는 것을 묘사했다. 상주시대에 가뭄이 발생하면 연제(煙祭)를 지내 무당이 비를 기원하는 춤을 추며 하늘에 비를 내려달라고 빌었다. 《주례》에는 "나라에 큰 가뭄이 들면 기우제를 지내며 무당들에게 춤을 추게 한다(若國大旱, 則帥巫而舞雩: 약국대한, 즉수무이무우)"라고 기록되어 있다.

盂 사발 우

yú

갑 금 전

위로 올라가는 연기(, 于어조사 우, 어조사 어)가 그릇(盆동이 분, , 皿그릇 명) 안에서 뿜어져 나오다

盂는 고대에 국, 술, 오줌, 가래 등 액체를 담는 용기였으며, 관련 단어로는 담우(痰盂, 가래를 담는 용기) 등이 있다. 이러한 액체들은 냄새가 짙어 실내에 늘 가득 차 있었기 때문에 옛 중국인들에게 깊은 인상을 남겨, 이렇게 재미있는 한자를 만들게 되었다. 《사기·골계전(滑稽傳)》에 "술 한 잔을 차려놓고(酒一盂: 주일우)"라는 표현이 나온다.

迂 에돌 우, 에돌 오

yū

전

위로 올라가는 연기(, 于어조사 우, 어조사 어, 亏어조사 우, 이지러질 휴)가 사방으로 돌아다니다(, 辶쉬엄쉬엄 갈 착)

迂는 '구부러지며 나아가다'의 의미가 파생되었으며, 관련 단어로는 우회(迂廻, 곧바로 가지 않고 멀리 돌아서 감), 우부(迂腐yūfǔ, '말이나 행동이 시대에 뒤떨어지다'를 의미하는 중국어) 등이 있다.

 전

물(水물 수,)에서 악취를 풍기는 연기(, 于어조사 우, 어조사 어, 亏어조사 우, 이지러질 휴)

汚 또는 汙
더러울 오, 구부릴 우, 팔 와
또는
洿 물 소용돌이 치며 흐를 우

wū

전서 는 요강(, 皿그릇 명) 안의 물에서 풍기는 연기를 뜻하며, 나중에 로 대체되어 더럽다는 의미가 파생되었다. 관련 단어로는 오예(汚穢wūhui, '더럽다'를 의미하는 중국어), 오염(汚染) 등이 있다. 汚, 汙, 洿 셋은 이체자로 뜻과 발음이 모두 같다.

금
 전

입(口입 구,)안에서 연기(, 于어조사 우, 어조사 어, 亏어조사 우, 이지러질 휴)를 토해내다

吁 탄식할 우, 부를 유

xū

吁는 길게 탄식하는 소리라는 의미로 파생되었으며, 관련 단어로는 장우단탄(長吁短嘆chángxūduǎntàn, '한숨만 연달아 쉬다'를 의미하는 중국어), 기천우우(氣喘吁吁qìchuǎnxū·xu, '숨이 가빠서 식식거리는 모양'을 의미하는 중국어)가 있다.

금
 전

기류(氣流, , 于어조사 우, 어조사 어, 亏어조사 우, 이지러질 휴)가 대나무(竹대 죽,) 관을 통과하며 소리를 내다

竽 피리 우

yú

금문 은 네 개의 기호를 나타낸다. 각각 '입에 머금다(, 亼모일 집)', '대나무 관', '기류( )', '대나무 관을 쥔 손'을 상징하며, 대나무 관을 부는 모습을 표현한 상형자이다. 竽는 고대에 대나무로 만들어 불었던 관악기다.

虧 이지러질 휴

kuī

새(鳥새 조, 땅 이름 작, 섬 도,  , 隹새 추, 높을 최, 오직 유)는 호랑이(虍범 호, , 虍호피 무늬 호)를 이길 수 없어서 결국 비명에 황천길로 갔다(, 于어조사 우, 어조사 어, 亏어조사 우, 이지러질 휴)

헤이룽장(黑龍江) 동북호림원구(東北虎林園區)는 야생 동북호랑이 보호구역이다. 호랑이들의 식사 시간이 되면 관리 직원이 살아 있는 닭들을 풀어놓는데, 사방으로 혼비백산 달아나는 닭들과 먹이를 한입 가득 씹는 호랑이의 모습을 볼 수 있다. 虧의 관련 단어로는 흘휴(吃虧chīkuī, '손해를 보다'를 의미하는 중국어), 휴흠(虧欠, 일정한 수효에서 부족함이 생김) 등이 있다.

爿—반목(半木, 나무의 반쪽)

爿(나뭇조각 장, 나뭇조각 상, 양수사 판, qiáng 또는 chuáng)의 갑골문  은 나무(木나무 목, )의 왼쪽 절반을 가리키며, 나중에 받침을 더하여 마치 상(床)의 넓은 면과 다리 부분처럼 되었다(). 옛 중국인들은 나무를 둘로 쪼개서 그 조각을 반목(半木)이라 불렀다. 원(元)나라의 주백기(周伯琦)는 왼쪽 반목을 爿, 오른쪽 반목을 片(조각 편, 절반 반)이라고 여겼다.

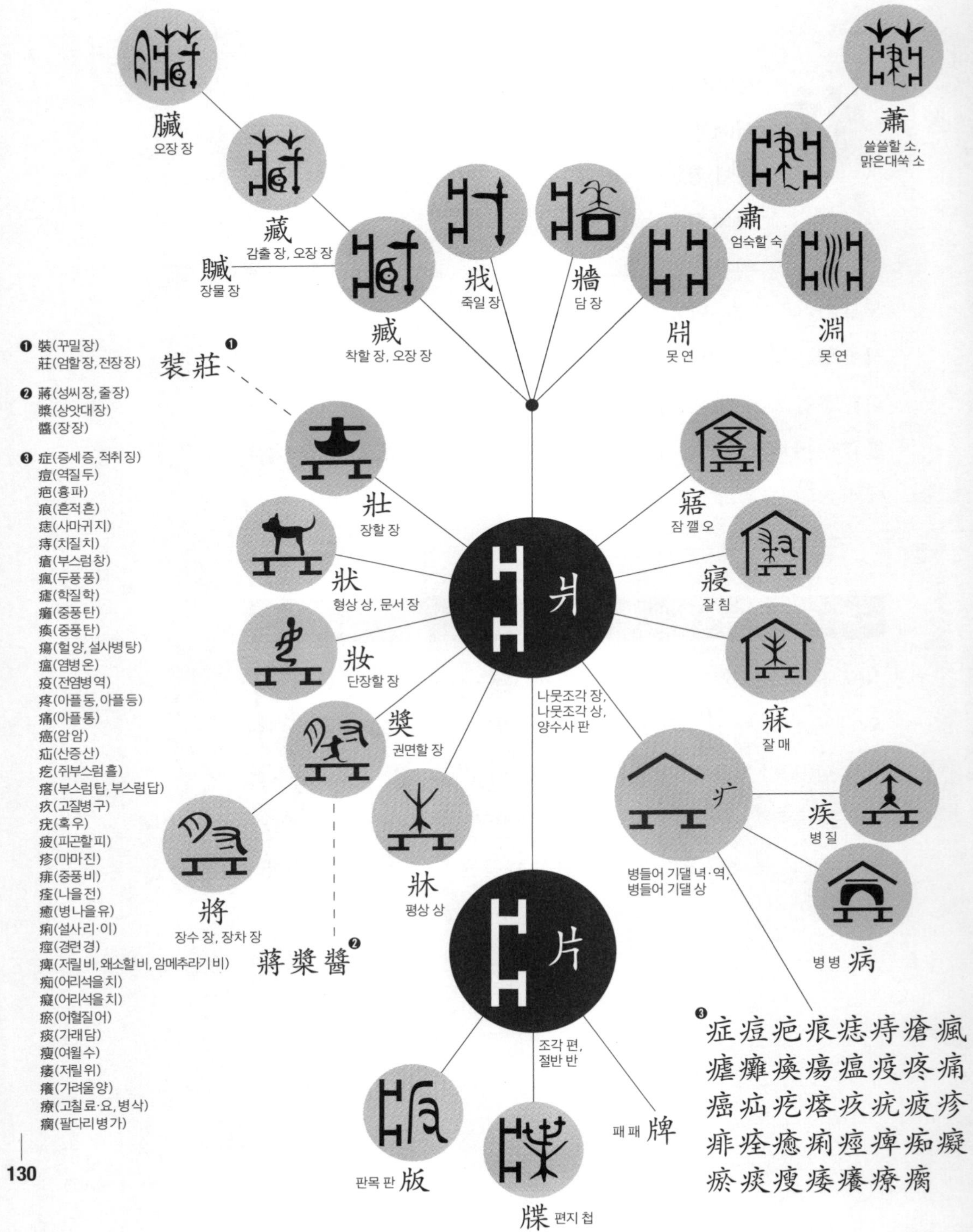

❶ 裝(꾸밀 장)
莊(엄할 장, 전장 장)

❷ 蔣(성씨 장, 줄 장)
槳(상앗대 장)
醬(장 장)

❸ 症(증세 증, 적취 징)
痘(역질 두)
疤(흉 파)
痕(흔적 흔)
痣(사마귀 지)
痔(치질 치)
瘡(부스럼 창)
瘋(두풍 풍)
瘧(학질 학)
癱(중풍 탄)
瘓(중풍 탄)
瘍(헐 양, 설사병 탕)
瘟(염병 온)
疫(전염병 역)
疼(아플 동, 아플 등)
痛(아플 통)
癌(암 암)
疝(산증 산)
疙(쥐부스럼 흘)
瘩(부스럼 탑, 부스럼 답)
疚(고질병 구)
疣(혹 우)
疲(피곤할 피)
疹(마마 진)
痱(중풍 비)
痊(나을 전)
癒(병 나을 유)
痢(설사 리·이)
痙(경련 경)
痺(저릴 비, 왜소할 비, 암메추라기 비)
痴(어리석을 치)
癡(어리석을 치)
瘀(어혈질 어)
痰(가래 담)
瘦(여윌 수)
痿(저릴 위)
癢(가려울 양)
療(고칠 료·요, 병 삭)
瘸(팔다리 병 가)

爿—반목으로 벽을 세우다

戕 죽일 장

qián

무기(, 戈창 과)를 들고 담(牆담 장, , 爿나뭇조각 장, 나뭇조각 상, 양수사 판)을 무너뜨리고 들어가다

戕은 사람을 살해한다는 의미로 파생되었으며, 관련 단어로는 장해(戕害, 참혹하게 상처를 내어 해침) 등이 있다.

갑 금 전

臧 착할 장, 오장 장

zāng

지극히 좋은 물건은 반드시 담(牆담 장, , 爿나뭇조각 장, 나뭇조각 상, 양수사 판)을 쌓고 보호 벽을 세워 수시로 주시할(, 臣신하 신) 뿐 아니라 무기(, 戈창 과)를 사용해 보호해야 한다

臧은 '아주 좋은 물건'이라는 의미로 확장되었으며, 관련 단어로는 장부(臧否, 착함과 착하지 못함) 등이 있다. 《이아·석고(爾雅·釋詁)》는 "臧은 선한 것이다"라고 풀이했다.

전

藏 감출 장, 오장 장

cáng 또는 zàng

좋은 물건(, 臧착할 장, 오장 장)을 풀(草풀 초,)로 덮어 감추다

관련 단어로는 장닉(藏匿, 감추고 숨김), 보장(寶藏, 보배롭게 여겨 잘 간직함) 등이 있다.

전

臟 오장 장

zàng

은밀히 감춘(藏감출 장, 오장 장,) 신체 기관(, 月달 월)

금 전

淵 못 연

yuān

좌우 높은 담장( ) 사이에 흐르는 깊은 계곡의 물(, 氵삼수변 수)

간백체(簡帛體, 종이에 기록하기 이전에 대나무나 나무에 쓴 간독(簡牘)과 비단에 기록한 백서(帛書)를 아우르는 말) 는 두 개의 높은 담장 중간에 물이 흐르는 상형자로, 옛 중국인들이 깊은 못을 묘사한 것이다.

肅 엄숙할 숙

sù

좌우에 장원(牆垣, 집의 둘레나 일정한 공간을 둘러막기 위하여 쌓아 올린 것,)을 둘러 외부와 경계를 나누고 전념하여 글(書글 서, , 聿붓 율)을 쓰고 계획을 세우다

병풍을 뜻하는 소장(蕭牆)은 원래 '숙장(肅牆, 임금의 집무실에 쳤던 병풍)'에서 비롯되었다. 옛 중국인들이 글을 쓰거나 일을 볼 때는 외부의 간섭을 피해 이런 병풍을 쳤으며, 찾아온 사람은 병풍 밖에서 찾아온 용건을 알려야 했다. 이 병풍은 임금과 신하 사이에도 설치했는데, 이에 관해 동한(東漢)의 정현(鄭玄)은 "소(蕭, 쓸쓸함)는 숙(肅, 엄숙함)을 뜻한다. 임금과 신하가 서로 만날 때의 예절은

병풍에 이르러 이곳에서 엄숙함과 경건함을 더하는데, 이것을 소장(蕭牆)이라 일컬었다"라고 했다. 소장이 궁전에서 방해받지 않고 은밀함을 요하는 장소에 설치한 장원이나 병풍을 가리킨다는 것을 알 수 있다. '소장지화(蕭牆之禍)'는 궁궐 내부의 다툼으로 인한 화를 말한다. 예를 들어 《논어(論語)》에는 "나는 계손의 근심이 전유(顓臾)에 있지 않고 소장 안에 있을까 두렵다(吾恐季孫之憂, 不在顓臾, 而在蕭牆之內也: 오공계손지우, 부재전유, 이재소장지내야)"라는 내용이 나온다. 肅은 본래 외부와 경계를 나누는 장원이나 병풍을 의미했으며, 공경(恭敬, 공손히 받들어 모심), 정목(靜穆jìngmù, '조용하고 장엄하다'를 의미하는 중국어) 등의 의미로 파생되었다. 관련 단어로는 숙정(肅靜, '조용하고 엄숙하다'를 의미하는 '숙정하다'의 어근), 엄숙(嚴肅) 등이 있다. 다른 전서  는 무릎을 꿇고 앉은 사람()이 마음(心마음 심, )을 한곳으로 모아 글을 쓰고() 계획을 세우는 모습을 표현했다. 《설문》은 "肅은 일을 진작시키고 공경하는 것이다"라고 풀이했다. 爿(나뭇조각 장, 나뭇조각 상, 양수사 판)은 나무로 만든 벽을 의미한다.

蕭 쓸쓸할 소, 맑은대쑥 소

xiāo

황량한 땅( , 肅엄숙할 숙)에서 자라는 들풀(艸풀 초, , 艹초두머리 초)

애호(艾蒿, 산쑥. 국화과의 여러해살이풀)는 소애(蕭艾), 미고(味苦)라고도 불렸다. 후세 사람들이 이를 침구술(針灸術)에 활용하게 되면서 쑥에 불을 붙여 경혈에 뜸을 놓았다. 肅의 본래 의미는 높은 담으로 격리된 곳이며, 여기서 인적이 드문 황량한 곳이라는 의미가 파생되었다. 蕭는 쓸쓸하고 처량한 풀밭이라는 의미로 파생되었으며, 관련 단어로는 소슬(蕭瑟, '으스스하고 쓸쓸하다'를 의미하는 '소슬하다'의 어근), 소조(蕭條, '고요하고 쓸쓸하다'를 의미하는 '소조하다'의 어근)가 있다.

爿—반목으로 평상이나 긴 걸상을 만들다

 전

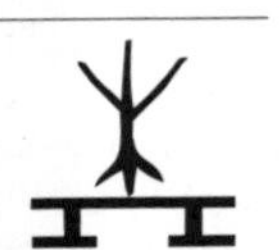

牀 평상 상

chuáng

나무(木나무 목,)로 만든 평상(, 爿나뭇조각 장, 나뭇조각 상, 양수사 판)

 전

寢 잘 침

qǐn

손(手손 수, , 又또 우, 용서할 유)에 비(帚비 추,)를 들고 집(, 宀집 면)을 청소한 후 평상(牀평상 상, , 爿나뭇조각 장, 나뭇조각 상, 양수사 판) 위에서 잠을 자다

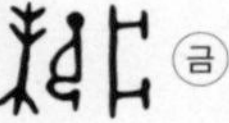 금

  전

寐 잘 매

mèi

실내(, 宀집 면)의 평상(牀평상 상, , 爿나뭇조각 장, 나뭇조각 상, 양수사 판)에 누워 아직 잠에서 깨지 않았다(未아닐 미,)

금문 은 한 사람이 침상에 누워 있는 그림문자이며,

그중 '未'는 수식하는 부호로, 이 사람이 아직 잠에서 깨지 않은 것을 형용한다.

집 안(, 宀집 면**)에 있는 평상(**牀평상 상, , 爿나뭇조각 장, 나뭇조각 상, 양수사 판**)에서 깨어나 횡설수설하다(**, 吾나 오, 친하지 않을 어, 땅 이름 아)

寤 잠 깰 오

wù

寤는 사람이 잠에서 깬 후 아직 정신이 맑지 않은 상태를 묘사하며, 여기서 '잠에서 깨다'라는 의미가 파생되었다. '오매이구(寤寐以求)'는 밤낮으로 바라고 구한다는 의미이다. 《설문》은 "잠에서 깨어났으나 잠에서 막 깬 소리를 하다"라고 풀이했다.

전

여자(女여자 녀·여, 너 여, **)가 평상(**牀평상 상, , 爿나뭇조각 장, 나뭇조각 상, 양수사 판**)에 앉아 머리를 빗고 몸을 단장하다**

妝 단장할 장

zhuāng

관련 단어로는 소장(梳妝shūzhuāng, '화장하다'를 의미하는 중국어), 화장(化妝), 가장(嫁妝jià·zhuang, '시집갈 때 가지고 가는 물품'을 의미하는 중국어) 등이 있다.

갑 금 전

손(手, , 寸마디 촌**)에 고기(**肉고기 육, 둘레 유, , 月달 월**)를 들고 긴 걸상(**, 爿나뭇조각 장, 나뭇조각 상, 양수사 판**)에 앉아서 먹는 사람**

將 장수 장, 장차 장

jiāng

將은 우두머리로, 타인을 부리는 사람이다. 관련 단어로는 장군(將軍), 장령(將領, 군사를 거느리는 우두머리) 등이 있다.

전

奬 권면할 장

jiǎng

긴 걸상(, 爿나뭇조각 장, 나뭇조각 상, 양수사 판)에 앉아 손(手손 수, , 寸마디 촌)에 개(狗개 구, 새끼 후, , 犬개 견)고기(肉고기 육, 둘레 유,)를 들고 먹고 있다

고대에 개고기는 양고기나 돼지고기보다 가치가 높아서 전쟁에서 공을 세운 전사에게 상으로 주는 일이 많았다. 춘추시대에는 심지어 출산을 장려하기 위해 개고기를 하사한 일도 있었다. 오(吳)나라와의 전투에 패한 월(越)나라 왕 구천(勾踐)은 복수를 위해 병력을 키우고자 출산장려정책을 실시했다. 즉 여성이 아들을 낳으면 개고기를 상으로 주고 딸을 낳으면 돼지고기를 상으로 줬다. 이 밖에 개고기는 신에게 바치는 제물이기도 했다. 《예기》에 "무릇 종묘에 제사할 때의 예법은 소는 일원대무이며, …… 개는 갱헌이라 부른다(凡祭宗廟之禮: 牛曰一元大武, …… 犬曰羹獻: 범제종묘지례: 우왈일원대무, …… 견왈갱헌)"라는 내용이 있다.

狀 형상 상, 문서 장

zhuàng

죽여서 긴 걸상(, 爿나뭇조각 장, 나뭇조각 상, 양수사 판)에 통째로 진열해놓은 개(狗개 구, 새끼 후, , 犬개 견)

다 구워져 긴 걸상에 진열된 개고기를 바라보고 있노라면 침을 흘리지 않는 병사가 없었다. 그러나 공을 세운 용사들만 그 맛을 즐길 수 있었다. 狀에서 양식(樣式), 공적(功績)의 의미가 파생되었으며, 관련 단어로는 형상(形狀, 사물의 생긴 모양이나 상태), 장상(奬狀, 상장, 표창장) 등이 있다. 오늘날 베트남 하노이 등지의 상점에서는 여전히 개고기 통구이를 판매하며, 이는 전통문화가 남긴 습속(習俗)이다. 《설문》은 "狀은 개의 형상이다"라고 풀이했다.

壯 장할 장

zhuàng

손에 큰 도끼를 든 심판관(審判官, , 士선비 사)**이 긴 걸상(**, 爿나뭇조각 장, 나뭇조각 상, 양수사 판) **위에 앉아 있다**

壯은 '생사 여부를 결정하는 권한을 쥔 심판관'이라는 본뜻에서 '용맹스럽다'의 의미가 파생되었다. 관련 단어로는 강장(強壯, 뼈대가 강하고 혈기가 왕성함), 장사(壯士) 등이 있다. 고대에는 남자가 30세를 넘기면 장년(壯年)이라고 불렀다.

壯 금

壯 전

士 선비 사

shì

손에 청동(青銅)으로 된 큰 도끼를 든 법관

중국 역사상 최초의 법관 고요(皐陶)는 지혜로웠으며 논리적 추리로 불법행위를 밝혀내는 데 탁월한 능력을 발휘했다. 《상서》에 순임금이 "고요여, 그대를 사(士)로 임명하노라(皐陶, *汝作士*: 고요, 여작사)"라고 분부한 기록이 있다. 서한(西漢)의 공안국(孔安國)은 "사(士)는 이관(理官)이다"라고 말했다. 士가 이관, 즉 형사사건을 관할하는 심판관(審判官)이었음을 알 수 있다. 청동 도끼는 심판관의 권력을 상징하는 도구다. 금문 , 의 구조 형태는 王(임금 왕, 옥 옥)과 매우 유사하며, 이 역시 도끼날이 아래로 향한 청동 도끼이다. 청동 도끼는 원래 임금을 상징하며 가장 높은 심판 권한이 있음을 표시했다. 임금은 사람의 머리를 내리치는 형벌을 상징하는 도끼머리를 심판관에게 줄 수도 있다. 따라서 한자는 '王'에서 '士'라는 글자로 분화해 나왔다. 士의 원래 의미는 지혜로운 심판관이었으며, 여기에서 '각급 관리', '학문이 깊은 사람'이라는 의미가 파생되었다. 관련 단어로는 향사(卿士), 학사(學士), 남사(男士) 등이 있

다. 고대의 네 가지 직업인 사농공상(士農工商) 중에서 사(士)는 관료 또는 공부를 열심히 하여 관료가 될 준비를 하는 사람을 가리킨다.

疒—병이 나서 침상에 누워 있다

疒(병들어 기댈 녁·역, 병들어 기댈 상)은 속칭 '병질안'으로 부르는 한자 부수로, 그 글자 구성 요소의 본래 의미는 '병이 나서 침상에 누워 있다'이다. 이 기호를 포함한 한자는 거의 질병과 관련이 있다. 예를 들어 症(증세 증, 적취 징), 痘(역질 두), 疤(흉 파), 痕(흔적 흔), 痣(사마귀 지), 痔(치질 치), 瘡(부스럼 창), 瘋(두풍 풍), 瘧(학질 학), 癱(중풍 탄), 瘓(중풍 탄), 瘍(헐 양, 설사병 탕), 瘟(염병 온), 疫(전염병 역), 疼(아플 동, 아플 등), 痛(아플 통), 癌(암 암), 疝(산증 산), 疙(쥐부스럼 흘), 瘩(부스럼 탑, 부스럼 답), 疚(고질병 구), 疣(혹 우), 疲(피곤할 피), 疹(마마 진), 痱(중풍 비), 痊(나을 전), 癒(병 나을 유), 痢(설사 리·이), 痙(경련 경), 痺(저릴 비, 왜소할 비, 암메추라기 비), 痴(어리석을 치), 癡(어리석을 치), 瘀(어혈질 어), 痰(가래 담), 瘦(여윌 수), 痿(저릴 위), 癢(가려울 양), 療(고칠 료·요, 병 삭), 痾(팔다리 병 가) 등 형성자(形聲字, 뜻을 나타내는 글자와 음을 나타내는 글자를 합하여 만든 한자)가 모두 이에 해당된다.

疾 병질

jí

화살(箭화살 전, , 矢화살 시)에 맞아 다치고 병들어 침상에 누워 있다(, 疒병들어 기댈 녁·역, 병들어 기댈 상)

고대에는 전쟁이 끊이지 않았고 화살에 맞아 다치는 일이 흔했다. 따라서 화살에 맞아 다치는 것이 疾, 病(병

병)의 글자를 구성하는 배경이다. 疾의 갑골문 , 금문 , 전서 는 화살에 맞아 부상을 입고 침상에 누워 있는 사람을 묘사했다. 疾은 원래 갑작스럽게 화살에 맞아 다친다는 의미가 있으며, 이에 따라 생병(生病, 힘에 겨운 일을 한 탓으로 생긴 병), 쾌속(快速), 통한(痛恨, 몹시 분하거나 억울하여 한스럽게 여김), 결실(缺失, 빠져 없어지거나 잃어버림) 등의 단어가 파생되었다. 관련 단어로는 질병(疾病), 질풍(疾風, 몹시 빠르고 거세게 부는 바람), 질악여구(疾(嫉)惡如仇jíèrúchóu, '악한 일이나 나쁜 사람을 원수처럼 증오하다'를 의미하는 성어) 등이 있다.

病 병 병

bìng

화롯불(爐火, , 丙남녘 병, 셋째 천간 병)이 체내에서 타올라 병들어 침상에 누워 있는(, 疒병들어 기댈 녁·역, 병들어 기댈 상) 사람

갑 · 전

갑골문 은 한 사람이 병들어 침상에 누워 있는 그림문자이다. 옛 중국인들은 사람의 몸에 병이 나면 고열이 동반된다는 사실을 발견했다. 특히 화살에 맞아 병든 사람은 염증과 열이 나기 마련이다. 따라서 전서 는 침상에 누워 있는 사람(人사람 인)을 '丙'으로 대체하여 화롯불(, 丙)이 체내에서 연소하는 것을 표현함으로써, 이것이 세균 감염의 결과임을 나타내고 있다.

片—나뭇조각

갑골문과 금문에서는 아직 片(조각 편, 절반 반) 자가 발견되지 않았다. 또한 片을 구성 요소로 포함하는 모든 옛 한자에 의거할 때, 片이 片

(나뭇조각 장, 나뭇조각 상, 양수사 판)에서 파생됐고, 나뭇조각을 표현할 때 사용한 것임을 알 수 있다.

갑

전

나뭇조각(片조각 편, 절반 반,)**을 반대로 돌려놓다**(, 反돌이킬 반, 돌아올 반, 어려울 번, 삼갈 판)**. 反은 소리를 나타내는 기호이기도 하다**

版 판목 판

bǎn

갑골문 은 두 손으로 절반의 나뭇조각을 반대로 돌려놓아 사용 가능한 평평한 면이 자신을 향하도록 하는 것을 의미한다. 版은 납작하고 평평한 목재라는 의미로 파생되었으며, 관련 단어로는 판화(版畫, 판에 그림을 새기고 색을 칠한 후 종이나 천을 대고 찍어서 만든 그림), 판면(版面, 인쇄판의 겉면) 등이 있다.

전

나뭇잎(葉잎 엽, 땅 이름 섭, , 枼나뭇잎 엽, 나뭇잎 삽)**만 한 크기의 조각**(片조각 편, 절반 반,)

牒 편지 첩

dié

牒은 글씨를 쓰는 용도의 간찰(簡札, 댓조각 편지)이며, 관련 단어로는 금첩(金牒, 불경(佛經)을 가리키는 말), 통첩(通牒, 문서로 알림. 또는 그 문서) 등이 있다. (枼은 葉의 본자이다.) 片을 뜻으로 하여 파생된 한자에는 牘(서찰 독), 牖(들창 유), 牌(패 패) 등이 있다. 牘( )은 글씨를 읽거나 쓰는 용도의 나뭇조각을, 牖( )는 나뭇조각을 엮어 만든 창호(窗戶)를 의미한다. 牌는 식별용 나뭇조각이며, 그중 卑(낮을 비)가 소리를 나타내는 기호이다.

柬—땔나무를 묶다

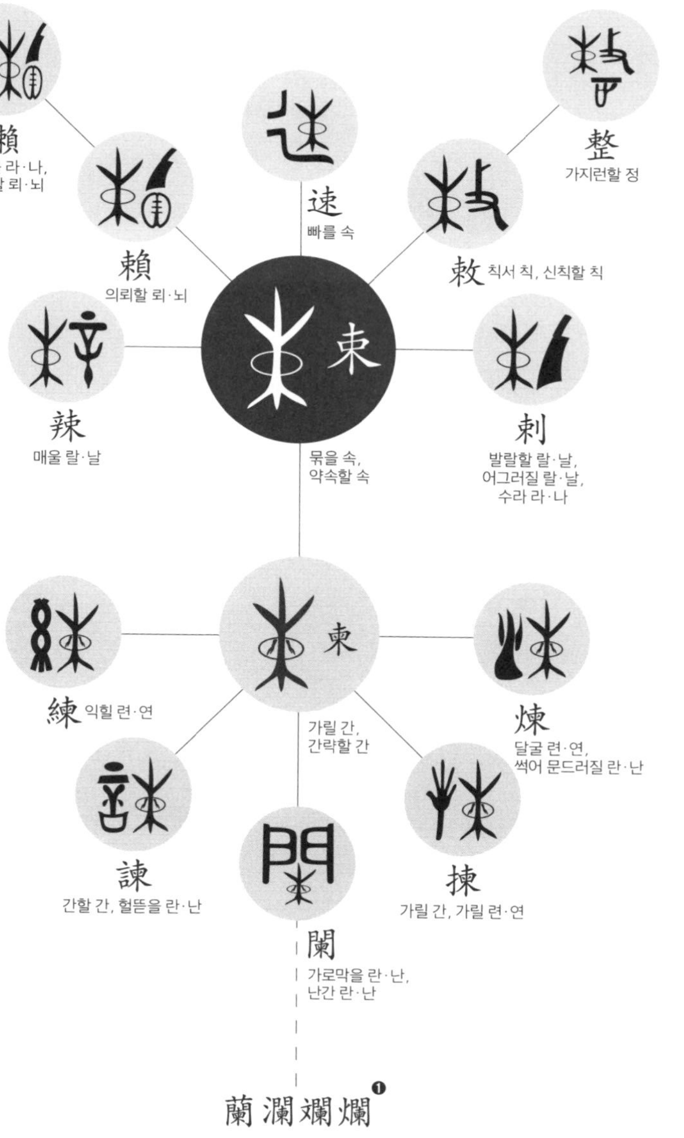

❶ 蘭(난초 란·난)
瀾(물결 란·난)
斕(문채 란·난)
爛(빛날 란·난, 문드러질 란·난)

束 묶을 속, 약속할 속

shù

끈으로 목재( )를 단단히 묶다(◯)

束의 갑골문 은 벼(禾벼 화, 말 이빨의 수효 수,)를 단단히 묶는 모습이며, 이는 추수가 끝난 후 농부가 벼를 한데 모아 볏단으로 묶는 정경을 묘사한 것이다. 금문 은 벼에서 나무로 바뀌어 목재( )를 단단히 묶는 모습이며, 이는 나무꾼이 하나하나의 나무를 한데 묶는 모습을 묘사한 것이다. 이 밖에 , 은 束의 이체자이며 손으로 나무를 다발로 묶는 모습을 더 분명하게 묘사했다.

나무를 다발로 묶을 때 먼저 칼로 나뭇가지와 잎을 잘라낸 후 길이를 가지런하게 다듬어야 한다. (剌발랄할 랄·날, 어그러질 랄·날, 수라 라·나)은 칼(刀칼 도, 조두 조)을 이용해 다듬어 한 '묶음'의 목재로 동여매는 것을 표현했다. 단단히 동여맨 후에는 목퇴(木槌, 나무로 만든 메)로 두드려 튀어나온 목재를 안쪽으로 들여보냄으로써 나무 묶음의 양쪽을 가지런하게 만든다. (敕칙서 칙, 신칙할 칙)은 손에 도구를 들고(, 攴칠 복) 단단히 동여맨 한 묶음(束)의 목재를 가지런히 정리하는 모습을 묘사했다. 여기에서 정돈(整頓), 고계(告誡, 타일러 훈계함)라는 의미가 파생되었으며, 황제가 전국에 칙유(敕諭chìyù, '친서를 내려 분부하다'를 의미하는 중국어)한다는 의미도 파생되었다. 정리를 마친 나무 묶음은 가지런한 목재 한 묶음이 된다. (整가지런할 정)은 손에 도구를 들고 나무 묶음을 정리하여( ) 이를 가지런히 다듬는(, 正바를 정, 정월 정) 모습을 묘사했다.

速 빠를 속

sù

나무꾼이 한 묶음(束묶을 속, 약속할 속)의 장작용 나무( ) 를 등에 지고 길을 빠르게 걷다(, 辶쉬엄쉬엄 갈 착)

 전

賴 의뢰할 뢰·뇌

lài

한 묶음(束묶을 속, 약속할 속,)의 돈(, 貝조개 패, 성씨 배)과 한 자루의 칼(刀칼 도, 조두 조,)

금전과 무기는 사람이 살아가기 위해 의지하는 가장 중요한 두 가지 물품이다. 한자 賴는 이러한 가치관을 충분히 표현하고 있다. 전서 는 한 자루로 단단히 묶은(束,) 전재(錢財, 재물로서의 돈,)를 묘사하며, 다른 전서 , 는 칼( )이 추가되어 있어서 전체적으로 한 묶음의 돈과 한 자루의 칼을 의미한다. 여기서 의지한다는 의미가 파생되었으며, 관련 단어로는 의뢰(依賴, 굳게 믿고 의지함, 남에게 부탁함), 신뢰(信賴) 등이 있다.

懶 게으를 라·나, 혐오할 뢰·뇌

lǎn

마음(心마음 심, , 忄심방변 심)속으로 늘 타인에게 의존(賴의뢰할 뢰·뇌,)하고 싶은 사람. 게으른 사람은 어떤 일이 닥치면 늘 의존하려는 심리가 있다

懶의 관련 단어로는 나산(懶散lǎnsǎn, '산만하다'를 의미하는 중국어), 용라(慵懶, 버릇이 없고 게으름) 등이 있다.

辣 매울 랄·날

là

매운(辛매울 신,) **맛이 있는 한 묶음**(束묶을 속, 약속할 속,)**의 식물**

관련 단어로는 날초(辣椒làjiāo, '고추'를 의미하는 중국어), 신랄(辛辣, '맛이 아주 쓰고 맵다'를 의미하는 '신랄하다'의 어근) 등이 있다.

柬—고르다

금

전

柬 가릴 간, 간략할 간

jiǎn

목재를 나눈(分나눌 분, , 八여덟 팔) **후 묶어**(束묶을 속, 약속할 속,)**놓다**

柬은 '고르다', '분류하다'의 뜻을 파생하였으며, 柬은 揀(가릴 간, 가릴 련·연)의 본자이다. 《설문》은 "柬은 분류하여 고르는 것이다"라고 풀이했다.

揀 가릴 간, 가릴 련·연

jiǎn

손(手손 수, , 扌재방변 수)**을 이용해 한 묶음의 나무를 고르다**(, 柬가릴 간, 간략할 간)

練 익힐 련·연

liàn

끈(, 糸가는 실 멱, 실 사)으로 목재를 묶는 것(, 柬가릴 간, 간략할 간)을 배우고 익히다

관련 단어로는 연습(練習)이 있다.

練 (전)

諫 간할 간, 헐뜯을 란·난

jiàn

말(言말씀 언, 화기애애할 은)로써 타인을 지도하여( ) 목재를 묶는 것(, 柬가릴 간, 간략할 간)을 가르치다

諫은 '타인에게 행동을 고치도록 타이르다'의 의미를 파생시켰으며, 관련 단어로는 진간(進諫jìnjiàn, '간하다', '간언을 드리다'를 의미하는 중국어), 간관(諫官, 임금의 잘못을 간하는 벼슬아치) 등이 있다.

諫 (금) (전)

煉 달굴 련·연, 썩어 문드러질 란·난

liàn

한 묶음 한 묶음의 목재(, 柬가릴 간, 간략할 간)를 불(火불 화)로 다 태우다( )

煉은 '장시간 가열하여 순수한 물질이 되게 하다'라는 의미로 확장되었으며, 관련 단어로는 야련(冶煉yěliàn, '제련하다'를 의미하는 중국어), 단련(鍛鍊, 쇠붙이를 불에 달군 후 두드려서 단단하게 함, 몸과 마음을 굳세게 함) 등이 있다.

煉 (전)

금 전

闌 가로막을 란·난, 난간 란·난

lán

달(月달 월,)이 밝게 떠오를 때 한 묶음 한 묶음의 목재(, 柬가릴 간, 간략할 간)로 대문(門문 문,)앞을 가로막아 짐승이나 외부인이 들어오지 못하게 막다

옛 중국인들은 대문 밖에 난간을 설치하여 한밤중에 동물이 실수로 침입하는 것을 막았다. 금문 은 달(月), 문(門), 간(柬)으로 구성된 회의자이며, 또 하나의 금문 과 전서 는 '月'이 생략되어 주로 옛 중국인들이 집 밖에 설치한 울타리를 묘사했다. 闌은 '한밤중', '난간', '함부로 들어오다'의 의미로 파생되었으며, 관련 단어로는 문란(門闌, 함부로 울타리를 뚫고 들어오는 사람) 등이 있다. 闌은 欄(난간 란·난, 나무 이름 련·연)과 攔(막을 란·난)의 본자이다. 《만강홍(滿江紅)》에 "노한 머리카락 치솟아 관을 찌르니 난간에 기대섰다(怒髮衝冠憑闌(欄)處: 노발충관빙란처)"라고 기재되었으며, 《전국책》에는 "강과 산이 있어 그것을 막고 있다(有河山以闌(攔)之: 유하산이란지)"라고 기록되어 있다.

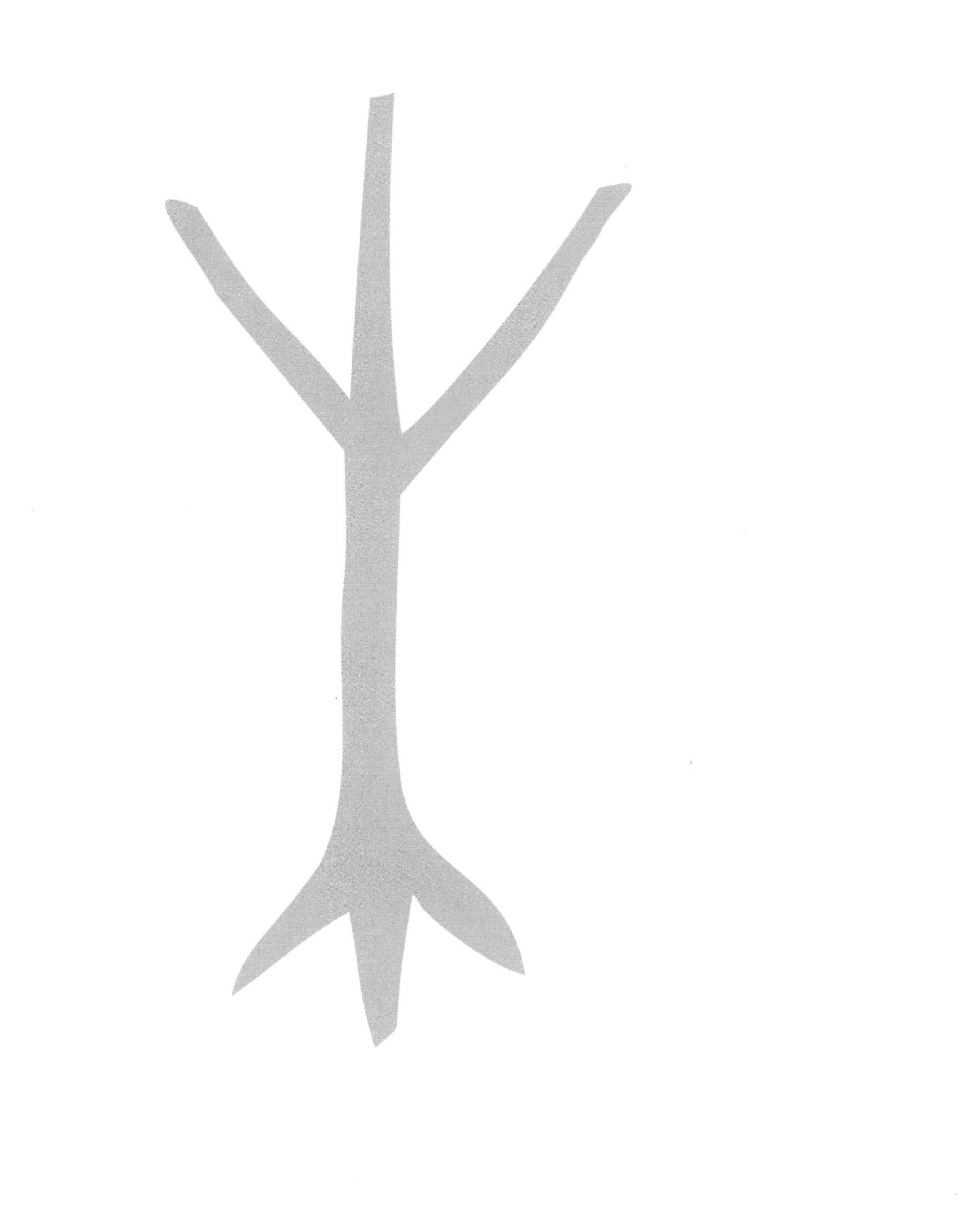

벼 화, 말 이빨의 수효 수

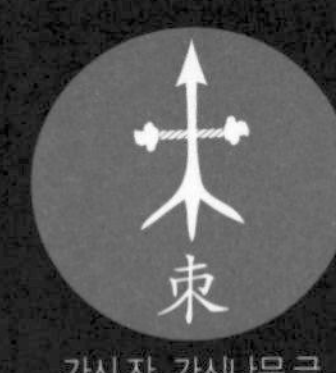

가시 자, 가시나무 극

비 추

제 3 장

禾

벼 화 / 말이빨의 수효 수

禾의 갑골문과 금문은 뿌리와 줄기, 잎, 이삭이 있는 식물을 표현했다. 禾는 黍(기장 서), 麥(보리 맥), 稷(피 직, 기울 측), 稻(벼 도) 등 곡류 식물을 통틀어 일컬으며, 화곡(禾穀, 벼에 속하는 곡식을 통틀어 일컬음) 또는 화묘(禾苗, 벼의 모종)를 상징한다. 禾에서 파생한 한자를 통해 하, 상, 주 시대의 곡물 문명이 체계적으로 발전했음을 알 수 있다. 당시 사람들은 곡물로 술을 빚고 도구를 이용해 파종이나 수확을 했으며, 공용 곡식 창고를 지어 곡물로 세금을 내는 경지에까지 이르렀다.

禾에서 파생된 한자

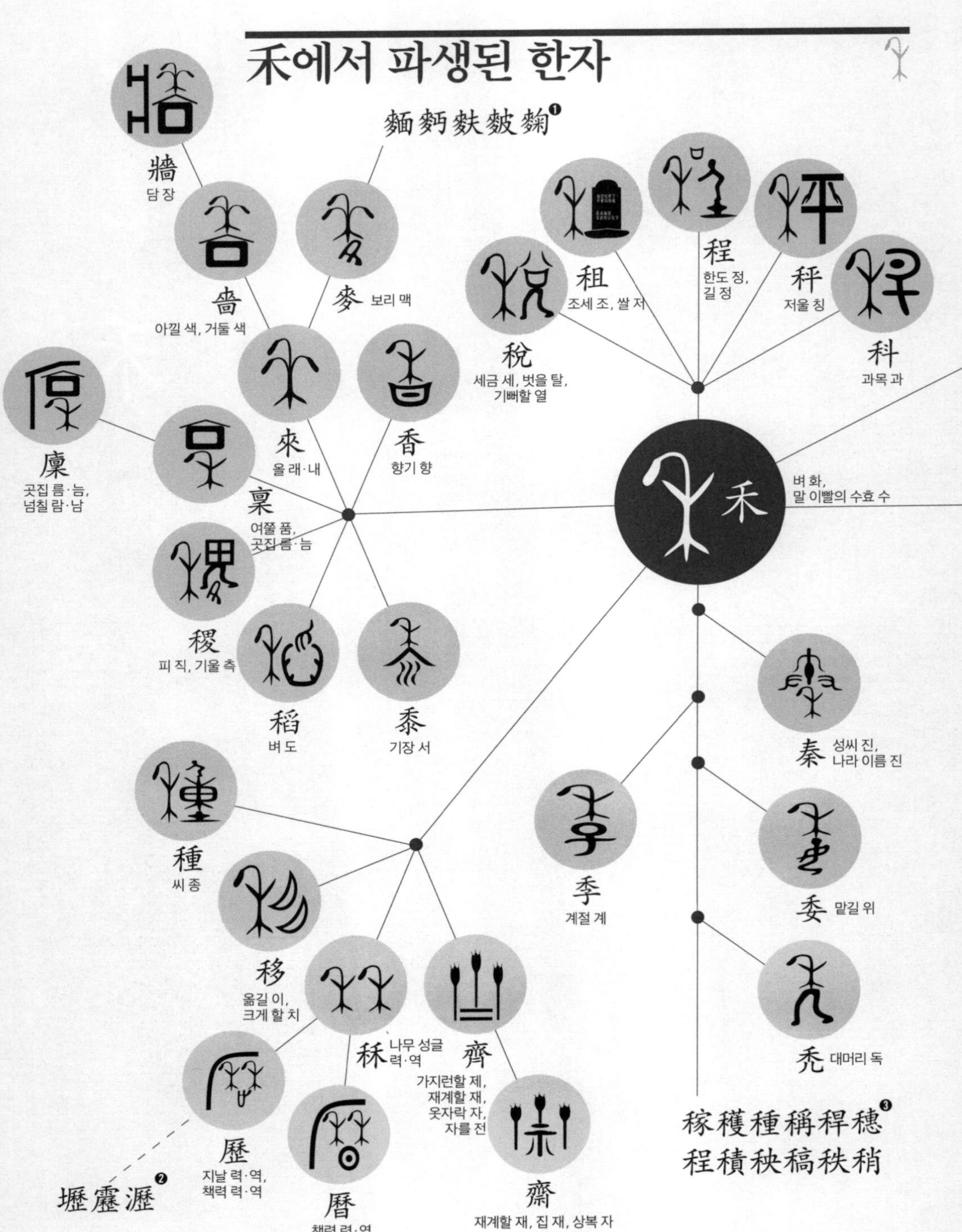

牆
담장
嗇
아낄 색, 거둘 색
麥 보리 맥
麵麪麩麬麴❶
來
올 래·내
香
향기 향
廩
곳집 름·늠,
넘칠 람·남
稟
여쭐 품,
곳집 름·늠
稷
피 직, 기울 측
稻
벼 도
黍
기장 서
租
조세 조, 쌀 저
程
한도 정,
길 정
秤
저울 칭
稅
세금 세, 벗을 탈,
기뻐할 열
科
과목 과
禾
벼 화,
말 이빨의 수효 수
秦
성씨 진,
나라 이름 진
季
계절 계
委 맡길 위
禿 대머리 독
種
씨 종
移
옮길 이,
크게 할 치
秝 나무 성글 력·역
齊
가지런할 제,
재계할 재,
옷자락 자,
자를 전
齋
재계할 재, 집 재, 상복 자
歷
지날 력·역,
책력 력·역
曆
책력 력·역
壢靂瀝❷
稼穫種稱稈穗❸
程積秧稿秩稍

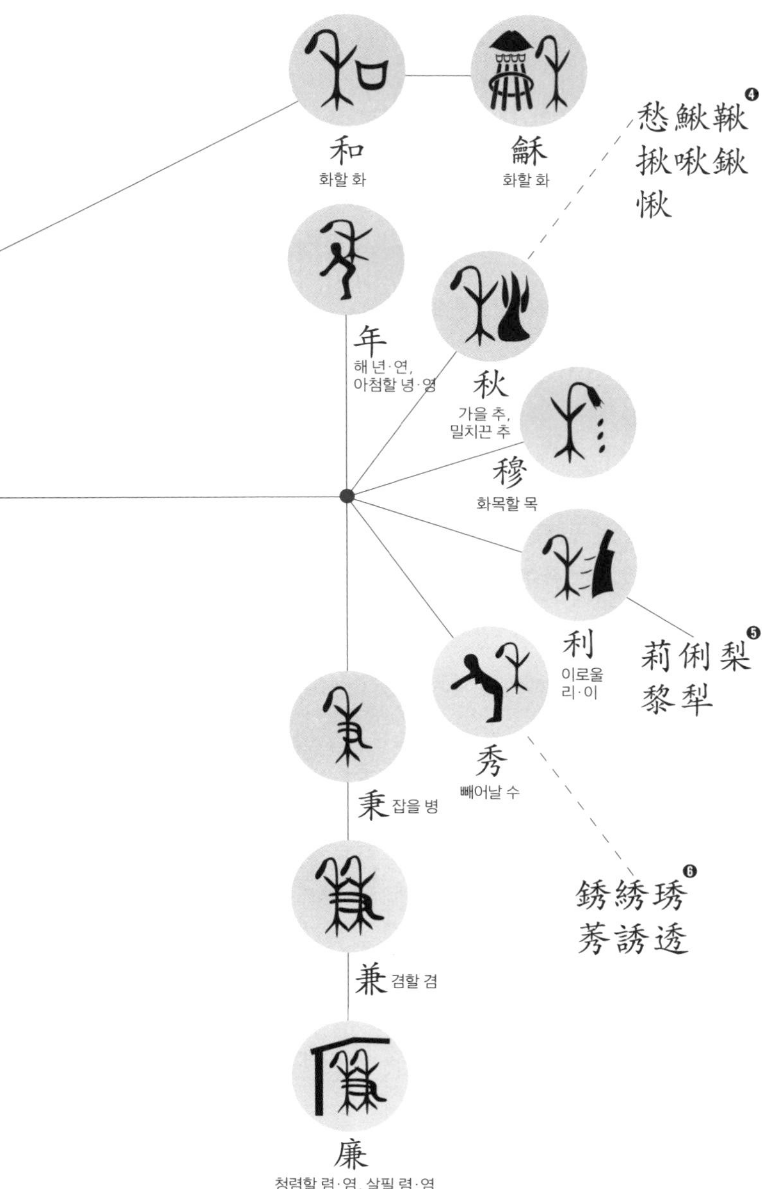

❶ 麵(밀가루 면), 麪(밀가루 면), 麸(밀기울 부), 麩(밀기울 부), 麴(누룩 국, 누룩 부)

❷ 壢(구덩이 력·역), 靂(벼락 력·역), 瀝(스밀 력·역)

❸ 稼(심을 가), 穫(거둘 확, 땅 이름 호), 種(씨 종), 稱(일컬을 칭, 저울 칭), 稈(볏짚 간), 穗(이삭 수), 程(한도 정, 길 정), 積(쌓을 적, 저축 자), 秧(모 앙), 稿(볏짚 고, 원고 고), 秩(차례 질), 稍(점점 초, 끝 초, 구실 소)

❹ 愁(근심 수, 모을 추), 鰍(미꾸라지 추), 鞦(밀치끈 추), 揪(모을 추), 啾(읊조릴 추), 鍬(가래 초), 愀(근심할 초, 쓸쓸할 추)

❺ 莉(말리 리·이), 俐(똑똑할 리·이), 梨(배나무 리·이), 黎(검을 려·여), 犁(밭갈 리·이, 밭갈 려·여, 떨류·유)

❻ 銹(녹슬 수), 綉(수놓을 수), 琇(옥돌 수), 莠(가라지 유, 씀바귀 수), 誘(꾈 유), 透(사무칠 투, 놀랄 숙)

각종 곡물

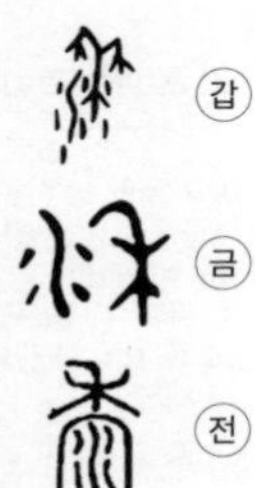

黍 기장 서

shǔ

물(水물 수,)에 넣어(入들 입,) 담그면 술로 변하는 벼(禾벼 화, 말 이빨의 수효 수,)

黍는 기장쌀의 일종으로 오랫동안 물에 담그면 발효하여 술이 되는 고대 술 제조의 중요한 원료이다. 기장은 추위와 가뭄에 잘 견디고 척박한 땅에서도 잘 자라기 때문에 중원(中原) 지역에서 재배하기 적합하다. 고고학자들은 허베이(河北) 츠산(磁山) 신석기 유적지에서 약 9천 년 전의 기장 낟알을 발견했다. 이를 통해 기장의 재배 역사가 상당히 오래된 것을 알 수 있다. 黍의 갑골문 은 가지와 잎이 달린 식물이며, 또 하나의 갑골문 은 기장 낟알이 물( )에 떨어진 모습으로, 기장쌀을 물에 담가 술을 빚는 것을 묘사하는 그림문자이다. 《여씨춘추》에는 서주(黍酒, 기장으로 빚은 술)에 관한 이야기가 소개돼 있다. 춘추시대에 초나라 대장군 사마(司馬) 자반(子反)이 진(晉)나라와 전쟁을 하던 중 목이 말라 군영에 돌아와 물을 찾았다. 시종 수양곡(豎陽穀)은 주인의 비위를 맞추려고 기장으로 빚은 술을 바쳤다. 애주가인 사마 자반은 그 술을 마시고 그만 취해버렸다. 그 결과 전투에 패했고, 왕의 노여움을 사서 죽임을 당하게 됐다. 《설문》은 "黍는 술을 담글 수 있고, 禾, 入, 水로 이루어진 글자이다"라고 풀이했다.

稻 벼 도

dào

벼(禾벼 화, 말 이빨의 수효 수,)를 쥐고( ) 절구(臼절구 구,)에 넣어 쌀을 찧다

금문 은 손에 벼 이삭을 쥐고 절구에 넣는 기호를 나타내며, 상주시대 이전부터 절굿공이와 절구통으로 쌀을 찧은 문화가 있었음을 보여준다.

금 전

稷 피 직, 기울 측

jì

한 사람(, 儿어진 사람 인, 아이 아)이 밭( )에서 힘들여 경작한 벼( )를 발로 밟는다(, 夊천천히 걸을 쇠)

稷의 옛 한자 , 는 禾(벼 화, 말 이빨의 수효 수), 田(밭 전), 人(사람 인 또는 儿), 夊로 구성된 회의자로, 벼를 경작하는 것을 나타낸다. 稷은 오곡을 통틀어 일컫는 명칭이기도 하다. 주나라의 선조 후직(后稷)은 그 이름이 말해주듯 백성들에게 오곡 재배를 가르쳐준 지도자를 말한다. 《맹자(孟子)》에 "후직이 백성에게 농사짓는 방법을 가르쳐서 오곡을 심고 가꾸게 했으니 오곡이 익어서 백성들이 먹고살 수 있었다(后稷教民稼穡. 樹藝五穀, 五穀熟而民人育: 후직교민가색. 수예오곡, 오곡숙이민인육)"라는 내용이 있다.

來 올 래·내

lái

보리 이삭

갑골문 과 금문 은 많은 보리 이삭들이 벼(禾벼 화, 말 이빨의 수효 수,) 위에 떨어져 있는 모습을 묘사했으며, 전서 는 필순(筆順)이 조정되었다. 來의 본래 의미는 이삭을 맺은 보리이다. 주나라 사람들은 보리 이

갑 금 전

삭이 하늘에서 내려준 선물이라고 믿었기 때문에 멀리서 찾아온다는 의미로 파생되었다. 관련 단어로는 내림(來臨), 왕래(往來), 회래(回來) 등이 있다. 《설문》은 "來는 주나라가 받은 상서로운 보리 래모(來麰)이다. 하나의 보리 줄기에 두 개의 이삭이 달렸고, 그 까끄라기 가시의 모양을 본떴으며, 하늘에서 온 것이다"라고 풀이했다. 고대에는 소맥(小麥, 보리)을 래(來)라고 했으며 대맥(大麥, 밀)을 모(麰)라고 하여 모두 하늘에서 내려준 것이라고 여겼다. 따라서 《시경》은 "나에게 와서 보리를 전해준다(貽我來麰: 이아래모)"라고 했다.

麥 보리 맥

mài

느릿느릿 걸어오는(, 夊천천히 걸을 쇠) **보리 이삭(** ,
來올 래·내)

麥을 의미기호로 하여 파생된 글자로는 麵(밀가루 면), 麪(밀가루 면), 麩(밀기울 부), 麬(밀기울 부), 麴(누룩 국, 누룩 부) 등이 있다. 《설문》은 "麥은 까풀이 있는 곡식이다 …… 來로 구성되었으니 이삭이 있는 것이다. 夊로 구성되었다. 신현(臣鉉) 등은 '夊는 발이다. 주나라가 상서로운 보리 래모를 받는 것이 오고 가는 것과 같다 하여 夊로 구성되었다'고 말했다"라고 풀이했다. 麥의 간체자는 麦이다.

香 향기 향

xiāng

달콤한(甘달 감, **) 벼(**禾벼 화, 말 이빨의 수효 수,)

삶아 익힌 벼는 입안에서 잘 씹으면 향긋한 단맛이 난다. 애석하게도 예서는 그중의 甘을 日(날 일)로 잘못 표기하는 바람에 원래의 뜻을 잃어버렸다. 香을 의미기호로 하여 파생된 형성자로는 馨(꽃다울 형), 馥(향기 복, 화살 꽂히는 소리 벽) 등이 있다.

곡식 창고

稟 여쭐 품, 곳집 름·늠

bǐng

벼(禾벼 화, 말 이빨의 수효 수,)를 저장하는 곡식 창고 (, 㐭곳집 름·늠)

㐭은 禀(여쭐 품, 곳집 름·늠), 廩(곳집 름·늠, 넘칠 람·남)의 본자이며 곡식 창고를 상징한다. 㐭의 갑골문 은 지붕과 두꺼운 벽을 묘사했으며, 다른 갑골문 은 지붕 위에 습기를 방지하기 위해 공기가 통하는 덮개를 추가했다. 전서체에 이르러 좌우 양측의 두꺼운 벽은 사방을 빙 두른 回(돌아올 회) 자 모양으로 바뀌었으며, 이에 따라 을 형성했다. 상나라 때 대규모의 곡식 창고가 출현했다. 《사기》에는 주나라의 무왕이 상나라의 주왕(紂王)을 치고 거교(鉅橋)의 양곡 창고를 열어 굶주린 백성들에게 나눠 주어 백성들의 환영을 받았다는 내용이 있다. 稟의 본래 의미는 '양곡 창고' 또는 '식량을 방출하다'이며, 여기서 '주다'의 의미가 파생했다. 관련 단어로는 품량(稟糧, 식량을 공급하다), 품보(稟報bǐngbào, '(관청이나 윗사람에게) 보고하다'를 의미하는 중국어), 품부(稟賦, 선천적으로 타고남) 등이 있다.

금

전

집의 막(屋棚) 아래에서( ) 식량 창고( ) 안의 벼 (禾벼 화, 말 이빨의 수효 수,)를 방출하다

廩 곳집 름·늠, 넘칠 람·남

lǐn

주나라에서 양곡으로 백성을 구휼하고 관청의 곡식 배급을 관장하던 관리를 늠인(廩人)이라고 했다. 《국어(國語)》는 "늠인은 지출의 통계를 알고, …… 늠인이 양식을 올린다(廩協出, …… 廩人獻餼: 늠협출, …… 늠인헌희)"라고 했다.

갑

금

전

익은 보리(, 來올 래·내)를 곡식 창고( )에 넣어두다

嗇 아낄 색, 거둘 색

sè

嗇은 '지나치게 아끼다', '농사', '곡식 창고'의 뜻으로 파생되었으며, 관련 단어로는 인색(吝嗇, 재물을 아끼는 태도가 몹시 지나침), 색사(嗇事, 농사)가 있다.

금

전

곡물 창고(, 嗇아낄 색, 거둘 색)의 장벽(牆壁, , 爿나뭇조각 장, 나뭇조각 상, 양수사 판)

牆 담 장

qiáng

곡식을 훔쳐 가는 것을 막기 위해 곡물 창고의 벽은 전부 촘촘하고 두껍고 튼튼하게 짓는다.

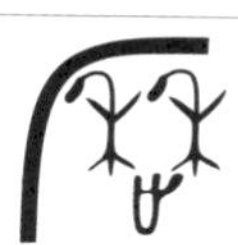

歷 지날 력·역, 책력 력·역

lì

앞으로 나아가( ) 강기슭( )의 벼(禾벼 화, 말 이빨의 수효 수) 모종( )을 살펴보고 정리하다

고대 조상들은 황하(黃河) 유역에서 농지를 개간했으며, 부지런한 농부는 날마다 밭에 나가 살펴보는 것이 일과였다. 갑골문 은 앞으로 나아가( ) 볏논( )을 살펴보고 정리하는 모습을 묘사했다. 금문 과 전서 는 앞으로 나아가( ) 강기슭의( ) 볏논( )을 살펴보고 정리하는 모습을 묘사했다. 歷은 '두루 살피다', '지난 과거의'라는 의미를 파생하였으며, 관련 단어로는 경력(經歷), 역련(歷練lìliàn, '단련하다'를 의미하는 중국어), 역사(歷史) 등이 있다.

秝(나무 성글 력·역)의 금문 과 전서체 는 가지런히 배열된 두 개의 벼 모종( )으로 탈곡장 또는 볏논을 상징한다. 厤(책력 력·역,), 歷은 강기슭에 있는 볏논을 상징한다. 厤의 소리에서 파생된 한자에는 壢(구덩이 력·역), 曆(책력 력·역), 靂(벼락 력·역), 瀝(스밀 력·역) 등이 있다. 《설문》은 "歷은 겪은 것이고 전한 것이다"라고 풀이했다. 歷의 간체자는 历이다.

갑 금 전

種 씨 종

zhǒng 또는 zhòng

무게(重무거울 중, 아이 동,)가 나가는 성숙한 벼(禾벼 화, 말 이빨의 수효 수,)

종자가 튼실해야 알찬 결실을 맺을 수 있다. 따라서 농부가 종자를 고를 때는 가장 알차고 가장 무게가 나가는

전

성숙한 알곡을 선택하게 된다. 관련 단어로는 종자(種子, 식물에서 나온 씨 또는 씨앗), 종식(種植, 씨를 뿌리고 식물을 심는 일) 등이 있다.

전

移 옮길 이, 크게 할 치

yí

벼(禾벼 화, 말 이빨의 수효 수) 모종( )이 많으면(多많을 다,) 옮겨 심는다

벼 모종이 조밀하게 자라면 충분한 양분을 흡수할 수 없어서 알찬 결실을 맺기 어렵다. 농부가 못자리에 씨를 뿌린 후 싹이 튼 볏모는 밀집하여 자라게 된다. 이때는 모를 반드시 논에 옮겨 심어야 하며, 이 과정이 바로 모내기이다.

齊 가지런할 제, 재계할 재, 옷자락 자, 자를 전

qí

많은 벼와 보리가 가지런히(齊,) 자라다( )

농부는 벼가 고르게 자랄 수 있도록 관리해야 최상의 수확을 거둘 수 있다. 벼와 보리는 새싹이 트는 것부터 이삭이 팰 때까지 그 생장이 일정한 리듬을 유지해야 한다. 가을 수확 철이 돌아오면 모든 벼 이삭이 거의 익은 상태가 된다. 齊의 갑골문 과 금문 은 세 포기에서 동시에 이삭이 팬 보리를 묘사했으며, 전서체 는 (二두 이)를 추가했다. 글자 구성 요소에서 는 길이가 균등한 두 필획으로 서로 균등하다는 의미를 갖는다. 전체적으로 볼 때 齊는 균등히 자란 세 포기의 보리를 상징하며, '평평하게 고르다', '평정하다', '잘 정비하다'의 의미가 파생되었다. 상용 단어로는 정제(整齊, 정돈하여 가지런히 함), 제전(齊全 qíquán, '완전히 갖추다'를 의미하는 중국어), 제가(齊家, 집안을 잘 다스려 바로잡음) 등이 있다. 《설문》은 "齊는 벼나 보리의 이삭이 패어 윗부분이 가지런히 자란 모양이다"라고 풀이했다.

齋 재계할 재, 집 재, 상복 자

zhāi

마음을 가지런히(齊가지런할 제, 재계할 재, 옷자락 자, 자를 전,) 하고 신(神귀신 신, , 示보일 시, 땅귀신 기, 둘 치)에게 기도하다

금문 , 전서체 는 齊( )와 示( )로 구성된 회의자로, 마음을 가지런히 하고 신에게 기도하는 것을 의미한다. 옛 중국인들은 중요한 제사를 앞두고 경건함을 보여주기 위해 목욕을 하고 옷을 갈아입었으며, 음식을 삼가고 부부 관계를 금했다. 이렇듯 수고롭게 마음을 다지는 경건한 행동을 재계(齋戒)라고 한다. 중국은 상나라의 탕임금 이전부터 재계하는 풍습이 있었다. 《한시외전(韓詩外傳)》에 "탕임금이 조용한 곳에서 재계하고 일찍 일어나서 밤늦게까지 정사를 돌보았으며, 죽은 이를 조문하고 병든 이를 문병했고, 허물을 용서하고 가난한 이를 구제했다(湯乃齋戒靜處, 夙興夜寐, 弔死問疾, 赦過賑窮: 탕내재계정처, 숙흥야매, 조사문질, 사과진궁)"라는 기록이 있다. 주나라 때에 이르러 재계는 더욱 빈번해졌고, 태재(太宰)가 재계 활동을 담당하여 백관을 거느리고 재계하였으며, 임금은 심지어 전용 재계 장소까지 두었으니 이를 재궁(齋宮)이라고 불렀다. 중요한 제사가 있거나 나라에 재앙이 발생할 때마다 임금이 이곳에서 재계했다. 가령 《묵자(墨子)》에 "임금은 질병이나 재앙이 있을 때 반드시 목욕재계한다(天子有疾病禍祟, 必齋戒沐浴: 천자유질병화수, 필재계목욕)"라는

금

전

내용이 있다. 각종 종교는 대부분 재계를 실행한다. 다만 그 방식에 조금씩 차이가 있을 뿐이다. 가령 기독교나 유대교, 회교의 경우 재계 기간에 금식기도를 하는 반면 불교는 육식과 술을 금하고 채식을 하는 식이다. 방식이야 어떻든 그들의 목적은 온 마음 온 뜻으로 경건함을 표하는 데 있다.

벼를 수확하다

갑 금 전

秉 잡을 병

bǐng

손(手손 수,)으로 벼(禾벼 화, 말 이빨의 수효 수,)를 쥐다

수확할 때 농부는 한 손으로 벼를 쥐고 다른 한 손에 낫을 들고 벼를 벤다. 秉은 '쥐다', '잡다'의 의미를 파생하였으며, 관련 단어로는 병지(秉持bǐngchí, '틀어쥐다', '장악하다', '견지하다'를 의미하는 중국어), 병촉(秉燭, 촛불을 손에 잡는다는 뜻으로, 촛불을 켬을 비유적으로 이르는 말) 등이 있다.

금 전

兼 겸할 겸

jiān

한 손(手손 수,)으로 두 포기의 벼( )를 쥐다

兼은 동시에 두 가지 사물을 얻거나 두 가지 일에 동시에 관여하는 것으로 의미가 확장되었으며, 관련 단어로는 겸비(兼備, 두 가지 이상을 아울러 갖추다), 겸병(兼併, 둘 이상의 것을 하나로 합하여 가짐) 등이 있다.

廉 청렴할 렴·염, 살필 렴·염

lián

사람에게 한 손으로 두 포기의 벼를 쥐게 하는(, 兼겸할 겸) 점포(店가게 점, , 广집 엄, 넓을 광, 암자 암)

같은 가격에 두 배의 수확을 얻을 수 있다면 틀림없이 수지맞는 일이다. 廉은 '값이 싸다', '욕심을 부리지 않는다' 등의 의미를 파생하였으며, 관련 단어로는 염가(廉價, 매우 싼 값), 염양(廉讓, 청렴하여 양보함) 등이 있다. 广은 본래 '집의 막 아래'라는 의미이며, 여기서는 상점 앞에 쳐진 막을 가리킨다.

전

利 이로울 리·이

lì

칼(刀칼 도, 조두 조,)을 휘둘러 벼(禾벼 화, 말 이빨의 수효 수,)를 수확하다

利의 옛 한자는 벼를 빠른 속도로 수확하는 그림문자이다. 갑골문 은 손(手손 수)에 칼(刀)을 쥐고 흙(土흙 토, 뿌리 두, 쓰레기 차) 위의 벼(禾)를 베는 모습을 묘사했으며, 훗날 손과 흙에 해당하는 두 개의 기호가 생략되었다. 갑골문 , , 금문 은 禾와 勿(말 물, 털 몰)의 구성으로 변화하여 칼을 휘둘러 벼를 베는 모습을 묘사했다. 전서체 는 '勿'이 '刀'로 바뀌었다. 利는 칼을 휘둘러 벼를 수확한다는 본래 의미에서 '날카로운 칼', '이익을 얻다'의 의미가 파생되었으며, 관련 단어로는 예리(銳利, '끝이 뾰족하거나 날이 선 상태에 있다', '관찰이나 판단이 정확하고 날카롭다'를 의미하는 '예리하다'의 어근), 순리(順利, 이익을 좇음, 순조로운 것), 이익(利益) 등이 있다.

갑

금

전

 ㉠전

秀 빼어날 수

xiù

여문 벼 이삭을 품은(, 乃이에 내, 노 젓는 소리 애) 벼(禾벼 화, 말 이빨의 수효 수,)

乃( )는 '배가 부르다' 또는 '포만하다'의 의미가 있다. 따라서 孕(아이 밸 잉)의 갑골문 과 전서체 는 배가 나온 사람( )이 아들(子아들 자,)을 품은 모습을 묘사했다.

 ㉠금 ㉠전

穆 화목할 목

mù

알이 여물어 아래로 처진 보리 이삭(, 禾벼 화, 말 이빨의 수효 수)

금문 은 보리와 벼(禾,)의 끝부분에 아래로 처진 둥근 보리 이삭이 있으며, 보리 이삭의 주위에는 까끄라기가 나 있다. 그중 은 알알이 떨어지는 보리를 표현했다. 전체적인 의미는 다 익어서 고개를 숙인 많은 보리 이삭을 의미한다. 옛날 종묘(宗廟) 제도에 따르면 아버지가 있는 왼쪽을 소(昭), 아들이 있는 오른쪽을 목(穆)이라 했다. 따라서 아들은 아버지 앞에서 반드시 자신의 광채를 숨기고 조용하고 정중한 모습을 보여야 했다. 穆은 겸손하게 자기를 낮추고 상대를 공경한다는 의미가 파생했으며, 관련 단어로는 숙목(肅穆, '엄숙하고 공손하다'를 의미하는 '숙목하다'의 어근), 정목(靜穆jìngmù, '조용하고 장엄하다'를 의미하는 중국어) 등이 있다.

秋 가을 추, 밀치끈 추

qiū

벼(禾벼 화, 말 이빨의 수효 수,)가 익어서 불(火불 화,) 같은 색을 띠다

가을이 오면 나뭇잎이 점점 붉게 물들고 밭에서 익어가는 보리도 황금빛을 띤다. 이러한 황금빛과 붉은색이 바로 불의 색이 아니겠는가!

年 해 년·연, 아첨할 녕·영

nián

한 사람(人사람 인,)이 볏단( )을 등에 지고, 오곡을 수확하여 집에 돌아가 저장하는 계절

북방의 황하 유역에 사는 사람들은 벼를 1년에 한 번 수확한다. 따라서 각 계절에 따른 농경 생활을 보면 봄에 씨를 뿌리고 여름에는 김을 매며, 가을에 수확하고 겨울에 저장하는 규칙을 따른다. 年은 겨울이 왔으니 부지런히 곡식을 저장해 추운 겨울을 나는 모습을 나타낸다. 관련 단어로는 연세(年歲, '나이'의 높임말), 연도(年度, 일정한 기간 단위로서의 그해, 사무나 회계 결산 따위의 처리를 위하여 편의상 구분한 일 년 동안의 기간 또는 앞의 말에 해당하는 그해) 등이 있다.

갑 금 전

조세를 납부하다

科 과목 과

kē

몇 말(斗말 두, 구기 주, 싸울 투,)에 해당하는 벼(禾벼 화, 말 이빨의 수효 수,)를 반드시 세금으로 내야 한다

고대 농민들은 조세를 납부할 때 말(斗)을 도량형 단위로 사용했다. 1천 작(勺구기 작, '구기'는 자루가 달린 술 따위를 푸는 용기. '작'은 한 홉의 10분의 1이다,)이 한 말()이다. 科는 '법에 의거하여 세금을 부과하다'라는 본뜻에서 '세금을 내다', '양을 가늠하다', '분류하다', '법률 조문'의 의미가 파생했다. 관련 단어로는 과세(科稅, 세금을 부과하다, '과세(課稅)'와 같음), 과목(科目, 분류한 조목 또는 가르치거나 배워야 할 지식 및 경험의 체계를 세분하여 계통을 세운 영역) 등이 있다.

秤 저울 칭

chèng

벼(禾벼 화, 말 이빨의 수효 수,)의 무게를 재는 저울(天'平평평할 평, 다스릴 편',)

秤은 방칭(磅秤bàngchèng, '앉은뱅이 저울'을 의미하는 중국어) 등 무게를 측정하는 도구라는 의미가 파생했다. 주나라 사람들은 줄을 이용하여 길이를 쟀으며, 무게를 잴 때는 권형(權衡)이라는 저울을 사용했다. 권형의 원리는 평형(平衡)을 이루는 데 있었으므로 훗날 사람들은 이를 秤이라고 불렀다. 《예기》는 "먹줄은 그 곧은 것을 취하고 저울은 그 평평한 것을 취한다(繩取其直, 權衡取其平: 승취기직, 권형취기평)"라고 했다.

程 한도 정, 길 정

chéng

조세로 거둬들인 벼(禾벼 화, 말 이빨의 수효 수,)를 층층이 윗사람에게 드리다(呈드릴 정, 한도 정,)

백성들은 곡식을 납부하여 임금과 각급 관리를 봉양했다. 따라서 지방에서 걷은 곡식을 반드시 중앙 조정까지 각 단계를 거쳐 상납해야 했다. 여기서 程에 일정한 순서에 따라 진행하는 사무라는 의미가 파생되었으며, 관련 단어로는 정서(程序chéngxù, '순서', '절차'를 의미하는 중국어), 노정(路程, 거쳐 지나가는 길이나 과정, 목적지까지의 거리 또는 목적지까지 걸리는 시간), 전정(前程, 앞으로 가야 할 길), 과정(課程, 해야 할 일의 정도, 일정한 기간에 교육하거나 학습하여야 할 과목의 내용과 분량) 등이 있다.

租 조세 조, 쌀 저

zū

타인에게 그 조상(祖할아버지 조, 조상 조,)의 밭을 빌려주어 사용케 하고 화곡(禾穀, 벼에 속하는 곡식을 통틀어 일컬음,)으로 대가를 받다

한자의 구성 요소에서 且(또 차, 공경스러울 저, 도마 조)는 祖의 본자이며, 且를 포함하는 한자에는 모두 '조상'의 의미가 있다.

租 전

稅 세금 세, 벗을 탈, 기뻐할 열

shuì

납부해야 할 화곡( )을 바쳐 약속을 실행하다(兌바꿀 태, 기쁠 태, 날카로울 예, 기뻐할 열,). 관련 단어로는 소득세(所得稅)가 있다

하상주(夏商周)시대에 십일이세(十一而稅), 즉 소득의

稅 전

10분의 1을 세금으로 내는 제도가 실시되었다고 한다. 성주(成周)시대에 실시한 철법(徹法, 공전(公田)과 사전(私田)의 구별을 없애고 수확의 10분의 1을 징수하는 제도)은 정전제도(井田制度, 1리를 '정(井)' 자로 나누어 9등분하여 중앙을 공전으로 하고 주위를 사전으로 하던 고대 중국의 토지제도)에서의 십일세법이다. 《춘추곡량전(春秋穀梁傳)》에 "옛날의 세금은 10분의 1이었다(古者稅什一: 고자세십일)"라는 기록이 있으며, 《춘추번로》는 "소득의 10분의 1을 세금으로 낸다(十一而稅: 십일이세)"라고 하였다. 《춘추공양전(春秋公羊傳)》은 "10분의 1이란 천하에서 치우치지 않는 알맞은 법이다(什一者天下之中正也: 십일자천하지중정야)"라고 기록했다.

볏짚을 불어 아름다운 음악을 연주하다

금

전

龢 화할 화

hé

길이가 다양한 여러 개의 볏짚(禾벼 화, 말 이빨의 수효 수,)을 이용해, 음색이 어울리는 편관악기(編管樂器, , 龠 피리 약)를 구성할 수 있다

龢는 '조화롭다', '잘 어울리다'의 의미로 파생되었다. 《설문》은 "龢는 조화로움이다"라고 풀이했으며, 《광운》은 "龢는 어울리고 조화로운 것이다"라고 했다. 《좌전》은 "마치 음악처럼 조화롭다(如樂之龢: 여악지화)"라고 했다. 龢와 和(화할 화)는 의미와 발음이 같은 이체자이며, 和는 龢를 간략하게 쓴 글자이기도 하여 두 글자는 통용된다.

和 화할 화

hé 또는 hàn

벼짚(禾벼 화, 말 이빨의 수효 수,)으로 구성된 편관악기를 입(口입 구,)으로 불다

옛사람들은 길이가 다양한 여러 개의 벼짚을 한데 배열하여 조화롭고 듣기 좋은 소리를 낼 수 있었다. 그리하여 다양한 사람이나 물건들이 마치 악기처럼 조화롭게 지낼 수 있다고 생각하게 되었다. 관련 단어로는 조화(調和, 서로 잘 어울림), 화해(和諧, 화목하게 어울림), 화평(和平, 화목하고 평온함) 등이 있다.

금

전

벼짚으로 말을 먹여 기르다

秦 성씨 진, 나라 이름 진

qín

두 손(, 廾받들 공)으로 벼짚()을 들고 마필(馬匹, 말의 총칭, , 午낮 오)을 먹이고 기르는 사람

서주(西周)시대에 진비자(秦非子, 원래 이름은 조비자(趙非子))는 말을 기르는 데 소질이 있었다. 말의 번식이나 조양(調養, 음식이나 주위 환경, 움직임 등을 알맞게 조절하여 쇠약한 몸을 다시 좋아지게 함)은 물론이고 훈련, 질병 예방 등에도 전문적인 기술이 있었다. 그는 주나라 왕실의 많은 말을 건강하게 돌봐서 땅을 봉읍으로 받아 진나라의 개국 군주가 되었다. 秦의 글자 구조에는 본래 '말을 키우는 사람'이라는 의미가 있다. 갑골문 , 금문 , 전서 는 두 손으로 벼짚()을 들고 마필(, 午)을 먹이는 사람을 묘사했다. 전서 는 필획이 조정되었다. 《논형(論衡)》은 "午라는 것은 말(馬)이다"라고 했다. 《사기》에 이런 내용이 나온다. "비자는

갑

금

전

견구에 살았는데, 말과 가축을 좋아하여 잘 기르고 번식시켰다. 견구 사람들이 주나라 효왕(孝王)에게 이를 알리자 효왕이 비자를 불러서 견수와 위수 사이에서 말을 관리하게 했더니 말이 크게 번식했다. …… 효왕은 비자에게 진(秦) 땅을 봉읍하고 다시 영씨의 제사를 잇게 하고 진영(秦嬴)이라 불렀다(非子居犬丘, 好馬及畜, 善養息之. 犬丘人言之周孝王, 孝王召使主馬于汧渭之間, 馬大蕃息. …… 邑之秦, 使復續嬴氏祀, 號曰秦嬴: 비자거견구, 호마급축, 선양식지. 견구인언지주효왕, 효왕소사주마우견위지한, 마대번식. …… 읍지진, 사복속영씨사, 호왈진영).”

사람과 벼의 연상

委(맡길 위), 秃(대머리 독), 季(계절 계) 등의 글자는 禾(벼 화, 말 이빨의 수효 수)를 수식 부호로 하여 여자, 남자, 아이를 묘사하는 데 쓰인다.

委 맡길 위

wěi

여자(女여자 녀·여, 너 여,)가 고개를 숙인 것이 마치 벼 이삭(, 禾벼 화, 말 이빨의 수효 수)과 같다

사람은 어떤 경우에 벼 이삭이 고개를 숙이듯 고개를 숙일까? 대체로 순종을 표시하거나 굴욕을 당했을 때 또는 타인에게 부탁할 때가 될 것이다. 따라서 委는 ‘굽히다’, ‘억지로 순종하다’, ‘부탁하다’의 의미가 파생하였으며, 관련 단어로는 위굴(委屈, 몸을 굽혀 남에게 복종함), 위완(委婉wěiwǎn, ‘(말이) 완곡하다’를 의미하는 중국어), 위탁(委託, 남에게 사물이나 사람의 책임을 맡김) 등이 있다.

머리숱이 적어서 마치 벼(禾벼 화, 말 이빨의 수효 수,) 모종처럼 듬성듬성 난 사람(人사람 인,)

ⓧ전

禿 대머리 독

tū

아이(子아들 자,)가 벼(禾벼 화, 말 이빨의 수효 수,) 모종처럼 어리다

季 계절 계

jì

갑 금 전

季는 '가장 어리다', '맨 끝'이라는 의미를 파생시켰다. 옛 중국인은 맹(孟), 중(仲) 계(季)의 순서로 3형제의 항렬을 표시했다. 4형제인 경우 백(伯), 중(仲), 숙(叔), 계(季)로 순서를 나타냈다. 배열을 어떻게 하든 季는 가장 어린 사람을 뜻한다.

朿에서 파생된 한자

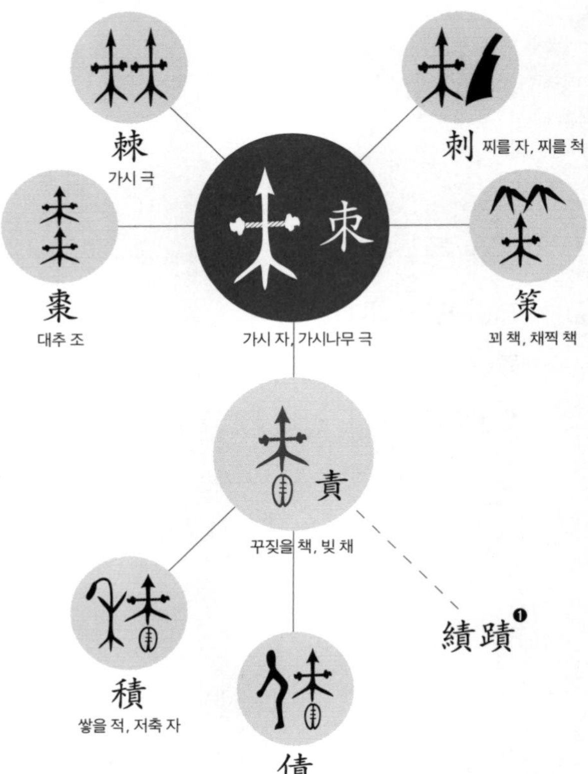

❶ 績(길쌈할 적) 蹟(자취 적)

한 묶음( )의 가시가 달린 식물( )

朿는 刺(찌를 자, 찌를 척)의 본자이다. 옛 중국인이 글자를 만들 때는 양쪽 머리를 묶은 기호( )로써 한데 모아 묶는다는 개념을 표현했다. 예를 들어 帚(비 추,)

는 바닥을 쓰는 데 사용하는 한 묶음의 식물이다.

刺 찌를 자, 찌를 척

cì

날카로운 가시(刺)가 달린 식물(, 朿가시 자, 가시나무 극)이 마치 칼(刀칼 도, 조두 조,)처럼 사람을 다치게 한다

刺의 구성 요소에서 刀는 수식하는 기호로, 사람을 다치게 하는 朿의 특성을 묘사한다.

전

棘 가시 극

jí

가시(刺찌를 자, 찌를 척)가 달린(, 朿가시 자, 가시나무 극) 한 무더기의 식물. 가시가 많은 관목

글자를 만들 때 朿 두 개를 옆으로 나란히 놓아 '한 무더기'라는 의미를 표현했다.

전

棗 대추 조

zǎo

키가 크고 가시(刺찌를 자, 찌를 척)가 나 있는(, 朿가시 자, 가시나무 극) 과일나무

키가 큰 대추나무는 가지와 줄기에 가시가 나 있어서 많은 대추가 열릴 수 있다. 글자를 만들 때 朿 두 개를 위아래로 겹쳐서 높고 크다는 의미를 표현했다. 《맹자·진심(盡心)》에 따르면 증자(曾子)의 부친 증석(曾皙)이 고욤나무의 열매인 고욤을 좋아했다. 마치 양이 싸놓은 똥처럼 시고 떫은 열매였다. 증석이 죽고 난 뒤 증자는 고욤을 볼 때마다 아버지가 생각나서 고욤을 입에

금

전

대지 않았다. 공손추(公孫丑)가 이런 사실을 떠올리고 스승 맹자에게 물었다. "구운 고기와 고욤 중 어느 것이 더 맛이 있습니까?" 맹자는 이렇게 대답했다. "당연히 구운 고기가 맛있지. 하지만 고욤은 증자 아버지만 홀로 좋아하셨던 열매이고, 증자가 고욤을 먹지 않은 것은 아버지에 대한 존경심에서 나온 행동이다."

策 꾀 책, 채찍 책

cè

가시(刺찌를 자, 찌를 척)가 있는(, 朿가시 자, 가시나무 극) 대나무(竹대 죽,)로 만든 말채찍

策은 '지배하다', '(거마 따위를) 몰다, 부리다', '독촉하다', '부추기다'의 의미를 파생하였으며, 관련 단어로는 편책(鞭策, 말채찍), 책화(策畫cèhuà, '획책', '기획', '계략을 꾸미다'를 의미하는 중국어) 등이 있다. 《예기·곡례(曲禮)》는 "임금의 마차에 멍에를 메우려고 하면 마부가 말채찍을 잡고 말 앞에 선다(君車將駕, 則僕執策立于馬前: 군차장가, 즉복집책입어마전)"라고 했다.

갑 금 전

責 꾸짖을 책, 빚 채

zé

가시가 나 있는 형극조(荊棘條, 회초리, , 朿가시 자, 가시나무 극)를 손에 들고 타인에게 돈(, 貝조개 패, 성씨 배)을 갚으라고 요구하다

責은 債(빚 채)의 본자이다. '돈을 재촉하다'라는 본뜻에서 '받아내려고 독촉하다', '요구하다', '처벌하다', '의무를 다하다'의 의미가 파생되었으며, 관련 단어로는 책구(責求zéqiú, '추궁하다'를 의미하는 중국어), 책비(責備, 남에게 모든 일을 완전하게 갖추어 다

잘하기를 요구함), 책벌(責罰, 저지른 잘못이나 죄를 꾸짖어 벌을 줌. 또는 그 벌), 책임(責任) 등이 있다. 형극조 또는 모형조(牡荊條)는 옛날에 학생이 잘못했을 때 때리던 회초리이며, 따라서 형극조는 처벌을 상징한다. 전국시대에 '부형칭죄(負荊請罪)'라는 고사(故事)가 전해지는데, 염파(廉頗)가 자신의 죄를 인정하고 잘못을 뉘우치는 의미로 웃통을 벗고 가시 회초리를 등에 지고 인상여(藺相如)의 집에 찾아가 꾸짖음을 청한다는 이야기다.

債 빚 채

zhài

가시가 나 있는 회초리(, 朿가시 자, 가시나무 극)를 손에 들고 사람(人사람 인,)에게 돈(, 貝조개 패, 성씨 배)을 갚으라고 요구하다

債 전

積 쌓을 적, 저축 자

jī

벼(禾벼 화, 말 이빨의 수효 수,)의 빚(債빚 채,)을 오랫동안 갚지 않아 쌓이다

소작농이 지주에게 바쳐야 하는 화곡(禾穀)이 오랫동안 수확이 좋지 않아 많은 채무가 쌓여 있다. 積은 오랫동안 '누적되다', '쌓이다'의 의미로 파생되었으며, 관련 단어로는 누적(累積), 적흠(積欠jīqiàn, '밀린 빚', '체납하다'를 의미하는 중국어), 적존(積存jīcún, '저축하다', '축적하다'를 의미하는 중국어) 등이 있다.

積 전

帚에서 파생된 한자

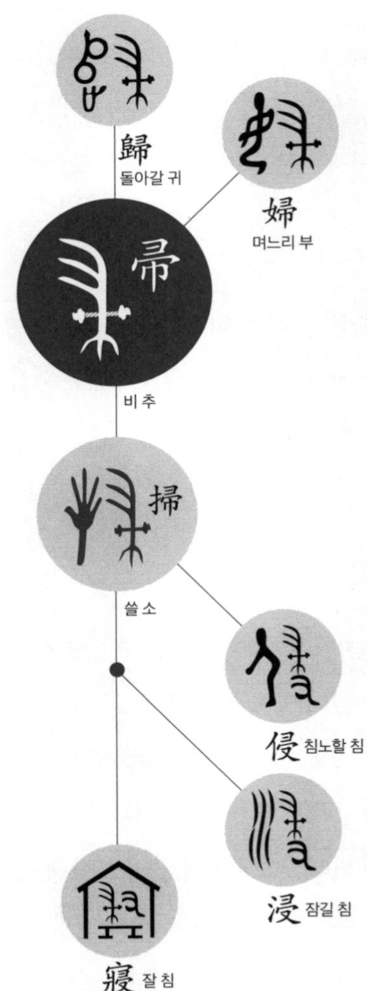

고대에 두강(杜康, 소강(少康)이라고도 함)이라는 사람은 술을 잘 빚었으며, 비와 쓰레받기를 발명하기도 했다. 그는 가지가 많이 달린 띠풀 여러 개를 한데 묶어 가장 간단한 빗자루를 만들었다. 帚의 갑골문 은 바닥을 쓸 수 있는 식물로, 위는 가지와 잎이고 아래는 뿌리이다. 금문 과 전서 는 중간에 단단히 묶은 기호를 추가하여 몇 가지의 식물을 한 묶음으로 단단히 묶은 것을 묘사했다. 옛 중국인들은 마추(馬帚, 말을 먹이는 풀)로 비를 만들었다. 《대대례기》에 "병(荓)이라고도 하고 마추라고도 한다"라고 기재되어 있다. 마추는 말의 털을 빗는 빗이나 비를 만드는 용도 외에 약으로도 사용되었다.

掃 쓸 소

sǎo

손(手 손 수,)에 비(帚 비 추,)를 들고 쓰레기를 치우다

掃의 간체자는 扫이다.

전

浸 잠길 침

jìn

손(手 손 수, , 又 또 우, 용서할 유)에 비(帚 비 추,)를 들고 물(水 물 수,)을 묻혀 바닥을 쓸다

주나라 사람들은 일찍부터 청소의 비결을 터득하여 빗자루에 물을 묻혀 바닥을 쓸면 먼지가 날리지 않는다는 사실을 알았다. 《예기》는 "방과 마루에 물을 뿌려 청소하라(灑掃室堂及庭: 쇄소실당급정)"라고 하였다.

전

갑 금 전

婦 며느리 부
fù

손에 빗자루를 든( ) 여인(女여자 녀·여, 너 여,)

갑골문 , 금문 , 전서 는 모두 女와 帚(비 추)로 구성된 회의자이다. 婦의 원래 의미는 물을 뿌려 청소하는 여인이며, 여기서 '결혼한 여자'나 '집안일을 관장하는 사람'이라는 뜻이 파생되었다. 관련 단어로는 주부(主婦, 한 가정의 살림을 꾸리는 안주인), 부유(婦孺, 아낙네와 아이들) 등이 있다.

갑 금 전

歸 돌아갈 귀
guī

여자가 비(帚비 추,)를 들고 남편의 발걸음( )을 따라가다( )

고대에 여자가 결혼하기 전에는 부모의 집에 살았지만 그 집이 진정한 자기 집이 아니며, 나중에 결혼해서 간 남편의 집이 진정한 자신의 집이었다. 따라서 출가하여 어떤 남자의 부인이 되는 것을 '歸'라고 하여 자기 집에 돌아왔다고 표현했다.

갑 금 전

侵 침노할 침
qīn

손(手손 수, , 又또 우, 용서할 유)에 비(帚비 추,)를 들고 침범한 사람(人사람 인,)을 쫓아내다

갑골문 은 손(手,)에 빗자루( )를 들고 소 한 마리( )를 몰아내는 모습이다. 금문 과 전서 는 빗자루로 침입한 사람을 쫓아내는 사람을 묘사했다. 고대에는 남자가 밖에 나가 일할 때 나쁜 사람들이 그 틈을 노려

민가에 침입하는 일이 잦았다. 여자들은 어쩔 수 없이 빗자루를 들고 스스로 지켜야 했다. 侵은 '타인의 영역을 침범하다'라는 의미를 파생했으며, 관련 단어로는 침략(侵略), 침범(侵犯), 침점(侵占, 남의 영토를 침범하여 차지함) 등이 있다.

玄
검을 현

玆
무성할 자, 이 자

己
몸 기

幺
작을 요

丝
작을 유, 이 자, 검을 자

系
맬 계

糸
가는 실 멱, 실 사

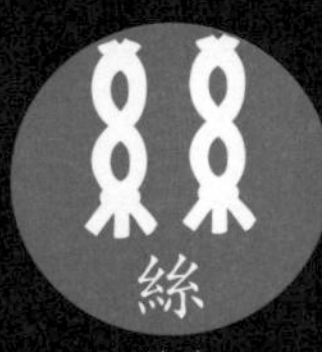
絲
실 사

제 4 장

승삭

승삭(繩索, 노끈과 새끼)과 관련된 한자의 가장 중요한 기호는 糸(가는 실 멱, 실 사)과 己(몸 기)이다. 糸은 두 가닥을 꼬아서 만든 실을 말하며, 己는 구부러진 줄을 상징한다.

糸—두 가닥을 꼬아 만든 실

옛 중국인들은 새끼줄을 제작할 때 먼저 실에 매듭을 지어 끄트머리로 삼은 다음, 그것을 고정 막대에 걸었다. 이어서 짚을 보충하면서 교차하여 꼬면 새끼줄이 이어진다. 충분한 길이가 나오면 끄트머리에 매듭을 지음으로써 새끼 한 줄이 완성된다.

갑골문 과 금문 은 두 가닥을 서로 꼬아 만들어진 줄을 나타낸다. 시작 부분에 매듭이 있으며 끄트머리에도 매듭이 있다. 글자 구성 요소의 기호로 볼 때 玄(검을 현), 幺(작을 요), 糸(가는 실 멱, 실 사), 이 세 글자가 노끈의 세 부위를 각각 대표한다. 玄( )은 시작 부분에 매듭을 지은 끈이다. 끈을 만들 때는 시작 부분에서 긴 줄을 끌어당기기 때문에 玄에 '원천', '끌어당기다'라는 의미가 있다. 幺( )는 끈의 중간 부분이며 가장 가늘고 긴 부위이기도 하다. 제작할 때 많은 짚이 끊임없이 맞물리게 해야 한다. 따라서 幺는 '가늘고 길다', '끊임없이 연결되다'라는 의미가 있다. 糸( )은 끝부분에 매듭이 있는 끈으로, 끈 한 줄을 표시하는 용도로 사용된다.

그림문자	해서	대표 부위	파생 의미	상용한자
	玄 검을 현	앞부분 (앞 끝부분 매듭 포함)	근원에서 끌어당기다	牽(이끌 견, 끌 견), 率(거느릴 솔, 비율 률·율, 우두머리 수), 畜(짐승 축, 쌓을 축, 기를 휵), 蓄(모을 축, 겨울 푸성귀 휵), 弦(활시위 현)
	幺 작을 요	중간 부분 (끈 부위)	끊임없이 이어지다	幻(헛보일 환, 변할 환), 麼(작을 마), 幼(어릴 유, 그윽할 요), 後(뒤 후, 임금 후), 奚(어찌 해), 亂(어지러울 란·난), 辭(말씀 사)

	糸 가는 실 멱, 실 사	뒷부분 (끝부분 매듭 포함)	한 줄의 끈	維(벼리 유), 網(그물 망), 綱(벼리 강), 紀(벼리 기), 約(맺을 약, 부절 요, 기러기발 적), 紐(맺을 뉴·유), 糾(얽힐 규, 가뜬할 교), 緊(긴할 긴), 素(본디 소, 흴 소), 絕(끊을 절), 繼(이을 계), 綴(엮을 철), 繁(번성할 번)
	系 맬 계		끈의 한쪽을 어떤 물체에 묶다	縣(매달 현, 고을 현), 係(맬 계), 孫(손자 손), 索(찾을 색, 노 삭, 채소 소), 鯀(곤어 곤)

한자의 표현 중 굵은 끈과 가는 선을 구분하기 위해서, 글자를 만들 때 幺, 玄, 糸을 반복해서 사용했다. 이에 따라 丝(작을 유, 이 자, 검을 자), 茲(무성할 자, 이 자), 絲(실 사) 등 '많다', '가늘다'를 의미하는 기호가 만들어졌다.

현대 한자	그림문자	파생 의미	상용한자
茲 무성할 자, 이 자		근원에서 번식하다	孶(부지런할 자), 慈(사랑 자), 關(관계할 관, 당길 완, 당길 만), 聯(연이을 련·연)
丝 작을 유, 이 자, 검을 자		미세하다	幾(몇 기), 幽(그윽할 유, 검을 유), 㡭(이을 계), 斷(끊을 단), 繼(이을 계), 樂(노래 악, 즐길 락·낙, 좋아할 요)
絲 실 사		가는 실	轡(고삐 비), 變(변할 변), 彎(굽을 만), 鑾(방울 란·난, 보습 거), 鸞(난새 란·난), 孿(쌍둥이 산, 쌍둥이 련·연), 巒(메 만, 메 란·난), 顯(나타날 현), 溼(젖을 습)

❶ 溪(시내 계), 蹊(좁은 길 혜, 이상야릇할 계), 徯(말다툼할 혜, 시내 계), 雞(닭 계)

❷ 爍(빛날 삭, 벗겨질 락·낙, 불 날 약), 鑠(녹일 삭, 지질 약), 礫(조약돌 력·역, 뛰어날 락·낙), 藥(약 약, 뜨거울 삭, 간맞출 략·약)

❸ 炫(밝을 현), 眩(어지러울 현, 요술 환, 돌아다니며 팔 견)

❹ 機(틀 기), 譏(비웃을 기), 饑(주릴 기), 磯(물가 기), 璣(구슬 기, 별 이름 기)

❺ 磁(자석 자), 滋(불을 자)

❻ 紮(감을 찰), 辮(땋을 변), 縈(얽힐 영), 紫(자줏빛 자), 紅(붉을 홍, 상복 공), 純(순수할 순, 가선 준, 묶을 돈, 온전할 전, 검은 비단 치), 級(등급 급), 紙(종이 지), 紛(어지러울 분), 紗(비단 사, 작을 묘), 紹(이을 소, 느슨할 초), 絡(이을 락·낙, 얽을 락·낙), 絹(비단 견, 그물 견), 綁(동여맬 방), 紡(길쌈 방), 綱(벼리 강), 綵(비단 채), 綢(얽을 주, 쌀 도), 緯(씨 위), 緻(빽빽할 치), 緲(아득할 묘), 締(맺을 체), 緬(멀 면, 가는 실 면), 縱(세로 종, 바쁠 총), 編(엮을 편, 땋을 변), 總(다 총, 합할 총), 綺(비단 기), 縞(명주 호), 縫(꿰맬 봉), 纓(갓끈 영), 纖(가늘 섬), 繡(수놓을 수), 繽(어지러울 빈), 繪(그림 회), 纜(닻줄 람·남), 繞(두를 요), 繃(묶을 붕), 絆(얽어맬 반), 絞(목맬 교, 초록빛 효), 綸(벼리 륜·윤, 허리끈 관), 織(짤 직, 기치 치), 繩(노끈 승), 縮(줄일 축), 續(이을 속), 緒(실마리 서, 나머지 사), 細(가늘 세), 統(거느릴 통), 續(이을 속)

❼ 嫘(성씨 루·누, 성씨 류·유, 성씨 뢰·뇌), 螺(소라 라·나), 騾(노새 라·나)

❽ 濕(젖을 습, 사람 이름 섭, 나라 이름 탑), 溼(젖을 습)

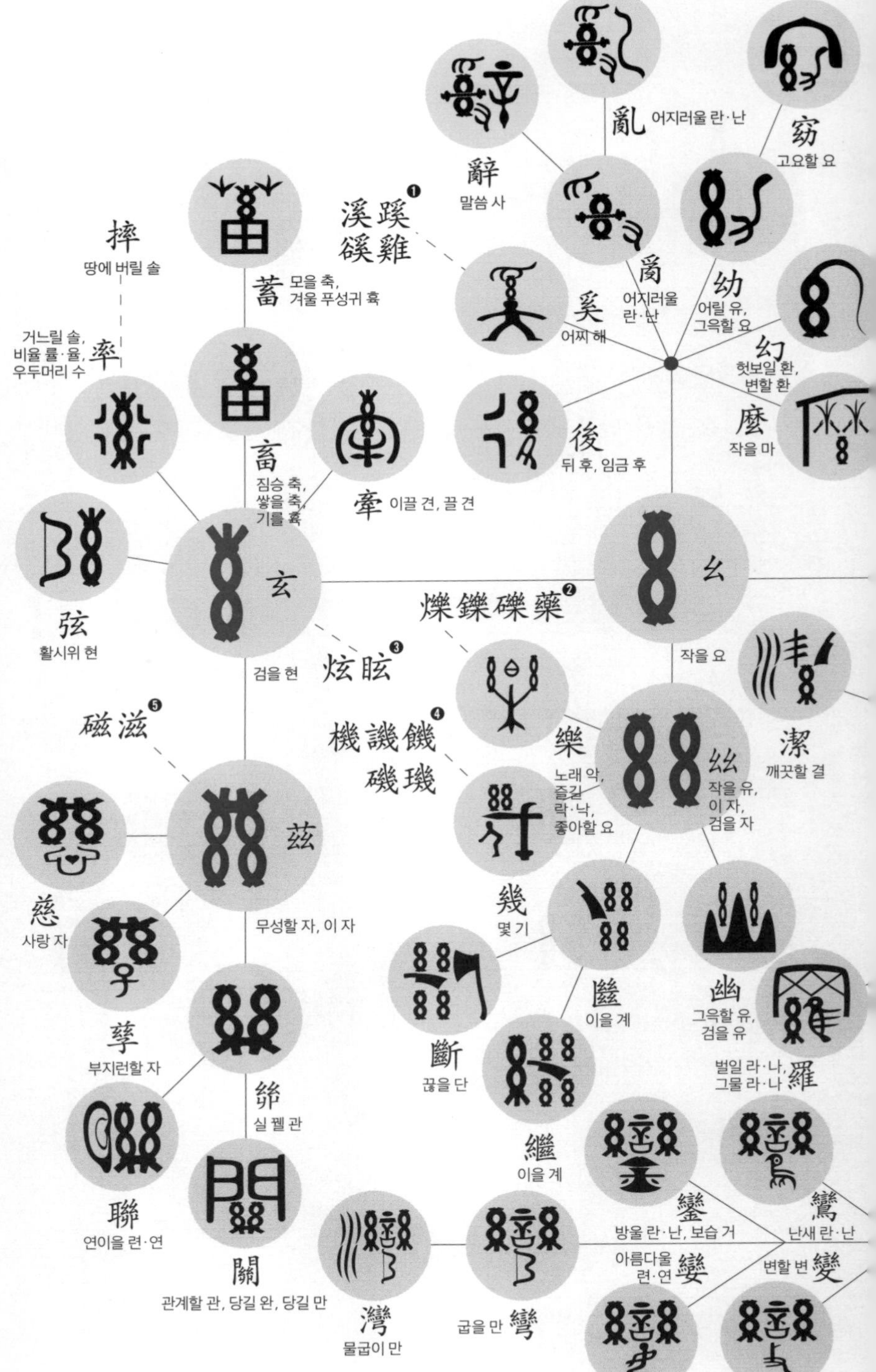

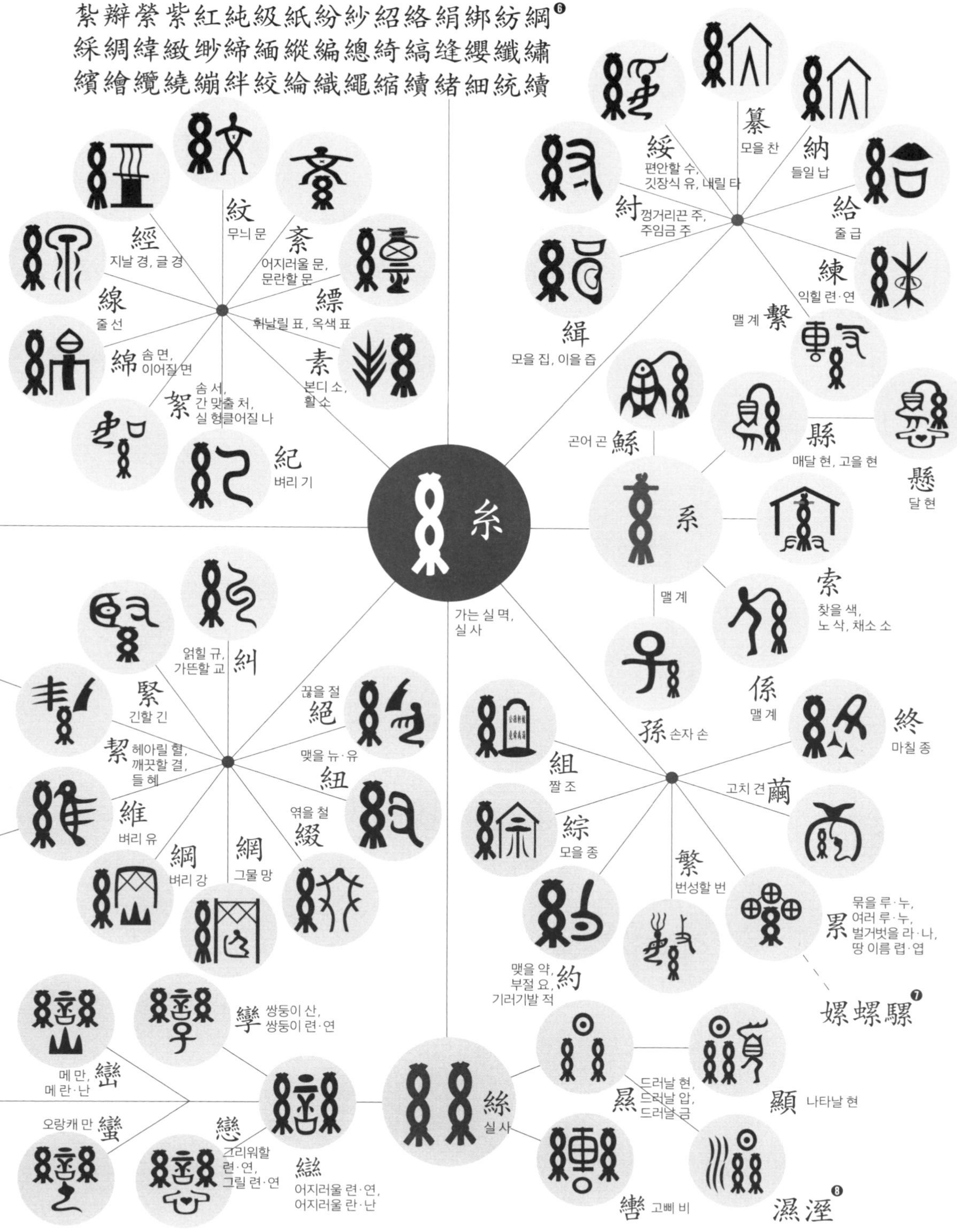

紮辮縈紫紅純級紙紛紗紹絡絹綁紡綱❻
綵綢緯緻緲締緬縱編總綺縞縫纓纖繡
繽繪纜繞繃絆絞綸織繩縮續緒細統繢
糸
紋
무늬 문
紊
어지러울 문,
문란할 문
經
지날 경, 글 경
縹
휘날릴 표, 옥색 표
線
줄 선
綿 솜 면,
이어질 면
素
본디 소,
흴 소
絮 솜 서,
간 맞출 처,
실 헝클어질 나
紀
벼리 기
纂
모을 찬
綏
편안할 수,
깃장식 유, 내릴 타
納
들일 납
紂 껑거리끈 주,
주임금 주
給
줄 급
練
익힐 련·연
맬 계 繫
緝
모을 집, 이을 즙
곤어 곤 鯀
縣
매달 현, 고을 현
懸
달 현
系
맬 계
索
찾을 색,
노 삭, 채소 소
가는 실 멱,
실 사
係
맬 계
孫 손자 손
얽힐 규,
가뜬할 교 糾
緊
긴할 긴
끊을 절
絕
絜 헤아릴 혈,
깨끗할 결,
들 혜
맺을 뉴·유
紐
維
벼리 유
엮을 철
綴
綱
벼리 강
網
그물 망
組
짤 조
終
마칠 종
고치 견 繭
綜
모을 종
繁
번성할 번
累
묶을 루·누,
여러 루·누,
벌거벗을 라·나,
땅 이름 렵·엽
맺을 약,
부절 요,
기러기발 적 約
嫘螺騾❼
孿 쌍둥이 산,
쌍둥이 련·연
메 만,
메 란·난 巒
顯 나타날 현
㬎 드러날 현,
드러날 압,
드러날 금
絲
실 사
오랑캐 만 蠻
戀
그리워할
련·연,
그릴 련·연
䜌
어지러울 련·연,
어지러울 란·난
轡 고삐 비
濕溼❽

玄—근원에서 끌어내다

玄(검을 현)의 갑골문 은 처음의 끄트머리는 있으나 마지막 부분이 없는 줄이다. 玄은 원래 끈·새끼·밧줄 따위의 끄트머리를 의미하며, 여기에서 '사물의 원천'이라는 의미가 파생했다. 가령 현고(玄古), 즉 원고(遠古)는 역사의 시작을 의미한다. 《예기》는 "만물본호천(萬物本乎天)"이라 하여 하늘이 만물의 근원이라고 밝히고 있다. 따라서 玄은 '하늘'을 뜻하기도 한다. 《석언(釋言)》은 "玄은 하늘이다"라고 풀이했다. 전서 는 필순이 단순하게 조정되었다.

갑

금

전

畜 짐승 축, 쌓을 축, 기를 휵

chù 또는 xù

동물을 줄로 끌어(, 玄검을 현) 밭(田밭 전,)에서 기르다

신석기시대 말기에 중국인들은 동물을 길들여 키우기 시작했다. 사람에게 길든 동물을 畜이라고 하며, 서주시대에 말, 소, 양, 닭, 개, 돼지를 합쳐서 육축(六畜)이라 일컬었다.

전

蓄 모을 축, 겨울 푸성귀 휵

xù

동물을 줄로 끌어서(, 玄검을 현) 밭(田밭 전,)에서 풀( )을 먹이다

옛 중국인들은 사냥해 온 동물을 들판에 방목했으며, 살이 오르면 잡아먹었다. 따라서 蓄은 '모으다'라는 의미로 파생되었으며, 관련 단어로는 저축(儲蓄), 적축(積蓄, 지식이나 경험, 재산 따위를 모아서 쌓음) 등이 있다.

牽 이끌 견, 끌 견

qiān

한 마리의 소(牛소 우,)를 줄로 끌어서(, 玄검을 현) 외양간( )에 넣다

황혼 무렵이 되면 목동들은 소를 끌고 집에 돌아갈 준비를 한다. 牽은 玄과 牢(우리 뢰·뇌, 깎을 루·누, 뒤져 빼앗을 로·노)로 구성된 회의자이며, 소를 끌어다 외양간에 집어넣는 것을 뜻한다. 牢의 갑골문 , 은 외양간을 의미한다.

전

弦 활시위 현

xián

활(弓활 궁,)의 양쪽 끝을 줄로 잡아당기다(, 玄검을 현)

옛사람들은 활시위를 어떻게 얹었을까? 《한비자(韓非子)》에 "대체로 기술자가 활을 휠 때는 30일 동안 도지개(틈이 가거나 뒤틀린 활을 바로잡는 틀)에 끼워두었다가 시위를 걸 때는 발로 밟는다(夫工人張弓也, 伏檠三旬而蹈弦: 부공인장궁야, 복경삼순이도현)"라는 내용이 있다. 즉 활시위를 얹을 때는 먼저 잘 휘어진 활을 도지개에 끼우고 30일 동안 둔다. 시간이 지나 활의 형태가 정해지면 활을 발로 밟아 활시위를 건다는 뜻이다. 弦은 본래 활을 당기는 줄이었으며, 나중에는 거문고 줄을 뜻하기도 했다. 순임금은 줄이 다섯 개인 오현금(五弦琴)을 발명했다고 전해지며, 《예기》에 이런 내용이 있다. "옛날에 순임금은 오현금을 만들어 타며 남풍이라는 노래를 불렀다(昔者, 舜作五弦之琴以歌南風: 석자, 순작오현지금이가남풍)."

전

幺—끊임없이 연결된 긴 줄

幺(작을 요)의 갑골문 과 금문 은 끊임없이 연결된 긴 줄을 의미하며, '끊임없이 연결하다', '가늘고 길다'의 뜻을 파생시켰다.

금

전

幻 헛보일 환, 변할 환

huàn

가늘고 긴 줄( )이 허공에 드리워졌으니 아득하고 허무하다

아무것도 없는 듯한 느낌은 어떻게 표현할까? 금문 은 아주 가는 줄로 표현했다. 중국 고대에 치사(治絲, 실을 다스림) 기술이 매우 발달했다. 마왕퇴(馬王堆)에서 2천 년 전의 소사선의(素紗禪衣, 희고 얇은 비단으로 만들어 선승이 입는 옷)가 출토되었는데, 누에에서 뽑아낸 지극히 가늘고 투명한 잠사(蠶絲)로 지은 옷이다. 크기가 무척 큰 옷(면적 2.6제곱미터)의 무게가 겨우 49그램에 불과하여 매미의 날개처럼 얇고 연기처럼 가볍다. 이토록 섬세하고 투명한 잠사가 허공에 드리워졌을 때 느끼는 아득하고 허무한 기분을 묘사한 것이 바로 幻이다. 관련 단어로는 허환(虛幻xūhuàn, '가공의', '비현실적인'을 의미하는 중국어), 환상(幻想, 현실적인 기초나 가능성이 없는 헛된 생각이나 공상), 환멸(幻滅, 꿈이나 기대나 환상이 깨어짐. 또는 그때 느끼는 괴롭고도 속절없는 마음) 등이 있다.

麼 작을 마

me 또는 má

삼(麻삼 마,)에서 가늘고 긴 섬유를 끊임없이 뽑아내다(, 幺작을 요)

관련 단어로는 다마(多麼duō·me, '얼마나, 아무리, 참으로'를 의미하는 중국어), 저마(這麼zhè·me, '이렇게, 이토록'을 의미하는 중국어) 등이 있다. 《옥편》은 "麼는 가늘고 작은 것이다"라고 풀이했다.

幼 어릴 유, 그윽할 요

yòu

갑

전

긴 줄(, 幺작을 요)을 엮는 데 필요한 힘(力힘 력·역,)

幼는 '미세하고 작다'는 의미가 생겼으며, 관련 단어로는 연유(年幼, 나이가 적음), 유동(幼童, 어린아이), 유치(幼稚, '나이가 어리다, 수준이 낮거나 미숙하다'를 의미하는 '유치하다'의 어근) 등이 있다.

乱 어지러울 란·난

luàn

금

전

한 덩어리(綑짤 곤,)로 뒤얽힌 긴 줄(, 幺작을 요)을 두 손( )으로 풀다

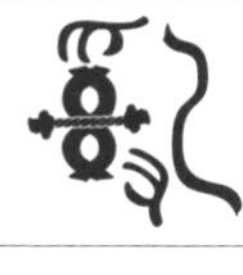

亂 어지러울 란·난

luàn

전

한 덩어리(綑짤 곤,)로 구불구불 뒤얽힌( ) 긴 줄(, 幺작을 요)을 두 손( )으로 풀다

전서 亂 는 乱 옆에 구부러진 선( )을 하나 추가하여 줄이 구불구불 뒤얽힌 모습을 강조했다. 亂의 본래 의미는 엉망으로 뒤얽힌 줄을 정리한다는 것으로, 여기서 '혼동하다', '함부로'의 뜻을 파생시켰다. 관련 단어로는 혼란(混亂, 뒤죽박죽이 되어 어지럽고 질서가 없음), 능란(凌亂, '순서가 뒤바뀌어 어지럽다'를 의미하는 '능란하다'의 어근) 등이 있다.

辭 전

辭 말씀 사

cí

용의자(辛 , 辛매울 신)가 복잡하게 얽힌 사건(亂 , 𤔔어지러울 란·난)을 해명하려고 애쓰다

춘추시대에 정(鄭)나라의 재상 자산(子産)은 소송 사건을 조사하고 처리하는 능력이 탁월했다. 그는 우선 원고와 피고를 분리하여 심문한 후 상대방이 한 말을 반대로 일러줌으로써 피고와 원고가 진실을 털어놓을 수 있게 했다. 복잡하게 얽힌 사건의 혐의를 받는 사람은 반드시 이 의문점을 명백히 해명해야 헤어날 수 있다. 이런 내용은《한비자》에 "서로 소송하는 자가 있었다. 자산은 이들을 따로 떼어놓아 서로 한 말을 알지 못하게 하고는 그 말을 반대로 일러줌으로써 사실을 알 수 있었다(有相與訟者, 子產離之而無使得通辭, 倒其言以告而知之: 유상여송자, 자산리지이무사득통사, 도기언이고이지지)"라고 기재되었다. 辭는 본래 용의자의 소송 언사(言詞)를 뜻했으며, 용의자는 혐의를 벗어날 수 있는 방법을 백방으로 강구하게 되므로, 여기에서 '탈리(脫離, 벗어나 따로 떨어짐. 이탈)', '복잡한 언사'라는 의미가 파생됐다. 관련 단어로는 사직(辭職, 맡은 직무를 내놓고 물러남), 사조(辭藻, 시가나 문장, 문장의 수식) 등이 있다.

奚 어찌 해

xī

긴 포승줄에 묶여 있는(, 幺작을 요) **사람**(人사람 인, , 大클 대, 큰 대, 클 태)**을 주인이 붙잡다**(抓긁을 조, , 爪손톱 조)

갑골문 은 사람의 머리에 줄이 묶이고 양손이 뒤로 결박된 상형자이다. 금문 은 사람의 머리를 고리로 연결된 쇠사슬로 묶었으며( ), 쇠사슬의 다른 한쪽은 한 손(手손 수)으로 잡아당기는 모습이다. 이는 고대 노예의 목을 쇠사슬이나 밧줄로 묶어놓은 모습이다. 은상(殷商)시대에는 포로로 잡아 온 다른 민족 출신 사람들을 노예로 부렸다. 목에 걸린 사슬은 노예가 달아나는 것을 막으면서 두 손으로 노역을 시킬 수 있는 수단이었다. 奚의 원래 의미는 '노예' 또는 '노복이 하는 일'이며, 여기서 '조롱당하다', '어찌하여'의 의미가 파생됐다. 관련 단어로는 해락(奚落xīluò, '심한 말로 조롱하다'를 의미하는 중국어) 등이 있다. 奚의 소리에서 파생된 상용한자에는 溪(시내 계), 蹊(좁은 길 혜, 이상야릇할 계), 谿(말다툼할 혜, 시내 계), 雞(닭 계) 등이 있다.

갑 금 전

왕망(王莽)은 화폐개혁을 실시하기 위해 칙령을 반포하고 화폐를 몰래 주조하는 사람들은 다섯 집을 연좌제로 하여(좌우 이웃한 집은 모두 처벌을 받음) 모조리 붙잡아 관가의 노예로 부렸다. 호송되는 남자는 창살이 있는 죄인 호송차 안에 가뒀으며, 그 자녀들은 그 뒤를 따라 걷게 했다. 이들은 목에 쇠사슬을 건 채 화폐를 주조하는 관청으로 호송되어 재판을 받았는데 그 수가 약 10만여 명에 달했다. 그곳에 도착하면 부부는 강제로 헤어져야 했으며, 그중 6~7만 명이 고생 끝에 죽음을 맞이했다. 이런 내용은 《한서·왕망전(王莽傳)》에 기록되어 있다. "민가에서 몰래 돈을 주조하면 오인(伍人)이 연좌되어, 몰수해 들여 관노비로 부렸다. 남자는 죄인 호송용 수레에 실리고 여자는 걷게 하였으며, 쇠사슬을 목에 두르고 장안의 동전 주조 관청인 종관에 이르는 사람이 10만을 헤아렸다. 도착한 사람들은 그 부부가 바뀌었으며, 걱정하고 고민하여 죽은 자가 열에 예닐곱이었다(民犯鑄錢, 伍人相坐, 沒入為官奴婢. 其男子檻車, 兒女子步, 以鐵鎖琅當其頸, 傳詣鍾官, 以十萬數. 到者易其夫婦, 愁苦死者什六七: 민범주전, 오인상좌, 몰입위관노비. 기남자함거, 아여자보, 이철쇄랑당기경, 전예종관, 이십만수. 도자이기부부, 수고사자십육칠)."

의 긴 줄이라는 개념은 끊임없이 이어진 긴 대열을 표현하는 데도 사용되었다. 예를 들어 後(뒤 후, 임금 후)와 率(거느릴 솔, 비율 률·율, 우두머리 수)은 모두 이런 구성 요소를 포함한 글자이다. 모든 호송범이 긴 줄에 묶여 끌려갈 때 率이 가리키는 것은 앞장선 사람이며, 後는 대오의 후미에서 행진하는 사람을 가리킨다.

갑

금

전

率 거느릴 솔, 비율 률·율, 우두머리 수

shuài 또는 lǜ

한 무리의 죄인을 긴 밧줄로 묶어 끌고( ) 길을 걸어가다(行다닐 행, 항렬 항,)

率은 죄인을 호송하는 관리로서, 대오 앞에서 한 무리의 죄인을 밧줄로 끌고 가는 사람이다. 여기서 '인솔하다'의 의미가 파생했으며, 관련 단어로는 솔령(率領shuàilǐng, '거느리다', '인솔하다'를 의미하는 중국어)이 있다. 금문 과 전서 는 끈의 기호 외에 '行'의 기호를 더하여 길을 걷는 것을 의미한다.

後 뒤 후, 임금 후

hòu

행진하는 대오의 끄트머리에서 천천히 걷다

금문 과 전서 는 호송되는 죄인이 긴 대오(, 幺작을 요)의 끝에서 길(, 彳조금 걸을 척)을 천천히 걷는 모습(, 夂천천히 걸을 쇠)을 묘사했다. 는 단단히 연결된 밧줄을 상징한다. 後의 관련 단어로는 낙후(落後, 기술이나 문화, 생활 따위의 수준이 일정한 기준에 미치지 못하고 뒤떨어짐), 퇴후(退後tuìhòu, '뒤로 물러서다'를 의미하는 중국어), 후대(後代, 뒤에 오는 세대나 시대) 등이 있다. 後의 간체자는 后이다.

금 전

糸—승삭

각양각색의 줄

素 본디 소, 흴 소

sù

식물( )섬유를 엮어 만든 실(, 糸가는 실 멱, 실 사), 즉 생사(生絲, 익히지 않은 명주실)

素는 염색을 하지 않은 실이며, 원래의 색, 가공하지 않은 자연의 상태라는 뜻이 파생되었다. 관련 단어로는 소색(素色, 흰색, 점잖은 색), 박소(樸素pǔsù, '소박하다'를 의미하는 중국어), 원소(元素, 물질을 이루는 기본 성분) 등이 있다. 縹(휘날릴 표, 옥색 표)는 실을 염색한 것을 가리키며, 紋(무늬 문)은 실의 색을 가리킨다. 紊(어지러울 문, 문란할 문)은 여러 가지 색이 혼합된 실을 말한다.

금 전

금 전

經 지날 경, 글 경

jīng

직포기(織布機, 베틀)에 수직으로 늘어놓은( , 巠물줄기 경) 한 가닥 한 가닥의 날실(, 糸가는 실 멱, 실 사)

하모도 문화에는 고대 '요기(腰機, 경사(經絲), 즉 날실의 장력을 허리로 유지하는 직포기)'의 유물이 남아 있는데, 이는 가장 오래된 베 짜기 문명이다. 요기는 허리에 끼워서 조작하는 베틀이다.  (巠)은 가장 원시적인 베 짜기 방식을 묘사하고 있다. 베틀에 수직으로 놓인 실이 날실이고 수평으로 놓인 실은 씨실이다. 씨실과 날실이 교차하면서 한 필의 옷감을 직조할 수 있다. 직포기에는 3개의 가로놓인 막대가 있으며, 상, 하 두 개의 고정된 가로 막대는 한 올 한 올의 수직 날실을 놓는 곳이며, 중간의 움직이는 가로 막대는 한 올 한 올의 수평 씨실을 가지런히 눌러주는 용도이다. 직포기의 아래쪽 절반 부분은 이미 직조된 천이다.

線 줄 선

xiàn

한 올 한 올의 매끄럽고 새하얀 가는 실(, 糸가는 실 멱, 실 사)이 마치 세차게 쏟아지는 샘물() 같다

산에 있는 샘물이 바위를 타고 아래로 쏟아져 내려갈 때 반짝반짝하고 새하얀 물이 그리는 여러 줄기의 선은 유난히 섬세하고 가지런하다. 그 모습이 여러 가닥의 실을 방불케 한다. 이와 마찬가지로, 흰색 실을 늘어뜨리면 산에서 샘물이 쏟아져 내리는 듯한 효과를 줄 수 있다.

綿 솜 면, 이어질 면

mián

흰 포건(布巾, 베로 만든 건, , 帛비단 백)에서 뽑아낸 가는 실(, 糸가는 실 멱, 실 사)

본래의 의미는 가늘고 부드러운 실이며, 여기서 끊이지 않고 연속된다는 의미가 파생되었다. 관련 단어로는 사면(絲棉sīmián, '고치실로 만든 면제품'을 의미하는 중국어), 면연(綿延, 끊임없이 이어 늘임) 등이 있다.

전

絮 솜 서, 간 맞출 처, 실 헝클어질 나

xù

마치(如같을 여, 말 이을 이,) 가는 실(, 糸가는 실 멱, 실 사)과 같은 섬유

옛 중국인들은 거친 면을 '絮'라고 불렀다. 棉(목화 면)과 絮는 모두 의복을 지을 수 있는 부드러운 실을 말한다.

전

천을 짜다

綴 엮을 철

zhuì

바늘과 실(, 糸가는 실 멱, 실 사)이 옷 위( )를 뚫고 부지런히 오가다( )

'봉합하다', '의복의 장식'이라는 의미가 파생되었으며, 관련 단어로는 연철(連綴, 한 음절의 종성(終聲)을 다음 자의 초성으로 내려서 씀. 또는 그런 방법), 점철(點綴, 흐트러진 여러 점이 서로 이어짐. 또는 그것들을 서로 이음) 등이 있다.

전

전

叕 연할 철, 빠를 열

zhuó

바늘과 실이 옷 위( )를 뚫고 부지런히 오가다( )

叕은 綴(엮을 철)의 본자이다. 《설문》은 "叕은 이어 붙인다는 뜻이다"라고 풀이했다. 畷(밭두둑 길 철, 밭두둑 길 체,)은 밭과 밭 사이를 연결하는 도로를 표현했다. 輟(그칠 철,)은 중단되는 것이다. 《설문》은 "輟은 수레가 도중에 고장 나면 수리하면서 계속 전진하는 것이다"라고 풀이했다.

網 그물 망

wǎng

실(, 糸가는 실 멱, 실 사)로 그물(, 网그물 망)을 짜서 도망가는 자를 붙잡다( )

維 벼리 유

wéi

조류(鳥類, , 隹새 추, 높을 최, 오직 유)를 잡는 줄(, 糸가는 실 멱, 실 사)

관련 단어로는 섬유(纖維), 유계(維繫wéixì, '유지하다', '잡아매다'를 의미하는 중국어)가 있다.

羅 벌일 라·나, 그물 라·나

luó

끈(, 糸가는 실 멱, 실 사)으로 만든 그물(, 网그물 망)을 펼쳐서 새(, 隹새 추, 높을 최, 오직 유)를 잡다

관련 단어로는 망라(網羅, 널리 받아들여 모두 포함하다),

장라(張羅zhāngluo, '처리하다', '준비하다', '(새를 잡기 위하여) 그물을 치다'를 의미하는 중국어), 나열(羅列, 죽 벌여놓음. 또는 죽 벌여 있음) 등이 있다.

새끼를 꼬다

紐 맺을 뉴·유

niǔ

끈(, 糸가는 실 멱, 실 사)을 손으로 꼬다(, 丑소 축, 추할 추, 수갑 추)

옛날에 실이나 끈을 제작하는 과정이다.

緊 긴할 긴

jǐn

일을 잘하는 사람(, 臤어질 현, 굳을 간, 굳을 긴, 굳을 경, 굳을 견)이 끈(, 糸가는 실 멱, 실 사)을 제작하면 견고하고 촘촘하다

금

전

끈으로 사람을 묶다

綏 편안할 수, 깃장식 유, 내릴 타

suī 또는 suí

끈(, 糸가는 실 멱, 실 사)으로 묶는 것이 적절하다(妥온당할 타,)

'안정되다', '위안하다'의 뜻이 파생했으며, 관련 단어로는 수정(綏靖, 나라와 백성을 편안하게 함), 수안(綏安, 다스리어 평안하게 함) 등이 있다.

전

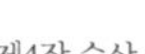

전

紂 껑거리끈 주, 주임금 주

zhòu

손(手손 수, , 寸마디 촌)이 줄(, 糸가는 실 멱, 실 사)에 묶인 죄인

전서 는 팔꿈치( )가 줄( )에 묶인 모습을 묘사했으며, 다른 전서 는 손목(, 寸)이 줄( )에 묶인 모습을 묘사했다. 전체적으로 볼 때 紂는 줄로 묶임을 당해야 하는 사람을 상징한다. 두 손을 결박하는 것은 죄인을 호송하는 것을 뜻하며, 상나라의 주왕을 상징한다. 주왕은 중대한 범죄를 많이 저질렀기 때문에, 무왕이 주를 토벌할 때 가장 먼저 잡아들여야 할 대상이었다. 《사기》에 따르면 주왕은 교만하여 제멋대로 행동하고 주색잡기를 좋아했다. 애첩 달기(妲己)를 총애하여 화려하고 높은 녹대(鹿台)를 지어주고 극도의 사치와 환락에 빠져서 살았다. 주왕은 태어날 때부터 성정이 포악하고 잔인했으며 각종 고문 도구를 발명하여 충신들에게 잔인한 고문을 가했다. 심지어 자신의 숙부 비간(比干)의 심장을 도려내고 폐를 파헤칠 정도였다. 태사공(太史公) 사마천(司馬遷)의 눈에 주왕은 나쁜 짓을 많이 저질러 결국 그 업보를 받은 인물이었다.

緝 모을 집, 이을 즙

jī

타인이 밀고하여(, 咠소곤거릴 집) 붙잡혀 결박당하다(, 糸가는 실 멱, 실 사)

'붙잡다', '체포하다'의 의미가 파생되었으며, 관련 단어로는 추집(追緝zhuījī, '도망친 범죄자를 추적하여 붙잡다'를 의미하는 중국어), 통집(通緝tōngjī, '지명수배'를 의미하는 중국어) 등이 있다. 緝은 報(갚을 보, 알릴 보, 빨리 부)와 유사한 글자 구성 개념을 갖고 있으니 '報'를 참조하기 바란다.

끈으로 물건을 묶다

繫 맬 계

xì

끈(, 糸가는 실 멱, 실 사)을 이용해 긴 몽둥이 무기(, 殳몽둥이 수)를 전'차'(車수레 차, 수레 거,)의 단자(端子, 줄을 묶기 위한 끝부분,)에 묶다

전

殳는 고대의 긴 몽둥이 무기이며 전쟁터에서 殳를 전차의 앞쪽에 묶어 적진과 부딪칠 때 사용했다. 繫는 '단단히 묶다'의 의미가 생겼으며, 관련 단어로는 계혜대(繫鞋帶, 신발 끈을 매다), 연계(聯繫, 이어서 매다, 관계를 맺는 것, 또는 그런 일) 등이 있다. 叀(굴대 끝 세, 굴대 끝 여, 굴대 끝 예)의 금문 은 차에 기물을 묶을 수 있는 단자를 상징하며, 이와 연관하여 파생된 한자로는 繫, 擊(칠 격), 轡(고삐 비) 등이 있다.

轡 고삐 비

pèi

마'차'(車수레 차, 수레 거,) 단자( )에 매어놓은 줄( )

금

전

금문 은 수레(車)를 끄는 줄을 상징하며, 훗날 말고삐, 즉 마부가 말을 제어할 때 이용하는 줄이라는 의미로 확장되었다.

㉶

納 들일 납

nà

끈(, 糸가는 실 멱, 실 사)으로 물건을 묶은 후 집 안(內안 내, 들일 납, 장부 예,)에 들여놓다

納은 '수집하여 건사하다', '끌어들이다'의 의미로 확장되었으며, 관련 단어로는 수납(收納, 돈이나 물품 따위를 받아 거두어들임), 채납(採納, 의견을 받아들임, 사람을 골라서 들임), 납공(納貢, 백성이 그 지방에서 나는 특산물을 조정에 바치던 일. 또는 그 세제) 등이 있다.

㉶

給 줄 급

gěi 또는 jǐ

선물 뚜껑을 덮어 닫은(合합할 합, 쪽문 합, 홉 홉,) 후, 다시 끈(, 糸가는 실 멱, 실 사)으로 묶다

㉶

絜 헤아릴 혈, 깨끗할 결, 들 혜

jié

많은 목계(木契,)를 분류하여 묶어두다(, 糸가는 실 멱, 실 사)

목계는 '거래 기록이나 증빙'을 뜻하며 반드시 분류하여 묶어서 보관해야 한다. 따라서 絜은 '가지런하다', '단단히 묶다'의 의미가 파생되었다. 絜은 潔(깨끗할 결)의 본자이다. 《시경》은 "소와 양을 깨끗하게 한다(絜(潔)爾牛羊: 결이우양)"라고 했으며, 《역경》도 "齊라는 것은 만물을 깨끗하고 가지런히 하는 것을 말한다(齊也者, 言萬物之絜(潔)齊也: 제야자, 언만물지결제야)"라고 했다.

《광아》는 "絜은 묶는 것이다"라고 소개했으며, 《통속문(通俗文)》은 "단단히 묶는 것을 絜이라 한다"라고 풀이했다.

潔 깨끗할 결

jié

물(水물 수,)을 이용하여 환경을 깨끗하고 가지런하게 정리하다(, 絜헤아릴 혈, 깨끗할 결, 들 혜)

옛사람들은 삼밧줄로 된 거친 섬유를 이용해 더러운 것을 문질러 닦았다. 오늘날 사람들은 수세미를 이용한다.

전

칼로 밧줄을 자르다

絕 끊을 절

jué

파(巴꼬리 파, 바랄 파)나라 사람( )이 칼(刀칼 도, 조두 조,)을 들고 밧줄(, 糸가는 실 멱, 실 사)을 자르다

전서 는 노복(奴僕, 사내종)을 시켜(, 卩병부 절) 칼( )로 밧줄( )을 자르게 하는 것을 묘사했다. 진한(秦漢)시대에 파나라가 침공을 당하여 이 나라 사람들은 진한 왕조의 노예로 전락했다. 따라서 예서에 이르러서는 '卩'과 '奴僕'이 '巴'로 바뀌었다. 이러한 문자 변혁은 肥(살찔 비), 色(빛 색) 등의 글자에도 발생했다. 絕은 밧줄을 칼로 자른다는 본뜻에서 '차단하다', '중지하다'의 뜻이 파생되었다. 관련 단어로는 단절(斷絕, 유대나 연관 관계를 끊음, 흐름이 연속되지 아니함), 절식(絕食, 일정 기간 동안 의식적으로 음식을 먹지 아니함) 등이 있다.

전

줄을 이용해 약속이나 연결을 나타내다

전

줄(, 糸가는 실 멱, 실 사)과 구기(勺구기 작,)를 이용해 각자가 가져갈 분량을 정하다

約 맺을 약, 부절 요, 기러기발 적

yuē

옛 중국인들이 토지나 음식을 분배할 때는 항상 줄과 구기가 동원되었다. 줄은 길이를 재는 데, 구기는 용량을 측정할 때 사용하는 도구였기 때문이다. 約은 이 두 가지 도구가 합쳐진 글자로, '통제하다', '한정하다', '대체로' 등의 의미로 쓰였다. 관련 단어로는 약속(約束), 약정(約定, 어떤 일을 약속하여 정함), 절약(節約), 대약(大約, 사물의 골자) 등이 있다.

금

전

같은 조상(祖할아버지 조, 조상 조, , 且또 차, 공경스러울 저, 도마 조)을 둔 민족이 연결(聯結)되다(, 糸가는 실 멱, 실 사)

組 짤 조

zǔ

예로부터 혈연관계에 있는 사람들은 가장 가까운 사이로 지냈다. 따라서 옛사람들은 조상에게 지내는 제사를 통해 같은 혈연끼리 모여서 씨족 단결이라는 목적을 달성했다. 組의 금문 은 한 손(手손 수)에 줄을 들고 조상(祖)이 같은 사람끼리 한데 묶는 모습이며, 전서 는 손이 생략된 모습이다. 組는 비슷한 성질의 사람이나 사물을 연결한다는 의미가 파생하였으며, 관련 단어로는 조합(組合), 조직(組織) 등이 있다. 且는 祖의 옛 한자이다. 옛사람들은 상제(上帝)가 만물의 근원이며 조상은 인류의 근원이라고 여겼다. 따라서 하늘에 제사를 지낼 때는 반드시 조상에 대한 제사도 함께 지냈다. 《예기》는 "만물의 근본은 하늘에 있고, 사람의 근본은 조상에 있으니, 이것이 조상과 상제를 함께 모시는 까닭이다(萬物本乎天, 人本乎祖, 此所以配上帝也: 만물본호천, 인본호조, 차소이배상제야)"라고 했다.

綜 모을 종

zòng

종(宗마루 종)묘( ) 제사를 통해 씨족의 모든 사람을 하나로 연결하다(, 糸가는 실 멱, 실 사)

綜은 수많은 사람이나 사물이 체계적으로 모여 있다는 의미로 파생되었으며, 관련 단어로는 종합(綜合), 종리(綜理, 빈틈없이 조리 있게 처리함), 종관(綜觀, 종합하여 보다) 등이 있다.

전

땋은 머리를 상징하다

繁 번성할 번

fán

손에 빗을 들고(, 攴칠 복) 어머니의 머리카락(, 每매양 매)을 빗어 여러 가닥으로 땋다(, 糸가는 실 멱, 실 사)

繁은 본래 여러 가닥으로 땋은 머리를 의미하며, 여기서 '많다', '섞이다'의 뜻이 파생되었다. 관련 단어로는 번다(繁多, 번거롭게 많음), 번잡(繁雜, 번거롭게 뒤섞여 어수선함), 번영(繁榮, 번성하고 영화롭게 됨) 등이 있다.

전

누에고치에서 뽑아낸 실을 의미하다

전

繭 고치 견

jiǎn

누에(蠶누에 잠, , 虫벌레 훼, 벌레 충, 찔 동)가 실(, 糸가는 실 멱, 실 사)을 토해내 고치를 틀어서( ) 나뭇가지에 붙어 있다

누에가 실을 토해 고치를 틀 때는 밖에서부터 시작하여 안쪽을 향해 틀어서 제 몸을 감싼다. 《회남자》는 "누에고치의 본성은 실을 뽑아내는 것이다. 그러나 여공이 이를 끓는 물에 삶아 그 실마리를 뽑아내지 않으면 실이 만들어지지 않는다(繭之性為絲, 然非得工女煮以熱湯而抽其統紀, 則不能成絲: 견지성위사, 연비득공여자이열탕이추기통기, 즉불능성사)"라고 했다.

끊임없이 연결됨을 의미하다

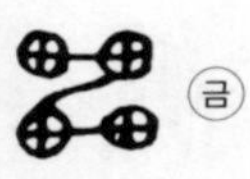

금

전

累 묶을 루·누, 여러 루·누, 벌거벗을 라·나, 땅 이름 렵·엽

lěi 또는 léi

'꽈르릉' 우렛소리( )가 마치 실(, 糸가는 실 멱, 실 사)처럼 이어지다

累는 끊임없이 연결된다는 의미로 파생되었으며, 관련 단어로는 누범(累犯, 거듭 죄를 지음. 또는 그런 사람), 누적(累積, 포개어 여러 번 쌓음. 또는 포개져 여러 번 쌓임), 연루(連累, 남이 저지른 범죄에 연관됨) 등이 있다. 금문 , , 은 모두 이어지는 우렛소리를 의미한다.

系—끈으로 어떤 물체를 단단히 잡아매다

系(맬 계)의 갑골문 과 금문 은 몇 가닥의 실을 손에 들고 있는 그림문자로, 많은 물건을 차례대로 분류하여 묶는 것을 묘사했다. 전서는 이를 로 간단하게 정리하여 끈을 어떤 물건에 묶는 것을 묘사했다. 系는 연관된 사물을 한 체계로 묶는다는 의미가 파생했으며, 관련 단어로는 계통(系統), 세계(世系, 조상으로부터 대대로 내려오는 계통), 성계(星系, 별이 우주 공간에서 이루고 있는 체계) 등이 있다.

係 맬 계

xì

사람과 사람(人사람 인,) 사이를 하나의 끈으로 묶어 연결하다(, 系맬 계)

갑골문 , 은 사람의 목에 줄을 매놓은 모습을 묘사했다. 고대에는 죄인을 압송할 때 한 사람 한 사람의 목에 긴 밧줄을 맨 다음 이를 연결하여 긴 대오를 형성했다. 係의 본래 의미는 '동여매다', '포박하다'이며, '사람과 사람 사이의 관련성'이라는 의미로 확대되었다. 관련 단어로는 관계(關係)가 있다.

금

전

縣 매달 현, 고을 현

xiàn

사람의 머리(, 首머리 수)를 줄로 묶어(, 系맬 계) 거꾸로 매달다. 懸(달 현)의 본자

縣은 고대 현부(縣府, 현(중국의 행정단위 중 하나) 정부)에서 중대한 죄를 범한 자의 목을 벤 후 그 머리를 관아의 문 앞에 매달아 백성들에게 본보기를 보이는 습속에서 유래했다. 금문 , 전서 는 모두 사람의 머리( )를 줄

금

전

로 묶어( ) 나무( )에 거꾸로 매달아놓은 모습을 묘사했으며, 전서 는 나무가 생략된 모습이다. 縣은 '죄인을 심판할 권한이 있는 지방정부'라는 의미로 파생되었으며, 관련 단어로는 현 정부(縣政府), 현령(縣令, 고대 현의 으뜸 벼슬), 현성(縣城, '현'이라는 행정구역을 둘러싸고 있는 성) 등이 있다. 縣의 간체자는 县이다.

懸 달 현

xuán

하나의 마음(, 忄심방변 심)이 거꾸로 매달려 있다 (, 縣매달 현, 고을 현)

관련 단어로는 현괘(懸掛, 내다가 걺), 현념(懸念, 늘 마음에 두고 생각함) 등이 있다.

금

전

索 찾을 색, 노 삭, 채소 소

suǒ

집(, 宀집 면)에서 가로 막대에 실을 묶은(, 系맬 계) 후 줄을 엮어 만들다

금문 은 집 안에서 두 손으로 노끈을 꼬아 만드는 그림문자이다. 옛사람들은 노끈의 끄트머리 부분을 매듭으로 만든 다음 그것을 창틀에 매서 긴 노끈을 엮어갔다. 훗날 노끈 꼬는 기계 교승기(絞繩器)가 등장하여 노끈 끄트머리를 교승기의 십자 모양 막대기에 걸 수 있게 되었다. 한 사람이 손으로 교승기를 회전시키면 다른 한 사람은 왼손으로 노끈을 쥐고 오른손으로 부자재를 계속 보충하면서 노끈이 한 마디씩 연결되게 했다.

孫 손자 손

sūn

대를 이어 연결되는(, 系맬 계) 아이(子아들 자,)

갑골문 과 금문 은 子와 糸으로 구성되었다. 糸(가는 실 멱, 실 사,)은 하나로 엮어진 긴 허리띠 또는 끈으로, 끊임없이 연속됨을 의미한다. 따라서 孫은 '자녀의 자녀'라는 의미를 갖고 있다. 전서에는 '糸'이 '系(, 줄을 매다)'로 바뀌었다. 孫의 관련 단어로는 자손(子孫), 외손(外孫) 등이 있다. 《설문》은 "아들의 아들을 손이라고 하며, 子와 系로 구성되어 계속 이어진다"라고 풀이했다. 孫의 간체자는 孙이며 소자(小子)이다.

갑 금 전

鯀 곤어 곤

gǔn

한 마리의 큰 물고기(魚물고기 어,)를 줄로 잡아당기다(, 系맬 계)

요(堯)임금이 통치하던 시기에 홍수가 끊이지 않았다. 그러자 요임금은 곤(鯀)을 등용하여 홍수를 다스리게 했다. 곤은 둑을 쌓아 물을 가두는 방식을 썼으나 그 결과 홍수는 더욱 심해졌고, 결국 죽임을 당하고 말았다. 요임금이 애초에 물을 다스리는 담당자로 왜 곤을 등용했을까? 곤은 물의 성질을 잘 아는 사람이었을 것이며 그의 이름만 봐도 이를 알 수 있다. 금문 은 물고기의 주둥이에 실이 연결된 모습이며, 금문 은 한 손으로 한 가닥의 줄을 잡아당기고, 그 줄의 끝에 물고기 한 마리가 달려 있는 모습이다. 이를 통해 곤이 낚시의 고수였음을 알 수 있다. 비록 남아 있는 선진시대 서적이 많지 않아 곤이 어부였다는 연관성을 입증할 기록을 찾을 수 없지만, 고대의 문자는 이러한 역사를 분명히 나타내고 있다.

금 전

옛 중국인들은 농한기를 이용해 노끈을 꼬았다. 이때 많은 인마(人馬)가 동시에 노끈을 제작하는 정경을 볼 수 있었다. 갑골문 , 금문 은 두 줄로 나란히 나오는 노끈이며, 전서 에는 노끈의 머리가 추가되어, 한 가닥 한 가닥의 노끈이 노끈의 끄트머리에서 당겨 나온 것임을 표현했다. 玆(무성할 자, 이 자, 검을 현)는 '여기서부터', '증가하다', '번성하여 퍼져나가다'의 뜻으로 확장되었고, 관련 단어로는 염자재자(念玆在玆niànzīzàizī, '자나 깨나 생각하다'를 의미하는 중국어), 자장(玆(滋)長zīzhǎng, (주로 추상적인 의미로) '자라다', '성장하다'를 의미하는 중국어) 등이 있다.

전

孶 부지런할 자

zī

아이( )가 한 가닥 한 가닥의 줄 끄트머리를 끌어내다(, 玆무성할 자, 이 자, 검을 현)

孶의 본뜻은 '자녀를 낳아 기르다'이며, 관련 단어로는 자생(孶生zīshēng, '생장하다', '번식하다'를 의미하는 중국어), 자식(孶息zīxī, '생장하다', '번식하여 증가하다', '수익'을 의미하는 중국어) 등이 있다.

금

전

慈 사랑 자

cí

자녀를 낳아 기르는(, 玆무성할 자, 이 자, 검을 현) 마음(心마음 심, , 忄심방변 심)

부모가 자식을 낳아 키울 때는 출산의 고통을 감내해야 할 뿐 아니라 자녀를 먹이고 교육하는 데 온 마음을 다해야 한다. 이 모든 것은 사랑에서 비롯된다. 따라서 慈는 사랑이다. 관련 단어로는 자애(慈愛, 아랫사람에게 베푸는 도타운 사랑), 자비(慈悲, 남을 깊이 사랑하고 가엾게 여김. 또는 그렇게 여겨서 베푸는 혜택) 등이 있다.

絲 실 꿸 관

guān

두 가닥의 실 끝에 매듭을 짓다

絲과 玆(무성할 자, 이 자, 검을 현)는 상하 대칭으로 놓인 두 개의 글자로, 玆는 실의 양쪽 끝에 매듭을 짓는 것이고, 絲은 실의 끝에 매듭을 짓는 것이다. 전자는 번식의 의미로 파생되었으며, 후자는 연결의 의미로 파생되었다.

關 관계할 관, 당길 완, 당길 만

guān

두 개의 문(門)에 달린 끈에 매듭을 짓다(絲 , 絲실 꿸 관)

금문 과 전서 는 문(門) 아래에 묶어놓은 두 가닥의 줄을 묘사했으며, 다른 전서 는 두 가닥의 실 끝을 하나로 매듭지어 둘을 하나로 연결한 모습이다. 이를 통해 關이 두 개의 문을 끈으로 단단히 연결한다는 의미의 그림문자임을 알 수 있다. 여기서 '접속하다', '연결하다'의 뜻이 파생되었으며, 관련 단어로는 관폐(關閉guānbì, '닫다', '(공장이나 상점이) 파산하다'를 의미하는 중국어), 관련(關聯) 등이 있다.

聯 연이을 련·연

lián

여러 개의 귀(耳귀 이,)를 실로 꿰어 연결하고, 그 실의 양 끝에 매듭을 짓다(, 𢇇실 꿸 관)

고대의 전사(戰士)들은 적의 귀를 베어 실에 꿴 다음, 그 실의 양 끝에 매듭을 지었다. 전쟁이 끝난 후에는 이것을 토대로 논공행상(論功行賞, 공적의 크고 작음 따위를 논의하여 그에 알맞은 상을 줌)을 실시했다. 갑골문 은 귀를 실로 꿰어 묶은 상형자이며, 전서 는 여러 개의 귀를 실(絲실 사,)로 꿰어놓은 모습이다. 예서는 '絲'가 '𢇇'으로 바뀌어 한 가닥의 실 양 끝을 매듭으로 묶은 모습을 묘사했다. 聯은 관련된 사물을 연결한다는 의미가 파생하였으며, 관련 단어로는 연결(聯結), 연합(聯合), 대련(對聯, 시문 등에서 짝이 되는 연, 문이나 기둥에 써 붙이는 대구(對句)) 등이 있다. 聯의 간체자는 联이다.

𢆶—여러 가닥의 가는 선

𢆶(작을 유, 이 자, 검을 자)의 갑골문 , 은 나란히 있는 두 가닥의 실이며, 여러 가닥의 가는 실을 표현하는 데 사용된다. 여기서 가늘고 작다는 글자 구성 요소의 의미가 파생되었다.

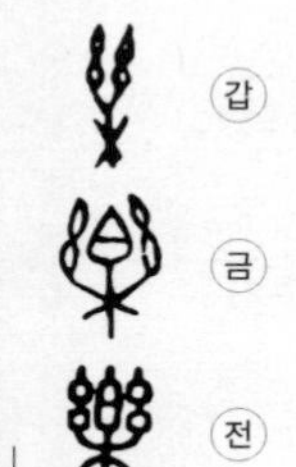

樂 노래 악, 즐길 락·낙, 좋아할 요

lè

엄지손가락(, 白흰 백, 아뢸 백)으로 나무(木나무 목,)에 묶어놓은 가는 줄을 튕기다(, 𢆶작을 유, 이 자, 검을 자)

樂의 원래 의미는 줄이 달린 현악기를 튕기는 것으로, '즐겁다'라는 뜻을 파생시켰다. 관련 단어로는 음악(音樂), 쾌락(快樂, 유쾌하고 즐거움. 또는 그런 느낌) 등이 있다.

幾 몇 기

jī 혹은 jǐ

수비하는(, 戍수자리 수) 능력이 마치 가는 실(, 幺작을 유, 이 자, 검을 자)처럼 미약하다

幾는 방어선이 곧 무너질 것 같은 상황을 묘사했다. 따라서 '곧 ~하게 될 것', '얼마나 더 걸릴까?', '아주 미세하다'의 의미가 파생되었으며, 관련 단어로는 기호(幾乎jīhū, '거의', '하마터면'을 의미하는 중국어), 기허(幾許, 얼마쯤) 등이 있다. 《설문》은 "幾는 미세하고 위태로운 것이다"라고 하였으며, 《이아·석고》는 "幾는 위태로운 것이다"라고 설명했다.

幽 그윽할 유, 검을 유

yōu

산(山메 산,)에서 실(, 幺작을 유, 이 자, 검을 자)을 바라보다

'음침하고 어두운', '분명치 않은', '감춰져 있는'의 의미로 파생되었다. 관련 단어로는 유암(幽暗, '그윽하고 어둠침침하다'를 의미하는 '유암하다'의 어근), 유거(幽居, 속세를 떠나 외딴곳에서 삶. 또는 그런 거처) 등이 있다. 幽와 顯(나타날 현) 두 글자는 글자 구조 의미의 대비를 보여주며, 顯은 햇빛 아래서 실을 바라보니 뚜렷하게 보인다는 의미를 담고 있다('顯' 편 참조).

 갑

금

전

繼 이을 계
jì

칼(刀칼 도, 조두 조,)로 실(, 丝작을 유, 이 자, 검을 자)을 끊다. 斷(끊을 단)의 옛 한자이다

갑골문 은 실 위에 횡선을 그어 실을 절단하는 모습을 묘사했으며, 금문 은 실이 끊어진 곳에 칼(刀,)을 더하여 칼로 실을 끊는 것을 표현했다.

전

斷 끊을 단
duàn

도끼(斧도끼 부, , 斤근 근, 도끼 근)로 어떤 물체를 자르다 (斷, , 繼이을 계)

전

繼 이을 계
jì

끊어진 실(, 繼이을 계)을 끈(, 糸가는 실 멱, 실 사)으로 잇다

絲—가는 실 또는 현악기의 줄

絲(실 사)의 전서 는 겹겹이 감긴 실타래를 상징하며, 양 끝은 실의 매듭이다.

햇빛(, 日날 일)이 내리쬐는 곳에 있는 가는 실(絲실 사,)

㬎 드러날 현, 드러날 압, 드러날 금

xiǎn

《설문》은 "햇빛이 있는 곳에서 실을 바라보는 것이며, 고문에서는 顯(나타날 현)이라고 했다"라고 설명했다.

전

한 사람(, 頁머리 혈, 책 면 엽)이 햇빛(, 日날 일) 아래서 가는 실(絲실 사,)**을 바라보다**

顯 나타날 현

xiǎn

幽(그윽할 유, 검을 유)가 산에서 가는 실을 바라보면 잘 보이지 않는 것을 표현했다면, 顯은 햇빛 아래서 가는 실을 바라보면 뚜렷하게 보이는 것을 표현했다. 顯은 뚜렷하게 보인다는 의미를 파생시켰으며, 관련 단어로는 현현(顯現, 명백하게 나타나거나 나타냄), 현연(顯然, 분명하게 나타나거나 알려지는 정도가 뚜렷함) 등이 있다.

금

전

갑

금

전

濕 젖을 습, 사람 이름 섭, 나라 이름 탑

또는

溼 젖을 습

shī

물(水물 수,)로 씻은 실(絲실 사,)을 햇볕(, 日 날 일)에 널어서 말리다

깨끗이 씻은 실타래를 햇볕에 널어 말리면 물방울이 실에서 계속 떨어진다. 옛 중국인들은 이를 통해 흠뻑 젖었다는 의미를 표현했다.

현악기

금

전

縊 어지러울 련·연, 어지러울 란·난

luán

소리를 낼 수 있는(, 言말씀 언, 화기애애할 은) 현악기의 줄(絲실 사,)

전서 , 는 絲와 音(소리 음, 그늘 음)으로 구성된 회의자로, 현악기가 내는 소리를 상징한다. 그러나 금문 , 전서 는 絲와 言으로 구성되었다. 이를 볼 때 音이든 言이든 여기서는 모두 소리를 내는 것을 의미함을 알 수 있다. 원래의 뜻은 현악기이나 그 의미가 약간씩 변하여 두 가지 의미로 파생되었다. 그중 하나는 아름다운 악기 소리이며, 여기서 鑾(방울 란·난, 보습 거), 鸞(난새 란·난), 孌(아름다울 련·연) 등의 의미가 파생되었다. 또 소리가 끊이지 않고 이어지는 현악기의 특성으로 말미암아 '끊임없이 이어지다'라는 뜻이 파생되었고, 이런 의미에서 파생된 글자로는 巒(메 만, 메 란·난), 攣(걸릴 련·연, 경련할 련·연), 戀(그리워할 련·연, 그릴 련·연), 蠻(오랑캐 만) 등이 있다.

손에 도구를 들고(, 攴칠 복, 攵칠 복) 현악기 줄(, 䜌어지러울 련·연, 어지러울 란·난)을 조정하다

變 변할 변

biàn

현악기를 연주하기 전에는 반드시 조율부터 해야 한다. 거문고 줄이 팽팽하게 감겨 있어야 높고 낭랑한 소리를 내고, 줄이 느슨하면 소리가 낮고 둔탁하게 난다. 變은 음을 조율하는 모습을 나타낸 글자이며, 여기서 '음악 소리를 변화시키다'라는 의미가 파생됐다. 전서 는 攴(손에 도구를 들고)과 세 가닥의 현악기 줄로 구성된 그림문자이다. 기타 전서 , 는 현악기 줄 사이에 '言(말씀 언, 화기애애할 은)'을 더하여 소리를 낼 수 있는 현악기를 표현했다.

전

소리를 내는 줄(, 䜌어지러울 련·연, 어지러울 란·난) 몇 가닥을 이용해 활(弓활 궁,)의 양 끝을 당겨 그것을 구부러지게 하다

彎 굽을 만

wān

다른 전서 는 활에 세 가닥의 가는 줄이 보이는데, 이는 옛 중국인들이 여러 개의 줄로 활을 당기는 것을 나타낸 상형자이다.

전

아름다운 소리

현악기의 소리는 듣기에 좋아 사람을 도취하게 한다. 따라서 글자 구성 요소 중 [bronze-script character] 도 아름다운 소리를 형용하는 데 쓰였다.

금

전

鑾 방울 란·난, 보습 거

luán

마차 위의 금(金쇠 금, 성씨 김)속 방울([bronze-script character])이 마차가 움직일 때마다 마치 현악기([bronze-script character] , 䜌어지러울 련·연, 어지러울 란·난) 처럼 아름다운 소리를 내다

서주의 천자는 옷깃에 옥패(玉珮)를 달고 있었으며 마차에는 방울까지 달았다. 따라서 길을 걸을 때는 옥패가 서로 부딪치며 소리를 냈고 마차를 타고 갈 때는 방울 소리까지 더해져 화음을 맞췄다. 鑾(또는 鑾駕(난가)라고도 함)은 고대 황제가 타는 마차로, 사방에 여덟 개의 방울이 달려 있었다. 마차가 출발할 때 방울에서 나는 청아한 소리가 아름답게 울려 퍼졌다. 《설문》은 "임금이 수레에 오르면 네 마리의 말에 재갈을 물리고 여덟 개의 방울이 울려 마치 난새의 소리와 같았다(人君乘車, 四馬鑣, 八鑾鈴, 像鸞鳥聲: 인군승차, 사마표, 팔란영, 상란조성)"라고 하였으며, 《예기》는 "천자는 …… 걸을 때는 환패의 소리가 있고 수레에 오르면 난화의 소리가 있다(天子者 …… 行步, 則有環佩之聲; 升車, 則有鑾和之音: 천자자 …… 행보, 즉유환패지성; 승차, 즉유란화지음)"라고 했다.

목소리가 마치 현악기(, 䜌어지러울 련·연, 어지러울 란·난)처럼 아름다운 여자(女여자 녀·여, 너 여,)

금
전

孌 아름다울 련·연

luán

목소리가 마치 현악기(, 䜌어지러울 련·연, 어지러울 란·난)와 같은 새(鳥새 조, 땅 이름 작, 섬 도,)

전

鸞 난새 란·난

luán

봉황(鳳凰), 난조(鸞鳥)는 모두 고대에 신조(神鳥, 신령한 새)로 여기던 새다. 봉황은 춤을 잘 추고 난조는 노래를 잘 부른다. 《설문》은 "鸞도 신령한 새다. 붉은빛에 다섯 가지 색이 섞여 있는 닭과 비슷한 모양이다. 소리는 오음(五音)을 내며 노랫소리를 내면 지극히 아름답다(鸞, 亦神靈之精也, 赤色五采雞形, 鳴中五音, 頌聲作則至: 난, 역신령지정야, 적색오채계형, 명중오음, 송성작즉지)"라고 설명했다.

끊임없이 이어지다

현악기는 끊임없이 이어지는 악기 소리를 낼 수 있는 특징이 있다. 따라서 글자 구성 요소에 이와 관련한 글자가 들어 있으면 끊임없이 이어진 산맥이나 계속 태어나는 아이를 표현한다.

전

巒 메 만, 메 란·난

luán

잇닿아 있는(, 䜌어지러울 련·연, 어지러울 란·난) **산**(山메 산,)

《강희자전(康熙字典)》은 "산이 굽이굽이 이어진 것을 巒이라고 한다"라고 했다.

전

孿 쌍둥이 산, 쌍둥이 련·연

luán

연이어(, 䜌어지러울 련·연, 어지러울 란·난) **태어나는 아이**(子아들 자,). **쌍둥이**

戀 그리워할 련·연, 그릴 련·연

liàn

끊임없이 이어지는(, 䜌어지러울 련·연, 어지러울 란·난) **정**(情뜻 정, , 心마음 심)

 오랑캐 만

mán

끊이지 않고 나오는(, 䜌어지러울 련·연, 어지러울 란·난) 벌레와 뱀(, 虫벌레 훼, 벌레 충, 찔 동)

蠻은 거친 들판에 인적이 없는 곳을 의미하게 되었으며, 고대에는 남방의 거친 산과 들판을 남만(南蠻)이라고 했는데 이곳에는 많은 벌레와 뱀이 출몰했다. 《설문》은 "남만 사람은 뱀족이다(南蠻蛇種: 남만사동)"라고 설명했다.

전

ㄹ—한 가닥의 구부러진 줄 ㄹ

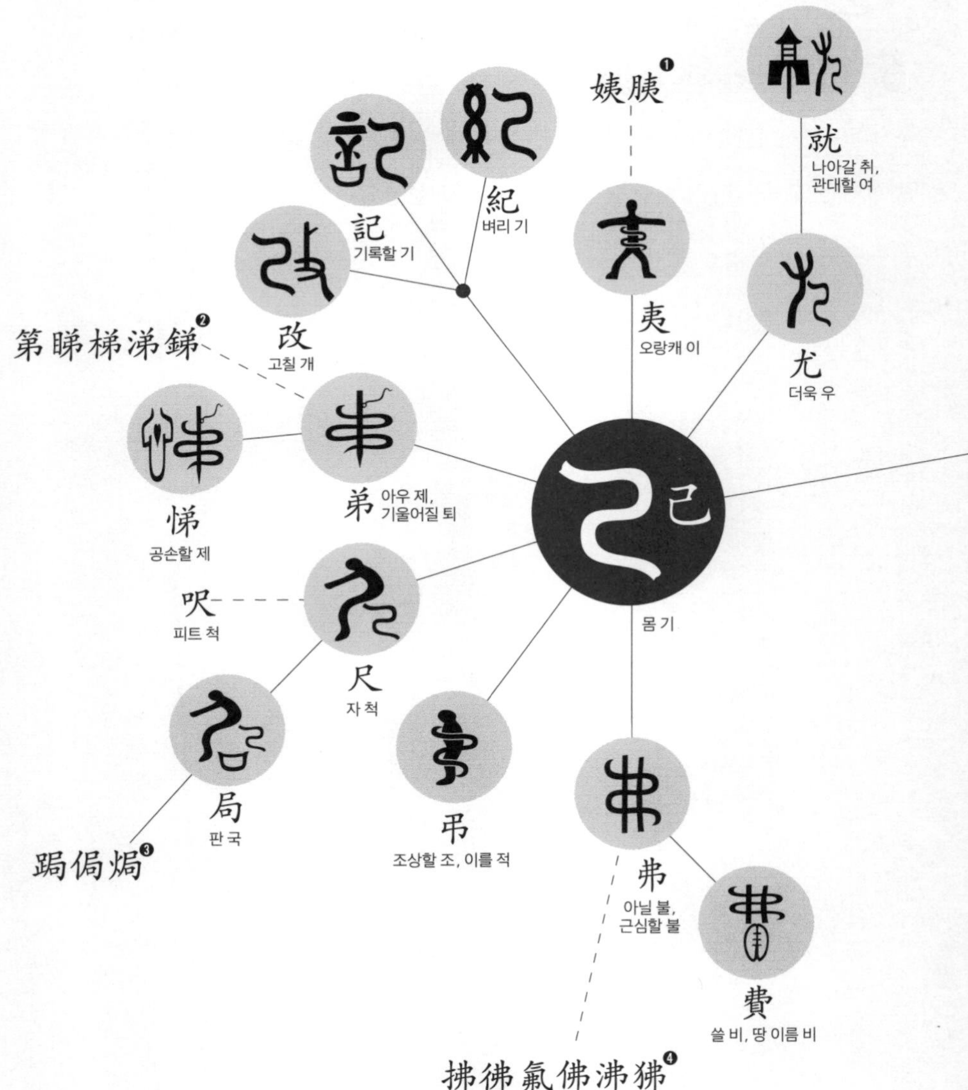

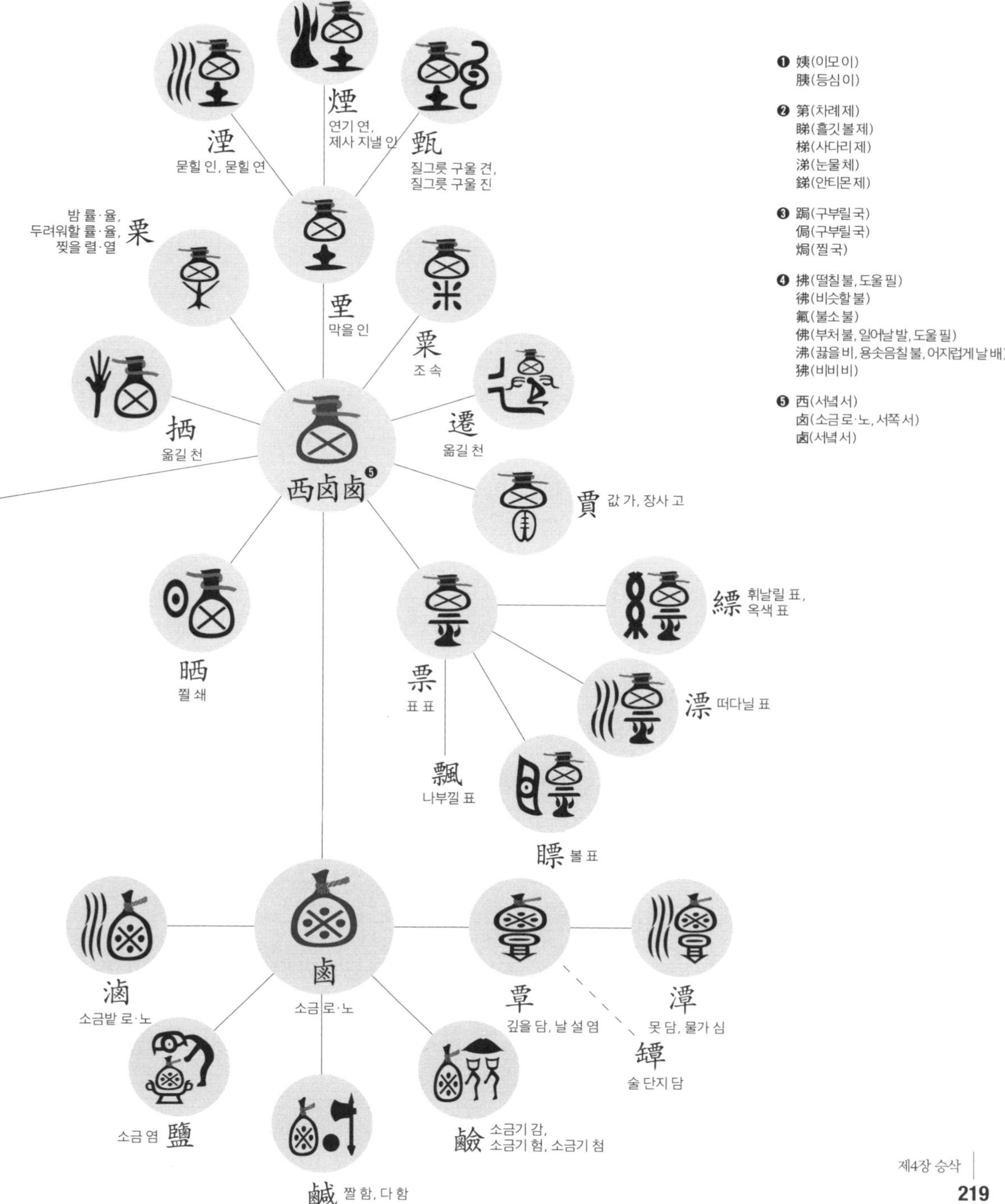

❶ 姨(이모 이)
胰(등심 이)

❷ 第(차례 제)
睇(흘깃 볼 제)
梯(사다리 제)
涕(눈물 체)
銻(안티몬 제)

❸ 跼(구부릴 국)
侷(구부릴 국)
焗(찔 국)

❹ 拂(떨칠 불, 도울 필)
彿(비슷할 불)
氟(불소 불)
佛(부처 불, 일어날 발, 도울 필)
沸(끓을 비, 용솟음칠 불, 어지럽게 날 배)
狒(비비 비)

❺ 西(서녘 서)
囟(소금 로·노, 서쪽 서)
鹵(서녘 서)

己(몸 기)의 갑골문 , 금문 그리고 전서 는 모두 한 가닥의 밧줄로, '스스로 속박하는 사람'이라는 의미로 확장되었다. 또 다른 전서 는 무릎을 꿇고 있는 사람의 모습으로, 마음을 비우고 다른 사람의 훈계를 듣는 모습이다. 공자는 제자들에게 늘 스스로 반성하라고 가르쳤으며 예로써 자신의 행동을 단속하고 다른 사람의 규제와 권고를 허심탄회하게 받아들여야 한다고 당부했다. 그렇다면 스스로 속박하는 사람을 어떻게 표현했을까? 《공자가어(孔子家語)》와 《설원(說苑)》은 모두 "나무는 먹줄을 받아야 곧아지고 사람은 충고를 받아들여야 훌륭해진다(木受繩則直, 人受諫則聖: 목수승즉직, 인수간즉성)"라고 하였다. 《순자》에도 "따라서 군자가 자신을 바로잡을 때 먹줄을 쓰고, 다른 사람을 대할 때는 구부러진 활 도지개를 쓴다. 스스로 바로잡기를 먹줄 놓듯이 하므로 충분히 천하의 법칙이 될 수 있다(故君子之度己則以繩, 接人則用抴. 度己以繩, 故足以為天下法則矣: 고군자지도기즉이승, 접인즉용설. 도기이승, 고족이위천하법칙의)"라고 기재되어 있다. 따라서 옛사람들은 한 가닥의 줄을 스스로 바로잡는 '己'로 표현했다. 己에서 파생한 한자는 모두 줄과 연관이 있다. 그중 '약속하다', '단단히 묶다'의 의미가 있는 글자는 弗(아닐 불, 근심할 불), 弟(아우 제, 기울어질 퇴), 夷(오랑캐 이), 弔(조상할 조, 이를 적), 西(서녘 서) 등이 있으며, 결승기사(結繩記事, 줄에 매듭을 지어 기록함)의 의미가 있는 한자로는 紀(벼리 기), 記(기록할 기), 改(고칠 개)가 있다. '자로 재다'라는 의미를 가진 한자로는 尺(자 척), 尤(더욱 우) 등이 있다.

줄을 이용해 단단히 묶다

弗 아닐 불, 근심할 불

fú

구부러진 나무(|)를 줄을 이용하여(己, 己몸 기) 곧게 교정하다

弗의 갑골문 과 금문 은 구부러진 나무를 줄로 단단히 묶어두는 것을 표현했으며, 시간이 지나면 굽은 나무가 곧게 펴진다. 따라서 《순자》는 "나무는 먹줄을 받으면 곧아진다(木受繩則直: 목수승즉직)"라고 했다. 먹줄을 받아 곧게 펴진 나무는 다시는 구부러지지 '않는다(不아닐 부·불)'. 이는 사람을 줄로 교정하면 악한 짓을 하지 '않는다(不)'는 의미이기도 하다. 따라서 弗은 '不'의 의미로도 파생되었다. 관련 단어로는 자괴불여(自愧弗如, 스스로 남보다 못하다고 여겨 부끄러워하다) 등이 있다. 《설문》은 "弗은 바로잡는 것이다"라고 풀이했다.

費 쓸 비, 땅 이름 비

fèi

돈(, 貝조개 패, 성씨 배)을 점점 다 써서 보이지 않게(不아닐 부·불, , 弗아닐 불, 근심할 불) 되다

밥을 먹거나 물건을 살 때, 차를 탈 때와 학교에 다닐 때, 우리는 반드시 돈을 써야 한다. 경제학에서는 이것을 소비(消費)라고 하며, 사용한 금액을 회계학에서는 비용(費用)이라고 한다. 費는 재물을 소모한다는 의미가 파생하였으며, 관련 단어로는 비용(費用), 화비(花費, 돈을 쓰다), 낭비(浪費) 등이 있다.

한 가닥의 밧줄(, 근몸 기)로 오랏줄을 묶어 야성적인 사람(人사람 인,)을 제압하다

夷 오랑캐 이

yí

《좌전》에 "주왕에게는 억조의 이인이 있다(紂有億兆夷人: 주유억조이인)"라는 내용이 있다. 여기에서 말하는 '이인(夷人)'은 상나라의 주왕이 잡아 와 노예로 부리던 이민족이다. 아주 옛날 중원 사람들은 서융(西戎, 한족이 서쪽 변방의 이민족을 이르던 말)을 강(羌)이라고 부르며 양(羊)과 연관을 지었으며, 남만(南蠻) 사람을 민(閩)이라고 하여 벌레(虫)와 연관 지었고, 북방의 이민족을 적(狄)이라 부르며 개(犬)와 연관 지었으며, 동쪽의 이민족을 맥(貉)이라 하여 벌레(豸)와 연관 지었다. 동서남북 어느 쪽의 이민족이든 동물의 편방(偏旁)을 더하고 '만이(蠻夷)'로 통칭하며 문화가 없는 사람들이니 계도하고 단속해야 한다고 여겼다. 단속은 어떻게 했을까? 《한서》는 "그들을 문과 무의 도로써 바로잡는다(繩之以文武之道: 승지이문무지도)"라고 했다.

夷는 이민족이라는 의미 외에도 '진압하다', '평정하다'의 뜻으로도 확장되었으며, 관련 단어로는 이평(夷平yípíng, '평지로 만들다', '폐허로 만들다'를 의미하는 중국어), 화험위이(化險為夷huàxiǎnwéiyí, '위험한 상태를 평온하게 하다'를 의미하는 중국어) 등이 있다.

죽은 사람( )을 싸매다(, 근몸 기)

弔 조상할 조, 이를 적

diào

금

전

弔의 금문 , 은 사람(人사람 인)이 뱀(蛇긴 뱀 사, 구불구불 갈 이, , 虫벌레 훼, 벌레 충, 찔 동)에 칭칭 감겨 있는 모습이며, 전서 는 사람이 밧줄에 칭칭 감겨 있는 모습이다. 죽은 사람의 시체가 들판에 나뒹굴지 않게 하기 위해 꽁꽁 싸매 염습하여 관에 안치한다. 이는 죽은 사람에 대한 연민과 존경을 전하는 풍습이다. 글자 구조의 변천을 통해 뱀이 사람을 칭칭 감은 미개한 현상에서 점차 사람을 싸맨다는 개념으로 해석됨을 알 수 있다. 弔는 '애도하다, 몹시 슬퍼하다, 가엾게 여기다' 등의 뜻이 파생했으며, 관련 단어로는 조상(弔喪, 남의 죽음에 대하여 슬퍼하는 뜻을 드러내어 상주(喪主)를 위문함. 또는 그 위문), 빙조(憑弔píngdiào, '추모하다', '위령제를 거행하다'를 의미하는 중국어), 조언(弔唁diàoyàn, '조문하다', '애도의 뜻을 표시하다'를 의미하는 중국어) 등이 있다.

弟 아우 제, 기울어질 퇴

dì

줄(, 己몸 기)의 속박을 받는 주살(弋箭, 한자음 '익전', 화살의 오니에 활시위를 끼워 쏘는 화살,)

弟의 갑골문 과 금문 , , , 전서 는 모두 弋(주살 익)과 己의 합체자이며, 기러기를 쏘는 주살을 줄에 매놓은 (, 己) 모습이다. 弟의 원래 의미는 줄의 제약을 받는 주살이며, 형의 말을 들어야 하는 아우라는 의미로 파생되었다. 관련 단어로는 포제(胞弟) 등이 있다. 《광아》는 "아우는 순종하며 형의 말에 따른다(弟, 順也, 言順於兄: 제, 순야, 언순어형)"라고 하였다. 弗(아닐 불, 근심할 불), 夷(오랑캐 이), 弔(조상할 조, 이를 적), 弟는 모두 줄의 구속을 받는 사람이나 물건을 뜻한다. 그러나 예서에 이르러 줄을 상징하는 '己( )'는 전부 '활(弓활 궁,)'로 대체되었다.

갑

금

전

아우(弟아우 제, 기울어질 퇴,)를 위하는 마음(心마음 심, , 忄심방변 심)

悌 공손할 제

tì

悌는 손윗사람에 대한 공경과 순종의 의미로 확장되었다. 유가에서는 효도와 우애를 중시하여 가정에서는 부모에게 효도하고 집 밖에서는 손윗사람에게 순종해야 한다. 《논어》는 "그 사람됨이 효성스럽고 공손하면서 윗사람 거스르기를 좋아하는 사람은 드물다(其為人也孝悌, 而好犯上者鮮矣: 기위인야효제, 이호범상자선의)"라고 하였으며, 《맹자》는 "집에 들어와서는 효도하고 밖에 나가서는 공손해야 한다(入則孝, 出則悌: 입즉효, 출즉제)"라고 했다.

길고 짧음을 측정하는 줄

주나라 사람들에게 줄은 측정을 위한 도구였다. 거리를 잴 수 있을 뿐 아니라 굽은 것과 곧은 것을 측정할 수도 있었기에 이를 준승(準繩, 수평계와 먹줄)이라고 불렀다. 《여씨춘추》에 "수평과 직선을 확인하려면 반드시 준승이 있어야 한다(欲知平直, 則必準繩: 욕지평직, 즉필준승)"라고 쓰여 있다.

전

가로누워 있는 사람(人사람 인,)의 치수를 줄(, 己몸 기)로 재다

尺 자척

chǐ

옛사람들은 장례 의식을 매우 중요시하여 사람이 죽으면 몸에 맞춰 관과 상복을 준비했다. 전서 , 는

가로누워 있는 사람의 치수를 줄로 재는 모습을 묘사했다. 도량형이 제대로 갖춰지지 않았던 시대에 줄로 길이를 재는 것은 매우 실용적이고 간편한 방법이었다. 尺은 길이를 재는 도구 및 단위라는 의미로 파생되었으며, 10촌(寸)을 1척(尺)으로 했다.

옛 중국인들은 제작하는 가구, 의복의 치수를 자로 잼으로써 그 길이가 너무 길지도 짧지도 않게 했다. 따라서 치수를 재는 것이 '제한하다'라는 의미로도 확장되었다. 제한을 가할 대상에는 어떤 것이 있었을까? 주나라는 예의를 숭상하여 규범에 맞는 말과 행동을 요구했다. 특히 구설(口舌, 시비하거나 헐뜯는 말)은 화를 일으키는 실마리이므로 반드시 제약을 가해야 했다. 이에 따라 尺에서 '局(판 국)'이라는 글자가 파생되었다.

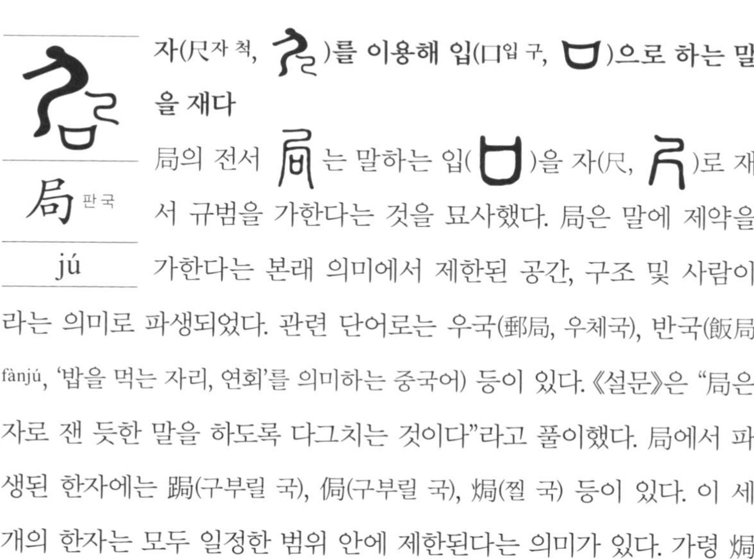

자(尺자 척,)를 이용해 입(口입 구,)으로 하는 말을 재다

局의 전서 는 말하는 입( )을 자(尺,)로 재서 규범을 가한다는 것을 묘사했다. 局은 말에 제약을 가한다는 본래 의미에서 제한된 공간, 구조 및 사람이라는 의미로 파생되었다. 관련 단어로는 우국(郵局, 우체국), 반국(飯局 fànjú, '밥을 먹는 자리, 연회'를 의미하는 중국어) 등이 있다. 《설문》은 "局은 자로 잰 듯한 말을 하도록 다그치는 것이다"라고 풀이했다. 局에서 파생된 한자에는 跼(구부릴 국), 侷(구부릴 국), 焗(찔 국) 등이 있다. 이 세 개의 한자는 모두 일정한 범위 안에 제한된다는 의미가 있다. 가령 焗

은 약한 불로 찌는 것으로 불(火)이 제약을 받는다. 侷은 협소한 공간에서 사람(人)이 제약을 받는다. 跼은 언행이 조심스럽고 불안한 모습으로 발(足)이 제약을 받는다.

尤 더욱 우

yóu

길이가 보통 사람보다 긴 팔

금문 은 사람의 팔 모양이다. 그런데 손가락의 길이가 다른 사람에 비해 유난히 길다. 따라서 손가락에 가로획 하나가 더해진 것이며, 이는 옛 중국인들이 글자를 만들 때 흔히 사용한 지사(指事, 일정한 선과 점으로 뜻을 표시하는 방법) 방법이다. 전서 , 는 팔 옆에 곡선 하나를 추가했는데, 이 곡선이 팔의 길이를 재는 승척(繩尺, 줄자)이며(동일한 글자 구조 개념은 '尺' 편 참조) 팔 길이가 보통 사람보다 길다는 것을 표현했다. 尤는 '더욱', '특별히', '괴이하다'의 의미가 파생하였으며, 관련 단어로는 우기(尤其yóuqí, '특히', '더욱'을 의미하는 중국어), 우물(尤物, 가장 좋은 물건) 등이 있다. 就(나아갈 취, 관대할 여), 抛(던질 포), 감개(尷尬)는 尤를 의미기호로 하여 파생된 글자이며 팔이 길다는 의미를 은연중 내포하고 있다. 감개는 괴이한 몸매를 갖고 있어서 흉하게 보이는 것을 말하며, '부자연스럽다', '난처하다'의 뜻이 있다. 尤는 의미기호로 '괴이하다'라는 뜻이 있다. 監(볼 감)과 介(낄 개)가 음성기호이다.

금

전

보통 사람과 달리 긴 팔(, 尤더욱 우)로 매우 높은 성루(, 京서울 경)에 기어오르다

就 나아갈 취, 관대할 여

jiù

전

就는 '도달하다', '접근하다'의 뜻으로 확장되었으며, 관련 단어로는 취근(就近jiùjìn, '가까운 곳에(서)'를 의미하는 중국어), 취직(就職, 정한 직업을 잡아 직장에 나감) 등이 있다. 蹴(찰 축)은 발(足)로 어떤 물체에 접근한다(就)는 의미가 있으며 '일축가성(一蹴可成, 단번에 이룰 수 있다)'의 용례가 있다. 抛(던질 포,) 는 긴 팔(, 尤)로 힘(力힘 력·역)을 줘서( ) 던지는(, 扌재방변 수) 모습이다.

끈에 매듭을 지어 발생한 일을 기록하다

《역경》은 "상고시대에는 새끼에 매듭을 지어 다스렸는데 후세 성인이 이를 문자 기록법으로 바꾸었다(上古結繩以治, 後世聖人易之以書契: 상고결승이치, 후세성인역지이서계)"라고 했다. 문자가 발명되기 전에는 끈에 매듭을 지어 발생한 일을 기록했다. 큰 매듭은 큰일을 의미하고 작은 매듭은 작은 일을 의미했다. 따라서 는 '기록'의 의미가 있다. 그러나 문자가 발명된 이후 기록 방식은 두 가지로 나뉘었고, 이를 구분하기 위해 옛사람들은 로써 끈에 매듭을 지어 기록하는 것을 묘사했으며, 로 문자를 사용해 기록한다는 것을 표현했다.

紀 전

끈에 매듭을 지어(, 糸가는 실 멱, 실 사) 일을 기록하다 (, 근몸 기)

紀 벼리 기

jì

옛 중국인은 끈에 매듭을 지어 지나간 시간, 나이 또는 발생한 사건을 기록했다. 따라서 나이, 즉 연령(年齡)은 연기(年紀)라고도 했다. 관련 단어로는 세기(世紀, 백 년을 단위로 하는 기간), 기록(紀錄), 본기(本紀, 기전체의 역사 서술에서 왕의 사적을 기록한 부분), 기념(紀念) 등이 있다.

記 전

타인이 말한(言말씀 언, 화기애애할 은,) 것을 문자로 기록(記錄, , 근몸 기)하다

記 기록할 기

jì

改 전

기록(紀錄, , 근몸 기)을 수정하다( )

改 고칠 개

gǎi

전서 는 손에 도구를 들고(, 攴칠 복) 줄에 매듭을 지은 기록(, 근는 紀의 본자임)을 수정하는 모습이다. 改는 '변경하다', '정정하다'의 의미로 파생되었으며, 관련 단어로는 경개(更改gēnggǎi, 채무의 요소를 변경하여 새로운 채무를 성립시키는 동시에 이전의 채무를 소멸하는 계약, '변경하다'를 의미하는 중국어), 개량(改良) 등이 있다.

西—자루를 단단히 묶는 끈 

西 서녘 서
또는
卤 소금 로·노, 서쪽 서
또는
鹵 서녘 서

xī

갑
금
전

끈으로(, 己몸 기) 자루( )를 단단히 묶다

由(말미암을 유, 여자의 웃는 모양 요)의 갑골문 은 입구가 열린 자루이다. 西의 옛 한자는 卤, 鹵이며, 그 갑골문 과 금문 , 은 입구를 닫아놓은 자루에 물건을 가득 담아놓았음을 의미한다. 금문 과 전서 는 자루 입구에 매듭까지 지어놓아 물건을 다 집어넣은 다음 끈으로 동여맨다는 기호를 의미한다. 훗날 전서 , 는 己( )로써 끈의 존재를 더욱 명확히 표시했다. 예서에 이르러 己는 '一'로 더욱 단순해졌다. 西의 본뜻은 한 자루 가득 담긴 물건이며, 西에서 파생된 한자는 모두 이러한 뜻을 지닌다. 가령 粟(조 속), 栗(밤 률·율, 두려워할 률·율, 찢을 렬·열), 垔(막을 인) 등이 그러하다. 이 밖에 西는 방위를 표시하기도 한다. 옛날 서쪽 지역(山西, 산서, 산시)에서 호염(湖鹽)을 생산했는데, 그들은 마대(麻袋)를 이용해 소금을 운반했다('鹵' 편 참조). 따라서 여기서 서쪽이라는 의미가 탄생했다. 관련 단어로는 동서(東西dōngxī, 동쪽과 서쪽을 아울러 이르는 말, '물건, 물품'을 의미하는 중국어), 귀서(歸西guīxī, '죽다'를 의미하는 중국어), 서침(西沉, (태양 등이) 서쪽으로 지다) 등이 있다. 동한의 허신은 西의 전서 를 두고 새 한 마리가 둥지에 있는 모습이라고 주장했는데, 아마도 己를 鳥로 잘못 보아서 그렇게 주장한 듯하다.

栗 밤 률·율, 두려워할 률·율, 찢을 렬·열

lì

나무(, 木나무 목)에 열린 과일을 자루(袋자루 대, , 西서녘 서)에 집어넣다

栗은 나무에 열리는 견과의 일종으로, 겉껍질이 뾰족한 가시에 둘러싸여 있다. 갑골문 은 밤나무에 과실이 많이 열린 모습이며, 전서 , , 는 과실 대신 끈으로 묶은 자루로 변화하여 자루에 가득 담긴 과일을 의미한다. 《설원》은 "겨울이면 먹을 것이 없어 산속에서 도토리를 주워 먹는다(冬處於山林食杼栗: 동처어산림식저율)"라고 하였다.

粟 조 속

sù

자루(袋자루 대, , 西서녘 서)에 가득 담긴 좁쌀(米쌀 미,)

粟은 곡식 입자의 총칭으로, 껍질을 벗기지 않은 것을 粟이라 하고, 껍질을 벗긴 후에는 米라고 부른다.

垔 막을 인

yīn

자루(袋자루 대, , 西서녘 서)에 가득 담긴 흙(土흙 토, 뿌리 두, 쓰레기 차,)

태풍이 올 때마다 정부는 사람들에게 모래주머니를 나눠 주어 침수 피해를 예방한다. 이런 조치는 일찍이 요순시대 대홍수가 발생했을 때 곤(鯀)이 사용한 것이다. 《상서》에 "곤이 홍수를 막았다(鯀堙洪水: 곤인홍수)"라고 나와 있다. 堙은 나중에 '湮(묻힐 인, 묻힐 연)'으로 변하여 흙을 쌓아 막는다는 의미가 파생됐다.

甄 질그릇 구울 견, 질그릇 구울 진

zhēn

전

질그릇(瓦기와 와,)을 만들 수 있는 한 자루의 흙(, 堙막을 인)

진흙이라고 다 질그릇을 만들 수 있는 것은 아니다. 그릇을 만드는 사람은 사용할 수 있는 점토(黏土)를 선택하게 된다. 따라서 甄은 '선택하다', '심사하다'의 의미로 확장되었으며, 관련 단어로는 견선(甄選zhēnxuǎn, '선발하다'를 의미하는 중국어), 견심(甄審zhēnshěn, '심사하다'를 의미하는 중국어) 등이 있다. 甄은 고대의 도공을 의미하기도 한다. 《한서·동중서전(董仲舒傳)》에는 "이는 마치 진흙을 균(鈞, 도자기를 만들 때 흙을 빚거나 무늬를 넣는 데 사용하는 기구)에 넣을 때 그릇을 빚는 사람이 어떠한 모형을 쓰느냐에 따라 모양이 달라지는 것과도 같으며, 마치 쇠가 용광로에 있을 때 사람이 어떠한 틀을 쓰느냐에 따라 모양이 달라지는 것과 같다(如泥之在鈞, 唯甄者之所爲. 猶金之在熔, 唯冶者之所鑄: 여니지재균, 유견자지소위. 유금지재용, 유야자지소주)"라고 쓰여 있다.

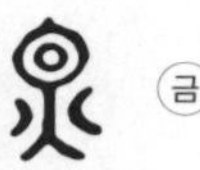 금

 금

전

煙 연기 연, 제사 지낼 인

yān

한 자루 가득 담긴 흙(, 垔막을 인)을 이용해 불(火불 화,)을 끄다

야외에서 밥을 지어 먹은 후 불을 끌 때는 흔히 숯을 흙으로 덮는데, 그러면 숯 더미에서 검은 연기가 올라오는 것을 볼 수 있다. 煙은 불을 끈 후 발생하는 연기를 의미하며, 여기서 '연소 후 발생하는 기체'라는 뜻이 파생되었다. 관련 단어로는 유연(油煙, 기름이나 가스, 관솔 따위를 불완전 연소시킬 때 생기는 검은 연기), 취연(炊煙, 밥 짓는 연기) 등이 있다.

 전

湮 묻힐 인, 묻힐 연

yān

여러 자루의 흙(, 垔막을 인)을 이용해 물(水물 수, , 氵삼수변 수)로 인한 재앙을 막다

湮은 '덮어 감추다', '가로막다'의 의미로 파생되었으며, 관련 단어로는 인색(湮塞, 묻혀서 막힘), 인멸(湮滅, 자취도 없이 모두 없어지다. 또는 그렇게 없애다) 등이 있다.

晒 쬘 쇄

shài

자루(袋자루 대, , 西서녘 서)에 가득 든 물건을 태양(, 日날 일) 아래 펼쳐놓다

자루(袋자루 대, , 西서녘 서)에 가득 든 물건을 손(, 扌재방변 수)으로 들다

拪 옮길 천

qiān

拪은 遷(옮길 천)의 옛 한자이다.

전 전 전

노복(奴僕, , 卩병부 절)이 두 손(, 廾받들 공)으로 자루에 가득 든 물건(, 西서녘 서)을 받쳐 들고 길을 걷다(, 辶쉬엄쉬엄 갈 착)

遷 옮길 천

qiān

전

한 자루의 상품(, 西서녘 서)을 돈(, 貝조개 패, 성씨 배)으로 바꾸다

賈 값 가, 장사 고

jiǎ 혹은 gǔ

상인은 물건을 팔고 돈으로 바꿔 올 수 있으며, 돈으로 상품을 사들일 수도 있다. 賈는 '상인', '구매하다', '상품' 등의 의미로 파생되었으며, 관련 단어로는 상고(商賈, 장사하는 사람), 고물(賈物, 판매하는 물건)이 있다.

전

𤐫 ㊀전

票 표 표

piào

한 자루의 폐기물(, 西서녘 서)을 큰 불(火불 화,)위(上위 상,)에 놓다

전서 는 두 손으로 한 자루의 폐기물을 불에 던져 태우는 상형자이다. 물건이 타면 재가 되어 사방에 흩날리기 때문에 '바람에 흩날리는 물건'이라는 뜻이 파생되었다. 관련 단어로는 초표(鈔票chāopiào, '지폐'를 의미하는 중국어) 등이 있다. 票는 飄(나부낄 표)의 본자이다.

㊀전

漂 떠다닐 표

piāo

물(水물 수, , 氵삼수변 수) 표면에 흩날리며(飄나부낄 표, , 票표 표) 움직이다

㊀전

縹 휘날릴 표, 옥색 표

piǎo

끈(, 糸가는 실 멱, 실 사)이 염료 위에서 흩날리며(飄나부낄 표, , 票표 표) 움직이다

縹는 '염색하다'라는 의미가 있으며, 《초사》에 "翠縹兮為裳(취표혜위상)"이라는 말이 나오는데, 이는 천을 녹색으로 염색하여 옷을 만든다는 의미이다. 縹는 염색한 견직물이라는 의미로 확장되었다.

눈(, 目눈 목)으로 빠르게 흘깃(飄나부낄 표, , 票표 표) 보다

瞟는 '훔쳐보다', '곁눈으로 보다'의 의미로 파생되었다.

瞟 볼 표

piǎo

전

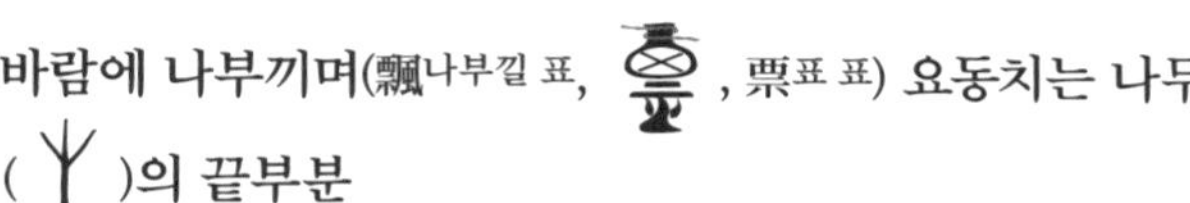

바람에 나부끼며(飄나부낄 표, , 票표 표) 요동치는 나무( )의 끝부분

本(근본 본, 달릴 분)은 나무에서 우뚝 서서 움직이지 않는 나무의 뿌리를 말한다. 標는 요동치는 나무의 끝부분이다. 옛사람들은 병을 치료할 때 증상만 일시적으로 치료하기보다는 근본을 찾아 치료하고자 했다. 병의 근원을 치료하면 증상도 자연히 낫기 때문이다. 標는 '사물 표면의 보이는 부분', '사물을 드러내 보인다'라는 의미로 확장되었으며, 관련 단어로는 치표(治標zhìbiāo, '현상 또는 겉만 일시적으로 치료하다'를 의미하는 중국어), 상표(商標), 목표(目標), 표명(標明biāomíng, '명시하다'를 의미하는 중국어) 등이 있다.

標 표할 표

biāo

전

한 자루의 굵은소금

금
전

鹵 소금 로·노

lǔ

햇볕에 말린 호염(湖鹽)을 자루(袋자루 대, , 西서녘 서)에 담다

鹵의 금문 은 한 자루의 매우 작은 물건, 즉 가치가 있는 작은 물건의 모습이다. 옛 중국인들은 굵은소금을 채취하여 자루에 담아서 가져갔다. 전서 는 필순을 조정한 후의 결과다. 鹵는 '짠맛이 있는 것'이라는 의미가 파생되었다. 소금은 어디에서 생산되느냐에 따라 해염(海鹽), 호염(湖鹽), 암염(岩鹽), 정염(井鹽)으로 나눈다. 중국 고대에 산동(山東) 일대에서 해염이 생산되었으며, 산서(山西) 지역에서는 호염이 생산되었다. 산지는 오늘날의 산시(山西)성 윈청(運城)의 염지(鹽池)인데 당시에는 노(鹵) 또는 염로(鹽鹵)라고 불렀다. 《사기》에 "산동에서는 바닷소금을 먹고 산서에서는 바윗소금을 먹는다(山東食海鹽, 山西食鹽鹵: 산동식해염, 산서식염로)"라고 쓰여 있다. 전국시대의 정염은 사천(四川)에서 주로 생산되었다. 鹵의 원래 의미는 햇볕에 말린 호염을 자루에 담은 것이며, 짠맛이 있는 굵은소금을 가리킬 뿐 아니라 '물건을 자루에 담다'의 의미로도 확장되었다. 가령 《한서》에는 "노획해 온 말, 소, 양이 만여 마리에 달한다(鹵獲馬牛羊萬餘: 노획마우양만여)"라는 기록이 있는데, 여기에 등장하는 노획(鹵獲, 전쟁에서 적의 군용품을 빼앗아 가짐)은 노획(擄獲)과 같은 의미이다.

거칠게 만든 소금(鹵소금 로·노,)을 그릇(盆동이 분, , 皿그릇 명)에 쏟아놓고 고개를 숙이고 검사하여(, 臥누울 와) 이물질을 제거하다

盬 소금 염

yán

고대의 중원 사람들에게 소금은 무척 가치 있는 조미료이자 방부제였다. 파촉(巴蜀) 땅에서는 암염이 많이 생산되었다. 2천여 년 전 이 지역의 소금 생산업은 극도로 발달하여 염정(鹽井)이 여러 곳에 있었다. 그러나 이를 변경의 진(秦)나라와 초나라에서 눈독을 들여 결국 파나라의 멸망을 초래했다. 한자의 측면에서 볼 때 아직 정제되지 않은 천연의 거친 소금을 鹵( )라고 하며, 이물질을 제거한 후에는 鹽이라고 불렀다. 盬은 거칠게 만든 노염(鹵鹽)을 그릇에 쏟고 자세히 검사하여 이물질을 골라내는 정경을 묘사했다. 《광운》은 "鹵는 소금 못이다. 자연에서 얻는 소금을 鹵라고 하고, 사람이 가공한 것은 鹽이라고 한다"라고 하였다. 鹽의 간체자는 盐이다.

금

전

소금(鹵소금 로·노,)물(水물 수, , 氵삼수변 수)을 이용해 음식의 간을 맞추다

滷 소금밭 로·노

lǔ

관련 단어로는 노육(滷肉lǔròu, '간장 등을 넣고 삶은 고기'를 의미하는 중국어), 노즙(滷汁lǔzhī, '간수(소금이나 간장으로 간을 맞춘 물)'를 의미하는 중국어) 등이 있다.

 전

鹼 소금기 감, 소금기 험, 소금기 첨

jiǎn

전부(, 僉다 첨, 여러 첨) 노염(鹵鹽,)에 담가 절이다

鹼은 鹹(짤 함, 다 함)과 통용되며, 관련 단어로는 감성(鹼性, 염기성, 알칼리성), 함미(鹹味, 소금과 같은 맛) 등이 있다.

전

鹹 짤 함, 다 함

xián

전부(, 咸다 함, 짤 함, 덜 감) 노염(鹵鹽,)에 담가 절이다

 금

 전

전

覃 깊을 담, 날 설 염

tán

두꺼운( ) 노염(鹵鹽,)

금문 과 전서 는 鹵(소금 로·노,)와 厚(두터울 후,)로 구성되어 본뜻은 짙은 소금 맛이며, '맛이 깊다'의 의미로 확장되었다. 관련 단어로는 담은(覃恩, 두터운 은혜), 담사(覃思, 심사숙고하다) 등이 있다. , , , 는 모두 厚의 옛 한자로 산의 낭떠러지에 있는 큰 돌이 겹겹이 아래를 내리누른다는 의미를 표현한다.

潭 못 담, 물가 심

tán

깊은(, 覃깊을 담, 날 설 염) 담수(覃水, , 氵삼수변 수) 못이다

금

전

蕈 버섯 심

xùn

맛이 깊은(, 覃깊을 담, 날 설 염) 진균(眞菌)식물(, 艸풀 초)이며, 향고(香菇, 표고버섯), 마고(蘑菇, 버섯) 등이 있다

전

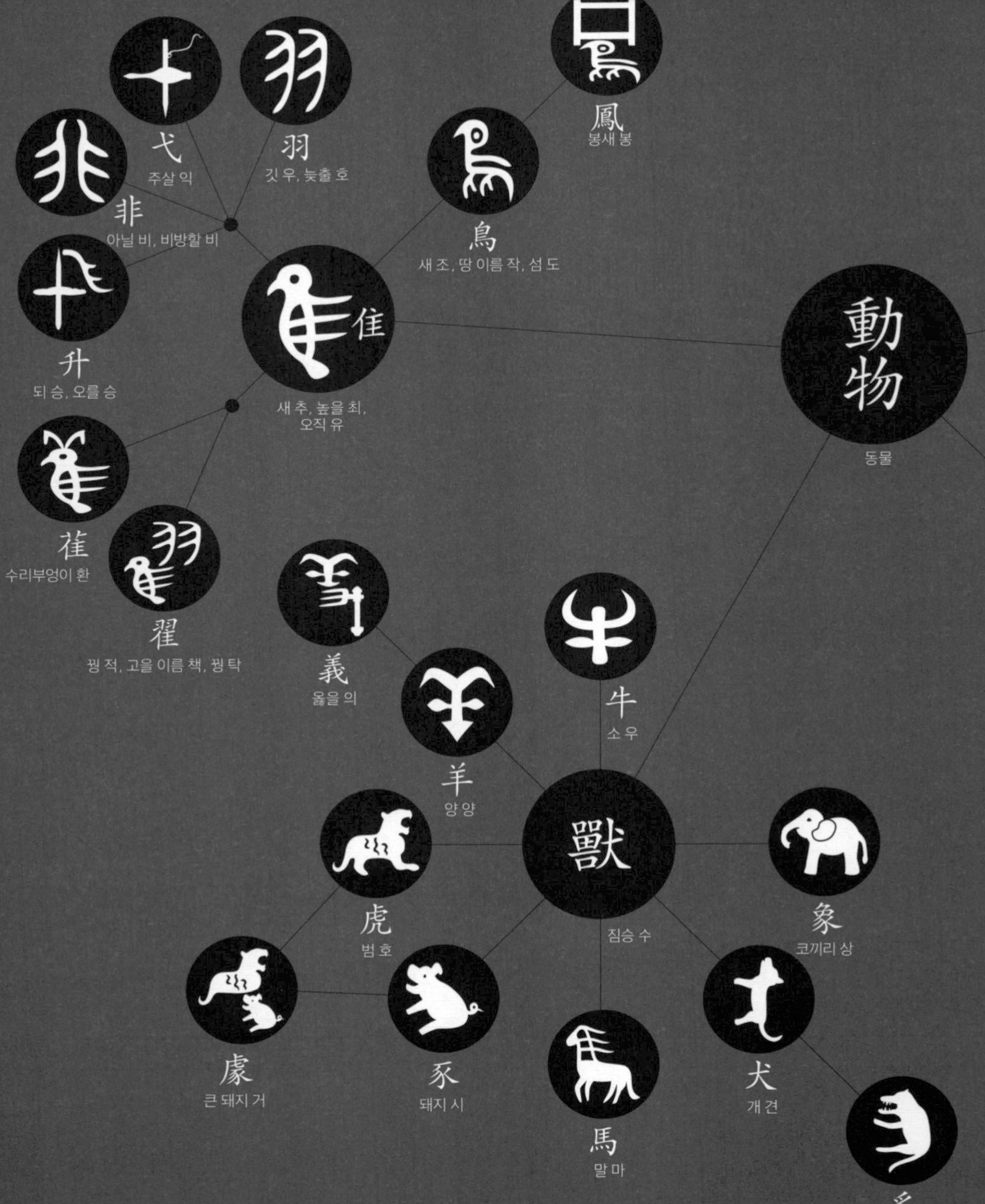

鳳
봉새 봉
弋
주살 익
羽
깃 우, 늦출 호
非
아닐 비, 비방할 비
鳥
새 조, 땅 이름 작, 섬 도
隹
升
되 승, 오를 승
새 추, 높을 최, 오직 유
動物
동물
雈
수리부엉이 환
翟
꿩 적, 고을 이름 책, 꿩 탁
義
옳을 의
牛
소 우
羊
양 양
獸
짐승 수
虎
범 호
象
코끼리 상
豦
큰 돼지 거
豕
돼지 시
馬
말 마
犬
개 견
豸
벌레 치, 해태 채, 해태 태

동물과 관련된 한자

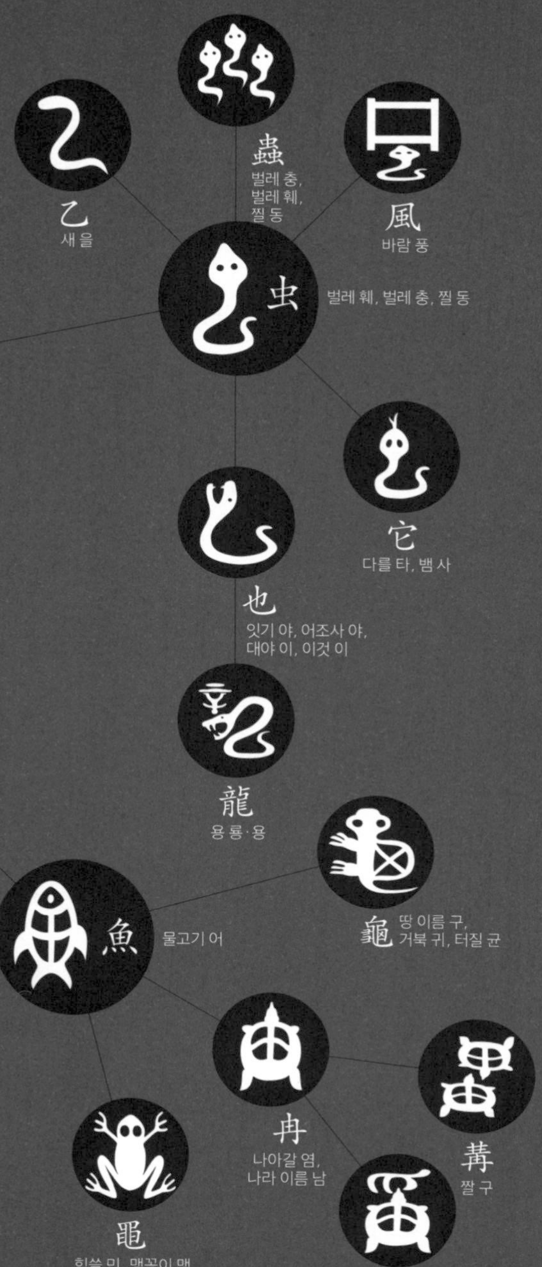

乙
새 을
蟲
벌레 충,
벌레 훼,
찔 동
風
바람 풍
虫
벌레 훼, 벌레 충, 찔 동
它
다를 타, 뱀 사
也
잇기 야, 어조사 야,
대야 이, 이것 이
龍
용 룡·용
龜
땅 이름 구,
거북 귀, 터질 균
魚
물고기 어
冉
나아갈 염,
나라 이름 남
冓
짤 구
黽
힘쓸 민, 맹꽁이 맹,
고을 이름 면
爯
들 칭

벌레 훼, 벌레 충, 찔 동

일만 만

벌레 충, 벌레 훼, 찔 동

새 을

다를 타, 뱀 사

무지개 홍,
어지러울 항, 고을 이름 공

애벌레 촉, 나라 이름 촉

잇기 야, 어조사 야,
대야 이, 이것 이

용 룡·용

벼룩 조

바퀴 비, 날 비

제 5 장

虫

벌레 훼 / 벌레 충 / 찔 동

虫—뱀과 벌레류

蚯蚓蜈蚣蚊蠅蜻蜓蜥蜴蜜蜂[1]
蚱蜢蟋蟀螳螂蟑螂蛞蝓蜘蛛
蝙蝠螞蟻蟬蝸虱蝨蝴蝶蛾蛹
蟾蜍蠶蠍蛆蛔蚜蛀蝕蛙蝌蚪
蝦蟹蛤蠣蜆蚵蚌蟒蛟

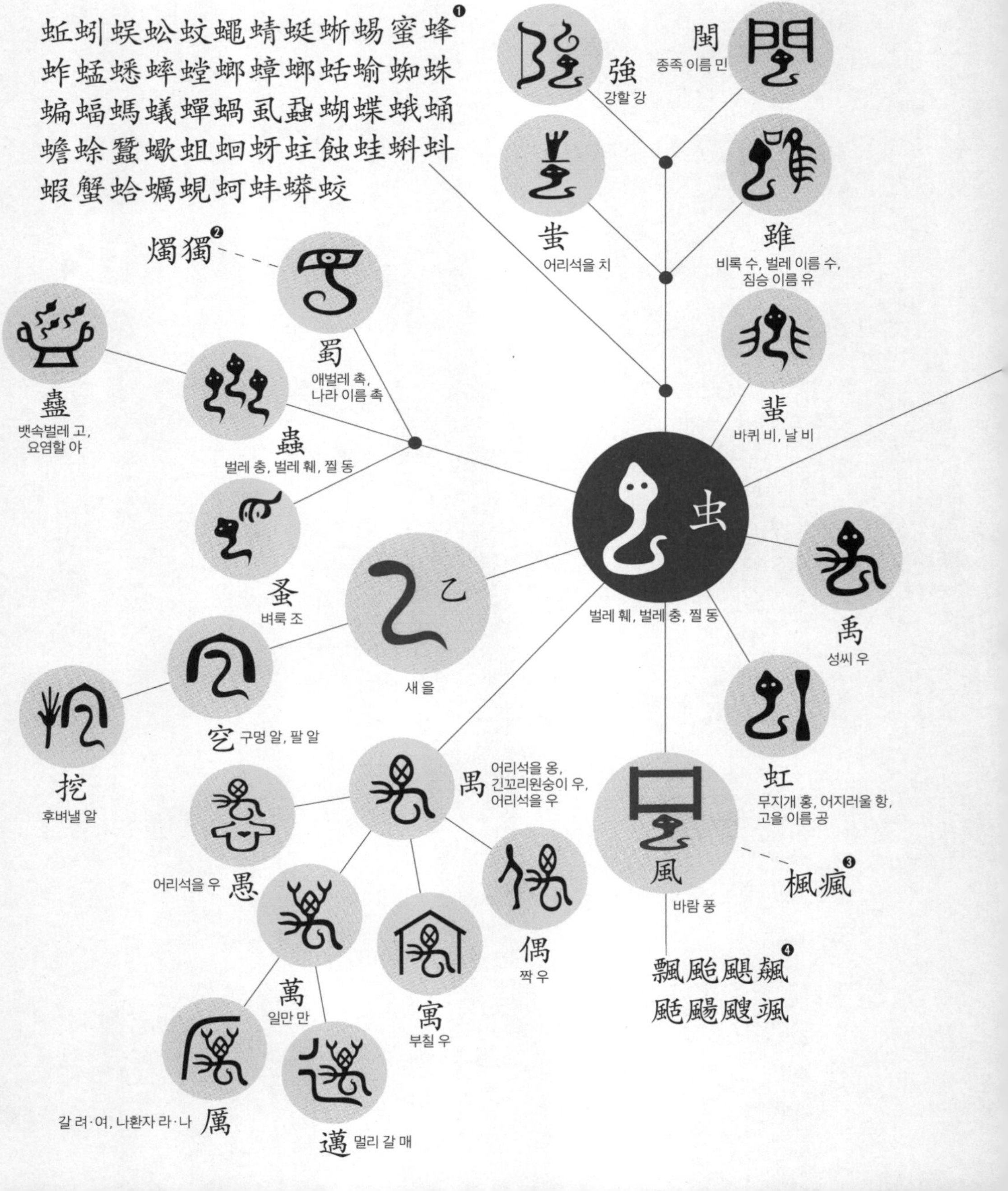

虫 벌레 훼, 벌레 충, 찔 동

強 강할 강

閩 종족 이름 민

蚩 어리석을 치

雖 비록 수, 벌레 이름 수, 짐승 이름 유

蜚 바퀴 비, 날 비

禹 성씨 우

虹 무지개 홍, 어지러울 항, 고을 이름 공

風 바람 풍

楓瘋[3]

飄颱颶飆[4]
颩颺颼颯

乙 새 을

空 구멍 알, 팔 알

挖 후벼낼 알

蚤 벼룩 조

蜀 애벌레 촉, 나라 이름 촉

燭獨[2]

蠱 뱃속벌레 고, 요염할 야

蟲 벌레 충, 벌레 훼, 찔 동

禺 어리석을 옹, 긴꼬리원숭이 우, 어리석을 우

愚 어리석을 우

偶 짝 우

寓 부칠 우

萬 일만 만

厲 갈 려·여, 나환자 라·나

邁 멀리 갈 매

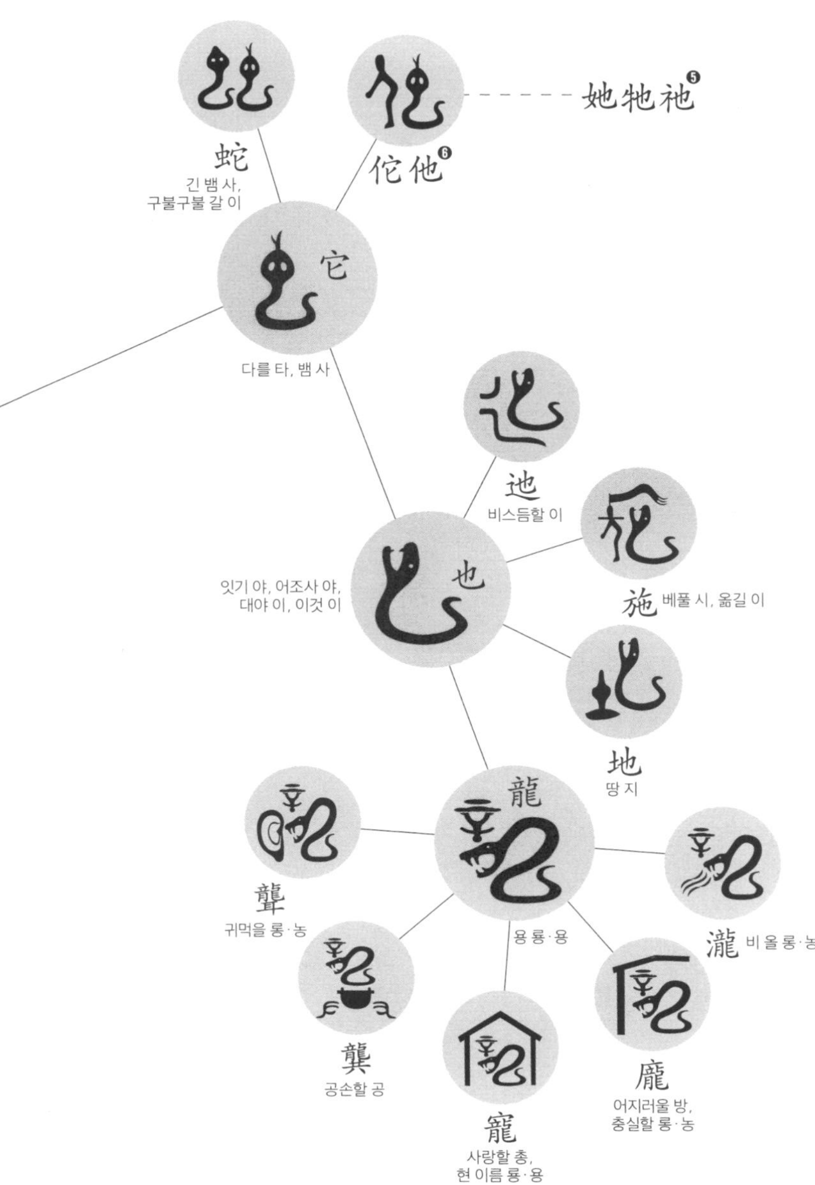

❶ 蚯(지렁이 구), 蚓(지렁이 인), 蜈(지네 오), 蚣(지네 공, 여치 송), 蚊(모기 문), 蠅(파리 승), 蜻(잠자리 청), 蜓(잠자리 정, 수궁 전), 蜥(도마뱀 석), 蜴(도마뱀 척, 도마뱀 역), 蜜(꿀 밀), 蜂(벌 봉), 蚱(메뚜기 책, 해파리 차), 蜢(메뚜기 맹), 蟋(귀뚜라미 실), 蟀(귀뚜라미 솔), 螳(사마귀 당), 螂(사마귀 랑·낭), 蟑(바퀴벌레 장), 蛞(올챙이 활), 蝓(달팽이 유), 蜘(거미 지), 蛛(거미 주), 蝙(박쥐 편), 蝠(박쥐 복), 螞(말거머리 마), 蟻(개미 의), 蟬(매미 선, 땅 이름 제), 蝸(달팽이 와, 고둥 라·나, 나나니벌 과, 성씨 왜), 虱(이 슬), 蝨(이 슬), 蝴(나비 호), 蝶(나비 접), 蛾(나방 아, 개미 의), 蛹(번데기 용), 蟾(두꺼비 섬), 蜍(두꺼비 여), 蠶(누에 잠), 蠍(전갈 갈, 전갈 헐), 蛆(구더기 저), 蛔(회충 회), 蚜(진딧물 아), 蛀(나무굼벵이 주), 蝕(좀먹을 식), 蛙(개구리 와, 개구리 왜, 두견이 결), 蝌(올챙이 과), 蚪(올챙이 두, 규룡 규), 蝦(두꺼비 하, 새우 하), 蟹(게 해), 蛤(대합조개 합), 蠣(구조개 려·여), 蜆(도롱이벌레 현), 蚵(도마뱀 가), 蚌(방합 방), 蟒(이무기 망, 메뚜기 맹), 蛟(교룡 교)

❷ 燭(촛불 촉), 獨(홀로 독)

❸ 楓(단풍 풍), 瘋(두풍 풍)

❹ 飄(나부낄 표), 颱(태풍 태), 颶(구풍 구), 飆(폭풍 표), 颳(모진 바람 괄), 颺(날릴 양), 颼(바람 소리 수), 颯(바람 소리 삽, 큰 바람 립·입)

❺ 她(아가씨 저, 여자 이름 지, 그녀 타), 牠(뿔 없는 소 타), 衪(흙탕물 야)

❻ 佗(다를 타, 꼬불꼬불할 이), 他(다를 타)

虫에서 파생된 기초 구성 요소

그림문자	현대 한자	갑골문	금문	전서	글자 구조의 의미
	乙 새 을				꿈틀거리는 벌레
	虫 벌레 훼, 벌레 충, 찔 동				뱀
	它 다를 타, 뱀 사				혀를 날름거리는 뱀
	也 잇기 야, 어조사 야, 대야 이, 이것 이				입을 크게 벌린 뱀
	龍 용 룡·용				입을 크게 벌린 하늘을 거스르는 뱀
	虹 무지개 홍, 어지러울 항, 고을 이름 공				절굿공이 모양의 머리가 둘 달린 사룡
	萬 일만 만				독이 있는 전갈
	蟲 벌레 충, 벌레 훼, 찔 동				꿈틀거리는 많은 작은 벌레
	蚤 벼룩 조				가려움증을 일으키는 작은 해충

	蜚 바퀴 비, 날 비				온갖 나쁜 짓을 저지르는 날아다니는 작은 벌레
	蜀 애벌레 촉, 나라 이름 촉				누에

虫 벌레 훼, 벌레 충, 찔 동

huǐ 또는 chóng

虫의 갑골문 , , 금문 , , 은 모두 사람을 공격하는 뱀 한 마리를 묘사했다. 그 구조 형태는 삼성퇴(三星堆) 유적지의 돌로 만든 뱀과 동일하다. 이 구성 요소로부터 파생된 한자로는 蚩(어리석을 치), 它(다를 타, 뱀 사), 也(잇기 야, 어조사 야, 대야 이, 이것 이) 등이 있다.

갑

금

蚩 어리석을 치

chī

사람의 다리(腳다리 각, , 止그칠 지)를 해칠 수 있는 벌레(虫벌레 훼, 벌레 충, 찔 동,), 즉 독사(毒蛇)

蚩의 갑골문 과 금문 은 사람의 다리(, 止)를 해칠 수 있는 뱀(蛇긴 뱀 사, 구불구불 갈 이, , 虫)을 묘사했다. 예서에서는 '止'가 '㞢(갈 지)'로 변하여 음성기호를 겸하게 되었다.

갑

금

전

(전)

強 강할 강

qiáng

큰 활(, 弘클 홍)을 당겨 큰 벌레(虫벌레 훼, 벌레 충, 찔 동,)를 쏘아 죽이다

먼 옛날 후예(后羿)라는 사람이 동정호(洞庭湖)에서 소동을 일으킨 거대한 뱀을 활로 쏴 죽여 물난리를 잠재웠다. 후세 사람들이 그의 은덕을 기리기 위해 동정호 옆에 후예가 큰 뱀을 쏘는 모습을 동상으로 세웠다. 이 밖에 《남사(南史)》에는 남송의 개국 군주 유유(劉裕)가 젊었을 때 짚신을 삼기 위해 강변에서 갈대와 물억새를 베다가 큰 뱀을 발견한 이야기가 나온다. 몇 장(丈)이나 되는 긴 뱀을 보고 놀란 나머지 유유는 곧장 큰 활을 당겨 뱀을 쏘아 죽였다고 한다.

(전)

閩 종족 이름 민

mǐn

뱀(蛇긴 뱀 사, 구불구불 갈 이, , 虫벌레 훼, 벌레 충, 찔 동)이 문(門문 문,)의 경계 안에 있다

민월(閩越, 진한시대에 민강(閩江) 유역을 중심으로 월족(越族)이 세운 왕조)은 산이 많은 곳에 있어서 기후가 온화하고 습기가 많다. 이런 기후는 뱀이 서식하기에 적합하여 봄여름에는 뱀이 도처에 득실거렸다. 춘추시대에 오자서(吳子胥)가 오(吳)나라 왕 합려(闔閭)의 명을 받아 월나라를 침공했다. 그는 월왕 구천(勾踐)을 포로로 붙잡은 후 오와 월의 국경에 '사문(蛇門)'을 세웠다. 그 문에 나무로 만든 뱀을 걸어두고 뱀이 많은 민월 땅 쪽으로 뱀 대가리를 향하게 했다. 이로써 자신들의 세력 범위가 월나라에까지 미친다는 사실을 천하에 알린 것이다. 《오월춘추(吳越春秋)》에 "월나라는 동남쪽에 있기에 사문을 세워 적국을 제압했다. …… 이로써 월나라가 오나라에 속함을 알린다. …… 따라서 월왕을 사면하여 귀국시키고 사문 밖까지 전송했다"라는 내용이 있다. 《전한기·효무황제(前漢記·孝武皇帝)》는 민월 땅에 뱀과 맹수가 많다고 기록하고 있다. 《설문》은 "閩은 동남쪽의 월(越)이며 뱀의 종족이다"라고 풀이했다.

它 다를 타, 뱀 사

tā

혀를 날름거리는 뱀

它의 금문 과 전서 는 뱀 대가리와 구불구불한 뱀의 몸통, 날름거리는 뱀의 혀를 나타낸다. 뱀은 파충류이기 때문에 훗날 사람들이 '虫(벌레 훼, 벌레 충, 찔 동)'를 더하여 '蛇(긴 뱀 사, 구불구불 갈 이)'가 되었고(蛇의 전서는), 원래의 它는 대명사로 전환되어 생명이 있는 물체, 무생물 또는 사건을 지칭하게 되었다. 이러한 변화와 확장은 아마도 사람이 풀숲을 지날 때나 스윽스윽 소리가 들리면 뱀이 나올까 의심하는 현상에서 비롯되었을 것이다. 따라서 실증은 없으나 의심이 가는 대상을 它라고 부르게 된 것이다. 들판을 지날 때 사람들은 독사가 출몰할 수 있으니 조심하라고 서로 일깨워주기 마련이다. 이렇게 해서 它는 차츰 3인칭 대명사로 변천하게 되었다. 《설문》은 "它는 벌레이다. 虫로 구성되었으며 길다. 몸이 구부러지고 꼬리가 처진 모양을 묘사했다. 상고시대에는 풀 위에서 거주하였으므로 뱀을 두려워했다. 그래서 서로 뱀이 없는지 물었다(它, 虫也, 從虫而長, 像冤曲垂尾形. 上古艸居患它, 故相問無它乎: 타, 훼야, 종훼이장, 상원곡수미형. 상고초거환타, 고상문무타호)"라고 설명했다.

전

佗 다를 타, 꼬불꼬불할 이

또는

他 다를 타

tuó 또는 tā

3인칭

它(다를 타, 뱀 사)는 뱀의 대명사로 쓰인다. 그렇다면 사람을 지칭하는 대명사는 어떻게 표현할까? 옛 중국인들은 它에서 佗를 파생시켜 사람을 지칭하는 대명사로 사용했으며, 그 후에는 他로 바뀌었다. 他의 본자가 佗이다. 《대대례기》는 "여기에는 다른 이유가 없다(此無佗故也: 차무타고야)"라고 하였는데 여기 등장하는 '佗'가 곧 '他'이며 한나라 때부터 '佗'가 '他'로 바뀐 것이다. 근대에 와서는 他가 她(아가씨 저, 여자 이름 지, 그녀 타), 牠(뿔 없는 소 타), 祂(흙탕물 야) 등으로 나뉘었는데 他는 남자, 她는 여자, 牠는 동물, 祂는 신의 3인칭으로 쓰인다.

갑

금

전

也 잇기 야, 어조사 야, 대야 이, 이것 이

yě

입을 벌린 뱀

也의 갑골문  , 금문  , 전국시대 포산초간(包山楚簡) , , 은 모두 입을 벌린 뱀을 묘사했으며, 이는 소전에 와서야  로 바뀌었다. 蛇(긴 뱀 사, 구불구불 갈 이)는 자기 몸통보다 둘레가 몇 배나 큰 동물을 능히 삼킬 수 있다. 《산해경(山海經)》에 "파사(巴蛇, 코끼리를 잡아먹으며 3년 만에 그 뼈를 뱉는다는 거대한 구렁이)가 코끼리를 먹는다(巴蛇食象: 파사식상)"라고 나온다. 동물을 삼킬 수 있는 뱀의 입은 옛 중국인들에게 확실히 깊은 인상을 남겼고, 이에 따라 이런 한자가 만들어진 것이다. 它(다를 타, 뱀 사), 也, 虫(벌레 훼, 벌레 충, 찔 동)는 모두 뱀이다. 따라서 蛇는 虵와 통용되며, 옛글에서는 모두 뱀을 상징한다.

뱀(, 也잇기 야, 어조사 야, 대야 이, 이것 이)처럼 구불구불 가다(, 辶쉬엄쉬엄 갈 착)

yǐ

행진하는 중 깃발(, 方모 방, 본뜰 방, 괴물 망)의 펄럭이는 모습이 마치 뱀()이 꿈틀거리는 것 같다

shī 또는 yí

뱀 같은 많은 파충(爬蟲, , 也잇기 야, 어조사 야, 대야 이, 이것 이)류가 사는 땅('土흙 토, 뿌리 두, 쓰레기 차'地,)

地 땅 지

dì

큰 사룡

禹 성씨 우

yǔ

갑 금 전

팔을 뻗어(, 九아홉 구, 모을 규) 큰 사룡(蛇龍, 이무기가 변하여 된다는 용, , 虫벌레 훼, 벌레 충, 찔 동)을 잡는 사람

禹의 갑골문 은 虫(혹은 它다를 타, 뱀 사)와 길게 뻗은 팔로 구성됐다. 손바닥의 위치로 보아 뱀의 목을 쥔 것을 알 수 있으며, 이는 뱀을 잡는 모습을 표현한 것이다. 갑골문 은 나중에 금문 과 전서 로 변천했다. 기타 갑골문, 가령 , 도 모두 손과 뱀, 두 기호의 합체자로 뱀을 잡는 것을 표현했다. 갑골문에도 몽둥이를 들고 뱀을 때리는 그림문자가 많이 등장한다. 가령 , , , , , 등이 있다. 전체적으로 볼 때 뱀을 잡거나 제거하는 옛 한자는 상당히 풍부하면서도 일치하는 것을 알 수 있다.

禹의 글자 구성은 위에서 말한 뱀을 잡는 형상 외에 뱀을 제거하는 형상도 있다. 금문 은 몽둥이로 뱀의 목을 누르고 있는 모습이며, 금문 은 끝이 둘로 갈라진 쌍지창( )을 쥐고 큰 뱀(蛇긴 뱀 사, 구불구불 갈 이, , 虫)에 대항하는 모습을 보여준다. 는 쌍지창이 삼지창으로 변했다. 한나라 화상전(畫像磚, 그림이 그려진 벽돌)에 그린 대우(大禹)도 손에 쌍지창을 들고 있어서 그 개념이 이와 근접해졌음을 알 수 있다. 작살 형태의 기호는 전서에서 '九'로 변했으며, 이후 예서에서는 '禸(발자국 유)'의 부수로 귀속되었다.

오랫동안 대우는 한 마리 사룡으로 오인되었다. 동한의 허신은 '禹' 자에 '虫' 자가 들어 있다는 이유로 《설문》에서 "禹는 벌레이다"라고 풀이했다. 근대 학자들도 《설문》의 견해를 그대로 인용하여 禹가 사람이 아닌 용과 같은 벌레로 상제가 보낸 신으로 여겼으며, 근대 학자 양관(楊寬) 역시 禹가 九와 虫에서 비롯된 것으로 보아 용이라고 추정했다. 그는 九의 기호 의미를 잘못 해석했기 때문에('九' 편 참조) 禹를 한 마리 사룡이라고 생각했으며, 심지어 공공(共工)의 아들 구룡(句龍)으로 여겨 이를 토대로 공공이 곧 우의 부친 곤(鯀)이라고 추정했다. 만약 그것이 사실이라면 《전국책》과 《순자》의 "우가 공공을 쳤다(禹伐共工: 우벌공공)"라는 내용은 대우가 자신의 부친을 공격했다는 소리가 아닌가! 그야말로 작은 부분을 잘못 해석하는 바람에 큰 오류로 확산된 경우이다. 대우가 정말 사룡이라면 《맹자》에서 "우가 사룡을 쫓아내다(禹驅蛇龍: 우구사룡)"라는 내용으로 볼 때 어찌 사룡이 사룡을 쫓아낼 수 있단 말인가? 이 논리라면 이무기를 몰아내고 물난리를 다스린 영웅 대우가 물난리를 일으킨 원흉으로 전락하는 셈이다. 또 다른 학자는 禹의 옛 한자 형태가 두 마리의 용이 교미하는 모습이고 이는 문화적 성(性)의 암시라고 지적하며 이를 통해 우가 야합을 즐겼음을 알 수 있다고 주장한다. 이런 가설들은 모두 우를 사룡으로 오해한 데서 비롯된다.

사천(四川)의 삼성퇴 문화 유적지에는 3천여 년 전의 고대 문명이 보존되어 있다. 그중 두 손으로 각각 큰 원을 그리고 있는 청동 인물상이 있는데 이는 손을 뻗어 큰 뱀을 잡는 모습을 표현했다. 이 인물상의 귀에 각각 큰 귓구멍이 있는데 이는 대우 특유의 모습을 묘사한 것이다. 고서에는 대우의 귀에 구멍이 뚫려 있고 몸은 몹시 여위었으며 사천 석뉴(石紐) 출생이라고 소개되어 있다. 모든 것이 청동 인물상의 모습과 배경에 들어맞는다.

갑 금 전

龍 용룡·용

lóng

하늘을 거슬러 오르는(, 辛매울 신) 큰 뱀(, 也잇기 야, 어조사 야, 대야 이, 이것 이)

也의 갑골문 , 은 입을 크게 벌리고 있는 큰 뱀이다. 이 두 개의 갑골문 也는 龍의 옛 한자이다. 龍의 갑골문은 주로 , , , , , 이 있는데, 이들의 공통된 기호는 바로 이다. 용에 관한 모든 갑골문에 '也'의 구성 요소가 있는 것으로 보아 龍의 본자는 也이며 벌린 입이 큰 한 마리의 뱀이라는 것을 알 수 있다. 그 후 옛 중국인들은 뱀 머리에 기호 하나를 더하여 龍이라는 한자를 만들었다. 더해진 기호의 구조 형태는 차이가 상당히 커서 어떤 사람은 용의 뿔이라고 하고 어떤 사람은 용의 관(冠)이라고도 한다. 그러나 그것이 무엇이든 대다수의 갑골문에서 이 기호는 辛을 나타내며 금문 과 전서 에 이르러서는 모두 辛으로 바뀌었다. 이로써 우리는 최소한 두 가지 사실을 알 수 있다. 첫째, 龍은 也에서 파생되었으며, 용이 뱀에서 변화한 것이다. 둘째, 龍은 也, 辛으로 구성된 합체자로, 하늘을 거슬러 오르는 사룡을 의미한다. 전서 , , 는 획순이 점차 조정된 것 외에 용의 몸통에 등지느러미를 추가했다(하늘을 거슬러 오르는 것에 관한 설명은 '辛' 편 참조).

전서체와 예서에서 용의 벌린 입이 생략형인 '月'로 변하고 용 머리와 몸통이 따로 떨어짐에 따라 후세 사람들은 용의 본래 모습이 입을 벌려 사냥감을 삼키는 큰 뱀이었다는 사실을 알 수 없게 되었다. 크게 벌린 입을 '月'로 단순하게 만든 한자로는 能(능할 능, 견딜 내)과 豸(벌레 치, 해태 채, 해태 태)가 있다.

해서	그림문자	갑골문	금문	전서	구성 요소의 의미
龍 용 룡·용					입을 크게 벌린 하늘을 거스르는 뱀
能 능할 능, 견딜 내					입을 크게 벌린 곰
豸 벌레 치, 해태 채, 해태 태					입을 크게 벌린 육식동물

瀧 비올 롱·농

lóng

용(龍용 룡·용,)이 물(水물 수, , 氵삼수변 수)을 뿜다

옛 중국인들은 용이 비를 몰고 온다고 믿었다. 서한에는 흙으로 빚은 토룡(土龍)을 설치하여 비를 부르는 풍습이 있었다. 서한 《논형》에 "토룡을 세워 비를 부른다(設土龍以招雨: 설토룡이초우)"라는 내용이 있다. 한자에서 용이 물을 뿜는 모습을 가장 잘 표현한 글자가 瀧이다. 瀧의 갑골문 , , 은 용이 입을 벌려 물을 뿜는 상형문으로, 큰비가 내리거

나 세차게 흐르는 강물의 의미로 확장되었다. 瀧의 갑골문 은 也(잇기 야, 어조사 야, 대야 이, 이것 이)와 水의 합체자로, 여기서는 也가 용의 본자로 입을 벌린 큰 뱀을 의미한다.

龐 어지러울 방, 충실할 롱·농

páng

집의 막(屋棚, 옥붕) 아래에서(, 广 집 엄, 넓을 광, 암자 암) 힘을 합쳐 거대한 용(龍 용 룡·용,)을 잡다

《좌전》에는 용을 기른 가족의 이야기가 소개되어 있다. 순임금 때 사람 동부(董父, 동씨의 조상)는 요숙안(廖叔安)의 후손으로 용을 무척 좋아했다. 그는 용의 습성을 잘 알아서 용이 좋아하는 음식을 먹이며 집에서 키웠다. 용은 그의 집에 모여들었고 이에 순임금은 그를 환룡씨(豢龍氏)로 봉하고 '董(동)'이라는 성씨를 하사했다. 이때부터 동씨는 대를 이어 용 사육을 업으로 삼게 되었다. 《좌전》과 《사기》에는 하나라 때 용을 잡아 키우고 용고기를 먹는 전고(典故)가 전해진다. 하나라 임금 공갑(孔甲)의 재위 시절, 암수 한 쌍의 용이 조정의 마당에 출현했다. 신하들이 이를 발견하여 기르자고 건의했다. 이에 공갑은 그 두 마리 거대한 용을 잡아들이도록 명했다. 그러나 용의 먹이와 습성을 아는 사람이 없었다. 이에 공갑은 전국에 사람을 보내 용을 기르는 사람을 수소문했다. 마침내 환룡씨로부터 용 길들이는 법을 배운 유루(劉累)를 찾아냈다. 유루는 용 두 마리를 자기 집의 큰 못에 넣고 정성껏 길렀다. 그런데 용 기르는 재주가 신통치 않았던지 열심히 돌봤음에도 그만 암컷 용이 죽어버렸다. 교활한 유루는 자신의 잘못을 감추고 공갑에게 아첨하기 위해 꾀를 생각해냈다. 그는 죽은 용으로 젓갈을 담가 공갑에게 바쳤고 아무것도 모르는 공갑은 그 맛에 탄복했다. 게다가 유루의 용 기르는 재주가 뛰어나다며 어룡씨(御龍氏)로 봉했다. 얼마 후 용 한 마리를 다 먹은 공갑은 더 먹고 싶다며 유루에게 요구하지만, 더는 구할 수 없었던 유루는 밤을 타서 하남(河南) 노현(魯縣)으로 달아났다. 이 전고는 용과 관련한 세 개의 한자 龐, 寵(사랑할 총, 현 이름 룡·용), 龔(공손할 공)의 배경을 충분히 설명하고 있다. 龐의 갑골문 은 (龍), (두 손), (广)으로 구성된 합체자로, 많은 손이 조정 밖 광장(혹은 처마 밑)에서 힘을 합쳐 거대한 용을 잡는 모습이다. 또 하나의 갑골문 은 두 손이 생략되어 있다. 용은 큰 구렁이이기 때문에 '거대하다'라는 의미를 파생시켰으며, 관련 단어로는 방대(龐大, '규모나 양이 매우 크거나 많다'를 의미하는 '방대하다'의 어근), 방연거물(龐然巨物, 대단히 거대한 물건) 등이 있다.

寵 사랑할 총, 현 이름 룡·용

chǒng

집 안에서(, 宀집 면) 용(龍용 룡·용,)을 기르다

寵의 갑골문 , 금문 , 전서 는 집 안에서 ( ) 용( )을 기르는 모습을 표현한다. 용은 한때 환룡씨와 하나라 임금 공갑의 반려동물이었으며, 아마 중국인이 최초로 기른 반려동물이기도 할 것이다.

전

갑

금

전

龔 공손할 공

gōng

두 손으로 솥을 들고(, 共한가지 공) 용(龍용 룡·용,) 고기를 손윗사람에게 바치다

龔의 갑골문 , , , 금문 , , 전서 , 는 모두 두 손으로 용을 잡는 모습을 묘사했다. 전서체 는 두 손을 '共'으로 바꿨다. 共의 금문 과 전서 는 두 손으로 솥을 들고 음식을 바치는 것을 묘사했다. 이 개념은 庶(여러 서, 구제할 자), 席(자리 석) 등 옛 한자에도 응용된다. 다른 전서 는 共과 반(半) 마리의 용으로 구성됐다. 반 마리의 용이 고기(肉고기 육, 둘레 유,)를 포함하는 구조 형태로 볼 때 이 글자는 용고기를 바치는 모습으로 보아야 한다. 아마도 유루가 두 손으로 한 솥의 용고기를 공갑 임금에게 바치는 장면을 묘사한 듯하다. 龔은 '바치다', '공경하다'의 의미가 파생됐으며, 供(이바지할 공)과 恭(공손할 공)의 옛 한자이다. 《옥편》은 "龔은 바치는 것이다. 供으로도 쓴다. 또한 섬기는 것이며 恭과 동일하다"라고 풀이했다. 하나라 왕이 용고기를 좋아했기 때문에 고대에 용고기를 삶은 것과 관련한 옛 한자도 출현했다. 䶬의 갑골문 은 용(龍)이 부뚜막(灶부엌 조, , 丙남녘 병, 셋째 천간 병)에 있는 모습으로, 용을 삶는다는 의미가 있다. 이는 또 하나의 갑골문 에 있는 '새를 삶는' 개념과 동일하다.

聾 귀먹을 롱·농

lóng

사룡(蛇龍,)의 귀(耳귀 이,)

뱀은 외이(外耳)가 없으며 고막도 없다. 뱀이 정보를 획득하는 방식은 하악골(下顎骨) 표면을 통해 외부 소리의 진동을 감지하여 내이(內耳)에 있는 막대 모양의 등골(鐙骨)을 통해 뇌로 전달하는 것이다. 따라서 뱀은 촉각이 청각에 비해 훨씬 효율적이다. 갑골문 , 금문 은 龍과 耳의 합체자로 사룡의 귀를 표현했다. 옛 중국인들은 자세히 관찰한 결과 사룡에게 귀가 없다는 사실을 발견했다. 따라서 이 글자를 만들었으며 '잘 들리지 않는다', 혹은 '전혀 들리지 않는다'의 의미로 확장되었다.

갑

금

전

용과 관련된 특징이나 역사적 사건은 일반적으로 龍에서 파생된 한자 안에 숨어 있다. 앞에 나온 갑골문의 龔(공손할 공), 龐(어지러울 방, 충실할 롱·농), 寵(사랑할 총, 현 이름 룡·용), 聾 등이 그것이다. 글자 구조에 관한 이야기를 통해 용은 귀가 없는 큰 뱀이고, 여러 명이 힘을 합쳐 잡을 수 있으며, 옛사람들이 기른 적이 있고, 삶아서 먹거나 손윗사람에게 바칠 수 있었음을 짐작할 수 있다. 환룡씨와 하나라 공갑이 용을 길렀다는 상고시대 역사는 이러한 상형자와 하상시대에 구전으로 내려오는 이야기를 토대로 주나라 때에 와서 이야기로 만들어졌는지도 모른다.

虹 무지개 홍, 어지러울 항, 고을 이름 공

hóng

절굿공이(, 工장인 공) 모양의 머리가 둘 달린 사룡(, 虫벌레 훼, 벌레 충, 찔 동)이 하늘에 걸려 있다

虹의 갑골문 은 머리가 둘 달린 사룡을 표현한다. 수컷의 머리가 오른쪽에, 암컷의 머리는 왼쪽에 있다. 이 구조 형태는 고전에 기록된 것과 상당히 일치한다. 《산해경·해외동경(海外東經)》에는 "虹虹이 그 북쪽에 있고 각각 두 개의 머리가 달렸다(虹虹在其北, 各有兩首: 홍홍재기북, 각유양수)"라고 적혀 있으며, 청(清)나라 오임신(吳任臣)이 쓴 《자휘보(字彙補)》에는 "虹은 용이다"라고 되어 있다. 虹의 전서는 으로 바뀌어 모양이 절굿공이(, 工)처럼 생긴 사룡(, 虫)을 묘사했으며, 절굿공이는 양 끝이 굵고 중간이 잘록하게 들어간 나무 막대기이다. (그중의 '工'은 음성기호이기도 하다.)

옛 중국인들은 어째서 용을 비와 연관 지어 생각했을까? 용이 물에서 산다는 것이 하나의 이유일 것이고, 다른 하나의 이유는 무지개가 유발한 연상 작용이다. 큰비가 그친 후 하늘에 무지개가 뜨는 일이 잦았는데 그 모양이 거대한 사룡을 연상케 하여, 이에 따라 虹을 용으로 생각한 것이다. 《이아》에서는 무지개가 서로 의지하여 살아가는 두 마리의 용이라고 여겼다. 수컷 용의 색이 선명하고 화려해서 虹이라고 했으며, 암컷 용은 색이 어두워서 霓(무지개 예, 무지개 역)라고 불렀다. 옛사람들은 용이 많은 빗물을 내뿜어 강물이 범람한다고 믿었다. 용이 물 뿜는 것을 끝내면 비가 그치고 해가 서서히 모습을 드러낸다. 이때 용은 수분을 서둘러 보충해야 한다. 용이 고개를 숙이고 물을 마시려고 할 때 그 몸이 햇빛을 받아 원래 모습이 그대로 드러나고, 온전한 하나의 무지개로 보인다는 것이다. 무지개의 형상이 마치 두 마리의 용이 왼쪽과 오른쪽에서 각각 몸을 내려뜨리고 물을 마시는 것 같다. 따라서 《한서》에 따르면 큰비가 내릴 때 한 마리의 虹이 하늘에서 몸을 수그려 샘물을 마셨고, 그러면 샘물이 금세 말라버렸다고 전한다. '홍흡관(虹吸管, 사이펀siphon)'은 바로 이런 전고가 유래되어 붙은 이름이다.

홍수 피해를 자주 겪는 중국인들은 무지개가 홍수나 재난이 임박했음을 알리는 징조라고 여겨 그다지 반기지 않는 눈치다. 《회남자》는 "그러므로 나라가 위태롭거나 망하려면 하늘의 온갖 현상이 변하고, 세상이 미혹되고 혼란스러워지면 무지개가 나타난다(故國危亡而天文變, 世惑亂而虹霓現: 고국위망이천문변, 세혹란이홍예현)"라고 하였으며, 《감계록(鑑戒錄)》은 "하늘에서 큰비가 내리려면 무지개가 강에서 물을 마신다(天將大雨, 有虹自河飮水: 천장대우, 유홍자하음수)"라고 했다. 《전국책》도 백홍관일(白虹貫日, 흰 무지개가 태양을 뚫고 지나간다)이 임금의 신상에 해로운 일이 발생할 것을 예견하는 흉조임을 밝히고 있다. 백홍관일이란 무엇일까? 우연한 기회에 하늘에 고리 형태의 구름이 뜨는데 그 형상이 마치 도넛처럼 생겼다. 태양 빛이 구름 위쪽에서 비치면 햇무리(햇빛이 대기 속의 수증기에 반사되어 해의 둘레에 둥글게 나타나는 흰빛의 테두리) 현상이 나타난다. 옛 중국인들은 흰 용이 태양의 중심을 꿰뚫는다고 여겨 이를 백홍관일이라고 불렀다. 고대에 가장 흔히 전해지는 용으로 적룡, 황룡, 청룡이 있다. 그런데 이 용들의 색이 모두 무지개의 주요 색깔인 것으로 보아 여기서 생겨난 연상임을 알 수 있다.

乙—꿈틀거리는 벌레

갑

금

전

乙 새 을

yǐ

꿈틀거리는 벌레

《예기·월령(月令)》은 "이른 봄에 동풍이 얼음을 녹이면 칩거한 벌레들이 움직이기 시작한다(孟春之月, 東風解凍, 蟄蟲始振: 맹춘지월, 동풍해동, 칩충시진)"라고 했다.

전

穵 구멍 알, 팔 알

wā

벌레(蟲벌레 충, 벌레 훼, 찔 동, , 乙새 을)**가 구멍**(洞골 동, 밝을 통, , 穴구멍 혈, 굴 휼)**을 파다**

穵은 挖(후벼낼 알)의 본자이다.

挖 후벼낼 알

wā

손(手손 수, , 扌재방변 수)**으로 구멍**(洞골 동, 밝을 통)**을 파다**

(, 穵구멍 알, 팔 알)

蟲—각종 작은 벌레

글자 구조에서 뱀과 작은 벌레의 갑골문은 차이가 있다. 가령 갑골문 은 복부(腹部)로 기어가는 벌레인데, 전서에 와서는 뱀과 작은 벌레를 표시할 때 일률적으로 (虫벌레 훼, 벌레 충, 찔 동)를 사용했다.

꿈틀거리는 많은 작은 벌레들(, 虫벌레 훼, 벌레 충, 찔 동)

蟲 벌레 충, 벌레 훼, 찔 동

chóng

전

한자는 같은 글자를 겹쳐 써서 많고 적음, 크고 작음의 개념을 표현하는 경우가 많다. 가령 糸(가는 실 멱, 실 사)은 끈을 상징하고 絲(실 사)는 가늘고 많은 끈을 의미한다. 마찬가지로 虫는 큰 벌레(혹은 뱀)를 대표하며 蟲은 작은 벌레가 많이 있는 것을 의미한다.

그릇(, 皿그릇 명)에서 배양하는 독충(, 蟲벌레 충, 벌레 훼, 찔 동)

蠱 뱃속벌레 고, 요염할 야

gǔ

갑

전

옛날에는 독충을 키워 타인을 해친 기록이 적지 않다. 예를 들면 《여지지(輿地志)》에 이런 기록이 있다. "강남의 여러 군에 벌레를 기르는 자가 있는데, 주인이 이를 이용해 살인을 저질렀다. 음식에 벌레를 넣었는데 피해자가 이를 느끼지 못했다(江南數郡有畜蠱者, 主人行之以殺人, 行食飮中, 人不覺也: 강남수군유축고자, 주인행지이살인, 행식음중, 인불각야)." 《통지·육서략(通志·六書略)》에는 "蠱를 만드는 방법은 다음과 같다. 백 마리의 벌레들을 그릇에 놓으면 서로 잡아먹으며 싸움이 일어나는데 이 중 최후에 살아남은 것을 蠱라고 한다(造蠱之法, 以百蟲置皿中, 俾相啖食, 其存者爲蠱: 조고지법, 이백충치명중, 비상담식, 기존자위고)"라고 쓰여 있다.

蚤 전

蚤 벼룩 조

zǎo

가려움증을 일으키기 때문에 잡지(, 爪손톱 조) 않고는 견딜 수 없는 작고 해로운 벌레(虫벌레 훼, 벌레 충, 찔 동,)

옛 중국인들은 늘 동물과 함께 지냈으며, 심지어 한 지붕 아래 살기도 했다. 동물의 몸에는 많은 벼룩이 기생하고 있었고, 사람의 몸으로 뛰어오르면 견디기 힘들 정도로 가려움증을 일으켰다. 그러니 벼룩을 잡지 않고는 배길 수 없었다.

蜚 전

蜚 바퀴 비, 날 비

fěi 혹은 fēi

악행을 저지르지 않음(非아닐 비, 비방할 비)**이 없는( ) 날아다니는 벌레( ). 좀벌레**

《본초강목(本草綱目)》은 "蜚는 맹렬한 곤충으로 사람의 의복을 해치는 존재이다(蜚, 厲蟲也, 害人衣物: 비, 려충야, 해인의물)"라고 했다. 非( )는 여기서 '날아다니다'라는 의미와 '위반하다(혹은 해를 끼치다)'의 중의적 의미를 갖고 있으며 음성기호로도 쓰인다. 非의 글자 구조에는 본래 날 수 있는 한 쌍의 날개라는 의미가 있다. 그러나 두 날개가 서로 등을 맞대고 있기 때문에 '서로 위배되다'라는 부정적 의미가 파생되었다. 가령 罪(허물 죄,)는 사람이 법에 위배되는(非,) 일을 하여 법망(, 网그물 망)에 걸려든 것을 뜻한다.

蜀 애벌레 촉, 나라 이름 촉

shǔ

큰 눈(, 目눈 목)이 달린 야잠(野蠶, 산누에나방과 나방의 애벌레, , 虫벌레 훼, 벌레 충, 찔 동)

蛇(긴 뱀 사, 구불구불 갈 이)와 蜀은 모두 꿈틀거리는 벌레를 말하며, 차이가 있다면 蜀은 꿈틀거리는 누에나 몸에 털이 있는 벌레여서 사람들이 이것들을 보면 징그러워서 털이 곤두서고 온몸에 소름이 돋는다는 것이다. 그래서 《한비자》는 "사람은 蛇를 보면 놀라고 蜀을 보면 털이 곤두선다(人見蛇則驚駭, 見蜀則毛起: 인견사즉경해, 견촉즉모기)"라고 했다. 《시경》도 "꿈틀거리며 기어가는 것은 蜀이다(蜎蜎者蜀: 연연자촉)"라고 했다. 사천 사람들의 조상 잠총(蠶叢)은 사람들에게 뽕나무를 심고 누에치기하는 법을 가르쳤다. 따라서 예로부터 이 고장은 비단으로 유명하여 촉금(蜀錦)이라고 불렸다. 잠총은 촉(蜀)나라의 초대 왕으로 그가 국호를 '촉'이라 정한 것도 누에와 밀접한 관계가 있기 때문이다. 야잠의 눈은 집누에보다 훨씬 크고 배에는 가짜 눈까지 있다. 갑골문은 目과 구부러진 몸통으로 구성되어 눈이 이 벌레의 특징임을 알 수 있다. 금문과 전서는 '虫'를 추가하여 이것이 벌레류임을 표현했다.

갑 금 전

萬 일만 만

wàn

팔을 길게 뻗어(, 九아홉 구, 모을 규) 전갈( )을 제거하다

(관련 설명은 '囟(정수리 신)'에서 파생된 한자 참조)

갑 금 전

虫(벌레 훼, 벌레 충, 찔 동)를 의미기호로 하는 형성자로는 螃蟹(게. 십각목의 갑각류를 통틀어 이르는 말), 蝦(두꺼비 하, 새우 하), 蛤(대합조개 합), 蜆(도롱이벌레 현), 蚌(방합 방), 螺(소라 라·나) 등이 있다.

風—벌레를 실어 오는 사자

갑 전

風 바람 풍

fēng

변경(邊境, , 凡무릇 범)에서 벌레(虫벌레 훼, 벌레 충, 찔 동,)를 몰고 오는 사자(使者)

보이지 않고 만질 수도 없는 바람을 어떻게 묘사할 것인가? 옛 중국인들은 바람이 벌레, 새와 밀접한 관계가 있음을 발견했다. 《예기》는 "빠른 바람이 불고 기러기가 온다(盲風至, 鴻雁來: 맹풍지, 홍안래)"라고 했다. 옛 중국인들은 북풍이 불어오면 큰 철새들이 그 바람을 타고 온다는 것을 알았다. 그러나 동풍이 불어오면 이 새들은 다시 북쪽으로 날아갔다. 바람이 큰 새를 몰고 오기도, 데려가기도 하는 것이다. 바람은 마치 큰 새들을 인솔하는 사자와 같다. 따라서 風과 鳳(봉새 봉)의 갑골문은 모두 , , 으로, 변경(, 凡)에서 큰 새(,)를 실어 오는 사자를 나타냈다. 그러나 바람은 새만 실어 오는 것이 아니라 벌레를 몰고 오기도 한다. 동한의 허신은 "바람이 움직이면 벌레가 산다(風動虫生: 풍동충생)"라고 했으며, 《예기·월령》도 "이른 봄에 동풍이 얼음을 녹이면 칩거한 벌레들이 움직이기 시작한다"라고 했다. 동풍이 불어오면 겨울잠을 자던 벌레들이 꿈틀거리며 움직이기 시작한다. 그러나 한랭한 북풍이 불어오면 각종 벌레들이 어디로 갔는지 모습을 감춘다. 옛 중국인들은 그 벌레들이 어디에서 왔다가 어디로 가는지 알 수 없었고, 아마도 변경 지방에서 오는 것이라고 여겼다. 글자를 만들 때도 이런 인식에서 출발하여 바람이 변경에서 벌레와 새를 몰고 오는 사절이라고 여겼다. 그래서 風은 또 하나의 구조 형태를 갖게 되었고, 風의 전서 [전서 글자]는 변경(邊境, [글자], 凡)에서 벌레([글자])를 몰고 오는 것이다. 이러한 구조 형태가 현대 한자 風이 되었다. 갑골문은 '風'이 '鳳'으로 바뀌었다. 凡의 갑골문 [글자]은 테두리가 있는 물건을 의미하며, 凡을 구성 요소로 포함하는 한자는 대부분 변경이나 테두리와 연관이 있다('凡' 편 참조). '風'과 '鳳'은 같은 뿌리에서 나왔으며, 차츰 다른 구조 형태와 의미를 갖는 글자로 나뉘게 되었다('鳳' 편 참조).

그림문자	현대 한자	갑골문	전서	글자 구성의 의미
[그림문자]	風 바람 풍	[갑골문]	[전서]	변경에서 벌레를 데려오는 사자
[그림문자]	鳳 봉새 봉		[전서]	변경 밖에서 날아오는 큰 새

물고기 어

땅 이름 구,
거북 귀, 터질 균

힘쓸 민,
맹꽁이 맹, 고을 이름 면

나아갈 염, 나라 이름 남

들 칭

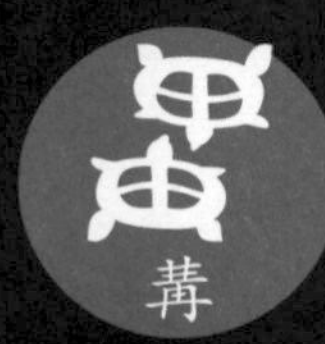

짤 구

제6장

魚

물고기 어

魚의 갑골문 , 금문 은 물고기의 상형자이다. 예서와 해서에 이르러서는 물고기 몸통이 단순하게 변하여 田(밭 전)으로 표시되었으며, 등지느러미, 배지느러미, 꼬리지느러미는 간단하게 네 개의 점으로 표시했다.

魚에서 파생된 한자

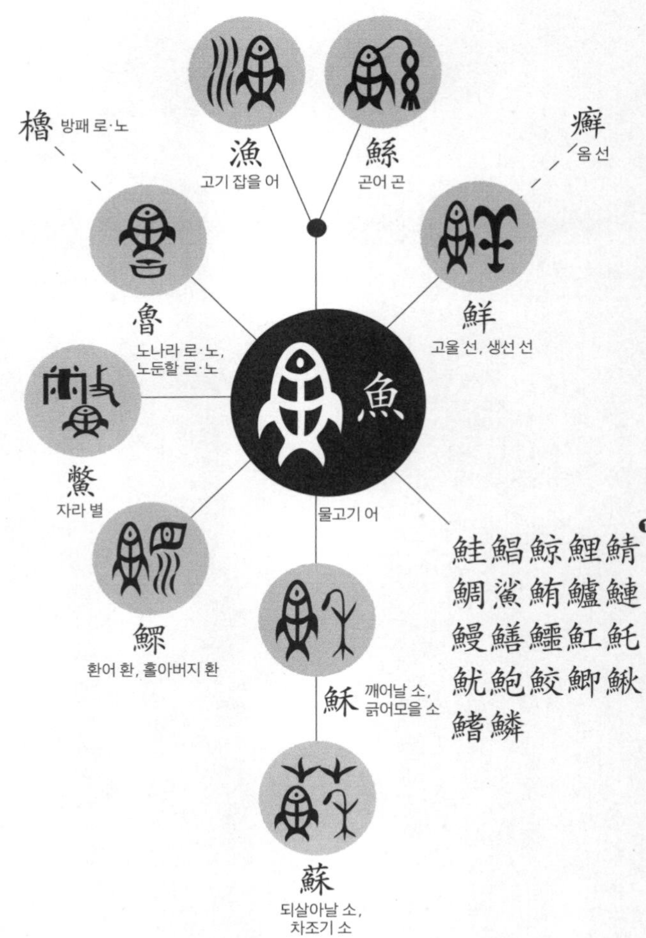

❶ 鮭(어채 해, 복어 규)
鯧(병어 창)
鯨(고래 경)
鯉(잉어 리·이)
鯖(청어 청, 잡회 정)
鯛(도미 조)
鯊(문절망둑 사)
鮪(참다랑어 유)
鱸(농어 로·노)
鰱(연어 련·연)
鰻(뱀장어 만)
鱔(드렁허리 선)
鱷(악어 악)
魟(홍어 홍, 뱅어 공)
魠(자가사리 탁)
魷(오징어 우)
鮑(절인 물고기 포)
鮫(상어 교)
鯽(붕어 즉, 붕어 적)
鰍(미꾸라지 추)
鰭(지느러미 기)
鱗(비늘 린·인)

漁 고기 잡을 어

yú

물(水물 수, , 氵삼수변 수)에서 물고기(魚물고기 어,)를 잡다

 갑

 금

 전

갑골문 은 물고기 떼가 물속에서 헤엄치는 것을 나타냈다. 금문 은 물고기를 잡은 손 한 쌍을 첨가하여 어부가 물고기를 잡는 모습을 나타냈다. 관련 단어로는 어렵(漁獵, 낚시나 그물 따위로 물고기를 잡음), 어부(漁夫) 등이 있다.

鯀 곤어 곤

gŭn

큰 물고기(魚물고기 어,)를 줄로 연결하다(, 系맬 계)

갑 금 전

홍수가 발생해 물이 범람할 때 요임금은 곤(鯀)을 등용하여 홍수를 다스리게 했다. 곤은 둑으로 물을 가두는 방식을 썼으나 그 결과 홍수는 더욱 심해졌고, 결국 죽임을 당하고 말았다. 요임금이 애초에 물을 다스리는 담당자로 곤을 등용한 것은 곤이 물의 성질을 잘 아는 사람이었기 때문이다. 물의 성질을 잘 아는 사람은 단연 어부들이다. 갑골문 과 은 고대 낚시꾼의 상형자이며, 은 그물로 물고기를 잡은 사람의 상형자이다. 낚시로 잡을 때나 그물로 잡을 때나 모두 줄을 사용해야 한다. 훗날 이러한 옛 한자들은 系와 魚의 합체자인 鯀으로 변천했다. 그중 系는 끈을 맨다는 개념을 갖는 기호이다. 鯀의 금문 은 한 손으로 한 가닥의 줄(糸가는 실 멱, 실 사)을 잡아당기고 있으며, 줄의 끝에는 물고기 한 마리가 매달려 당겨지는 모습이다. 鯀이 한 손으로 줄을 잡고 고기를 낚거나 잡는 솜씨 좋은 어부를 상징한다는 것을 알 수 있다. 전서 는 손(手)의 기호를 생략하고 系, 魚의 합체자로 단순하게 변했다.

곤은 본명이 아니라 역사적 내용이 말과 그림으로 전해진, 물을 잘 다스리는 사람의 호칭이다. 낚시와 그물을 이용한 물고기잡이의 고수였던 곤은 대우의 부친이기도 했다. 안타깝게도 동한의 허신은 《설문》에서 "鯀은 물고기이다. 魚를 따르고 系가 소리 기호이다"라고 풀이했다. 구제강(顧頡剛)을 비롯한 일부 학자들은 이런 자료를 토대로 鯀이 물고기이고 禹(성씨 우)는 벌레이며, 두 사람이 모두 허구의 인물이라고 추론했다. 글자의 유래를 해석함에 있어 허신은 鯀이라는 글자에 '魚'가 들어 있다는 것을 들어 그가 물고기라고 주장했으며, 禹 자에는 '虫'가 들어 있다는 것을 들어 그가 벌레라고 주장했다. 이 두 부자는 잘못된 글자 풀이로 인해 천 년이 넘는 오랜 세월 오해받으며 쌓인 원한을 풀지 못했으니, 이제라도 잘못된 것을 바로잡아야 한다.

갑 금 전

魯 노나라 로·노, 노둔할 로·노

lǔ

물고기(魚물고기 어,)가 입을 벌려 말하는데(, 日가로 왈) 웅얼웅얼하는 소리를 낸다

갑골문 , 금문 은 물고기( )가 입을 벌린( ) 모습인데 금문 과 전서 에서는 물고기(魚,)가 말을 하고 있다( ). 물고기가 말을 하면 분명치 않기 때문에 '어리석고 졸렬하다', '거칠고 사납다'의 의미로 확장되었으며, 관련 단어로는 노둔(魯鈍, 미련하고 둔함), 노망(魯莽, 어리석고 미련함) 등이 있다. 주나라 초기에 주공(周公) 단(旦)은 임금을 위해 공로를 세워 봉지(封地)를 받았다. 그는 이 땅의 이름을 노(魯)로 짓고 아들 백금(伯禽)을 시켜 다스리게 했다. 주공은 성품이 겸허하여 이러한 나라 이름을 통해 소박하고 무던한 민간의 풍속을 고양하고자 했다. 《동한유희·석명(東漢劉熙·釋名)》은 "魯는 미련하고 둔한 것이다. 노나라에 산과 물이 많고 백성들의 성품은 소박하고 무던하다"라고 했다. 현대 한자에서 魯는 '魚'와 '日(날 일)'로 쓰여 햇볕에 말린 물고기라는 잘못된 해석을 낳았는데, 사실은 '日'이 아니라 '曰'로 고쳐 써야 한다.

鰥 환어 환, 홀아비지 환

guān

눈물을 흘리는( ) 큰 물고기(魚물고기 어,)

鰥은 반려자를 잃고 슬퍼하는 남자라는 의미로 확장되었다. 밤에 잠을 잘 때도 눈을 감지 못하는 물고기를 닮았기 때문이다. 《공총자·항지편(孔叢子·抗志篇)》은 "경비병이 강에서 낚시로 환어를 낚았는데 물고기가 커서 수레에 가득 찼다. 자사(子思)가 그것을 어떻게 구했냐고 묻자 대답하기를 '제가 미끼를 늘어뜨리자 물고기가 지나가면서도 쳐다보지를 않았습니다. 그래서 돼지 반 마리를 미끼로 쓰자 덥석 물었습니다'라고 했다(衞人釣於河, 得鰥魚焉, 其大盈車. 子思問曰: 如何得之. 對曰: 吾垂一魴之餌, 鰥過而不視, 更以豚之半, 則呑矣: 위인조어하, 득환어언, 기대영거. 자사문왈: 여하득지. 대왈: 오수일방지이, 환과이불시, 경이돈지반, 즉탄의)"라고 하였다. 《석명》은 "근심에 잠을 이루지 못하고 물고기처럼 눈을 감지 못한다. 따라서 이 글자는 물고기에서 왔으며, 물고기가 눈을 감지 못하기 때문이다"라고 하였다. 《예기·왕제(王制)》는 "늙어서 처가 없는 것을 홀아비라고 한다(老而無妻曰鰥: 노이무처왈환)"라고 했다. 송나라 사람

금

전

육유(陸游)는 《만등망운(晩登望雲)》에서 "근심으로 마치 환어처럼 잠을 못 이룬다(愁似鰥魚夜不眠: 수사환어야불면)"라고 하였다.

금

전

鮮 고울 선, 생선 선

xiān

날물고기(魚물고기 어,)와 날양(, 羊양 양)고기의 비린내

육류나 생선의 신선도를 어떻게 구별할까? 생선회를 즐겨 먹는 사람은 미각만으로도 생선의 신선도를 알 수 있다. 싱싱한 생선회는 맛이 신선하고 달콤하다. 그러나 싱싱할 때 먹지 않고 잠시만 놓아둬도 역겨운 비린내가 나고, 시간이 갈수록 냄새가 심해진다. 신선하지 않은 생선과 양고기는 비린내와 누린내가 특히 심하다. 따라서 옛 중국인들은 생선과 양의 비린내로써 음식의 신선한 정도를 표현했다. 鮮에서 파생된 의미는 상당히 많으며, '날로 먹는다', '막 잡아서 죽인 물고기', '맛이 좋다' 등이 있다. 관련 단어로는 신선(新鮮), 선미(鮮美, 산뜻하고 아름다움) 등이 있다. 이 밖에 신선한 생선은 오래 둘 수 없기 때문에 '짧다', '소량의'라는 뜻이 파생됐으며, 관련 단어로는 선소(鮮少, 드물다)가 있다. 《논어》는 "부모에게 효도하고 형을 공경하면서 윗사람 해치기를 좋아하는 사람은 드물다"라고 했다. 《강희자전》은 "새와 동물을 막 죽인 것을 鮮이라고 한다"라고 풀이했다.

穌 깨어날 소, 긁어모을 소

sū

얼었던 물고기(魚물고기 어,)가 깨어나는 것이 마치 벼(禾벼 화, 말 이빨의 수효 수,)가 말랐다가 다시 살아나는 듯하다

전

한류(寒流)가 습격하면 하천의 물이 얼어붙고 하룻밤 새에 많은 물고기가 얼어 죽는다. 옛날에는 부근 주민들이 몰려와 언 물고기를 건져 올렸다. 이는 밭에서 수확하는 장면을 방불케 했다. 그러나 살짝 얼었던 물고기들은 따뜻한 곳에 오니 금세 되살아났다. 따라서 穌는 '깨어나다', '부활하다'의 의미로 확장되었다. 《예기》는 "동면하던 벌레가 깨어난다(蟄蟲昭穌: 칩충소소)"라고 하였고, 《운회(韻會)》는 "죽었다가 살아나는 것을 穌라고 한다. 蘇(되살아날 소, 차조기 소)와 통한다(死而更生曰穌. 通作蘇: 사이갱생왈소. 통작소)"라고 했다. 중국 기독교에서 구세주 그리스도를 '야소(耶穌)'로 번역한 것은 예수가 죽었다가 부활했다는 의미를 담고 있다. 옛 중국인들에게 벼는 부활을 거듭할 수 있는 작물로, 죽었다가 다시 살아나는 작물이다. 동물은 다시 살아나기 어렵다. 그러나 2012년 국제 어업박람회에서 무려 한 달이나 냉동 상태에 둔 붕어를 살아나게 하는 신기술이 소개되었다. 금문 은 魚, 木(나무 목)으로 구성되었으며, 木은 형용 기호로 물고기가 초목처럼 되살아난다는 것을 형용한다. 전서 는 '木'이 '禾'로 바뀌었으며 나중에 다시 '草(풀 초)'를 더하여 , 가 되었다. 이를 종합해보면 벼와 나무로써 되살아난다는 의미를 표현한 것이다. "들불에도 잡초는 다 타지 않고 봄바람이 불면 다시 살아난다(野火燒不盡, 春風吹又生: 야화소부진, 춘풍취우생)." 백거이(白居易)의 명구

(名句)는 되살아나는 잡초의 끈질긴 생명력을 비유하는 말이다. 오늘날에는 穌와 蘇가 통용된다.

동한의 허신은 "穌는 벼를 긁어모으는 것과 같다"라고 풀이했다. 청나라 사람 단옥재(段玉裁)는 "벼를 써레질하는 것과 같다"라고 주장했다. 두 사람의 말은 얼어붙은 물고기를 낚는 것이 흩어진 벼 이삭을 긁어모으는 것과 같다는 것처럼 들리지만 분명히 그렇다고 밝히지는 않았다. 木, 禾, 艸(풀 초)의 기호로 살펴볼 때 되살아나는 물고기를 묘사한다고 보는 것이 합리적이다.

冉은 어떤 동물일까?

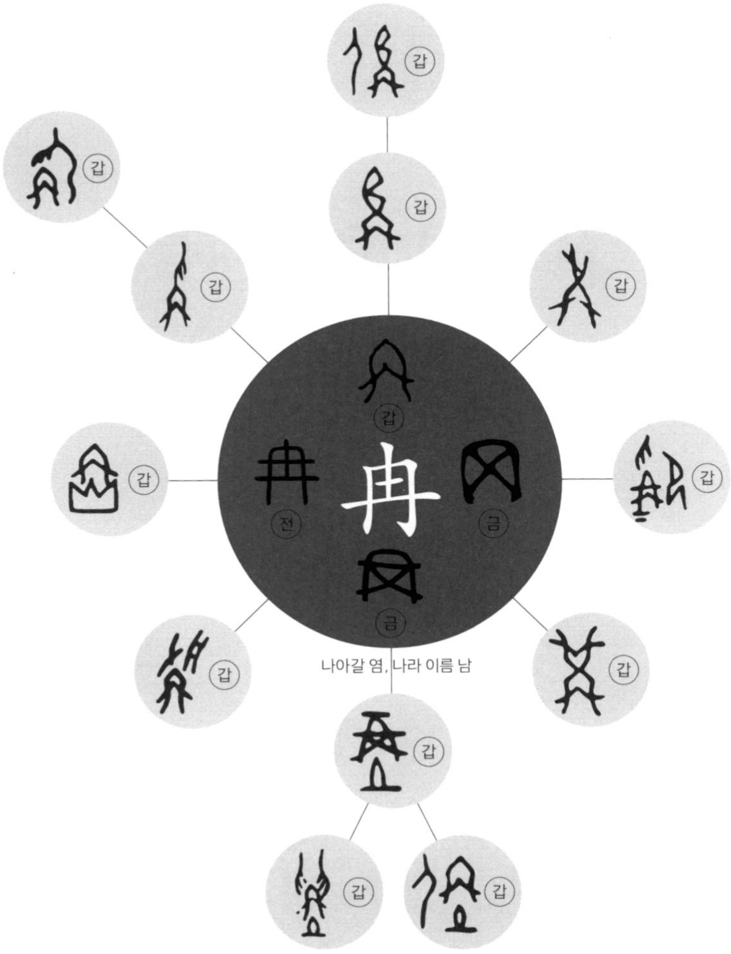

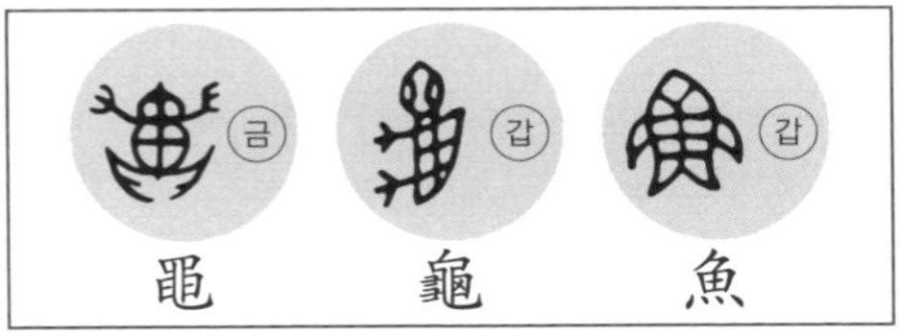

갑 갑 갑 갑 갑

갑 갑 갑 갑

冉 전 금 금

나아갈 염, 나라 이름 남

갑 갑 갑 갑

黽	龜	魚
금	갑	갑

힘쓸 민, 맹꽁이 맹, 고을 이름 면

땅 이름 구, 거북 귀, 터질 균

물고기 어

冉(나아갈 염, 나라 이름 남)과 관련된 갑골문은 적지 않다. 그런데 冉은 과연 무엇일까? 이에 관하여 두 가지 설이 있는데, 冉이 한 마리 물고기라고 하는 설과 사람의 양 볼에 늘어진 머리카락이라는 설이 그것이다. 둘 중 어느 주장이 진실에 부합할까? 독자들도 잘 생각해보고 수수께끼를 풀어보기 바란다.

冉의 갑골문 , 금문 , , 전서체

❶		冉( )은 육지에서 걸어다니는 것(, 止그칠 지)을 상징하며, 육지에서 걸어다니는 생물임을 알 수 있다.
❷		사람(人사람 인)이 冉 한 마리를 잡고 있다. 이를 토대로 冉은 사람이 쫓는 대상임을 알 수 있다.
❸		두 마리의 冉( )이 만나다.
❹		冉( )이 육지(, 土흙 토, 뿌리 두, 쓰레기 차)에서 걸어다니는 것을 상징한다.
❺		사람(人사람 인,)이 冉 한 마리( )가 육지(, 土흙 토, 뿌리 두, 쓰레기 차)에서 걸어다니는 것을 보다.
❻		두 손으로 육지(, 土흙 토, 뿌리 두, 쓰레기 차)에서 걸어다니는 冉을 잡다.
❼		배(船배 선, , 舟배 주)를 타고 冉을 잡는(捉잡을 착,) 모습이다. 따라서 冉은 수중 생물이다.

❽		불(火불 화, )을 이용해 冉을 굽는 모습을 나타내며, 冉이 먹을 수 있는 것임을 알 수 있다.
❾		한 손으로 冉을 들고 그 무게를 재고 있다. 이는 爯(들 칭)의 갑골문이며 稱(일컬을 칭, 저울 칭 혹은 偁)의 본자이기도 하다. 冉이 시장에서 무게를 달아 판매하는 물품임을 알 수 있다.
❿		사람(人사람 인, )이 冉을 쫓고() 있다.

물고기와 머리카락 설은 위에서 언급한 생물과 부합하지 않는다. 독자 여러분은 冉이 거북이 아니면 청개구리라고 생각할 수도 있다. 그러나 龜(땅 이름 구, 거북 귀, 터질 균)의 갑골문은  이고 黽(힘쓸 민, 맹꽁이 맹, 고을 이름 면)의 금문  ,  ,  은 한 마리의 청개구리이다. 이를 통해 이 둘 다 冉이 아님을 알 수 있다. 그렇다면 冉은 도대체 어떤 생물이란 말인가?

수수께끼의 답 발표

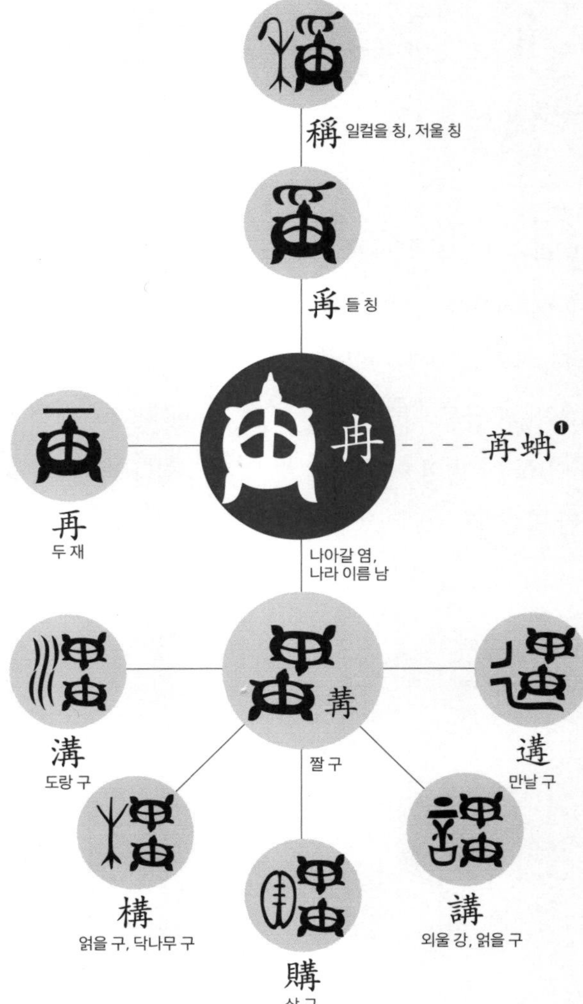

[1] 苒(풀 우거질 염)
蚺(비단뱀 염)

선진시대에 물고기와 자라는 사람들이 삶을 영위하게 해주는 수생동물이었다. 이와 관련하여 《여씨춘추》에 "하천과 연못에 들어가 물고기와 자라를 잡았다(入川澤, 取魚鱉: 입천택, 취어별)"라는 기록이 있다. 《관자(管子)》는 "무릇 식사를 올릴 때 조수어별(조류, 육류, 물고기, 자라) 같은 반찬에는 반드시 나물국을 먼저 올린다(凡置彼食, 鳥獸魚鱉, 必先菜羹: 범치피식, 조수어별, 필선채갱)"라고 하였으며, 《풍속통(風俗通)》은 "풀과 나무, 물고기와 자라는 임금과 백성을 능히 부양할 수 있다(草木魚鱉所以厚養人君與百姓也: 초목어별소이후양인군여백성야)"라고 했다.

冉 나아갈 염, 나라 이름 남

rǎn

느리게 기어가는 자라

속칭 왕팔(王八)이라고도 하는 자라는 몸에 배갑(背甲, 등딱지)이 있어서 갑어(甲魚)라고도 하며, 몸통이 동글동글해서 단어(團魚)나 원어(圓魚)라고도 부른다. 금문 은 몸통이 동글동글하고 배갑이 있는 자라의 모습이다. 갑골문 , 금문 과 전서 는 자라의 등딱지를 묘사한 듯하다. 별갑(鱉甲)은 중앙에 긴 등뼈가 있고, 좌우 양측에는 각각 여덟 개의 갈비뼈가 배열된 모습으로, 중앙 부위는 마치 王 자처럼 보이며, 상하 부위는 八 자처럼 보인다. 아마도 이것이 자라를 왕팔로 부르게 된 유래일 것이다. 별갑은 예로부터 최상급으로 쳐주는 보약재다. 한(漢)나라 때의 유명한 의서(醫書) 《금궤요략(金匱要略)》에는 '승마별갑탕방(升麻鱉甲湯方)'이 올라 있다. 그러나 冉의 옛 한자로 볼 때, 별갑의 활용은 심지어 상주시대로까지 거슬러 올라갈 수 있다. 冉은 별갑

의 형상으로써 자라를 상징한다. 이것이 자라에만 있는 특징이기 때문이다. 자라가 육지에서 기어다닐 때는 그 걸음이 느리고 절름발이처럼 걷는다. 《순자》에서는 이를 가리켜 파별(跛鱉, 절름발이 자라)이라 하여 '느리다', '노쇠하다'의 의미로 확장되었다. 가령 태양이 느릿느릿(冉冉, 염염) 떠오른다는 표현에 사용되었다. 또 《초사》는 "늙음이 점점 다가오니 훌륭한 명성 세우지 못할까 두렵네(老冉冉其將至兮: 노염염기장지혜)"라고 했다.

물고기와 자라는 상주시대의 가장 경제적 가치가 있는 수생동물로 선진의 전적에 자주 등장한다. 《풍속통》은 "풀과 나무, 물고기와 자라는 임금과 백성을 능히 부양할 수 있다"라고 하였다. 자라의 육질은 식감이 좋아 예로부터 미식으로 알려졌다. 따라서 《시경》은 "안주가 무엇인가? 구운 자라와 생선이로다(其殽維何, 炰鱉鮮魚: 기효유하, 포별선어)"라고 하였으며, 《예기》에는 "산에 살면서 물고기와 자라로 예를 표하다(居山以魚鱉為禮: 거산이어별위례)"라는 내용이 있다. 심지어 《주례》의 기록에 따르면 주나라에서 물고기와 자라를 관리하는 관리를 '별인(鱉人)'이라고 불렀다. 그러나 이해가 되지 않는 것은 상주시대의 갑골문과 금문, 심지어 전서에서조차 鱉(자라 별) 자를 찾아볼 수 없다는 것이다. 주나라 경전에는 자라를 언급하면서 그 옛 한자는 나오지 않는데, 이는 매우 이상한 현상이다.

알고 보니 冉이 곧 자라였던 것. 한나라 이후에 와서야 형성자 '鱉'로 대체되었으며, 冉은 '느리다'의 의미로 변했다. 훗날 많은 갑골문의 글자 구성 요소의 의미로 살펴볼 때 冉이 곧 鱉임을 알 수 있다. 자라는 거북이가 그렇듯 육지에서 햇볕 쬐는 것을 좋아한다. 갑골문 은 자라 한 마리(, 冉)가 육지(, 土흙 토, 뿌리 두, 쓰레기 차)에 있는 모습이다. 갑골문 은 자라 한 마리(, 冉)가 육지에서 걸어가는(, 止그칠 지) 모습이다. 갑골문 은 자라(, 冉)가 육지(, 土)에 있는 것을 사람(人사람 인,)이 바라보는 모습이다. 자라는 겁이 많아서 사람 소리를 들으면 얼른 물속으로 들어가 숨기 때문에 자라를 잡으려면 눈이 밝고 손이 빨라야 한다. 갑골문 , 은 사람(人,)이 자라 한 마리를 쫓는(, 𠂤쌓을 퇴) 모습을 표현했다. 가을과 겨울은 자라를 잡는 계절이다. 《장자(莊子)》에 "겨울에는 강에 들어가 자라를 작살로 찍어 잡는다(冬則擉鱉於江: 동즉촉별어강)"라는 내용이 있다. 갑골문 은 배(船배 선, , 舟배 주)를 타고 자라를 잡는(捉잡을 착,) 모습이다. 갑골문 은 두 손으로 육지(, 土)에서 기어다니는 자라(, 冉)를 잡는 모습이다. 갑골문 은 사람이 자라 한 마리를 잡은 것을 묘사했다. 이 밖에 갑골문 은 불(火불 화,)에서 굽고 있는 자라이며, 이것이 바로 《묵자》에 나오는 "굽고 찐 물고기와 자라(蒸炙魚鱉: 증자어별)"이다.

爯 들 칭

chēng

손(, 爪손톱 조)으로 자라(鱉자라 별, , 冉나아갈 염, 나라 이름 남) 한 마리를 들다

크기가 큰 자라는 한 마리에 10킬로그램에 달한다. 고기가 맛있고 영양가도 높아서 중국인들 사이에서 자라는 훌륭한 보양 식품으로 각광받는다. 대만 플라스틱(台塑)

갑 금 전

창시자 왕융칭(王永慶)의 건강 비결은 화기삼돈갑어탕(花旗蔘燉甲魚湯)을 매일 한 그릇씩 먹는 것이라고 한다. 《한서》는 "아주 큰 거북은 길이가 한 자 두 치(약 28센티미터)에 달하고 그 값은 이천백육십 전에 달한다(元龜, 岠冉, 長尺二寸, 直二千一百六十: 원구, 거염, 장척이촌, 직이천일백육십)"라고 했다. 再의 갑골문  과 偁(일컬을 칭, 저울 칭)의 갑골문 , 금문  ,  은 모두 사람이 자라를 잡고 있는 상형자이며, 이 두 글자는 모두 稱(일컬을 칭, 저울 칭)의 본자이다. 再은 원래 손으로 자라의 무게를 가늠한다는 의미였으며, 여기서 무게를 잰다는 뜻이 파생되었다. 再은 고대 시장에서 저울로 무게를 달아 자라를 판매하는 모습을 묘사했다. 《한비자》에는 주나라 때 자라를 산 이야기가 소개된다. 정나라에 사는 한 부인이 시장에서 자라 한 마리를 샀다. 집에 돌아오는 길에 강을 지나가게 되었는데 자라의 목이 마를 거라고 여겨 잠시 물을 마시라고 놓아주었다. 그런데 자라는 순식간에 모습을 감춰버렸다. 부인은 자라가 육지에서 느리게 걷는 것만 생각하고 물속에서 그토록 행동이 빠르다는 사실을 몰랐던 것이다. 《한비자》는 "정현 사람 복자의 아내가 시장에 갔다가 자라를 사서 돌아오는 길이었다. 영수를 지나다가 자라가 목이 마를까 염려되어 풀어놓아 마시게 했는데 자라가 달아나버렸다(鄭縣人卜子妻之市, 買鱉以歸, 過潁水, 以為渴也, 因縱而飮之, 遂亡其鱉: 정현인복자처지시, 매별이귀, 과영수, 이위갈야, 인종이음지, 수망기별)"라고 했다. 再은 稱(혹은 偁)의 본자이다.

稱 일컬을 칭, 저울 칭

chēng 또는 chèng

벼(禾벼 화, 말 이빨의 수효 수,)**의 무게를 재다**(, 爯들 칭)

稱의 간체자는 称이다.

稱 전

再 두 재

zài

또 한(一한 일) **번**(—) **자라**(鱉자라 별, , 冉나아갈 염, 나라 이름 남)**를 낚다**

자라는 미끼를 탐하는 동물이라서 옛사람들은 낚시로 자라를 자주 잡았다. 《초씨역림(焦氏易林)》은 “물고기와 자라가 미끼를 탐내 그물과 낚시에 걸려 죽는다(魚鱉貪餌, 死於網釣: 어별탐이, 사어망조)”라고 하였으며, 《한시외전》은 “물고기와 자라는 깊은 못을 싫어하여 얕은 곳으로 올라온다. 그래서 낚시와 그물로 잡는다(魚鱉厭深淵而就乾淺, 故得於釣網: 어별염심연이취건천, 고득어조망)”라고 했다. 再는 ‘두 번째’, ‘또 하나’라는 의미가 파생됐으며, 관련 단어로는 재차(再次, 거듭하여, 다시), 재판(再版, 한 번 낸 책의 판을 부분적으로 고쳐서 거듭 펴냄) 등이 있다. 전서 再는 冉과 一로 구성되었으며, 다른 전서 는 물을 추가하여 물속에서 또 한 번 자라를 낚는다는 의미를 나타냈다.

再 금

再 전

冓 짤 구

gòu

두 마리의 자라(鱉자라 별, , 冉나아갈 염, 나라 이름 남)가 마주치다

冓는 '서로 만나다', '마주치다'의 의미로 파생되었다. 冓는 遘(만날 구)의 본자이다.

물고기와 자라가 만나면 자라는 흉폭한 성질을 드러낸다. 자라는 물고기와 새우를 먹기 때문이다. 두 마리의 자라가 죽은 물고기를 두고 다투는 것도 자주 있는 일이다. 배고픈 큰 자라가 몸집이 작은 자라를 보면 심지어 잔인하게 죽이기도 한다. 자라를 기르는 사람들은 이를 반드시 알아두어 그런 상황을 피해야 한다. 자라는 육지에서 기어다닐 때 긴 목을 쳐들고 당당히 전진한다. 두 마리의 자라가 마주치면 그 장면이 가히 장관이다. 따라서 옛 중국인들은 두 마리의 자라가 마주치는 것으로 두 사람이 만나는 것을 묘사하기도 했다. 《시경》은 "두 사람이 안에서 하는 말은 절대 타인에게 알리지 않아야 한다(中冓之言, 不可道也: 중구지언, 불가도야)"라고 했다.

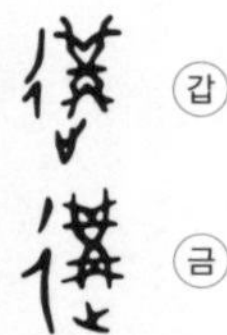

갑 금 전

遘 만날 구

gòu

길을 가다(, 辵쉬엄쉬엄 갈 착) 마주친 두 마리의 자라(, 冓짤 구)

遘는 우연히 마주친다는 의미로 확장되었으며, 관련 단어로는 해구(邂遘, 우연히 만나다)가 있다.

講 외울 강, 얽을 구

jiǎng

두 사람이 만날(, 冓짤 구) 때 하는 말(, 言말씀 언, 화기애애할 은)

관련 단어로는 연강(演講yǎnjiǎng, '강연하다', '연설하다'를 의미하는 중국어), 강해(講解, 문장이나 학설 따위를 강론하여 해석함) 등이 있다.

전

構 얽을 구, 닥나무 구

gòu

두 개의 나무(木나무 목,)가 마주치다(, 冓짤 구)

목조건물을 짓거나 목재 가구를 만들 때 가장 힘을 들이는 공정은 나무와 나무가 맞닿는 부분을 끼워 넣는 접준(接榫, '凸' 부분을 '凹' 부분에 끼워 넣다) 작업이다. 이 작업을 할 때 나무의 전체적 구조를 고려해야 하기 때문이다. 따라서 構는 '건조(建造)하다', '설계하다', '결합하다' 등의 의미로 파생되었으며, 관련 단어로는 구조(構造), 구성(構成), 결구(結構, 얽은 짜임새. 또는 얽거나 짜서 만듦) 등이 있다.

전

溝 도랑 구

gōu

두 개의 물(水물 수)길(, 氵삼수변 수)이 만나다(, 冓짤 구)

물을 끌어와 관개(灌漑)를 하든 배수(排水)를 하든 하나의 물길로부터 다른 물길로 유도해야 한다. 따라서 溝는 '물길을 트고 물의 흐름을 유도하는 오목한 홈'이라는 의미가 파생됐으며, 관련 단어로는 구통(溝通gōutōng, '통하다', '교류하다', '소통하다'를 의미하는 중국어), 구거(溝渠, 수챗물이 흐르는 작은 도랑) 등이 있다.

전

購 전

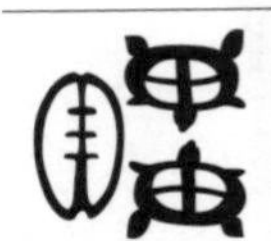

購 살 구

gòu

두 사람이 만나서(, 冓짤 구) 돈(, 貝조개 패, 성씨 배)을 사용하여 거래하다

돈을 사용하여 타인에게서 물건을 사는 것을 購라고 한다.

鱉로 冉을 대체하다

冉(나아갈 염, 나라 이름 남)은 느리다는 의미로 변했기 때문에 옛사람들은 鱉(자라 별)이라는 글자로써 이를 대체하게 되었다. 鱉은 敝(해질 폐, 절뚝거릴 별)와 魚(물고기 어)로 구성된 회의자 겸 형성자이다.

鱉 자라 별

biē

더럽고 지저분해 보이는(, 敝해질 폐, 절뚝거릴 별) 물고기(魚물고기 어,)

자라는 몸 전체가 검은색이어서 사람들에게 지저분하다는 느낌을 준다. 따라서 사람들은 검은 敝로써 이를 묘사했다. (敝는 동시에 음성기호이기도 하다.)

敝 갑

敝 전

敝 해질 폐, 절뚝거릴 별

bì

손에 나뭇'가지'(枝가지 지, 육손이 기, , 攴칠 복)를 들고 불결하고 더러운 포'건'(巾형겊 건,)을 두들기다

세탁용 가루 세제나 비누가 없던 옛날에 개울가에서 빨래하는 아낙네는 한 손에 짧은 막대기를 들고 있었다. 왼손으로 옷을 문지르고 오른손으로는 방망이로 옷에 묻은 때를 때려서 씻어냈다. 갑골문 은 손에 방망이를 들고 포건을 두들기는 모습이며, 는 포건 주위에 네 개의 점을 추가하여 옷을 빨 때 천에서 흩날리는 때를 표현한 듯하다. 敝는 '불결하고 더럽다', '해지다', '늙어서 기력이 약해지다'의 의미가 파생됐으며, 관련 단어로는 폐의(敝衣, 해진 옷), 폐사(敝屣, 해진 신), 폐추자진(敝帚自珍, 자기 집의 몽당비를 소중히 여기다, 즉 자기 것이 보잘것없어도 보배로 여기다) 등이 있다. 옛날 대만에서는 무명으로 된 이불과 옷을 어떻게 관리했을까? 무명 이불과 옷은 오래되면 습기가 차고 딱딱해지기 때문에 날씨가 좋은 날 햇볕에 널어 말리고 몽둥이로 두들겨준다. 그러면 먼지를 제거할 수 있고, 한편으로는 눌려서 딱딱해진 목화솜에 공기가 들어가 원래의 보송함을 되찾는다. 이렇게 함으로써 무명 이불과 옷은 보온 기능을 발휘할 수 있다.

蔽 덮을 폐, 떨 별

bì

불결하고 지저분한 것(, 敝해질 폐, 절뚝거릴 별)을 풀(草 풀 초, , ⺿초두머리 초)로 덮다

관련 단어로는 차폐(遮蔽, 가려 막고 덮음), 몽폐(蒙蔽, 덮어 감춤) 등이 있다.

전

弊 폐단 폐, 해질 폐, 뒤섞일 발

bì

두 손( )에 불결하고 지저분한 것(, 敝해질 폐, 절뚝거릴 별)을 묻히다

弊는 사람의 손으로 행하는 악한 일을 의미하며, 관련 단어로는 작폐(作弊), 폐병(弊病) 등이 있다. 《광운》은 "악이다"라고 하였으며, 《옥편》은 "무너지는 것, 패하는 것이다"라고 풀이했다.

瞥 깜짝할 별, 침침할 폐

piē

불결하고 더러운 것(, 敝해질 폐, 절뚝거릴 별)을 무심코 보다(, 目눈 목)

瞥은 타인을 무심코 스쳐 보았는데, 그의 비밀을 엿보게 된다는 의미가 있으며, 여기에서 '흘깃 보다'라는 의미가 파생됐다. 관련 단어로는 별견(瞥見, 얼른 슬쩍 봄), 경홍일별(驚鴻一瞥jīnghóngyìpiē, '미녀 또는 사모하는 여자가 보내는 마음을 사로잡는 눈빛'을 의미하는 중국어) 등이 있다. 《설문》은 "瞥은 눈으로 흘깃 보는 것이다. 한눈에 재물을 본다"라고 풀이했다.

憋 악할 별

biē

마음(心마음 심,)속에 한 줄기 불결한(, 敝해질 폐, 절뚝거릴 별) 기운이 있다

마음에 억울한 생각이 있지만 발산할 곳이 없다. 따라서 여기서 '극도로 참다'라는 의미가 파생되었다. 관련 단어로는 별뇨(憋尿biēniào, '오줌을 참다'를 의미하는 중국어), 별기(憋氣biēqì, '숨이 막히다', '답답하다'를 의미하는 중국어) 등이 있다.

撇 닦을 별, 문댈 내

piē 또는 piě

손을 뻗어(, 扌재방변 수) 더러운 것(, 敝해질 폐, 절뚝거릴 별)을 문질러 닦아내다

撇은 '제거하다', '털고 닦다', '말끔하게 치워 없애다'의 의미로 확장되었으며, 관련 단어로는 별기(撇棄piēqì, '내팽개치다'를 의미하는 중국어), 별개(撇開piē·kāi, '던져버리다'를 의미하는 중국어) 등이 있다.

전

幣 화폐 폐

bì

많은 사람이 손으로 만져서 더러워 보이는(, 敝해질 폐, 절뚝거릴 별) 포전(布錢, 중국 춘추시대 중기부터 전국시대 말기까지 유통된 농기구 모양의 청동 화폐, , 巾수건 건)

춘추시대부터 포폐(布幣, 화폐로 사용하는 포목을 이르던 말)가 유행하기 시작했다. 포폐는 모양에 따라 산포(鏟布), 도포(刀布) 등으로 나뉘며, 무게와 두께에 따라 공수포(空首布), 평수포(平首布)로 나뉜다. 《관자·국축편(國蓄篇)》에는 "구슬옥은 상폐, 황금은 중폐, 도포는 하폐이다(以珠玉爲上幣, 黃金爲中幣, 刀布爲下幣: 이주옥위상폐, 황금위중폐, 도포위하폐)"라는 내용이 있다. 포폐가 가장 가치가 낮은 기초 화폐였으며 발행량은 상대적으로 많았음을 알 수 있다. 천을 돈으로 만들어 사용하니 오랫동안 유통하면 자연히 때가 타서 지저분하므로 회수하여 재발행해야 했다. 幣는 각종 재질로 만든 화폐를 의미하게 되었으며, 관련 단어로는 금폐(金幣, 금으로 만든 돈), 전폐(錢幣, 사물의 가치를 나타내며 상품의 교환을 매개하고 재산 축적의 대상으로도 사용하는 물건) 등이 있다. 幣의 간체자는 币이다.

전

전

斃 죽을 폐

bì

죽는 것(死죽을 사,)이 깨끗하지 않다(, 敝해질 폐, 절뚝거릴 별)

斃는 사고로 사망하거나 악인의 보복을 당해 죽는 것을 의미한다. 가령 《좌전》은 "불의한 행동을 많이 하면 반드시 스스로 망한다(多行不義必自斃: 다행불의필자폐)"라고 했다. 관련 단어로는 폭폐(暴斃bàobì, '급사하다'를 의미하는 중국어), 폐명(斃命bìmìng, '목숨을 잃다'를 의미하는 중국어) 등이 있다.

물고기와 자라 이외의 수생동물 

龜 땅 이름 구, 거북 귀, 터질 균

guī

갑

금

전

등에 배갑(背甲)이 있는 파충류

피카소는 입체파의 선구자이다. 입체파의 주요 특징은 한 폭의 그림에 물체의 각 측면을 동시에 묘사하는 데 있다. 사실 3천여 년 전의 중국인들은 이미 이런 기교를 이용할 줄 알았다. 龜의 갑골문 을 예로 들어보자. 거북이의 머리와 발은 정면(또는 위)에서 바라본 모습이지만 등은 측면(또는 절단면)에서 바라본 모습으로 묘사했다. 다른 두 각도에서 본 모양이 동시에 하나의 상형자에 담긴 것이다.

거북이와 자라는 모양이 비슷한 동물이며, 이 둘에 얽힌 속담이 상당히 많다. "거북은 자라에게 꼬리가 없다고 비웃고, 자라는 거북의 껍데기가 두껍다고 비웃는다(龜笑鱉無尾, 鱉笑龜粗皮: 귀소별무미, 별소귀조피)"라는 말을 통해 자라의 꼬리가 거북보다 짧고, 자라의 등껍데기가 거북보다 부드럽다는 것을 알 수 있다. 이 밖에 "자라는 천년, 거북이는 만년 산다(千年王八萬年龜: 천년왕팔만년귀)"라는 말은 둘의 수명이 매우 길다는 의미와 함께 거북이의 수명이 더 길다는 정보도 함께 담고 있다.

黽 힘쓸 민, 맹꽁이 맹, 고을 이름 면

mǐn

개구리류

선진의 전적(典籍)에는 개구리를 '와민(蛙黽)' 또는 '민와(黽蛙)'로 칭했다. 고대에 개구리는 골칫거리여서 '괵씨(蟈氏)'라고 부르는 개구리 퇴치 담당 관리까지 있었다. 이는 《주례》의 "괵씨는 와민 퇴치를 맡는다(蟈氏掌去蛙黽: 괵씨장거와민)"라는 내용으로 알 수 있다(괵(蟈)은 개굴개굴 소리를 내는 벌레, 즉 청개구리를 말한다). 요즘 사람들은 청개구리가 피해를 준다는 것을 상상하기 어렵지만, 최근 하와이만 해도 개구리로 인한 피해가 심각하여 부동산 가격 하락 초래의 주범이라고 보도된 적이 있었다. 브리튼에서는 개구리가 대량 번식하여 온통 개구리 울음소리에 주민들이 잠을 이룰 수 없었다고 한다. 黽의 금문 , , 은 모두 개구리의 상형자이며, 전서 , 는 점차 단순해진 결과이다. 黽은 훗날 물속에 사는 발톱이 있는 작은 생물을 널리 지칭하게 되었다.

蠅 파리 승

yíng

개구리류(, 黽힘쓸 민, 맹꽁이 맹, 고을 이름 면)가 즐겨 먹는 작은 벌레(蟲벌레 충, 벌레 훼, 찔 동, , 虫벌레 훼, 벌레 충, 찔 동)

청개구리의 혀에는 점액이 있으며, 혀뿌리가 밖으로 나와 있고 혀끝이 안을 향해 있어서 작은 곤충들을 사냥하기에 적합하다. 청개구리는 사냥 기술이 상당히 좋아서 날아가는 파리도 사정권에 들어오면 긴 혀를 이용해 순간적으로 낚아챈다.

繩 노끈 승

shéng

파리(蠅파리 승,)가 작고 가는 끈(, 糸가는 실 멱, 실 사)을 비비다

繩과 索(찾을 색, 노 삭, 채소 소)은 모두 두 가닥으로 엮은 식물섬유로 만든 것이다. 둘의 차이는 무엇일까? 《소이아(小爾雅)》에 "대자위지삭, 소자위지승(大者謂之索, 小者謂之繩)"이라 하여 작고 가는 끈을 승(繩), 굵고 큰 것을 삭(索)이라고 불렀다. 파리는 우리 주변에 흔한 곤충으로, 가는 줄 같은 데 앉아 있기를 좋아한다. 파리가 멈춰 있을 때 발을 비비는 습관이 있는데 이 동작은 옛사람들이 새끼를 꼬는 모습과 유사하다. 이런 요인으로 인해 蠅과 糸으로 繩을 구성한 것이다. 《설문》은 "繩은 索이다. 糸을 따르고 蠅의 생략형이 발음이다"라고 풀이했다.

繩 (전)

물에서 나는 생물 외의 다른 것은 거의 형성자이다. 魚(물고기 어)를 의미기호로 하는 한자로는 鮭(어채 해, 복어 규), 鯧(병어 창), 鯨(고래 경), 鯉(잉어 리·이), 鯖(청어 청, 잡회 정), 鯛(도미 조), 鯊(문절망둑 사), 鮪(참다랑어 유), 鱸(농어 로·노), 鰱(연어 련·연), 鰻(뱀장어 만), 鱔(드렁허리 선), 鱷(악어 악), 魟(홍어 홍, 뱅어 공), 魠(자가사리 탁), 魷(오징어 우), 鮑(절인 물고기 포), 鮫(상어 교), 鯽(붕어 즉, 붕어 적), 鰍(미꾸라지 추) 등이 있다.

새 추, 높을 최, 오직 유

수리부엉이 환

꿩 적,
고을 이름 책, 꿩 탁

깃 우, 늦출 호

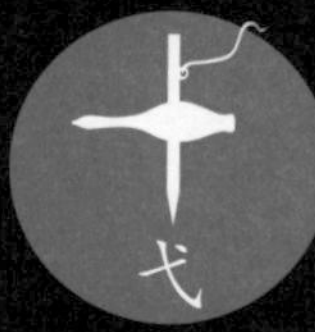

주살 익

아닐 비, 비방할 비

되 승, 오를 승

제 7 장

鳥

새 조 / 땅이름 작 / 섬 도

한자의 창제설과 관련하여, 한나라 때부터는 창힐(倉頡, 한자를 창제했다고 전해지는 중국 고대의 인물)이 새에게서 영감을 받아 한자를 발명했다고 여기는 사람이 많았다. 동한 사람 서간(徐幹)의 저서 《중론(中論)》에 "창힐은 새의 발자국을 보고 글자를 만들었다(倉頡視鳥跡而作書: 창힐시조적이작서)"라는 내용이 전해지고, 동한 사람 허신도 《설문》에서 "황제의 사관 창힐이 새와 짐승이 남긴 발자국을 보고 서로 다른 것을 구별하는 이치를 깨쳐 최초로 글자를 창제했다(黃帝史官倉頡, 見鳥獸蹄迒之跡, 知分理之可相別異也, 初造書契: 황제사관창힐, 견조수제항지적, 지분리지가상별이야, 초조서결)"라고 소개했다. 그렇다면 새와 관련된 문자 기호를 통해 이 설을 검증할 수 있을 듯하다.

'鳥'와 관련이 있는 문자 기호로 가장 먼저 隹(새 추, 높을 최, 오직 유)와 鳥를 떠올릴 수 있다. 갑골문의 구성 형태로 볼 때, 전자는 나는 새를, 후자는 지상에서 걷는 새를 상징한다.

鳥에서 파생된 기초 구성 요소

그림문자	해서	옛 한자	글자 구성의 의미
	隹 새 추, 높을 최, 오직 유		하늘을 나는 새
	雈 수리부엉이 환		정수리에 뿔처럼 솟은 털이 있는 새, 각효(角鴞, 뿔부엉이)
	雉 꿩 치, 성가퀴 치, 짐승 이름 사, 땅 이름 이, 키 작을 개		사냥꾼이 즐겨 '쏘아 죽이는' 새
	鷹 매 응		사람이 집의 막 아래에서 키우는 큰 새에게 작은 새를 잡아 오라고 명령하다
	隼 송골매 준		정확하게 사냥감을 잡을 수 있는 새
	雞 닭 계		'노예'가 되어 갇힌 새
	雀 참새 작		작은 새

	雁 기러기 안		사람이 좋아하는 물가의 큰 새
	鳥 새 조, 땅 이름 작, 섬 도		땅 위를 걷는 새
	烏 까마귀 오, 나라 이름 아		온몸이 검은 새
	鳳 봉새 봉		변경 밖에서 날아오는 큰 새
	鳶 솔개 연		화살에 맞은 새
	燕 제비 연		두 날개를 펼치고 비상하는 제비

隹—하늘을 나는 새

隹(새 추, 높을 최, 오직 유)의 갑골문 [oracle forms], [oracle forms], [oracle forms], [oracle forms]은 새의 머리와 부리, 비상하는 날개를 묘사했다. 새의 발이 보이지 않는 것은 날고 있기 때문이다.

❶ 鸛(황새 관, 구욕새 권)
灌(물댈 관)
觀(볼 관)
罐(두레박 관, 장군 부)

❷ 蕉(파초 초)
礁(암초 초)
醮(제사 지낼 초)
瞧(몰래 볼 초)
樵(나무할 초)
譙(꾸짖을 초, 누구 수)

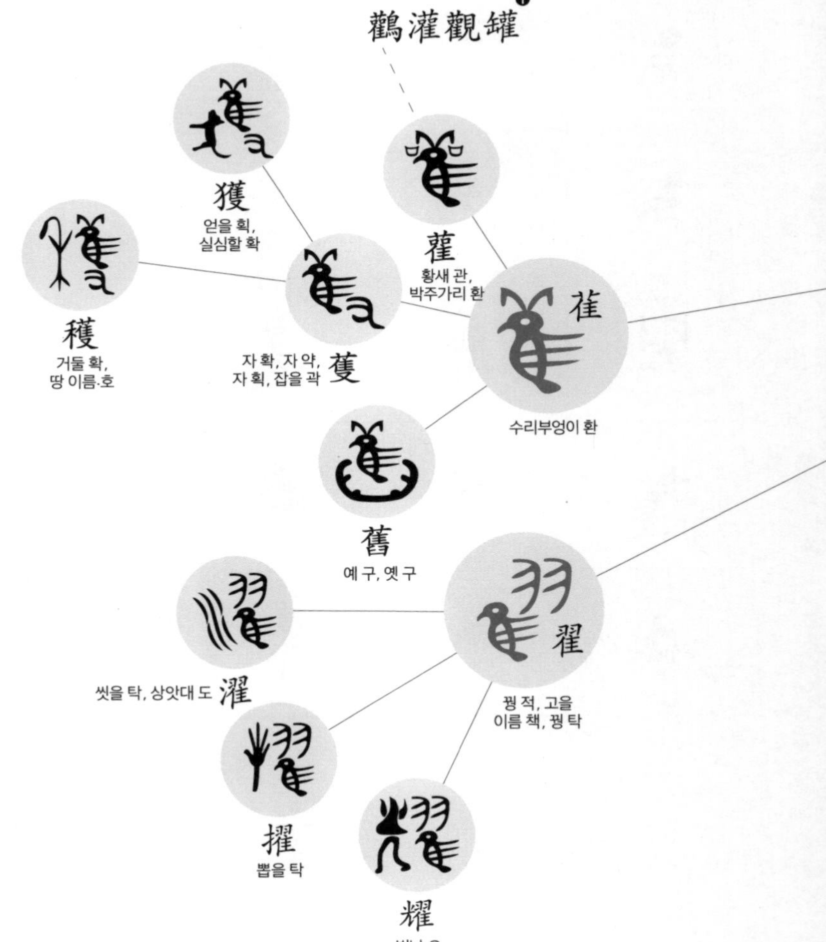

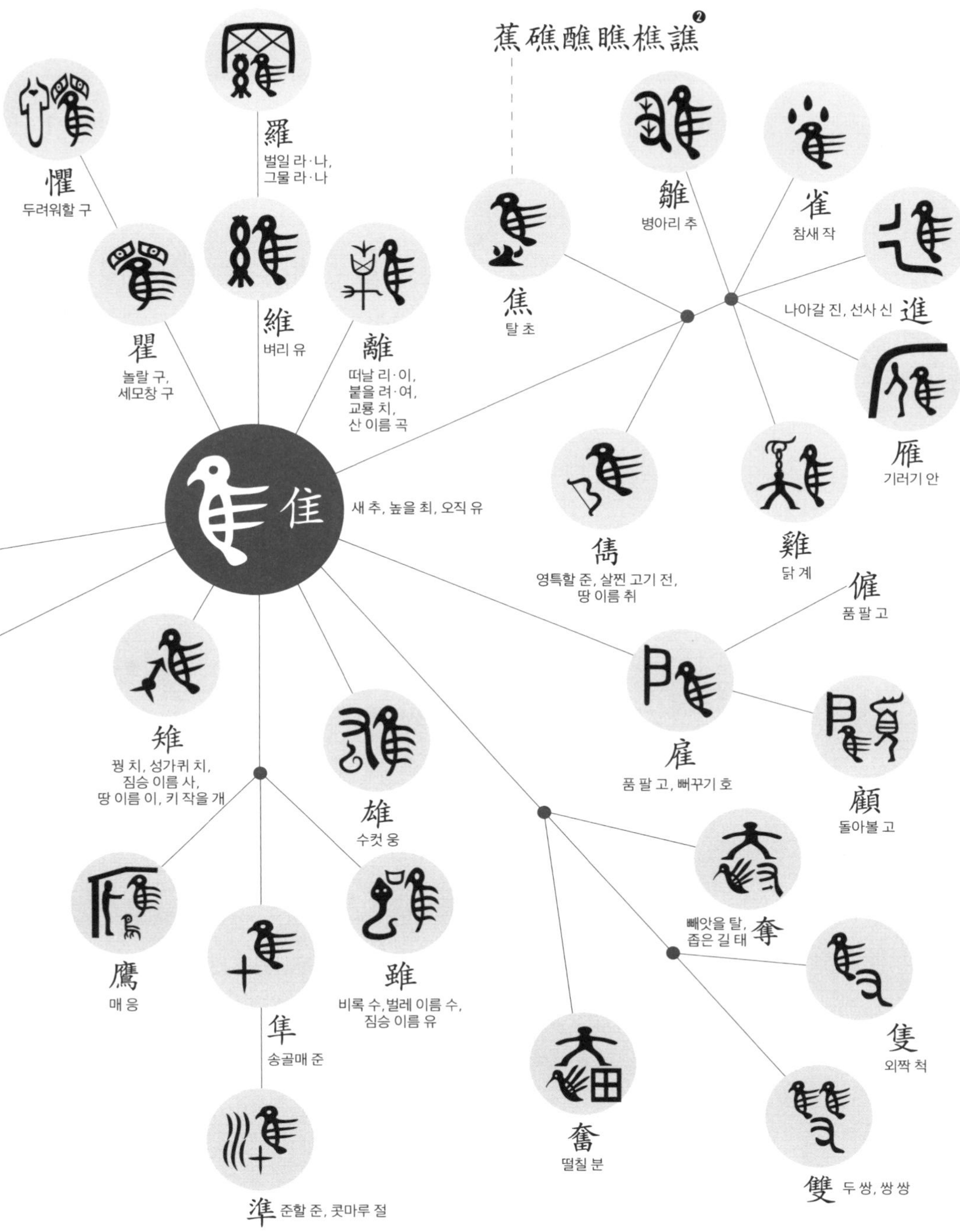

蕉礁醮瞧樵譙 ❷
隹
새 추, 높을 최, 오직 유
懼
두려워할 구
羅
벌일 라·나,
그물 라·나
瞿
놀랄 구,
세모창 구
維
벼리 유
離
떠날 리·이,
붙을 려·여,
교룡 치,
산 이름 곡
焦
탈 초
雛
병아리 추
雀
참새 작
進
나아갈 진, 선사 신
雁
기러기 안
雋
영특할 준, 살찐 고기 전,
땅 이름 취
雞
닭 계
僱
품 팔 고
雉
꿩 치, 성가퀴 치,
짐승 이름 사,
땅 이름 이, 키 작을 개
雄
수컷 웅
雇
품 팔 고, 뻐꾸기 호
顧
돌아볼 고
鷹
매 응
隼
송골매 준
雖
비록 수, 벌레 이름 수,
짐승 이름 유
奪
빼앗을 탈,
좁은 길 태
隻
외짝 척
奮
떨칠 분
雙
두 쌍, 쌍 쌍
準
준할 준, 콧마루 절

부엉이

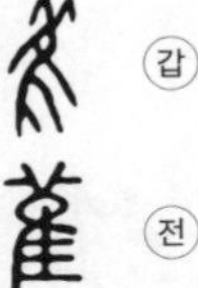

갑

전

萑 수리부엉이 환

huán

정수리 양쪽에 귀깃(, 귀깃은 깃털 일부가 삐쭉 튀어나와 귀처럼 생긴 것, 丫쌍상투 관, 쇳돌 광)이 있는 새(鳥새 조, 땅 이름 작, 섬 도, , 隹새 추, 높을 최, 오직 유)

갑골문 과 전서 는 정수리 양쪽에 뿔처럼 솟은 털이 있는 새를 묘사했으며, 속칭 묘두응(貓頭鷹)으로 부르는 각효(角鴞, 뿔이 있는 부엉이)가 그것이다. 《설문》은 "萑은 올빼미속이고 …… 털과 뿔이 있다"라고 풀이했다. 《옥편》은 "치효(鴟鴞, 올빼미)는 악조(惡鳥)이며 날짐승을 잡아먹는다. '각치(角鴟)'라고도 부른다"라고 풀이했다. (한자 기호 丫은 정수리 양쪽에 상투처럼 묶은 것을 상징하며, 'guàn'으로 읽는다.)

갑

금

전

雚 황새 관, 박주가리 환

guàn

계속 울어대는(, 吅부르짖을 훤, 부르는 소리 선, 다툴 송) 뿔부엉이(, 萑수리부엉이 환)

부엉이는 야간에 '우—우—' 소리를 자주 낸다. 따라서 雚의 갑골문 은 계속 울어대는( ) 부엉이(, 萑)를 표현했다. 금문 과 전서 는 획순이 점차 조정되었다. 그러나 은 부엉이의 큰 눈으로 변한 듯하다. 각효(角鴞)의 '鴞'는 이름에서 알 수 있듯이 큰 소리로 부르짖는(號이름 호, 부르짖을 호) 새를 말한다.

뿔부엉이(, 雚수리부엉이 환)가 꾸준히 힘(力힘 력·역)을 들여( ) 재촉하는 소리(, 吅부르짖을 훤, 부르는 소리 선, 다툴 송)를 내다

전

勸 권할 권, 싫증날 권

quàn

부엉이가 숲에서 계속 '부엉—부엉—' 하는 소리가 마치 나그네에게 숲에 머무르지 말고 서둘러 집에 가라고 재촉하는 듯하다. 勸은 '계속 이어지는 충고'라는 의미로 파생되었으며, 관련 단어로는 권고(勸告), 권도(勸導, 타일러서 이끎) 등이 있다. 《논어》는 "선한 이를 등용하여 가르치고 부족한 이에게 충고한다(擧善而教, 不能則勸: 거선이교, 불능즉권)"라고 하였으며, 《상서》는 "아홉 가지 노래로써 권면하여 무너지지 않게 하다(勸之以九歌, 俾勿壞: 권지이구가, 비물괴)"라고 했다.

뿔부엉이(, 雚수리부엉이 환)가 오래전부터 있던 둥지(, 臼절구 구)에 서식하다

갑

금

전

舊 예 구, 옛 구

jiù

수리부엉이는 둥지를 짓지 않고 나무에 뚫린 구멍이나 다른 동물이 쓰다가 버린 오래된 둥지를 이용해 알을 낳고 번식한다. 관련 단어로는 진구(陳舊chénjiù, '오래되다', '케케묵다'를 의미하는 중국어), 포구(破舊pòjiù, '낡다'를 의미하는 중국어) 등이 있다. 舊의 간체자는 旧이다.

㉠금
㉠전

蒦 자 확, 자 약, 자 획, 잡을 곽

huò

손(手손 수, , 又또 우, 용서할 유)을 뻗어 뿔부엉이(, 萑수리부엉이 환)를 잡다

蒦은 '획득하다'의 뜻으로 확장되었으며, 蒦은 獲(얻을 획, 실심할 확)의 본자이다.

㉠전

獲 얻을 획, 실심할 확

huò

사냥개(犬개 견,)를 부려 사냥감을 포획하다(, 蒦자 확, 자 약, 자 획, 잡을 곽)

㉠전

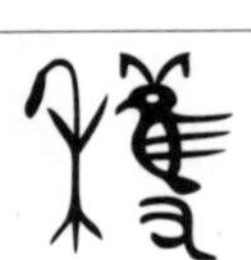

穫 거둘 확, 땅 이름 호

huò

벼(禾벼 화, 말 이빨의 수효 수,)를 획득(獲得, , 蒦자 확, 자 약, 자 획, 잡을 곽)하다

穫과 獲(얻을 획, 실심할 확)의 간체자는 获(얻을 획, 거둘 확)이다.

아름다운 꿩

雉 꿩 치, 성가퀴 치, 짐승 이름 사, 땅 이름 이, 키 작을 개

zhì

사냥꾼이 즐겨 쏘아 죽이는(, 矢화살 시) 새(, 隹새 추, 높을 최, 오직 유)

갑 전

雉의 갑골문 은 활을 쏘아 새를 잡는 모습을 묘사한 상형자이다. "필부는 죄가 없고 옥구슬 가진 것이 바로 죄다(匹夫無罪, 懷璧其罪: 필부무죄, 회벽기죄)"라는 속담이 있듯이, 아름다운 깃털을 가진 꿩은 자연스럽게 사람들이 포획하고 싶어 하는 대상이 되었다. 따라서 예로부터 새총이나 활로 꿩을 잡는 것이 사냥에서 중요한 부분을 차지했으며, 진(晉)나라 사람 반악(潘岳)은 유명한 《사치부(射雉賦)》를 쓰기도 했다. 그런데 그보다 훨씬 이전의 주나라 때 문헌에서도 꿩 사냥에 관한 내용을 볼 수 있다. 가령 《춘추좌전》에는 가대부(賈大夫)가 꿩을 사냥한 이야기가 소개돼 있다. 충신이지만 외모가 못생긴 가대부가 아름다운 부인에게 장가를 들었다. 부인은 남편의 추레한 외모가 마음에 들지 않았던지 늘 우울한 표정이었고, 가대부가 갖은 방법을 써서 기쁘게 해주려고 애써도 부인은 웃지 않았으며 정겨운 말 한마디도 건네지 않았다. 그렇게 3년이 흐른 어느 날, 가대부가 마차에 부인을 태우고 바람을 쐬러 나갔다. 물가에 당도했을 때 갑자기 갈대숲에서 멋진 꿩 한 마리가 날아올랐다. 오색찬란한 꿩의 꼬리 깃털이 하늘을 가로지르자 가대부는 그 틈을 놓치지 않고 재빨리 활을 당겼다. '피융' 소리와 함께 꿩이 땅에 떨어졌다. 뜻밖에 보여준 남편의 뛰어난 활 솜씨에 미인 아내는 그제야 활짝 웃었다. 그 일이 있고 나서 가대부는 사람들에게 의기양양하여

말했다. "사람이란 무슨 일이 있어도 한 가지 재주 정도는 익혀야 한다오. 외모가 변변치 않은 내게 활 쏘는 재주가 없었다면 부인의 웃는 얼굴 대하기가 마치 닭이 하늘에 오르는 것과 같았을 걸세!"

금 전

翟 꿩 적, 고을 이름 책, 꿩 탁

zhái 또는 dí

꿩(, 隹새 추, 높을 최, 오직 유)의 깃털( )

꿩은 꼬리가 긴 조류에 속하며 화려한 꿩의 깃털은 용도가 광범위하다. 고대 사람들은 오색찬란한 꿩의 깃털로 수레나 옷, 깃발을 장식했으며, 제사 의식을 행할 때는 긴 꼬리 깃털을 손에 들고 춤을 추기도 했다. 꿩의 긴 깃털은 翟이라고 불렀으며 파생된 한자도 이와 관련이 있다.

금 전

濯 씻을 탁, 상앗대 도

zhuó

새(, 隹새 추, 높을 최, 오직 유)가 물(水물 수, , 氵삼수변 수)에서 깃털( )을 씻다

상당히 많은 새가 물놀이를 즐긴다. 대만 물까치는 물에 몸을 씻은 후 날개를 파닥이며 아름다운 꼬리를 흔들어 대는데 그 모습이 여간 귀엽지 않다. 濯은 '목욕'의 의미로 파생되었으며, 《초사·어부(漁父)》는 "창랑의 물이 맑아 내 갓끈을 씻을 수 있으리니(滄浪之水清兮, 可以濯吾纓: 창랑지수청혜, 가이탁오영)"라고 노래했다.

耀 빛날 요

yào

꿩의 깃털(, 翟꿩 적, 고을 이름 책, 꿩 탁)이 빛나서(光빛 광,) 눈길을 끌다

공작(孔雀)도 꿩의 일종이라고 할 수 있다. 공작이 온몸의 화려한 깃털을 활짝 펴면 많은 사람의 눈길을 끈다. 耀는 '밝게 빛나다'의 뜻으로 파생되었으며, 관련 단어로는 영요(榮耀, 빛나고 아름다운 영예), 현요(炫耀xuànyào, '눈부시다', '뽐내다'를 의미하는 중국어), 요안(耀眼yàoyǎn, '눈부시다'를 의미하는 중국어) 등이 있다.

擢 뽑을 탁

zhuó

새의 깃털(, 翟꿩 적, 고을 이름 책, 꿩 탁)을 손(手손 수)으로 뽑다(, 扌재방변 수)

아름다운 꿩의 깃털은 사람의 손에 뽑혀 장식품으로 이용되곤 한다. 擢은 '뽑다', '등용하다'의 뜻이 파생하였으며, 관련 단어로는 발탁(拔擢, 여러 사람 가운데서 쓸 사람을 뽑음), 발승(擢升zhuóshēng, '승진하다', '진급하다'를 의미하는 중국어) 등이 있다.

매와 송골매

鷹 매 응

yīng

사람(人사람 인,)이 집의 막 아래에서( ) 키우는 큰 새(, 隹새 추, 높을 최, 오직 유)에게 작은 새( )를 잡아 오라고 명령하다

鷹의 금문 은 글자 구성 개념이 갑골문 (后뒤 후, 임금 후), (司말을 사)과 동일하다. 따라서 은 사람이 새에게 명령을 내리는 모습을 상징한다. 이는 매를 기르는 사람이 자신이 길들인 사냥매에게 명령을 내리는 것이다. 전서 는 새와 '广(집 엄, 넓을 광, 암자 암)'을 추가하여 매가 주인의 처마 밑에서 살고 있으며, 다른 조류를 사냥할 수 있다고 해석할 수 있다. 요(遼)나라와 금(金)나라 유목민족은 '해동청(海東青)'이라고 부르는 사냥용 매를 훈련시켜 기러기를 잡아 오게 했다. 《후한서》 등 옛 서적에서는 사냥용 매를 기르는 내용을 흔히 볼 수 있다. 鷹의 구조 형태로 볼 때 중국에서 사냥용 매를 기르는 문화는 상주시대로까지 거슬러 올라갈 수 있다.

隼 송골매 준

zhǔn

급강하하는 재주(, 才재주 재)가 있을 뿐 아니라 아래쪽에 있는 사냥감을 정확히 낚아채는 엽조(獵鳥, 사냥을 해도 좋다고 허락한 새, , 隹새 추, 높을 최, 오직 유)

隼은 급강하할 때 속도가 시속 380킬로미터에 달하여 세상에서 가장 빨리 나는 조류이다. 송골매는 먼저 사냥감의 위로 날아가 날개를 접은 다음 빠르게 회전하며 급강하하여 사냥감을 향해 정확하게 돌진한다. 그러고는 발로 사냥감을 가격하여 정신을 잃게 하거나 머리를 낚아챈다. 《비아(埤雅)》에서는 "매가 사냥할 때는 놓칠 때가 없지 않으나 유독 송골매만 정확하다. 고로 사냥할 때마다 반드시 적중한다(鷹之搏噬, 不能無失, 獨隼爲有準, 故每發必中: 응지박서, 불능무실, 독준위유준, 고매발필중)"라고 하여 송골매의 재주를 칭찬했다. 隼은 어떤 새(隹)가 발톱으로 아래쪽에 있는 사냥감을 정확하게 낚아채는 모습(才, 才)을 묘사했다. 才의 금문 才은 튼튼한 목재를 지상에 단단히 고정해놓은 모습을 표현했다('才' 편 참조). 隼이 목표에 정확히 명중할 수 있기 때문에 準(준할 준, 콧마루 절)이 파생됐다.

準 준할 준, 콧마루 절

zhǔn

물(水물 수, 氵, 氵삼수변 수)의 평면을 정확히(隼, 隼송골매 준) 측정할 수 있는 기구

準은 고대에 수평을 측정하는 기구였다. 《장자·천도편(天道篇)》은 "평평함이 수준기에 들어맞아 큰 목수가 그것을 법도로 삼는다(平中準, 大匠取法焉: 평중준, 대장취법언)"라고 하였으며, 《설문》도 "準은 평평하게 하는 것이다"라고 풀이했다. 주나라 사람들은 물의 표면이 고른 특징을 이용해 수평을 측정하는 도구로 사용했음을 알 수 있다. 따라서 準은 '표준', '준칙' 등의 의미로 파생되었으며, 관련 단어로는 수준(水準), 준시(準時zhǔnshí, '정확한 시간'을 의미하는 중국어) 등이 있다.

전

금
전

雖 비록 수, 벌레 이름 수, 짐승 이름 유

suī

뱀(蛇긴 뱀 사, 구불구불 갈 이,)과 새(, 雀참새 작)가 입(口입 구,)을 벌리고 대결하다

금문 과 전서 는 뱀과 새의 사이에 '口'를 더함으로써 뱀과 새가 입을 벌리고 상대를 물려고 하는 모습을 표현했다. 옛 중국인들은 뱀이 새를 삼킬 수 있으며, 매도 능히 뱀을 잡을 수 있다는 것을 알았다. 뱀과 새의 대결은 생사를 예측할 수 없다. 따라서 雖는 전환어로 사용되는 경우가 많다. 가령 수연(雖然, 비록 ~할지라도), 단시(但是dànshi, '그러나'를 의미하는 중국어) 등으로 쓰인다.

농사와 양잠에 이로운 새

갑
전

雇 품 팔 고, 뻐꾸기 호

gù

집(戶집 호, 지게 호,) 밖에서 농부에게 밭일을 독촉하며 우는 새(, 隹새 추, 높을 최, 오직 유)

많은 사람이 즐겨 부르는 동요 〈포곡조(布穀鳥, 뻐꾸기)〉는 "뻐꾹! 뻐꾹! 빨리 씨를 뿌려요. 봄에 씨를 안 뿌리면 추수할 곡식이 없어요……"라는 가사로 되어 있다. '뻐꾹' 소리는 한자로 布穀(포곡)으로 표기하여 마치 농부에게 일찍 일어나 씨를 뿌리라고 재촉하는 것처럼 들린다. 과거 농촌에서 뻐꾸기는 흔한 새로 우는 소리가 맑고 우렁차다. 겨울이 지나가면 뻐꾸기가 돌아오고 농부는 뻐꾸기 소리를 듣고 봄이 온 것을 알았다. 농부들의 입장에서 볼 때 뻐꾸기는 해충을 먹어 치우면서도 농작물은 먹지 않는 익조(益鳥)

다. 빼꾸기는 가을이 되어 잡아먹을 벌레가 없으면 솔방울을 먹는다. 옛 중국인들은 농사에 유익한 조류를 통칭하여 ‘농상익조(農桑益鳥, 농업과 양잠업에 이로운 새)’ 또는 ‘호(扈파랑새 호)’라고 불렀다. 扈의 갑골문  ,  ,  은 한 마리의 새()가 집(戶, ) 밖에서 우짖는 모습을 표현하고 있으며, 마치 집 안에 있는 사람들에게 늦잠 자지 말고 어서 밭일하러 나가라고 재촉하는 듯하다. 훗날 扈는 ‘雇( )’로 바뀌서 표기하게 되었다. 농사에 도움을 주는 철새는 마치 농부가 고용한 직원처럼 할 일을 열심히 했기 때문에 雇는 ‘돈을 들여 일할 사람을 고용하다’라는 의미가 파생되었으며, 관련 단어로는 고청(雇請gùqǐng, ‘돈을 주고 자기 일을 해달라고 부탁하다’를 의미하는 중국어), 빙고(聘雇pìngù, ‘초빙하여 고용하다’를 의미하는 중국어) 등이 있다.

《좌전》에 따르면 상고시대에 소호씨(少皞氏)가 아홉 가지의 농관(農官)을 설치하고 농사와 양잠을 돕는 아홉 가지 철새들의 이름으로 관명을 지었다. 이 아홉 가지의 농관을 통칭 구호(九扈 또는 九雇)라 불렀다. 그들의 주요 직무는 각각의 절기가 다가올 때 백성들에게 농사와 관련된 일을 가르쳐주는 것이었다. 가규(賈逵)는 “봄 파랑새는 백성들로 하여금 경작을 즐겁게 해주고(또는 재촉하고), 여름 파랑새는 김매기를 즐겁게 해주며, 가을 파랑새는 수확을 즐겁게 해주고, 겨울 파랑새는 곡식의 저장과 농지를 덮어주는 일을 즐겁게 해준다”라고 풀이했다.

금

전

농사에 도움을 주는 익조(, 雇품 팔 고, 뻐꾸기 호)가 사람(, 頁머리 혈, 책 면 엽)을 깨우다

顧 돌아볼 고

gù

는 흥미로운 금문으로 지저귀는 새가 사람(, 頁)을 놀라게 해서 깨우는 모습이다. 옛날에는 수탉도 농상익조에 속했다. 따라서 이 금문이 묘사하는 것은 새벽을 알리는 수탉일 가능성이 크다. 전서 는 지저귀는 새 대신 '雇'를 넣음으로써 농사에 도움을 주는 익조의 역할을 더욱 부각했다. 선진의 문헌에서 顧는 雇와 통용되었으나 현대에 와서는 '맡아보다'의 의미를 담게 되었다. 관련 단어로는 간고(看顧kàngù, '보살피다'를 의미하는 중국어), 조고(照顧zhào·gù, '고려하다', '돌보다'를 의미하는 중국어) 등이 있다. 의 글자 구성 개념은 (囂들렐 효, 많을 오, '들레다'는 '야단스럽게 떠들다'를 의미함)와 유사하며, 는 한 사람(, 頁)이 주변의 시끄러운 소리(네 개의 입)에 기(氣)가 위로 솟는 모습을 묘사했다. 따라서 囂는 사람을 짜증나게 하는 시끄러운 소리라는 의미로 확장되었으며, 관련 단어로는 훤효(喧囂xuānxiāo, '시끄럽게 굴다'를 의미하는 중국어)가 있다.

전

목소리가 우렁찬(, 厷팔뚝 굉, 클 굉) 새(, 隹새 추, 높을 최, 오직 유)

雄 수컷 웅

xióng

수탉이 우는 소리는 암탉보다 크고 우렁차다. 따라서 雄은 수컷 새를 가리키며 남성적이고 혈기왕성하며 씩씩하다는 의미가 파생되었다. 관련 단어로는 영웅(英雄), 웅장(雄壯, '규모 따위가 거대하고 성대하다'를 의미하는 '웅장하다'의 어근) 등이 있다.

들새를 불에 굽다

焦 탈 초

jiāo

불(火불 화,)에 새(, 隹새 추, 높을 최, 오직 유)를 굽다

황량한 야외에서 날짐승을 잡았을 때 가장 간단한 요리 방법은 불에 굽는 것이다. 焦는 본래 '불로 새를 굽다'라는 의미가 있다. 그런데 불에 구우면 새털을 태울 수밖에 없으므로 焦는 '물체를 까맣게 태우다. 또는 이때 나는 냄새'를 가리키는 의미로 파생되었다.

금 전

難 어려울 난, 우거질 나

nàn 또는 nán

진흙(, 堇진흙 근, 조금 근)에 빠져 곤경에 처한 새(鳥새 조, 땅 이름 작, 섬 도, , 隹새 추, 높을 최, 오직 유)

새의 깃털에 황토 진흙이 묻으면 날아오를 수 없어 곤경에 빠진다. 중국 고대에는 새를 구워 먹는 특별한 방식이 유행했는데, 새의 온몸에 황토를 발라 화덕에 넣어 굽는 것이다. 다 구워진 후 새의 털에 붙은 검게 탄 황토를 떼어내면 부드럽게 익은 살코기를 먹을 수 있었다. 털을 떼어내는 번거로움을 없앤 이 요리 방식은 '규화계(叫化雞)'라고 하여 밥을 빌어먹는 걸인(중국어로 '규화자(叫化子jiàohuā·zi)'라고 함)들이 고안했다는 설이 전해진다. 다른 전서 는 '難( )' 아래에 '火(불 화,)'를 추가하여, 진흙에 빠진 새가 불에 구워지는 모습을 묘사한 것처럼 보인다.

금 전

전

활(弓활 궁,)로 쏘아 들새(, 隹새 추, 높을 최, 오직 유)를 떨어뜨리다

雋 영특할 준, 살찐 고기 전, 땅 이름 취

juàn 또는 jùn

조상들이 힘들게 사냥해 온 새와 짐승을 요리해 먹으면 그 맛이 대단히 좋았을 것이다. 雋은 활을 당겨 새를 쏜다는 본래 의미에서 '풍부한 맛', '의미심장하여 음미할 가치가 있다'의 의미로 확장되었으며, 관련 단어로는 준영(雋永, '살지고 맛있는 고기'라는 뜻으로, 의미심장하여 깊은 뜻이 있음을 이르는 말) 등이 있다.

새를 잡다

갑

금

전

한 마리의 새(鳥새 조, 땅 이름 작, 섬 도, , 隹새 추, 높을 최, 오직 유)를 손(手손 수, , 又또 우, 용서할 유)에 쥐고 있다

隻 외짝 척

zhī

隻은 '한 마리의 새'라는 본뜻에서 '양사(量詞, 세거나 잴 수 있는 분량이나 수량 따위를 나타내는 단어)', '혼자인 사람'이라는 의미로 확장되었으며, 관련 단어로는 척신(隻身, 배우자나 형제가 없이 혼자인 사람) 등이 있다. 《설문》은 "隻은 새 한 마리이다"라고 풀이했다. 隻의 간체자는 只이다.

손(手손 수, , 又또 우, 용서할 유)에 두 마리의 새( )가 있다

雙 두 쌍, 쌍 쌍

shuāng

雙은 '짝을 이루다', '배필이 되다'의 의미로 파생되거나

양사로 사용하게 되었으며, 관련 단어로는 성쌍(成雙, 혼인이 이루어짐. 또는 혼인을 함), 무쌍(無雙, '서로 견줄 만한 것이 없을 정도로 뛰어나거나 심하다'를 의미하는 '무쌍하다'의 어근) 등이 있다. 雙의 간체자는 双이다.

奪 빼앗을 탈, 좁은 길 태

duó

새(鳥새 조, 땅 이름 작, 섬 도, , **隹**새 추, 높을 최, 오직 유**) 한 마리가 사람(人**사람 인, **)에게 잡혀(抓**긁을 조, , 寸마디 촌**)가다**

금문 은 한 마리의 작은( ) 새( )를 잡아서 ( ) 옷(衣옷 의,) 속에 집어넣는 모습을 묘사했다. 전서 는 '衣'가 '大'로 바뀌어서 새 한 마리가 사람( )에게 붙잡혀 가는 것을 묘사했다. 奪은 '억지로 빼앗다', '없애다'의 의미로 확장되었으며, 관련 단어로는 창탈(搶奪, 폭력을 써서 남의 것을 억지로 빼앗음), 박탈(剝奪, 남의 재물이나 권리, 자격 따위를 빼앗음) 등이 있다. 奪의 간체자는 夺이다.

奮 떨칠 분

fèn

농사짓는 사람(人사람 인, **)이 밭(田**밭 전, **)에 있는 새(鳥**새 조, 땅 이름 작, 섬 도, , **隹**새 추, 높을 최, 오직 유**)를 쫓아버리다**

새들이 밭에 들어와 곡식을 쪼아 먹으면 어떻게 해야 할까? 금문 은 옷(衣옷 의,)을 벗고 밭에 있는 새를 쫓아버리는 모습을 표현했다. 그래서 새는 즉시 날개를 파닥이며 날아간다. 이에 따라 '진동(振動)하다', '높이 들다', '진작(振作, 떨쳐 일어남)

하다' 등의 의미로 확장되었으며, 관련 단어로는 분투(奮鬥, 있는 힘을 다하여 싸우거나 노력함), 흥분(興奮) 등이 있다. 전서 [奮]는 '衣'가 '大'로 바뀌어서 사람이 나서서 밭에 있는 새를 쫓는 모습을 표현했다.

사육되는 새

雞 닭 계

jī

갑 전

노예(, 奚어찌 해)가 되어 갇혀 있는 새(鳥새 조, 땅 이름 작, 섬 도, , 隹새 추, 높을 최, 오직 유)

사람들은 포획해 온 날짐승을 다 먹어 치우지 못하자 가둬놓고 사육하게 되었다. 雞의 갑골문 과 전서 雞는 새(,)를 노예(,)로 삼아 가둬놓은 모습을 표현했다. 奚는 목에 사슬을 두른 노예를 의미한다('奚' 설명 참조).

鶵 난새 추

또는

雛 병아리 추

chú

금 전

사람이 풀을 베어다가(, 芻꼴 추) 먹여야 하는 어린 새(, 隹새 추, 높을 최, 오직 유)

닭과 오리는 채소, 연한 풀, 곡식이나 과일 등을 먹는 잡식성 조류이다. 현대인들은 병아리나 오리 새끼에게 쌀이나 사료를 먹이지만 옛날 사람들은 채소나 연한 풀을 먹여서 사육했을 것이다. 鶵의 간체자는 雏이다.

기타

雀 참새 작

què

형태가 작은(小작을 소,) 새(, 隹새 추, 높을 최, 오직 유) 종류

雀의 갑골문 과 전서 는 모두 小와 隹로 구성되어 작은 새를 널리 칭한다. 관련 단어로는 마작(麻雀 máquè, '참새'를 의미하는 중국어), 작약(雀躍, 참새가 뛰는 것처럼 펄쩍펄쩍 뛰며 기뻐함), 작반(雀斑, 얼굴의 군데군데에 생기는 잘고 검은 점) 등이 있다.

갑 전

瞿 놀랄 구, 세모창 구

qú

작은 새(, 隹새 추, 높을 최, 오직 유)가 경계하며 좌우를 살펴보다(, 目눈 목)

전서 는 작은 새가 모이를 쪼아 먹으면서 한편으로는 경계하며 사방을 살펴보는 모습을 묘사했다. 구연(瞿然)은 '놀라서 바라보다'라는 뜻이다. 懼(두려워할 구,)는 瞿에서 파생된 한자로, 작은 새가 놀라서 두리번거리는( ) 마음(心마음 심,)을 묘사하여 '놀라 두려워하다'라는 의미가 파생되었다.

전

進 나아갈 진, 선사 신

jìn

한 마리의 새(, 隹새 추, 높을 최, 오직 유)가 앞을 향해 걸어가다(, 辶쉬엄쉬엄 갈 착)

옛 중국인들은 새가 걷거나 날 때 늘 앞으로만 향하며 뒤로 가는 일은 없다는 것에 착안하여 이 글자를 만들었다. 進은 앞을 향해 걷는다는 본뜻에서 '앞을 향해 나아

금 전

가다', '안으로 걸어 들어가다'의 의미가 파생되었으며, 관련 단어로는 전진(前進), 진보(進步), 선진(先進, 어느 한 분야에서 연령, 지위, 기량 따위가 앞섬. 또는 그런 사람), 진화(進貨jìnhuò, '상품을 들여오다', '입하하다'를 의미하는 중국어) 등이 있다. 進의 간체자는 进이다.

雁 전

雁

雁 기러기 안

yàn

사람( )이 좋아하는 기슭(岸언덕 안, , 厂기슭 엄, 기슭 한, 공장 창)에 있는 큰 새(, 隹새 추, 높을 최, 오직 유)

雁의 전서는 , , , 등의 구조 형태를 지니며, 은 물가(, 岸)에서 서식하는 새( )를 묘사했다. 과 은 기슭( )의 새( )를 묘사했다. 은 사람을 추가함으로써 이것이 사람이 즐겨 사냥하는 물가의 큰 새임을 표현했다.

기러기는 예로부터 영리하고 잘 협력하는 동물이라 하여 선비들 사이에 축하 예물로 선호되었다. 雁이 들어간 단어를 보면 기러기를 대하는 옛 중국인들의 생각이 드러난다. '안행천리(雁行千里)'는 철새인 기러기의 습성과 인내를 이야기하며, '안천(雁天)'은 입추(入秋)를 지칭하여 기러기가 남쪽으로 날아가는 계절을 의미한다. '안노(雁奴)'는 기러기가 서식할 때 무리에서 경계를 담당하는 기러기를 뜻한다. '안자(雁字)'는 기러기가 나는 대형, '안서(雁序)'는 기러기가 비행하는 순서를 뜻하며, '안행실서(雁行失序)'는 기러기가 화살에 맞고 떨어져 비행 순서가 엉망이 되었다는 의미로, 옛 중국인들은 이 말을 이용해 형제를 잃은 비통함을 묘사했다. '어안왕반(魚雁往返)'은 기러기가 일정한 시간에 비행하는 특성에 착안하여 가까운 두 친구 사이에 서신이 오가는 것을 형용한 말이다.

烏—땅 위를 걷는 새

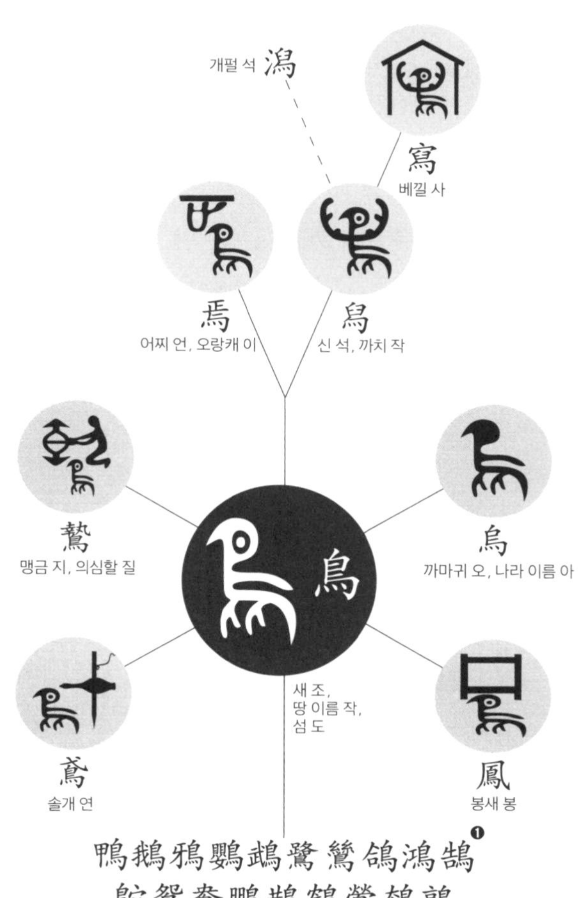

❶ 鴨(오리 압)
鵝(거위 아)
鴉(갈까마귀 아)
鸚(앵무새 앵)
鵡(앵무새 무)
鷺(해오라기 로·노, 백로 로·노)
鷥(해오라기 사)
鴿(집비둘기 합)
鴻(기러기 홍, 원기 홍)
鵠(고니 곡, 과녁 곡, 클 호, 학 학)
鴕(타조 타)
鴛(원앙 원)
鴦(원앙 앙)
鵬(붕새 붕, 봉새 봉)
鵲(까치 작)
鶴(학 학, 흴 학)
鶯(꾀꼬리 앵)
鵪(메추라기 암, 집오리 압)
鶉(메추라기 순, 수리 단)

鳥(새 조, 땅 이름 작, 섬 도)의 갑골문, 금문, 전서는 지상에서 걸어 다니는 새를 묘사하고 있으며, 새의 머리, 눈, 발, 꼬리, 몸체로 구성된다. 鳥의 갑골문과 금문 및 파생된 한자는 隹(새 추, 높을 최, 오직 유)에 비해 훨씬 적다. 鳥의 형태와 소리를 이용하여 만들어진 형성자는 모두 후기에 발전된 글자이므로 여기서는 다루지 않겠다.

전

烏 까마귀 오, 나라 이름 아

wū

온몸이 검은 새(鳥새 조, 땅 이름 작, 섬 도,)

까마귀는 온몸이 까맣다. 심지어 눈도 까만 눈동자로 다 채워져 흰자가 보이지 않기 때문에 눈이 어디 있는지 찾기 어려울 정도다. 따라서 글자를 만들 때 '鳥'의 눈을 감춰서 '烏'가 된 것이다.

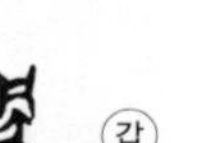
갑

전

鳳 봉새 봉

fèng

변경(邊境, , 凡무릇 범) **밖에서 날아오는 큰 새**(鳥새 조, 땅 이름 작, 섬 도,)

주나라의 《예기·월령》에는 당시 농업 사회의 각종 절기가 기재되어 있다. 깊은 가을이 되면 중원(中原)은 백로(白露) 절기에 접어들어 날씨가 점점 추워진다. 이 시기에 시베리아에서 불어오는 차가운 북풍을 타고 대형 철새 홍안(鴻雁, 큰 기러기와 작은 기러기를 이르는 말)이 겨울을 피해 떼지어 날아온다. 겨울을 무서워하는 제비 현조(玄鳥, 제빗과의 새)도 따뜻한 남쪽의 서식지로 잇달아 돌아간다. 이것이 바로 《예기》에 소개된 "중추의 달에 거센 바람이 불면 기러기가 날아오고 제비는 돌아가며 새들은 좋은 먹이를 갈무리한다(仲秋之月, 盲風至, 鴻雁來, 玄鳥歸, 群鳥養羞: 중추지월, 망풍지, 홍안래, 현조귀, 군조양수)"이다. 대형 철새뿐 아니라 봉황도 북풍을 타고 날아온다. 《백호통》에 "봉새가 바람을 타고 온다(鳳鳥乘於風: 봉조승어풍)"라는 내용이 나온다. 봉새도 시베리아의 차가운 바람을 타고 겨울을 나기 위해 날아오는 것을 알 수 있다. 鳳의 갑골문  ,  ,  ,  은 凡과 鳥로 구성되어 변경(, 凡) 밖에서 날아오는 큰 새( , )를 묘사했다. 동주(東周)시대에 이르러 전서는 鳳이 凡()과 鳥()의 조합으로 확실히 바뀌었고, 이에 따라 오늘날의 鳳()으로 고착되었다.

고대 서적은 봉새의 특징을 묘사했다. 닭의 머리, 뱀의 목, 물고기의 꼬리에 거대한 체형을 갖추고 무리 지어 날아다닌다. 춤에 능하고 우는 소리가 맑고 우렁차서 상서로움을 상징하며 중국 동북 지역 등에 서식한다. 이런 특징들은 사실 두루미 등 대형 철새와 매우 유사하다. 두루미는 예로부터 선금(仙禽)이라 하여 상서로움과 장수를 상징했다. 미국 사우스웨스트 항공(Southwest Airlines)의 비행기 한 대가 비행 도중 백여 마리의 거대한 학 무리와 부딪쳐 기체 손상으로 인근 공군기지에 비상착륙했다. 매체의 보도에 따르면 이 비행기에 부딪혀 죽은 학은 길이가 4미터는 족히 되고 무게가 약 10킬로그램에 달한다고 한다.

금

전

舄 신 석, 까치 작

xì

새(鳥새 조, 땅 이름 작, 섬 도,)가 입에 풀을 한 가닥씩 물어 와 둥지(, 臼절구 구)를 짓다

베 짜는 새(Weaver Bird)는 부지런한 방직공이다. 번식기가 되면 수컷이 식물섬유를 물어다 나뭇가지에 칭칭 감아놓는다. 이어서 부리를 이용해 풀을 교차하며 매듭을 지어 튼튼한 둥지 꼭대기부터 만든다. 이어서 아래를 향해 벽을 엮어가며 내부 공간을 만든다. 이때 둥지의 바닥에는 구멍을 뚫어 입구로 삼는다. 단단히 봉해진 둥지 꼭대기는 비와 햇빛을 막아준다. 베 짜는 새만 둥지를 잘 짓는 것은 아니다. 주나라 사람들은 까치가 부리로 둥지를 짓는 데 소질이 있음을 잘 알았다. 《시경·소남·작소(召南·鵲巢)》는 "까치가 살던 둥지에 뻐꾸기가 머문다(維鵲有巢, 維鳩居之: 유작유소, 유구거지)"라고 하였으며, 《예기·월령》도 "겨울이 되면 까치가 둥지를 짓기 시작한다(季冬鵲始巢: 계동작시소)"라고 했다. 옛 중국인들도 까치를 舄이라고 불렀다. 원나라의 심희(沈禧)는 "까치를 기쁘게 맞이한다(喜迎鳧舄: 희영부작)"라고 말했다. 여기서 '부작(鳧舄)'이 바로 까치이다. 舄의 글자 구조는 원래 鳥와 臼로 구성된다. 새가 머리를 둥지 안으로 들이밀어 벽을 엮느라 새의 몸만 노출되기 때문에 글자를 만들 때 새의 머리를 생략했다.

집(, 宀집 면) 안에서 한 획 한 획 글자를 쓰는 것이 마치 베 짜는 새가 풀을 한 가닥씩 물어다 새 둥지를 엮는 것(, 舃신 석, 까치 작) 같다

寫 베낄 사

xiě

관련 단어로는 서사(書寫, 글로 적음), 사자(寫字, 글씨를 베껴 씀) 등이 있다. (寫, 字글자 자, 學배울 학, 가르칠 교, 고지새 할 등 글씨 쓰기를 익히는 것과 관련된 한자에는 모두 宀이 구성 요소로 들어 있어 주나라 사람들이 집 안에서 글씨 쓰기를 익히는 학교교육을 중시했음을 보여 준다.)

전

아름다운 새(鳥새 조, 땅 이름 작, 섬 도,)가 하늘을 향해 (一) 날아가다(, 之갈 지)

焉 어찌 언, 오랑캐 이

yān

('正'에서 파생된 한자 참조)

금

전

다른 동물을 잡는 데 능한(, 執잡을 집) 새(鳥새 조, 땅 이름 작, 섬 도,)

鷙 맹금 지, 의심할 질

zhì

매와 송골매는 날카로운 발톱으로 다른 동물이나 조류를 사냥하는 데 능하여 '지조(鷙鳥)', 즉 맹금(猛禽, 매나 독수리 따위와 같이, 성질이 사납고 육식을 하는 날짐승을 통틀어 이르는 말)류에 속한다. 맹금류는 홀로 다니는 것을 좋아한다. 따라서 《이소(離騷)》는 "지조는 무리 짓지 않는다(鷙鳥之不群兮: 지조지불군혜)"라고 했다. 鷙는 맹금류라는 원뜻에서 '사납다'의 의미가 파생했다.

전

전

鳶 솔개 연

yuān

화살( )에 맞은 새(鳥새 조, 땅 이름 작, 섬 도,)

鳶에는 연에 얽힌 전고(典故)가 있다. 하늘을 나는 새매가 화살에 맞으면 화살의 줄 한쪽은 새의 몸에 매달리고 다른 한쪽은 사냥꾼의 손에 들려 있게 된다. 이런 광경은 마치 사람이 하늘을 나는 새를 잡아당기는 것 같다. 옛 중국인들은 이런 광경을 본따 지연(紙鳶, 종이 연)을 만들었다. 종이에 새를 그려 넣어 새 모양을 만든 후, 종이 새의 댓가지에 줄을 묶었다. 오늘날 지연을 '풍쟁(風箏)'이라고 부른다. 鳶은 '새매'와 '연'이라는 두 가지 의미가 있으며, 관련 단어로는 지연(紙鳶), 연비여천(鳶飛戾天, 솔개가 하늘을 날아드는 기운) 등이 있다.

弋—고대의 독특한 기러기 사냥 기능

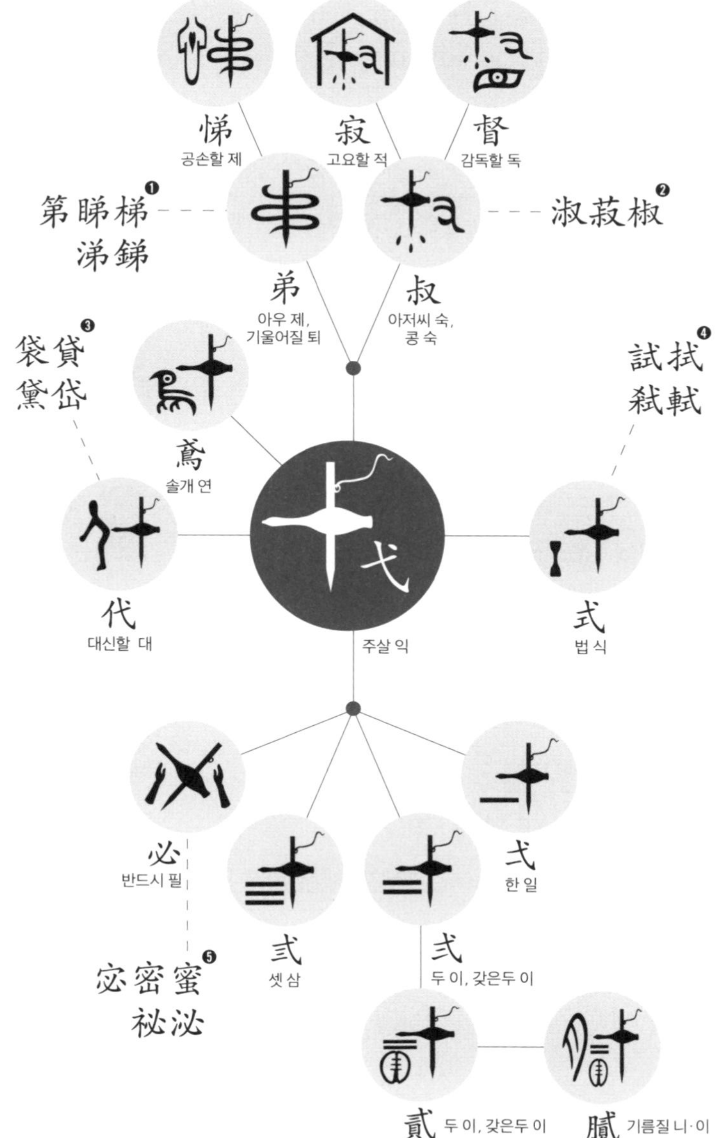

❶ 第(차례 제)
睇(흘깃 볼 제, 볼 체)
梯(사다리 제)
涕(눈물 체)
銻(안티몬 제)

❷ 淑(맑을 숙)
菽(콩 숙)
椒(산초나무 초)

❸ 袋(자루 대)
貸(빌릴 대, 꿀 대, 틀릴 특)
黛(눈썹먹 대)
岱(대산 대)

❹ 試(시험 시)
拭(씻을 식)
弑(윗사람 죽일 시)
軾(수레 앞턱 가로 댄 나무 식)

❺ 宓(성씨 복, 잠잠할 밀)
密(빽빽할 밀)
蜜(꿀 밀)
祕(숨길 비, 심오할 필)
泌(스며 흐를 필, 분비할 비)

중국에서 흔히 볼 수 있는 기러기에는 홍안(鴻雁), 두안(豆雁), 흰이마기러기 등이 있다. 기러기의 무게는 수 킬로그램에 달하고 깃털은 장신구로 쓸 수 있어 경제적 가치가 높았기 때문에 예부터 기러기를 사냥하는 사람들이 꽤 있었다. 해마다 봄이 되면 사냥꾼들은 기러기 무리가 서식하는 강가에서 대대적인 사냥을 벌였다. 옛날과 지금은 기러기 사냥의 기교에도 큰 차이가 있다. 현대의 사냥꾼들은 총으로 쏘아서 잡지만 고대에는 활을 쏘거나 사냥매를 풀어서 기러기를 잡았다. 그러나 갑골문과 금문, 전서에 등장하는 것은 상주시대의 익안(弋雁, 줄이 달린 주살로 기러기를 사냥하다)이다.

익안은 익사(弋射)라고도 부르며, 고대의 집단 고기잡이와 사냥 활동이다. 이른바 익안지술(弋雁之術)은 곧은 나뭇가지를 구해 한쪽 끝을 날카롭게 만들어 화살을 만든 후, 여기에 줄을 달아 주살로 사용한 것이다. 상주시대에는 청동이나 철제 주살이 발달했다. 사냥꾼이 야생 기러기 서식지에 당도하여 활로 주살을 쏘면, 화살에 맞은 기러기는 주살에 줄이 달려 있으니 달아날 우려가 없고, 게다가 주살을 잃어버릴 염려도 없었다. 고고학자들은 1977년 후베이성(湖北省) 쑤이현(隨縣)에서 전국시대 증후을(曾侯乙)의 묘를 발견했다. 무덤 안에서 청동 주전자 한 점을 발굴했는데 표면에 익안도(弋雁圖)가 새겨져 있고 그림의 화살마다 뒷면에 긴 줄이 매여 있었다. 弟(아우 제, 기울어질 퇴), 必(반드시 필), 代(대신할 대), 鳶(솔개 연) 등 弋(주살 익)에서 파생된 옛 한자는 모두 기러기 사냥과 관련된 이야기를 묘사하고 있다.

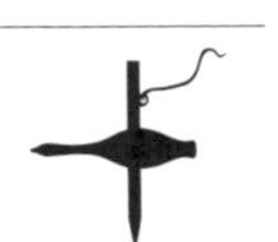

弋 주살 익

yì

줄이 달린 화살( )을 쏘아 나는 새( )를 떨어뜨리다

妜는 고대 성씨이며, 금문 , 은 女(여자 녀·여, 너 여)와 弋의 합체자로 고대에 사냥을 생업으로 삼은 여인으로부터 생겨난 씨족 집단이었을 것이다. 弋의 갑골문 , 은 꼬리 부분에 줄을 매단 화살이 땅에 꽂힌 모습이고, 금문 , 은 줄이 달린 화살을 쏘아 새를 떨어뜨린 모습이다. 전서 , 는 획순이 조정된 후의 결과이다. 다른 전서 는 새 한 마리를 추가하여 그 의미가 더욱 분명해졌다. 弋은 '기러기를 쏘는 화살' 혹은 '화살에 맞은 기러기'라는 본래 의미에서 '사냥감을 잡다'라는 의미로 확장되었다. 관련 단어로는 익획(弋獲yìhuò, '주살로 쏴서 잡다', '체포하다'를 의미하는 중국어), 익안(弋雁, 줄이 달린 주살로 기러기를 사냥하다) 등이 있다. 《운회》는 "弋은 화살에 실을 매어 나는 새를 쏘는 것이다(弋, 繳射飛鳥也: 익, 격사비조야)"라고 하였으며, 《시경》에는 "주살로 오리와 기러기를 잡는다. [설명] 弋은 화살에 실을 달아 쏘는 것을 말한다(弋鳧與鴈. [疏] 弋謂以繩繫矢而射也: 익부여안. [소] 익위이승계시이사야)"라고 쓰여 있다.

《논어·술이(述而)》는 "子釣而不綱, 弋不射宿(자조이불강, 익불사숙)"이라 하여 공자가 낚시로만 물고기를 잡고 그물질은 하지 않았으며, 주살질을 할 때는 날아가는 기러기만 쏠 뿐 자는 새는 쏘지 않았다고 찬양했다. 자연 생태를 보호하려는 공자의 관념을 엿볼 수 있다.

갑

금

전

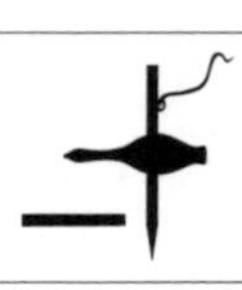

弌 한 일

yī

주살에 맞고 떨어지는 기러기(, 弋주살 익) 한 마리(一)

弌(한 일), 弍(두 이, 갖은두 이), 弎(셋 삼)은 각각 一, 二, 三의 옛 한자이다.

금 전

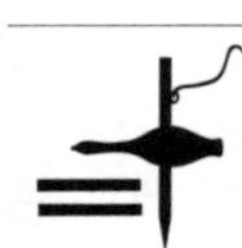

弍 두 이, 갖은두 이

èr

주살에 맞고 떨어지는 기러기(, 弋주살 익) 두 마리(二)

弍는 본래 '두 마리의 기러기'라는 의미가 있으며, 나중에 貳(두 이, 갖은두 이)로 바뀌었다.

전

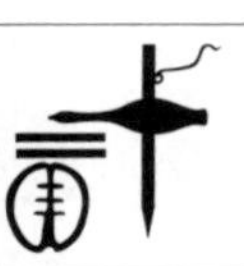

貳 두 이, 갖은두 이

èr

두 개(, 弍두 이, 갖은두 이)의 조개 화폐(貝조개 패, 성씨 배,)

貳는 '두 개의 돈'이라는 본뜻에서 '두 개, 두 번, 두 번째'의 의미로 확장되었다. 공자는 안회(顏回)에게 "불이과(不貳過)", 즉 같은 잘못을 두 번 범하지 말라고 했다. 현대사회에서 貳는 二의 갖은자로 쓰인다.

전

膩 기름질 니·이

nì

두(, 貳두 이, 갖은두 이) 조각의 고기(, 月달 월)

사람은 고기 한 조각을 먹을 때는 맛있는데 더 먹으면 느끼해한다. 膩는 '과다하다', '사람을 짜증 나게 하다'의 의미로 확장되었으며, 관련 단어로는 유이(油膩, '살이 찌고 기름기가 돌아 번지르르하다, 음식이 기름지다'를 의미하는 '유이하다'의 어근), 흘니(吃膩 chīnì, '너무 먹어 물리다, 느끼하다'를 의미하는 중국어) 등이 있다.

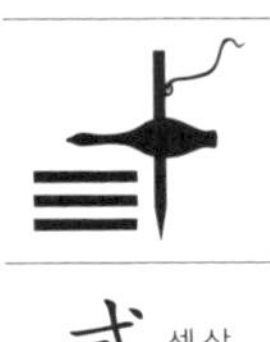

弎 셋 삼

sān

주살에 맞고 떨어지는 기러기(, 弋주살 익) 세 마리( )

代 대신할 대

dài

사냥하는 사람(人사람 인,)이 주살( )을 교체하다

전

代는 두 가지의 뜻으로 확장되었으며, 그중 하나는 '교체하다'의 의미이다. 기러기가 서식지에서 한 마리씩 날아오르면 사냥꾼은 주살을 재빨리 활시위에 놓고 쏘아야 한다. 代는 활시위에 주살을 하나씩 교체하는 장면을 묘사했으며, 관련 단어로는 체대(替代, '어떤 일을 서로 번갈아 대신하게 되다'를 의미하는 '체대하다'의 어근), 대리(代理, 남을 대신하여 일을 처리함. 또는 그런 사람), 대표(代表) 등이 있다. 代에서 파생된 두 번째 의미는 '바뀌어 교체되는 시간'이며, 관련 단어로는 조대(朝代cháodài, '왕조의 연대'를 의미하는 중국어), 세대(世代), 연대(年代) 등이 있다.

必 반드시 필

bì

주살에 맞은 기러기(, 弋주살 익)는 반드시 '분'배(分나눌 분, 푼 푼, , 八여덟 팔)해야 한다

금문 과 전서 는 모두 弋과 八로 구성된 회의자로, 화살에 맞은 기러기( )를 분배하는 것( )을 상징한다. 八은 나누는 것(分)이다. 옛 중국인들은 화살을 쏘아 야생 기러기를 사냥했는데, 무리를 지어 행동하고 사냥이 끝나면 반드시 포획물을 분배했다. 必은 '반드시'의 의미로 확장되었으며, 관련 단어로는 필연(必然), 필수(必須), 필비(必備, 반드시 갖춤) 등이 있다.

弟 아우 제, 기울어질 퇴

dì

줄(, 己몸 기)로 감아놓은 주살( )

弟의 갑골문 과 금문 , , , 전서 는 모두 弋(주살 익)과 己의 합체자로, 기러기를 쏘는 주살에 감긴 줄(, 己)을 의미한다. 弟는 줄로 감아놓은 주살이라는 원래 의미에서 '손위 형에게 얽매인 사람'의 의미가 파생되었다. 관련 단어로는 제매(弟妹, 남동생과 여동생), 형우제공(兄友弟恭, 형제간에 서로 우애를 다함) 등이 있다. 《광아》는 "弟는 따르는 것이다. 형의 말을 따른다"라고 풀이했다.

悌 공손할 제

tì

아우(弟아우 제, 기울어질 퇴,)의 마음가짐(心마음 심,)

悌는 형을 공경하고 순종한다는 의미로 확장되었다. 유교에서는 부모에 대한 효도와 형제간의 우애를 중시하여 집에서는 부모에게 효도하고 밖에 나가서는 어른을 공경하라고 가르쳤다. 《논어》는 "그 사람됨이 효성스럽고 공손하면서 어른 거스르기 좋아하는 사람은 드물다"라고 하였으며, 《맹자》는 "집에서는 부모에게 효도하고 집 밖에서는 어른을 공경해야 한다"라고 했다.

叔 아저씨 숙, 콩 숙

shū

멀리 쏜 가늘고 작은(小작을 소,) 주살( )을 주워 오는(, 又또 우, 용서할 유) 일을 맡다

고대에 임금이나 높은 관직에 있던 사람들은 사냥을 즐겼다. 심지어 '좌익(佐弋)'이라 하여 주살을 관장하는 관리까지 둘 정도였다. 당시 나이가 많은 사람(또는 지위가 높은 사람)이 활쏘기를 즐길 때 나이가 어린 사람(또는 지위가 낮은 사람)은 떨어진 화살과 화살에 맞은 새를 주워 오는 일을 맡았다. 叔의 금문 , 은 모두 弋, 小, 又로 구성된 회의자이며, 화살을 주워 온다는 본래의 뜻에서 나이가 비교적 어리거나 항렬이 낮은 사람을 가리키는 의미로 확장되었다. 관련 단어로는 숙백(叔伯, 아우와 형을 아울러 이르는 말), 숙부(叔父, 아버지의 남동생을 이르는 말. 주로 기혼자를 가리킨다), 숙세(叔世, 정치, 도덕, 풍속 따위가 아주 쇠퇴하여 끝판이 다 된 세상(=만세(晩世)))등이 있다. 《설문》은 "叔은 주워 오는 것이다"라고 풀이했다.

금

전

督 감독할 독

dū

주살을 주워 오는 사람(, 叔아저씨 숙, 콩 숙)의 눈( )

주살을 쏜 후 이를 주워 오는 사람은 눈을 크게 뜨고 화살에 맞은 새가 있는지 살피고, 그것이 어디에 떨어졌을지도 잘 판단해야 했다. 자칫하다가는 사냥감과 화살을

전

잃어버리고 꾸중을 듣기 때문이다. 督은 '자세히 살펴보다'라는 의미로 확장되었으며, 관련 단어로는 독찰(督察, 일을 살피어 밝힘), 감독(監督) 등이 있다.

작은 아저씨(, 叔아저씨 숙, 콩 숙)가 집(, 宀집 면)에서 지켜야 할 본분

寂 고요할 적

jì

주나라 사람들은 윤리를 대단히 중요하게 생각했으며, 장유유서(長幼有序)를 강조하여 아우가 형의 말에 순종하도록 가르쳤다. 따라서 작은 아저씨(小叔, 소숙)는 함부로 자기주장을 하지 않고 본분을 지키는 법도를 배워야 했다. 이 밖에도 결혼하지 않은 작은 아저씨는 결혼한 손위 형에 비해 비교적 외롭고 적적하다. 寂은 '조용하다'라는 의미로 파생되었으며, 관련 단어로는 적정(寂靜, '쓸쓸하고 고요하다'를 의미하는 '적정하다'의 어근), 적막(寂寞, 적적함, 고요함), 고적(孤寂, 외롭고 쓸쓸함) 등이 있다.

'공'구(工장인 공,)를 사용하여 규격이 같은 주살( )을 대량 제작하다

式 법식

shì

금

전

은허(殷墟, 중국 허난성(河南省) 안양시 안양현(安陽縣) 북서쪽 일대에 있는 은나라 때의 유적) 문화 유적지에서 대량의 청동기 모구(模具, 모양 틀)가 출토되었는데, 그중에는 주살을 제작하는 모구도 포함되어 있었다. 式은 '규범', '양식'의 의미로 파생되었으며, 관련 단어로는 공식(公式), 관식(款式), 의식(儀式) 등이 있다.

금문  은 금속 주살을 상징하며, 모구로 주조한 것임을 알 수 있다.

고대 기러기 사냥의 고수를 들자면 당나라 태종(太宗) 때의 설인귀(薛仁貴)를 자연스레 떠올리게 된다. 그는 어린 나이에 아버지를 잃고 가난하게 살았으나 타고난 장골에 먹는 양이 많았다. 그는 농사를 짓는 한편 사냥을 하여 주린 배를 채워야 했다. 설인귀는 기러기 사냥을 위해 백발백중의 활쏘기 기술을 익혔다. 그의 고향 부근에는 강이 한 줄기 흘렀는데 그 강가에 기러기들이 서식했다. 이름하여 '홍료탄(紅蓼灘)'은 설인귀가 자주 사냥하던 장소였다. 그는 화살 한 번을 쏘아 기러기 두 마리를 잡았으며, 인후(咽喉)를 활로 맞힐 수도 있었다고 한다. 심지어 화살 한 방에 기러기 일곱 마리를 맞힌 기록까지 전해진다. 나중에는 기러기도 설인귀의 화살을 피해 서식지를 먼 곳으로 옮겨버렸다. 몇 년 후 태종이 인근 국가를 정복하기 위해 용사들을 모집했다. 주변에 사냥할 기러기가 없었던 설인귀는 아내 유은환(柳銀環)의 권유로 군대에 들어갔다. 사격에 능하고 용맹한 그는 여러 전투에서 공을 세워 효위대장군(驍衛大將軍)으로 봉해졌다. 그러나 성격이 지나치게 강직한 탓에 몇 번이나 관직이 강등되기도 했다.
설인귀에 관한 이야기는 연극 등을 통해 후세에 널리 전해졌다. 그중에는 화살 세 발에 천산(天山)을 평정한 이야기도 있다. 북방의 돌궐(突厥)이 당나라를 침범했을 때 돌궐의 두목을 '천산사조왕(天山射鵰王)'이라고 불렀다. 그의 수하들은 하나같이 화살을 잘 쏘고 용맹했으나 설인귀는 그들을 조금도 두려워하지 않았다. 흰 도포를 입고 백마를 탄

설인귀는 홀로 적진에 돌격해 화살 세 발을 연달아 쏘았고, 돌궐의 대장 원룡(元龍), 원호(元虎), 원풍(元風)을 한꺼번에 쓰러뜨렸다. 그 기세에 놀란 적군은 잇달아 말에서 내려 항복했다.

후세 사람들은 설인귀를 기념하기 위해 그가 젊은 시절 기러기 사냥을 하던 홍료탄에 사안탑(射雁塔)을 세웠다. 이 탑은 높이 20미터에 8면으로 된 8층 탑으로, 백호강(白虎岡)에 오르면 분하만(汾河灣)에 있는 홍료탄의 사안탑을 한눈에 볼 수 있다.

羽—새의 날개 한 쌍

❶ 翎(깃 령·영)
翔(날 상)
翩(나부낄 편)
翼(날개 익)

㉮ 갑
㉰ 전

羽 깃 우, 늦출 호

yǔ

한 쌍의 날개

羽의 갑골문 은 새의 몸에 달린 한 쌍의 날개와 두 개의 깃털로써 전신의 깃털을 상징한다. 전서 는 작은 깃털을 생략하고 한 쌍의 날개만 남겨두었다. 관련 단어로는 우모(羽毛, 조류의 몸 표면을 덮고 있는 털), 우구(羽球yǔqiú, '배드민턴'을 의미하는 중국어) 등이 있다.

전

翅 날개 시

chì

새의 몸에서 갈라져 나온(支지탱할 지,) 날개( )

전

翹 꽁지깃 교, 치켜세울 교

qiáo

새가 양 날개(, 羽깃 우, 늦출 호)를 높이(, 堯요임금 요, 높을 요) 치켜세우다

扇 부채 선

shàn 또는 shān

새의 양 날개( )처럼 마음대로 여닫는 집의 문'호'(戶 집 호, 지게 호,)

扇의 본뜻은 열고 닫을 수 있는 문이며, 양쪽으로 여닫는 물체를 의미하게 되었다. 관련 단어로는 문선(門扇, 문틀이나 창틀에 끼워서 여닫게 되어 있는 문이나 창의 한 짝), 선자(扇子, 부채) 등이 있다.

전

戮 죽일 륙·육

lù

무기(, 戈창 과)를 이용해 타인의 머리(, 兀우뚝할 올)를 베어 날리다(, 羽깃 우, 늦출 호)

戮은 전쟁터에서 머리가 베어져 몸통과 따로 있는 잔혹한 광경을 묘사한 것이다. 금문 은 歺(살 바른 뼈 알), 羽, 兀로 구성되어 목 위의 사람 머리(, 兀)에 날개가 달린 듯( ) 날아가버리고 잔해만 남은 모습(, 歹살 바른 뼈 알, 몹쓸 대)을 묘사했다. 전서 는 '歺'이 '戈'로 변하여 무기를 이용해 사람의 목을 베어 날리는 모습을 묘사했다. 戮은 '죽이다'라는 의미로 파생되었으며, 관련 단어로는 살육(殺戮, 사람을 마구 죽임), 육시(戮屍, 이미 죽은 사람의 시체에 다시 목을 베는 형벌을 가함) 등이 있다.

금

전

習 익힐 습

xí

어린 새(또는 조인(鳥人, '비행가'를 비유적으로 이르는 말))가 대낮('白흰 백, 아뢸 백'天,)에 날개(羽翼, 우익,)를 흔들어 움직이며 나는 것을 연습하다

習의 갑골문 은 白, 羽(깃 우, 늦출 호) 두 기호로 구

갑

전

성되어 대낮에 깃털을 계속 흔들어 움직이며 나는 연습을 하는 것을 묘사했다. 밤에는 잘 보이지 않기 때문에 대낮에 연습하는 것이다. 관련 단어로는 연습(練習), 학습(學習), 습관(習慣) 등이 있다. 習이 묘사하는 대상은 어린 새일까, 아니면 조인일까? 옛 중국인들은 조인을 '우인(羽人)'이라 하여 깃털 옷을 입고 나는 사람을 지칭했다. 翏(높이 날 료·요, 높이 날 류·유, 바람 소리 륙·육)를 참조하기 바란다. 일부 야행성 조류는 야간에 나는 데도 능하며, 새끼 새들도 야간에 나는 연습을 한다. 그렇다면 대낮에 나는 연습을 하는 존재는 조인이 아니었을까?

날고 싶은 사람

금

전

翏 높이 날 료·요, 높이 날 류·유, 바람 소리 륙·육

liáo

날갯짓을 하며(羽 , 羽깃 우, 늦출 호) **높이 나는 우인(羽人).《설문》은 "翏는 높이 나는 것이다"라고 풀이했다**

翏의 금문 과 전서 는 羽와 人 두 구성 요소를 포함하고 있다. 따라서 翏는 고대의 우인을 묘사한 것이다. 이런 호칭이 붙은 이유는 고대에 날개를 달고 비상하는 사람을 '우인'이라 불렀기 때문이며, 인류 최초의 행글라이딩 기록이라고 봐야 한다. 선진시대의 문헌에는 우인에 관한 고사 두 가지를 소개하고 있어 상당히 흥미롭다. 《안자춘추(晏子春秋)》에 이런 이야기가 있다. 춘추시대의 진(晉)나라 임금 경공(景公)은 용모가 준수했는데, 한 우인이 황궁에 잠입하여 경공의 용모를 몰래 훔쳐보다가 붙잡혀 처형을 당할 처지에 놓였다. 때마침 진나라에 사신으로 갔던 신하 안자

(晏子)가 임금을 알현하러 갔다가 경공에게 대의를 설파하여 우인의 목숨을 살려주었다. 이 밖에 《한서·왕망전》에 따르면 왕망이 새 왕조를 세운 후 북방의 흉노가 침입했고, 이에 대응하기 위해 용사들을 모집했다. 소식을 듣고 각종 묘기를 지닌 사람들이 지원했다. 그중 한 남자가 자신이 하늘을 날 수 있으니 흉노의 땅에 잠입하여 적진의 사정을 염탐해 오겠다고 말했다. 왕망이 그 자리에서 시범을 보이라고 명하자 남자는 직접 제작한 큰 날개를 몸에 단단히 묶고 깃털을 곳곳에 붙인 후 고리로 고정했다. 그가 두 발을 구르자 과연 하늘을 박차고 날아올랐고, 수백 걸음에 해당하는 거리를 날아간 후 땅으로 떨어졌다. 위의 두 전고를 통해 고대에 날개를 달고 하늘을 난 사람이 정말 있었음을 알 수 있다. 날고 싶은 것은 인류가 오래전부터 품은 염원이라는 것도 알 수 있다. 翏는 우인을 상징하는 기호이며, 翏에서 파생된 한자는 대부분 바람을 타고 날아오른다는 의미를 갖고 있다.

廖 텅 빌 료·요, 나라 이름 류·유

liào

전

집의 막(, 广 집 엄, 넓을 광, 암자 암) 위에 서서 나는 것을 연습하는 우인(羽人, , 翏 높이 날 료·요, 높이 날 류·유, 바람 소리 륙·육)

'廖'라는 성씨는 중국에서 가장 오래된 성씨 중 하나라고 할 수 있다. 선진의 문헌에는 요순시대에 요숙안(廖叔安)이라는 사람이 있었다는 기록이 있으며, 그의 후대가 하 왕조에서 요(廖)나라 제후로 봉해졌다. 廖는 '飂(바람 소리 료·요, 높이 부는 바람 류·유)'로 표기하기도 하는데, 飂는 말 그대로 바람을 타고 나는 우인을 가리킨다. 글자 구조로 볼 때, 廖는 우인과 깊은 연원(淵源, 사물의 근원)이 있다. 이 밖에 《여씨춘추》에는 순임금이 재위하던 시절 요숙안의 후예가 용을 길들일 줄 알아 환룡씨로 봉해졌다고 전해진다. 요씨의 조상 중에 특별한 재주를 부리는 사람이 상당히 많았음을 알 수 있다.

㉿전

繆 얽을 무, 사당 차례 목, 틀릴 류·유, 목맬 규, 꿈틀거릴 료·요

móu 또는 liáo 또는 miù

우인(羽人, , 翏높이 날 료·요, 높이 날 류·유, 바람 소리 륙·육)이 끈(, 糸가는 실 멱, 실 사)을 이용하여 날개를 몸에 칭칭 휘감다

繆는 단단히 휘감는다는 의미가 파생했다. 고대 서적에서 繆는 대부분 칭칭 감는다는 의미를 갖고 있다. 가령 《시경·빈풍》에는 "창과 문을 칭칭 감다(綢繆牖戶: 주무유호)"라는 대목이 나온다. 《전한·사마상여전(司馬相如傳)》은 "왕수를 단단히 동여맸다(繆繞王綏: 무요왕수)"라고 하였으며, 《전한·효성조황후전(孝成趙皇后傳)》에는 "곧 스스로 목매어 죽었다(即自繆死: 즉자규사)"라는 내용이 나온다.

 전

膠 아교 교, 어긋날 호

jiāo

우인(羽人, , 翏높이 날 료·요, 높이 날 류·유, 바람 소리 륙·육)이 깃털을 자신의 살(肉고기 육, 둘레 유, , 月달 월)에 붙이다

膠는 '붙이다'의 뜻이 파생되었으며, 관련 단어로는 교대(膠帶jiāodài, '테이프'를 의미하는 중국어), 점교(黏膠niánjiāo, '비스코스(viscose)'를 의미하는 중국어) 등이 있다. 《설문》은 "膠는 아교이다. 껍질로 그것을 만든다. [서현의 말] 아교는 붙는 것이

다(膠, 昵也. 作之以皮. [徐曰] 昵, 黏也: 교, 닐야. 작지이피. [서왈] 닐, 점야)" 라고 풀이했다. 《이아·석고》는 "膠는 단단한 것이다. [설명] 단단하기에 물체를 고정시킨다(膠, 固也. [疏] 膠者, 所以固物: 교, 고야. [소] 교자, 소이고물)"라고 설명했다.

寥 쓸쓸할 요·료

liáo

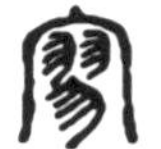

전

집(, 宀집 면) 안에 있는 사람이 이미 멀리 날아가다 (, 翏높이 날 료·요, 높이 날 류·유, 바람 소리 륙·육)

寥는 조용하고 쓸쓸하다는 의미로 확장되었으며, 관련 단어로는 요락(寥落, '황폐하여 쓸쓸하다'를 의미하는 '요락하다'의 어근), 요요무기(寥寥無幾liáoliáowújǐ, '수량이 아주 적어 얼마 되지 않는다'를 의미하는 중국어) 등이 있다. 《초사·구변(九辯)》은 "적막하고 쓸쓸하네! 홍수를 거둔 물은 맑기도 하구나(寂寥兮收潦而水清: 적요혜수노이수청)"라고 하였으며, 《노자(老子)》는 "적막하구나! 텅 비었구나! 홀로 서서 고치지 아니하네(寂兮寥兮, 獨立而不改: 적혜요혜, 독립이불개)"라고 하였다.

蓼 여뀌 료·요, 클 륙·육, 찾을 로·노, 끌어당길 류·유

liǎo 또는 lù

금

전

바람을 타고 날아오르는(, 翏높이 날 료·요, 높이 날 류·유, 바람 소리 륙·육) 들풀( )

약용으로 사용하는 식물 중에 '대비양초(大飛揚草)'가 있다. 그 맛이 떫고 잎은 마치 쌍을 이룬 날개처럼 생겼는데, 바람이 불면 날개를 펼쳐 나는 듯하여 붙여진 이름이다. 대비양초의 특성은 고대 문헌에 기록된 내용에 상당히 근접한

다. 《본초·석명(本草·釋名)》은 "蓼 종류는 모두 날아오르는 성질이 있다. 따라서 翏를 따르며, 높이 나는 모습이다"라고 풀이했다. 《시경》에는 "높이 자란 다북쑥(蓼蓼者莪: 육륙자아)"이라는 내용이 있다.

 ⓔ

謬 그르칠 류·유

miù

높이 나는(翏, 翏높이 날 료·요, 높이 날 류·유, 바람 소리 륙·육) '언'론('言'論, 言)

謬는 사실이 아닌 언론(言論), 즉 헛소문이라는 의미로 확장되었다. 관련 단어로는 황류(荒謬huāngmiù, '터무니없다'를 의미하는 중국어), 착류(錯謬, 착각하여 잘못을 저지름. 또는 그런 잘못) 등이 있다.

非—활짝 펼친 한 쌍의 날개

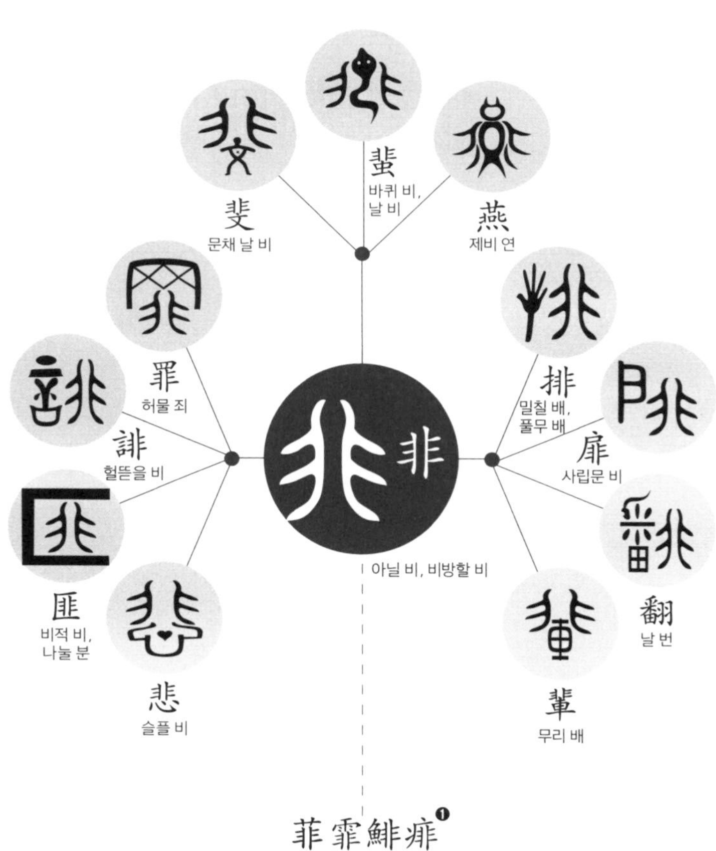

菲 霏 鯡 痱[1]

❶ 菲(엷을 비, 짚신 비)
霏(눈 펄펄 내릴 비)
鯡(곤이 비)
痱(중풍 비)

非의 금문 은 활짝 펼친 한 쌍의 날개를 묘사하고 있으며, 전서 에서는 획순이 조정되었다. 非는 활짝 펼친 한 쌍의 날개라는 원래 의미에서 두 날개가 서로 등진 모습으로 인해 '서로 위배되다', '반대 방향', '모순과 착오' 등의 의미로 파생되었다. 이러한 글자 구조 개념은 北(북녘 북, 달아날 배,)과 유사하다. 선진시대 문헌에는 匪(비적 비, 나눌 분)가 非와 자주 통용되어 사용된다. 대표적인 예로 숙야비해(夙夜匪懈, 밤낮으로 게으름 부리지 않음)가 있다.

전

斐 문채 날 비

fěi

새가 날개를 활짝 펼쳐(, 非아닐 비, 비방할 비) 드러내는 아름다운 문채(文彩, , 文글월 문)

斐는 '눈이 부시다', '두드러지다'의 의미로 확장되었으며, 관련 단어로는 비연(斐然fěirán, '문채가 있는 모양', '우수하다'를 의미하는 중국어)이 있다.

전

扉 사립문 비

fēi

열고 닫는 문호(戶집 호, 지게 호,)가 활짝 편 새의 날개(, 非아닐 비, 비방할 비)와 같다

관련 단어에는 문비(門扉, 문틀이나 창틀에 끼워서 여닫게 되어 있는 문이나 창의 한 짝), 심비(心扉xīnfēi, '마음의 문'을 의미하는 중국어)가 있다.

排 밀칠 배, 풀무 배

pái

양손(手손 수, , 扌재방변 수)이 마치 활짝 펼친 날개 (, 非아닐 비, 비방할 비) 같다

排는 '좌우로 밀어서 열다'의 의미로 확장되었다.

전

燕 제비 연

yàn

양 날개를 펼치고(, 非아닐 비, 비방할 비) 비상하는 제비

갑골문 , , 은 모두 양 날개를 펼쳐 비상하는 제비를 묘사했다. 전서 는 펼친 양 날개를 '非'로 표기했으며, 다른 전서 는 양 날개를 생략형인 '北(북녘 북, 달아날 배)'으로 표기했다.

갑

전

罪 허물 죄

zuì

잘못(非아닐 비, 비방할 비,)을 저지른 한 사람이 법망 (法網, , 网그물 망)에 걸리다

悲 ㉑

悲 슬플 비

bēi

잘못(非아닐 비, 비방할 비, 非)을 저지른 후의 마음(心)은 괴롭고 후회스럽다

誹 ㉑

誹 헐뜯을 비

fěi

말(言말씀 언, 화기애애할 은, 言)로 타인을 헐뜯으며 타인의 잘못된(非, 非아닐 비, 비방할 비) 점을 비난하다

순임금은 다리 옆에 나무 팻말을 세워 백성들이 시정을 비판하고 정치의 득과 실을 적어두게 했다. 후세 사람들은 이를 '비방지목(誹謗之木, 비방의 나무)'이라고 불렀다. 이 전고는 《회남자》에 "요임금은 간언하는 북을 설치하고 순임금은 그릇된 정치를 꾸짖는 나무를 세웠다(堯置敢諫之鼓, 舜立誹謗之木: 요치감간지고, 순립비방지목)"라는 내용으로 남아 있다.

翻 날 번

fān

흙을 뒤집어엎어(非, 非아닐 비, 비방할 비) 파종(播種, 番, 番차례 번, 날랠 파, 땅 이름 반)을 쉽게 하다

전서 䎜는 파종할 때(番), 먼저 풀(草풀 초, 屮)이 있는 땅을 갈아엎는(非) 모습을 표현했다. 非(非)는 등을 마주 대고 있는 한 쌍의 날개로, 뒤집는다는 의미가 있다. 다른 전서 翻에서는 非가 羽(羽깃 우, 늦출 호)로 바뀌

었다. 관련 단어로는 번전(翻轉, 뒤집어 바꿈), 번토(翻土fāntǔ, '흙을 뒤집어 엎다', '땅을 갈아엎다'를 의미하는 중국어) 등이 있다.

輩 전

輩 무리 배

bèi

두 줄로 나눠 질주하는(, 非아닐 비, 비방할 비) 전차(戰車,)

고대에는 전차 60대를 한 배(輩)라고 하여 좌우 각 30대씩 배치했다. 《육도·균병(六韜·均兵)》에서 "30기를 1둔으로 하고 60기를 1배로 한다(三十騎為一屯, 六十騎為一輩: 삼십기위일둔, 육십기위일배)"라고 했다. 輩는 '같은 무리에 있는 사람'이라는 원래의 의미에서 '같은 유형', '동일한 단체', '지위가 같은 사람'으로 그 의미가 확장되었으며, 관련 단어로는 배분(輩分), 장배(長輩) 등이 있다.

升—날개를 파닥이며 하늘로 날아가다

현대 한자 升(되 승, 오를 승)은 두 가지 의미를 갖고 있으며, 이는 각각의 글자 구성 체제에서 비롯되었다. 첫 번째 글자 구성 체제에서 升(liter)은 측정 단위의 일종이다. 갑골문 , 금문 , 전서 는 십(十) 배수( )의 국자( )를 의미한다. 두 번째 글자 구성 체제에서 升(rise)은 올라간다는 의미가 있다. 그 옛 한자인 금문 , 전서 , , 는 높은 하늘로 올라가는 것을 상징한다. 구조 형태로 볼 때, 수평선( )은 하늘을 상징하고 수직선은 수직으로 상승하는 것을 상징한다. 위쪽의 띠 혹은 날개 모양은 공중에서 휘날리는 것 또는 비상하는 것을 상징한다. 이 옛 한자는 훗날 卂(빨리 날 신)과 升의 두 글자로 변천했으며, 여기에서 파생된 한자에는 汛(뿌릴 신), 迅(빠를 신), 飛(날 비), 昇(오를 승), 陞(오를 승) 등이 있다.

금

전

卂 빨리 날 신

xùn

빠르게 날아( ) 하늘( )로 올라가다( )

금문 과 전서 , 는 모두 하늘로 상승한다는 의미를 표현했다. 卂은 升의 이체자이며 상승한다는 의미가 있다. 《설문》에서는 "卂은 빠르게 나는 것이다"라고 설명했다.

양 날개를 파닥이며( ) 위로 날아오르다(升되 승, 오를 승, , 卂빨리 날 신)

飛 날 비

fēi

飛의 전서 , 는 양 날개를 파닥이며( ) 위로 날아올라가는 것(,)을 표현했다. 현대 한자의 飛는 비상하는 한 쌍의 날개( )와 升의 두 요소로 구성되어 새가 날아오르는 정경을 묘사했다.

汛 뿌릴 신

xùn

강의 물(水물 수, , 氵삼수변 수)**이 빠른 속도로 상승하다**(, 卂빨리 날 신)

장마철이 되면 강물이 불어나 범람할 우려가 있다. 강물의 수위가 정기적으로 상승하는 기간을 '방신기(防汛期, 장마철의 홍수를 예방하는 기간)'라고 하며, 이 시기에는 안전에 주의해야 한다.

전

迅 빠를 신

xùn

날개를 파닥이며 빠르게 날아올라(, 卂빨리 날 신) **달아나다**(, 辶쉬엄쉬엄 갈 착)

迅은 새가 달아나는 장면을 묘사한 것으로 속도가 빠르다는 의미로 확장되었으며, 관련 단어로는 신속(迅速, 매우 날쌔고 빠름), 신질(迅疾, '동작이나 움직임 따위가 빠르고 날쌔다'를 의미하는 '신질하다'의 어근), 신뢰(迅雷, 매우 맹렬한 우레) 등이 있다.

전

昇 오를 승

shēng

태양(⊙ , 日날 일)이 하늘 높이 오르다(升되 승, 오를 승, ⺺, 卂빨리 날 신)

관련 단어로는 승천(昇天 또는 升天, 하늘에 오름), 승평(昇平, 나라가 태평함) 등이 있다.

陞 오를 승

shēng

흙(土)담(阝)을 타고 위로 기어오르다(升되 승, 오를 승, ⺺, 卂빨리 날 신)

동한의 서간은 "창힐이 새 발자국을 보고 글자를 만들었다"라고 하였다. 그의 말대로라면 鳥(새 조, 땅 이름 작, 섬 도)에서 파생된 갑골문이 많아야 옳다. 그러나 隹(새 추, 높을 최, 오직 유)와 鳥에서 파생한 한자의 수는 결코 많지 않으며, 그중에서도 갑골문의 수는 더욱 적다. 어쩌면 서간이 '조적서(鳥跡書)'와 관련하여 잘못된 정보를 전달했을 수도 있다. 조적서 이야기가 나오니 이백(李白)이 지은 〈유태산(游泰山)〉의 시구가 자연스레 떠오른다. "산에서 신선을 만나니 …… 새 발자국 같은 책을 주고는 바위 사이로 표연히 사라졌네. 그 글자가 상고의 것이라 읽어도 알 수가 없네(山際逢羽人 …… 遺我鳥跡書, 飄然落岩間. 其字乃上古, 讀之了不閑: 산제봉우인 …… 유아조적서, 표연낙암간. 기자내상고, 독지료불

한).” 이백이 흰 사슴을 타고 태산에 오르던 도중 한 선인(仙人, 우인(羽人))을 만났고, 그에게 알아볼 수 없는 고서를 주었다는 내용이다. 이 고서가 바로 상고(上古) 문자로 쓴 조적서이다. 조적서는 조전(鳥篆)이라고도 하며, 춘추전국시대에 유행한 예술 글자체로 전서에서 변천한 것이다. 전서는 대체로 옆에 조(鳥), 충(虫) 등의 장식 기호를 추가하고 있다. 창힐의 묘에는 청나라 건륭(乾隆) 연간에 세운 석비가 있는데, 그 위에 ‘창성조적서(倉聖鳥跡書)’라는 표제가 전서로 적혀 있다. 이 비문에는 총 28개의 옛 한자가 새겨졌으며, 글자체는 반듯하고 정교하다. 갑골문이나 금문에는 이런 글자들이 거의 출현하지 않으며, 동주시대의 조전과도 크게 다르다는 점이 흥미롭다. 그러나 아직까지는 그 의미를 제대로 파악한 사람이 없으며, 후세 사람들이 틀리게 표기한 것인지도 확인할 길이 없다.

양 양

옳을 의

소 우

범 호

돼지 시

벌레 치, 해태 채, 해태 태

犬
개 견

말 마

큰 돼지 거

코끼리 상

제8장

獸

짐승 수

羊에서 파생된 한자

儀 거동 의

犧 희생 희, 술그릇 사

복희씨 희 羲

美 아름다울 미

善 착할 선

敬 공경 경

議 의논할 의

義 옳을 의

苟 진실로 구, 구차할 구

羞 부끄러울 수

祥 상서 상

羌 오랑캐 강

姜 성씨 강, 생강 강

養 기를 양

達 통달할 달

羊 양 양

群羚羯羖羶咩❶

洋佯烊徉恙羕樣翔詳❷

은상시대의 임금은 하늘에 기우제를 올릴 때 친히 양가죽을 걸치고 고양(羔羊, 새끼 양)의 춤을 추며 하늘에 절대적인 순종을 표명했다. 주 천자는 하늘에 제사 지낼 때 양의 가죽으로 도포를 지어 입었으며, 대신들도 주 천자를 알현할 때 양가죽 도포를 입어야 했다. 한자의 美(아름다울 미), 善(착할 선), 義(옳을 의)는 고대 성현들이 추구했던 미덕의 극치라고 할 수 있다. 그런데 이 세 글자는 어떻게 '羊'을 이용하여 해석하게 되었을까?

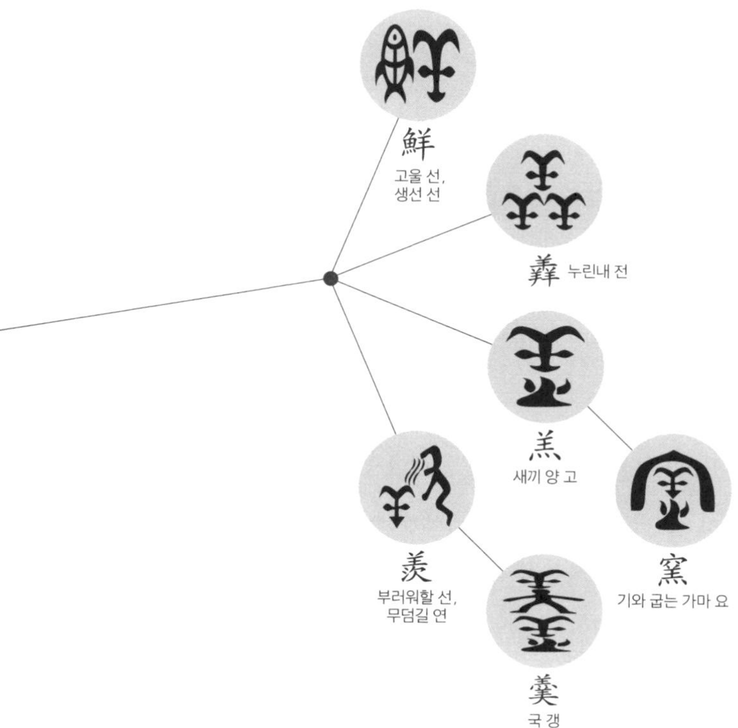

❶ 群(무리 군)
羚(영양 령·영)
羯(불깐 양 갈)
羖(검은 암양 고)
羶(누린내 전, 향기 형)
咩(양 울 미, 양 울 마)

❷ 洋(큰 바다 양, 땅 이름 상)
佯(거짓 양)
烊(구울 양)
徉(노닐 양)
恙(병 양, 근심할 양)
羕(강 길 양)
様(모양 양, 상수리나무 상)
翔(날 상)
詳(자세할 상, 거짓 양)

고양의 미덕

서한의 동중서는 고양(羔羊, 새끼 양)이 인(仁), 의(義), 예(禮) 세 가지 미덕을 갖췄다며 찬미했다. 그는 《춘추번로》에 다음과 같이 썼다. "羔는 뿔이 있으나 함부로 하지 않고, 베풀어 갖추었으나 사용하지 않고, 그 무리는 인자(仁者)를 좋아한다. 잡아도 울지 않고 죽여도 울부짖지 않으며, 무리는 의로움에 죽는다. 새끼 양은 그 어미의 젖을 먹을 때 반드시 무릎을 꿇고 먹으며, 그 무리는 예를 안다(羔有角而不任, 設備而不用, 類好仁者. 執之不鳴, 殺之不諦, 類死義者. 羔食於其母, 必跪而受之, 類知禮者: 고유각이불임, 설비이불용, 유호인자. 집지불명, 살지불체, 유사의자. 고식어기모, 필궤이수지, 유지예자)." 다른 동물과 비교할 때 염소와 양의 독특한 성정은 무엇일까?

절대적으로 선량하여 악한 행동을 하지 않는다. 양은 선량하고 온순한 동물이라서 약하고 어리다고 괴롭히지 않는다. 입과 뿔, 발굽이 있지만 다른 동물을 물거나 머리로 받지 않으며 발로 차지도 않는다. 대다수 동물이 영역 다툼을 위해 욕심과 잔인함, 교활함 등 저열한 본성을 드러내는 데 비해 양은 분수를 지키고 만족할 줄 알며 조용하고 침착하다. 양은 언제나 조용히 풀을 뜯어 먹으며, 다른 동물이 먹을 것을 탐내도 공격하지 않는다. 약육강식의 세계에서 승냥이와 이리, 호랑이와 표범 등 맹수들은 양을 최고의 사냥감으로 여긴다. 이런 상황에서 달아날 능력도 거의 없는 면양(綿羊)의 처지는 위태롭기만 하다. 그러나 위의 포식자들이 점점 개체가 줄고, 심지어 거의 멸종할 위기까지 이르는 데 반해 면양은 여전히 대량으로 번식하고 있다는 점은 아이러니다.

겉보기에 연약한 양에게도 강인한 구석이 있어서 노자의 "그가 다투지 않으니 천하도 그와 다툴 수 없다(以其不爭, 故天下莫能與之爭: 이기부쟁, 고천하막능여지쟁)"라는 지혜를 터득한 듯하다.

절대적으로 충성하고 순종한다. 매년 봄철이 되면 뉴질랜드의 각지에서 양털 깎기 대회가 열린다. 참가자들 중에는 8시간 이내에 면양 700마리의 털을 깎은 기록 보유자들이 수두룩하다. 대회장에서는 참가자들이 포동포동한 면양을 다리에 끼우고 칼날로 온몸의 구석구석을 훑는 소리만 들린다. 날카로운 칼날이 제 목을 스치며 지나갈 때, 놀랍게도 면양은 전혀 몸부림치지 않는다. 면양의 순종은 그야말로 우리의 상상을 초월한다.

은혜에 감사하고 예를 안다. 소, 말, 돼지, 개 등 사족동물은 어미젖을 먹을 때 꼿꼿이 선 채 고개를 모로 돌려서 먹는다. 그런데 새끼 양은 앞다리를 접어 어미 앞에 꿇어앉은 자세로 젖을 먹는다. 은혜에 감사하고 예를 알며 겸손한 미덕을 드러내는 감동적이고 아름다운 장면이다.

양의 성정은 이토록 선량하고 완벽하다. 어느 누가 양처럼 천성이 선량하고 다른 속셈이 없으며, 온유하고 침착하며, 절대적으로 충성스럽고 성실하며, 은혜를 알고 겸손할 수 있을까? 게다가 이토록 완벽한 품성은 타고난 것이므로 후천적으로 단련할 필요가 없다. 따라서 오랫동안 양과 함께 지낸 옛 중국인들에게 있어 양은 선과 미의 상징이라고 할 수 있다. 이는 미(美), 선(善), 의(義)의 글자 구조와 원래의 뜻을 통해 충분히 엿볼 수 있다.

새끼 양의 춤을 춘 임금. 현대의 축제에서는 용춤과 사자춤이 유행한다. 그렇다면 옛 중국인들은 어떤 춤을 췄을까? 은상(殷商)의 임금이 하늘에 제사를 지낼 때는 양을 불에 익혀 제물로 썼을 뿐 아니라 자신의 몸에 양가죽을 두르고 새끼 양의 춤을 춰야 했다. 은상의 갑골복사(甲骨卜辭, 고대 중국에서 거북의 등딱지나 짐승의 뼈에 새긴 상형문자)를 보면 임금이나 제사장(즉 정인(貞人))이 새끼 양의 춤을 춘 기록이 최소한 십수 차례 등장한다. 가령 "왕이 양의 춤을 추니 비가 내렸다(王, 舞羊, 雨: 왕, 무양, 우)", "새끼 양의 춤을 추니 비가 내렸다(舞羔, 雨: 무고, 우)", "갑진일에 점을 보니 싸움 수가 나와 제사장이 새끼 양 춤을 췄다(甲辰卜, 爭, 貞我舞羔: 갑진복, 쟁, 정아무고)" 같은 기록이 있다. 은상의 왕과 제사장이 새끼 양의 춤을 빌려 비를 갈구하거나 분쟁을 해결했음을 알 수 있다.

갑 금 전

美 아름다울 미

měi

몸에 양(羊양 양,)가죽 겉옷을 두른 사람(人사람 인,)

美의 갑골문 은 양(羊,)가죽 겉옷을 두른 사람(人,)을 표현했다. 美는 '단장하다', '아름답다'의 의미로 확장되었으며, 관련 단어로는 미용(美容), 준미(俊美, '재주와 슬기, 풍채가 빼어나다'를 의미하는 '준미하다'의 어근) 등이 있다. 《주례》에는 주나라 임금이 하늘에 제사 지낼 때 반드시 대구면(大裘冕)을 갖춰 입어야 한다고 했는데, 대구면은 검은 양피로 지은 겉옷을 말한다. 제사를 올리는 사람은 이를 통해 '완전히 복종하는 한 마리 면양'처럼 하늘의 뜻을 따르겠다는 자신의 의지를 표명했다. 옛 중국인들은 하늘의 뜻에 완전히 순종하는 사람을 두고 완전하여 결함이 없는 사람이라고 여겼다.

학자들 중에는 '양대위미(羊大為美)'라 하여 양이 크면 곧 '美'라고 해석하는 경우도 있다. 그러나 모든 갑골문에서 글자 구조 大(클 대, 큰 대, 클 태,)를 포함한 갑골문이나 금문에서 大는 모두 사람을 상징하며, 크기가 크다는 뜻이 아니다. 가령 天(하늘 천), 夫(지아비 부), 央(가운데 앙, 선명한 모양 영), 夷(오랑캐 이), 夾(낄 협), 奚(어찌 해)가 모두 이런 경우에 속한다. 따라서 양이 큰 것을 美라고 해석하는 주장은 설득력이 없다.

善 착할 선

shàn

양(羊양 양,)의 온유함과 선량함을 배울 것을 권유하다(, 言말씀 언, 화기애애할 은)

금문 과 전서 의 표면적인 의미는 두 사람이 말다툼하는(, 誩말다툼할 경) 것이다. 양( )은 양의 온유함과 선량함, 겸손함과 순종의 미덕을 서로 권유하고 격려한다는 의미를 함축하고 있다. 또 다른 전서 는 '言'이 생략되었으며, 차츰 변천하여 오늘날의 '善'이 되었다. 옛 중국인들은 양의 본성이 온유하고 선량하며 주인에게 절대 복종한다는 것을 알았기 때문에 사람도 그렇게 상제(하늘)에 순종하고 상제의 도를 따라야 한다고 여겼다. 모든 사람이 양의 정신을 배우자고 서로 격려하는 것은 지극히 좋은 일이다. 따라서 善은 '지극히 좋다'라는 의미로 확장되었으며, 관련 단어로는 선량(善良, 행실이나 성질이 착함), 지선(至善, 더할 수 없이 착함) 등이 있다.

금

전

갑 금 전

羞 부끄러울 수

xiū

한 마리의 양(羊양 양,)을 손에 묶고(扭묶을 뉴·유, 수갑 추, , 丑소 축, 추할 추, 수갑 추) 용서를 빌다

《좌전》에 따르면 춘추시대에 정백(鄭伯)이 당시의 맹주 초나라 장왕(莊王)에게 잘못을 저질렀다. 장왕은 그를 응징하기 위해 군대를 풀어 공격했다. 3개월 동안 성을 포위한 끝에 정나라를 정벌했다. 정백은 죄를 인정하고 회개한다는 의사를 전하기 위해 양 한 마리를 몰고 나아갔다. 머리를 동여맨 동곳을 풀고 웃통을 벗어 맨몸을 드러낸 채 장왕에게 사죄하고 정나라를 바쳤다. 장왕은 그의 성의에 감동하여 군대를 철수하여 돌아갔다. 남당(南唐)의 황제 이욱(李煜, 이후주(李後主)라고도 부름)이 송나라 황제 조광윤(趙匡胤)에게 투항할 때도 웃통을 드러내고 양을 몰고 맞이하며 신하로서 복종할 것을 약속했다. 그러나 예상과는 달리 북송은 몇 년 후 멸망했다. 휘종(徽宗)과 흠종(欽宗) 두 황제가 금나라에 포로로 잡혀갔다. 이때도 두 사람은 양을 몰고 나아가 금나라 태조의 묘 앞에 무릎을 꿇고 참배했다. 이렇듯 고대의 임금이 투항할 때 양을 몰고 사죄한 이유는 무엇일까? 양은 매우 순종적인 동물이기에 양을 바치는 것이 절대적 복종과 사죄를 상징했기 때문이다. 여기서 깊은 참회의 의미가 파생되었으며, 관련 단어로는 해수(害羞hàixiū, '부끄러워하다', '수줍어하다'를 의미하는 중국어), 교수(嬌羞, 아양을 떨면서 부끄러워함), 수치(羞恥, 다른 사람들을 볼 낯이 없거나 스스로 떳떳하지 못함. 또는 그런 일) 등이 있다.

羞의 갑골문 과 금문 은 모두 손으로 양을 몰고 가는 상형자이다. 전서 는 손(手,)이 '丑(, 丑은 扭의 본자)'으로 바뀌어, 양을 움켜잡고 다른 사람 앞에서 사죄하는 모습을 표현했다('丑' 편 참조).

我 나아

wǒ

손에 청동 갈퀴(또는 쇠갈퀴)를 든 사람

我의 갑골문 , 과 금문 은 戈(창 과)와 삼치차(三齒叉, 쇠갈퀴) 두 기호로 구성되어 이빨이 달린 무기임을 알 수 있다. 다른 갑골문 , 금문 , , , 전서 는 큰 갈퀴 하나에 여러 개의 갈퀴 이빨이 아래쪽으로 구부러져 있는 모습인데, 무기로 사용할 수 있기 때문에 편방 '戈'를 추가했다. 이런 무기는 서주(西周)의 고고학 발굴 현장에서 출토된 청동파(青銅耙 또는 삼고차(三股叉)라고도 부름)류의 기구이다. 《서유기(西遊記)》에서 저팔계(豬八戒)가 몸에 지니던 무기가 바로 큰 쇠갈퀴, 즉 갈퀴 머리, 나무 손잡이, 꼬리 부분으로 구성된 배파(排耙)이며, 고대 소림문(少林門)의 중병기로도 쓰였다. 이 병기로 시전하는 기술은 찌르기, 넘기기, 치기, 막기, 쓸기, 후비기, 옭아매기, 꿰뚫기, 걸어서 당기기 등이 있다. 남방의 권파(拳派)들은 이 배파를 삼고차라고 불렀다. 파(耙, 갈퀴)는 무기이면서 농기구로도 사용할 수 있어서 농가에서는 반드시 갖춰야 할 기구였다. 옛 중국인들이 이 기호를 이용하여 '자아(自我)'를 상징한 것은 상당히 적절하다. 자기 힘으로 농사를 지어 생존을 도모하는 것을 상징할 뿐 아니라 사람의 자아는 침범할 수 없으며, 심지어 사람이 태어나면서부터 갖고 있는 반항심까지 상징한다. 고대에는 쇠갈퀴로 무기를 삼은 글자가 적지 않았다. 가령 蔑(업신여길 멸)의 갑골문 은 사람이 눈꺼풀을 아래로 늘어뜨리고(졸고 있으며), 한쪽에 쇠갈퀴를 던져놓은 모습을 묘사했다. 적이 공격해도 이런 자태를 유지할 수 있었으니 적을 안중에 두지 않은 모습을 보여준 것이다.

갑

금

전

갑 금 전

娥 예쁠 아

é

손에 쇠갈퀴를 든(, 我나 아) 여자(女여자 녀·여, 너 여,)

갑골문 , 은 손에 쇠갈퀴를 무기로 든 여인의 모습인데, 이는 고대에 용감하게 정절을 지킨 여자를 묘사한 것이다. 아황(娥皇)은 상고시대의 부족장 당요(唐堯)의 장녀였는데 후세 사람들이 황(皇)의 존칭을 붙여서 부르는 것으로 보아 용기 있는 영특한 여인이었음을 알 수 있다. 娥는 '좋은 여자' 또는 '아름다운 여자'의 의미로 확장되었다.

갑 금 전

義 옳을 의

yì

나(我나 아,)의 위에 품성이 완벽한 양(羊양 양,) 을 덮어쓰다

갑골점사에는 은상의 임금이나 정인(貞人)이 새끼 양의 춤을 추며 기우제를 지내는 풍습이 여러 곳에서 등장한다. "왕이 양의 춤을 추니 비가 내렸다", "정인이 새끼 양 춤을 췄다". 은상시대의 '정인'은 신의 권한을 가진 제사장이며, '왕(王)'은 통치자를 가리킨다. 점사에서 소 춤이나 용춤, 사자춤을 춘 기록을 찾아볼 수 없고 양 춤을 춘 기록만 여러 차례 언급되는 이유는 무엇일까? 이는 양이 완벽한 품성을 갖춘 것에서 비롯된다. 義의 글자 구조 개념은 美와 비슷하며, '나(我,)'의 위에 품성이 완벽한 '양(羊,)'을 덮어쓴 것이다. 따라서 義()를 파생한 것이다. 이른바 '의인(義人)'은 행동에 결점이 없고 하늘의 기준에 완전히 들어맞는 사람이다. 죄인의 반대말이 곧 의인이며, 옳은 행위를 하는 사람이다. 관련 단어로는 신의(信義), 협의(俠義, 정의를 위하여 강자에 맞서서 약자를 도와 주는 의로움이 있음. 또는 그런 사람), 의민묘(義民廟, 정의를 위해 봉기를 일으킨 의로운 백성을 기리는 사당) 등이 있다.

儀 전

儀 거동 의

yí

사람(人사람 인,)이 갖춰야 할 적절한 몸가짐(, 義옳을 의)

주나라는 예의를 매우 중요시했다. 사람들은 장소에 따라 적절한 행동으로 대처해야 했다. 예의 교육을 위해 주나라 왕실은 '보씨(保氏)'라는 관직을 설치하여 제사, 연회, 장례, 조정 회의를 비롯한 여섯 가지 상황에 따른 예의를 가르쳤다. 정식 연회에는 '사의(司儀)'를 두어 아홉 가지 유형의 손님과 주인 간에 지켜야 할 예의를 관장했다. 이와 관련한 전고가 《주례·지관·보씨(地官·保氏)》에 기록되어 있다. "대부의 자제에게 여섯 가지 예의를 가르친다. 첫째는 제사, 둘째는 빈과 객, 셋째는 조정, 넷째는 장례, 다섯째는 군대, 여섯째는 수레나 말을 탈 때의 행동이다(教國子以六儀, 一祭祀, 二賓客, 三朝廷, 四喪紀, 五軍旅, 六車馬之容: 교국자이육의, 일제사, 이빈객, 삼조정, 사상기, 오군려, 육차마지용)." 《추관·사의(秋官·司儀)》는 "아홉 가지 예에 따라 빈과 객이 서로 행할 예를 관장하고 몸가짐과 응대하는 말, 읍하는 동작과 사양하는 동작의 예절을 알려준다(掌九儀之賓客擯相之禮, 以詔儀容辭令揖讓之節: 장구의지빈객빈상지례, 이조의용사령읍양지절)"라고 했다. 儀의 원래 의미는 '사람이 반드시 갖춰야 할 적절한 몸가짐'이며, 관련 단어로는 의용(儀容, 몸을 가지는 태도. 또는 차린 모습), 의태(儀態yítài, '몸가짐', '태도'를 의미하는 중국어) 등이 있다.

(전)

議 의논할 의

yì

어떻게 해야 적절한 몸가짐(, 義옳을 의)을 갖출 수 있는지 의논하다(, 言말씀 언, 화기애애할 은)

사람이 각종 장소와 상황에 어떻게 대응하는 것이 적절할까? 주공(周公)은 예악(禮樂)을 제정하여 윤리와 질서를 강하게 추구했다. 따라서 주나라의 가장 중요한 예의 경전인 《주례》, 《의례(儀禮)》, 《예기》는 예의 규범을 극히 상세하게 정했다. 주나라 조정 대신들이 많은 시간을 들여 이 내용을 논의한 것을 알 수 있다. 議의 관련 단어로는 회의(會議), 건의(建議), 의논(議論) 등이 있다.

(금)

(전)

羲 복희씨 희

xī

제사를 지낼 때 나(我나 아,)를 위해 생명을 희생하는(, 兀우뚝할 올) 양(羊양 양,)

兀의 갑골문 , , 은 목이 없는 사람, 목이 잘린 사람이다. 羲의 금문 , 은 羊, 我, 兀로 구성되어 양이 나를 위해 목숨을 희생하는 것을 상징한다. 고대에 천자가 하늘에 제사를 지낼 때는 양으로 지은 옷을 입고 양의 춤을 추었으며, 양을 죽여 제물로 바쳤다. 제물을 바치는 그릇인 예기(禮器)도 양으로 장식했다. 모든 것에 양을 사용함으로써 극히 중요한 제사의 의미, 즉 자신을 대신해 양을 신에게 바친다는 뜻을 전한 것이다. 羲는 義(옳을 의)에서 분화되어 나온 글자로, 갑골복사에 있는 이른바 '즉의(即義)'는 의를 위해 기꺼이 나아가고 의를 위해 희생한다는 정신을 담은 것으로 보인다. 《맹자》에 이르기를 "나는 삶을 원하고 의도 행하고 싶지만 둘을 겸할 수 없다면 삶을 버리고 의를 취하겠다(生, 亦我所欲也. 義, 亦我所欲也. 二者不可得兼, 捨生而取義者也: 생, 역아소욕야. 의, 역아소욕야. 이자불가득겸, 사생이취의자야)"라고 했다. 羲의 원래 의미는 '생명을 희생하다'이고, 犧(희생 희, 술그릇 사)의 본자이며, '지치다', '쇠약하다'의 의미로 확장되었다. 관련 단어로는 희로(羲老, 나이가 들어 쇠약하다), 희질(羲疾, 과로하거나 쇠약하여 발생한 질병) 등이 있다.

이스라엘에는 사람이 하느님의 계명을 어기면 양 한 마리를 죽여 제단에 올려놓고 속죄의 제를 올리는 전통이 있다. 사람이 하늘의 계명을 어겼으니 죽을죄를 지은 것이고, 반드시 죄를 인정하고 회개해야 한다. 이때 사람 대신 양을 속죄양으로 희생시켜 화를 면하고 평안을 기하려는 행동이다.

犧 희생 희, 술그릇 사

xī

제사를 지낼 때 나(我나 아,)를 위해 생명을 희생하는(, 兀우뚝할 올) 양(羊양 양,)과 소( )

'생명을 잃다' 혹은 '제사에 사용하는 가축'의 의미로 확장되었다.

犧 전

祥 ㉑

祥 상서 상

xiáng

새끼 양(羊, 羊양 양)을 신(神귀신 신, 示)에게 바쳐 평안함을 구하다

정백은 초나라 장왕의 노여움을 풀고자 양을 몰고 가 용서를 빎으로써 목숨을 건졌을 뿐 아니라 나라를 보전할 수 있었다. 사람이 신에게 잘못을 저질렀을 때는 어떻게 해야 할까? 《상서·이훈(伊訓)》은 "오직 상제만 일정하지 않으시어 선을 행하면 온갖 상서로움을 내려주시고 선하지 않은 일을 행하면 온갖 재앙을 내려주신다(惟上帝不常, 作善降之百祥, 作不善降之百殃: 유상제불상, 작선강지백상, 작불선강지백앙)"라고 했다. 즉 사람이 하늘의 뜻을 순순히 따라 선을 행하면 하늘에서 평안함과 상서로움을 내려주며, 이와 반대로 하늘의 뜻을 거슬러 악을 행하면 온갖 재앙을 당하게 된다는 의미이다. 사람이 신에게 양을 바치는 것은 죄를 용서받고 순종하겠다는 의사를 전하는 것 외에 가장 중요한 것이 평안함을 구하는 것이다. 따라서 옛 중국인들이 하늘에 제사 지낼 때 사용한 기물은 그 표면을 양의 토템(totem) 문양으로 장식했다. 유명한 사양방존(四羊方尊)은 상나라 때의 청동 예기(禮器)로, 사방에 지극히 정교하고 아름다운 네 마리의 양 머리가 새겨져 있으며, 다른 삼양존(三羊尊), 양정(羊鼎), 양격(羊鬲), 옥양(玉羊), 양수뇌(羊首罍) 등의 기물도 모두 양의 토템 문양으로 장식되어 있다. 祥의 관련 단어로는 길상(吉祥, 운수가 좋을 조짐), 상화(祥和xiánghé, '상서롭고 화목하다'를 의미하는 중국어) 등이 있다. 《설문》은 "祥은 복이다. 일설에는 선이라고도 한다"라고 설명했다.

양 떼를 방목하다

《시경·무양(無羊)》에 "그대의 양이 오는구나. 신중하고 조심스러워 이지러지지도 무너지지도 않았네. 팔을 들어 손짓하니 모두 따라와 위를 향해 올라가네(爾羊來思, 矜矜兢兢, 不騫不崩. 麾之以肱, 畢來既升: 이양래사, 긍긍긍긍, 불건불붕. 휘지이굉, 필래기승)"라는 내용이 있다. 양치기가 양을 방목하는 정경을 묘사한 시가(詩歌)이다. 작은 양들이 조심스럽게 붙어서 따라오며 흩어지지 않으니 잃어버리지도 않는다. 양 치는 사람이 손을 휘저으니 양 떼가 모두 언덕 위로 따라온다는 내용이다.

達 통달할 달

dá

사람(人 사람 인,)이 양(羊 양 양,) 떼를 몰고 목적지를 향해 가다(, 辶 쉬엄쉬엄 갈 착)

達의 갑골문 은 손에 가늘고 긴 나뭇가지를 들고( ) 길에서( ) 양(羊,)을 모는 모습을 상징한다. 금문 은 손에 대나무 가지( )를 들고 길에서 양을 몰고 가는 모습을 상징한다. 전서 는 사람(人,)이 길을 걸어가며(, 辶) 양(羊,)을 모는 모습으로, '도달하다'의 의미로 확장되었다. 즉 양 떼를 몰고 목적지에 도착한다는 의미이다.

갑

금

전

養 ㉨전

養 기를 양

yǎng 또는 yàng

양(, 羊양 양)을 몰고 가 풀을 먹게(食밥 식, 먹을 식, 먹이 사, 사람 이름 이,) 하다

養은 옛 중국인들이 양 떼를 놓아 기르는 모습이며, 양을 기른 후 다 자란 양은 잡아서 사람이 먹는 것이다. 養은 양에게 음식을 공급하여 먹인다는 원래 의미에서 '먹을 것을 공급하다'라는 의미로 확장되었으며, 관련 단어로는 위양(餵養wèiyǎng, '양육하다', '사육하다'를 의미하는 중국어), 공양(供養, 웃어른을 모시어 음식 이바지를 함), 양분(養分, 영양이 되는 성분) 등이 있다.

㉨갑 ㉨금 ㉨전

羌 오랑캐 강

qiāng

양(羊양 양,)을 치는 사람(人사람 인,)

羌은 고대 중국 변방에서 양을 치며 살아가던 유목 민족이며 강족(羌族)으로 두루 칭했다. 상주시대에 강족은 중원의 통치를 받았고 심지어 잡혀 와 노예가 되기도 했다. 갑골문 , 은 모두 강족을 손으로 잡고 있는 상형자이며, , , 은 목에 밧줄을 채운 상형자이다. 《설문》은 "羌은 서융(西戎)의 양을 치는 사람이다"라고 풀이했다.

苟 진실로 구, 구차할 구

gǒu

말하는 것(, 口입 구)이 제멋대로인 강족(羌族) 사람( )

금문 은 꿇어앉은 강족이며, 금문 은 입을 열어 말하고 있는 강족 사람이다. 고대 중원 사람들의 눈에 양을 치며 살아가는 서강인(西羌人, 서쪽의 오랑캐)은 문화 수준이 뒤떨어져서 중원 땅에 들어올 때 예절을 모르고 말을 함부로 한다고 생각했다. 그래서 '제멋대로 하다', '탐욕스럽다', '비천하다'의 뜻이 파생되었으며, 관련 단어로는 구차(苟且), 구구(苟求), 구활(苟活) 등이 있다. 안타깝게도 예서에 와서는 '양각(羊角, 양의 뿔)'을 '艹'로, '人', '口'를 음성기호 '句(구)'로 바꿔 쓰는 바람에 글자 구조의 본뜻을 잃어버렸다.

금 전

敬 공경 경

jìng

손에 채찍을 들고(, 攴칠 복) 강족(羌族,)에게 말( )을 신중하게 하라고 경계하다

금문 , , 과 전서 , 는 모두 羌(오랑캐 강), 口(입 구), 攴으로 구성되었다. 敬은 '단정하고 신중하다'라는 의미로 확장되었으며, 관련 단어로는 존경(尊敬), 경패(敬佩jìngpèi, '경복하다', '감복하다'를 의미하는 중국어) 등이 있다.

금 전

갑 금 전

姜 성씨 강, 생강 강

jiāng

양(羊양 양,)을 치는 여자(女여자 녀·여, 너 여,)

아주 옛날 모계사회에서는 여자가 가장 역할을 했다. 따라서 상고시대의 8대 성은 모두 부수에 '女' 방이 들어간다. 예를 들면, 염제(炎帝)의 성은 강(姜), 황제(黃帝)의 성은 희(姬), 순(舜)임금의 성은 조(姚) 등이었다. 姜의 갑골문 과 금문 은 羊과 女로 구성되며, 글자 구조로 볼 때 강씨 성의 시조는 양 치는 여성이었을 가능성이 크다. 《사기》에 "염제는 강수에서 자라서 이를 성으로 했다(炎帝長於姜水, 因以為姓: 염제장어강수, 인이위성)"라는 기록이 있는데, 이 강이 강씨 시조의 발원지라고 할 수 있다. 강수는 어디에 있을까? 역도원(酈道元)의 《수경주(水經注)》에 "기수(岐水)는 또 동쪽으로 강씨 성(城)의 남쪽을 지나며 강수가 되었다(岐水又東逕姜氏城南, 為姜水: 기수우동경강씨성남, 위강수)"라고 기록되어 있다. 강수는 지금의 산시성(陝西省) 치산현(岐山縣)에 있음을 알 수 있다. 산시성에는 구릉이 많아 양을 방목하기에 적합하며, '양러우파오모(羊肉泡饃, 양육포모. 빵을 으깨어 양념한 다음 끓는 양고기 국물에 말아서 먹는 음식)'는 이 지역만의 유명한 미식이다. 아주 먼 옛날에 사람들은 방목과 사냥으로 생활을 영위했다. 양을 치는 목동은 물이 흐르고 먹이풀의 맛이 좋은 곳에 양 떼를 풀어놓아야 했을 것이다. 따라서 강수가 지나는 곳에 자연스럽게 양 떼가 모이게 되었으며, 이것이 곧 '강수'라는 이름을 얻게 된 연유라고 본다.

맛있는 양고기

羔 새끼 양 고

gāo

불(火불 화,)에 구운 양(羊양 양,)

羔의 갑골문 , 은 양(羊,) 한 마리가 불(火,) 위에 있는 모습이며, 이는 양을 제물로 바치는 것을 의미하는 기호이다. 갑골복사에 "양을 취하여 비를 구하고 두 번 고한다(取羔, 雨, 二告: 취고, 우, 이고)"라고 기재되어 있다. 즉 양을 불에 구워 제물로 바치고 기우제를 지냈으며, 하늘의 신에게 두 번을 고하며 제사를 지냈다는 것이다. "경오(庚午)에 삼둔(三屯) 점괘가 나와 양을 올려 제사를 지냈다(庚午示三屯, 羔: 경오시삼둔, 고)"라는 기록도 있다. 《주례》도 "모든 제사를 지낼 때는 양을 장식하여 올린다(凡祭祀, 飾羔: 범제사, 식고)"라고 했다. 제사를 지낼 때는 가축을 온전한 한 마리로 올려야 하는데 큰 양은 굽는 것이 쉽지 않다. 겉은 타고 속은 설익기 십상이다. 따라서 옛 중국인들은 새끼 양을 통으로 구워서 제사상에 올렸고, 여기에서 羔는 '새끼 양'이라는 의미로 파생되었다. 구운 새끼 양의 고기는 그 맛이 비할 데 없이 좋아서 침이 저절로 흐른다.

갑 금 전

전

窯 기와 굽는 가마 요

yáo

양(羊양 양,)고기를 굽기( ) 위한 동굴(穴구멍 혈, 굴 휼,)

窯는 기물(器物)을 굽는 동굴, 통요(通窰), 가마(窑)의 의미가 파생했으며, 관련 단어로는 요동(窯洞yáodòng, '동굴집', '토굴집'을 의미하는 중국어), 전요(磚窯, 기와를 굽는 가마) 등이 있다. 《설문》은 "窯는 기와를 굽는 아궁이다"라고 풀이했으며, 《집운》은 "窯는 굽는 굴이다"라고 풀이했다.

전

羨 부러워할 선, 무덤길 연

xiàn

구운 양(羊양 양,)고기를 향해 입을 벌려 냄새를 들이마시고(, 欠하품 흠, 이지러질 결) 또한 침을 흘린다(, 氵삼수변 수)

고대에 구운 양고기와 푹 삶은 양고기는 모두 진귀하고 맛있는 음식이었다. 먹을 수 없는 사람은 옆에서 몰래 지켜보며 그 냄새를 맡고 침을 흘렸다. 羨은 양고기를 먹지 못하는 사람이 이를 갈망하는 심정을 표현한 한자이다.

羹 국갱

gēng

맛이 대단히 좋은(美아름다울 미, ) 새끼 양(羔새끼 양 고,)의 진한 국물

양러우파오모(羊肉泡饃)는 산시(陝西) 시안(西安)의 별미로, 구워 으깬 빵을 푹 끓인 양고기 국물에 넣어서 먹는 음식이다. 양러우파오모는 식혀서 단단하게 한 후 썰어서 반찬으로 먹는다. 이런 밀가루 음식과 흐물흐물 익힌 양고기, 진한 국물이 어우러진 미식을 고대에는 '양갱(羊羹)'이라고 불렀다. 송나라의 소식(蘇軾)은 "농(隴, 간쑤(甘肅)성의 다른 이름)의 음식 중에는 곰 육포가 으뜸이고 진(秦)의 요리 중에는 양갱이 으뜸"이라고 극찬했다. 양갱은 일본에 전해진 후 재료가 팥 앙금으로 바뀌었고, 이것이 오늘날 흔히 볼 수 있는 양갱이다. 양고기가 들어 있지 않고 양고기 맛도 나지 않는 음식을 어찌 양갱이라고 할 수 있을까?

羴 누린내 전

shān

한 무리의 양(, 羊양 양)이 모여 있을 때 나는 누린내

양의 몸에서는 특유의 누린내가 난다. 갑골문 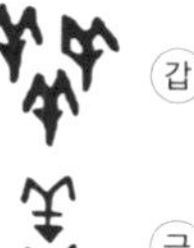 은 세 마리의 양(羊,)으로 한 무리의 양이 모여 있을 때 나는 누린내를 표현했다. 《설문》은 "羴은 양의 냄새다"라고 풀이했다. 후세 사람들은 羴을 '羶(누린내 전, 향기 형,)'으로 바꿔서 썼다.

牛에서 파생된 한자

❶ 哞(소 우는 소리 모)
眸(눈동자 모)

❷ 伴(짝 반)
拌(버릴 반, 쪼갤 판)
絆(얽어맬 반)

❸ 懈(게으를 해)
蟹(게 해)
邂(만날 해)

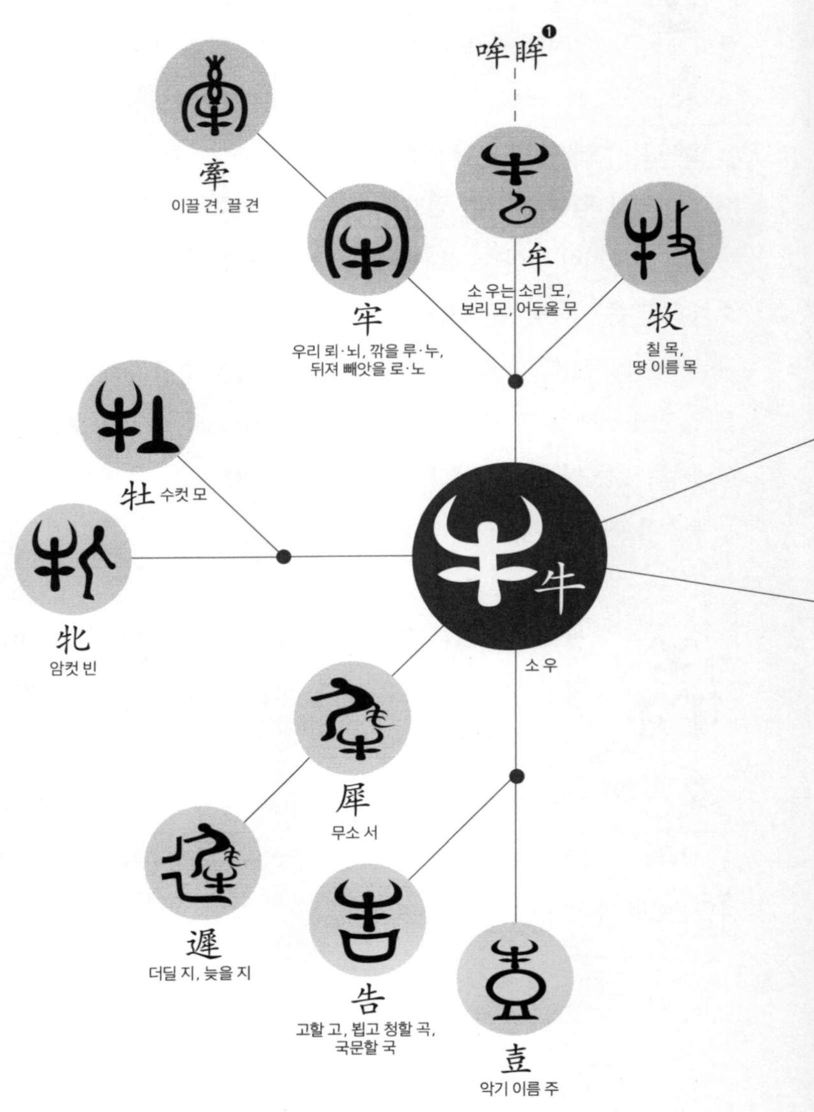

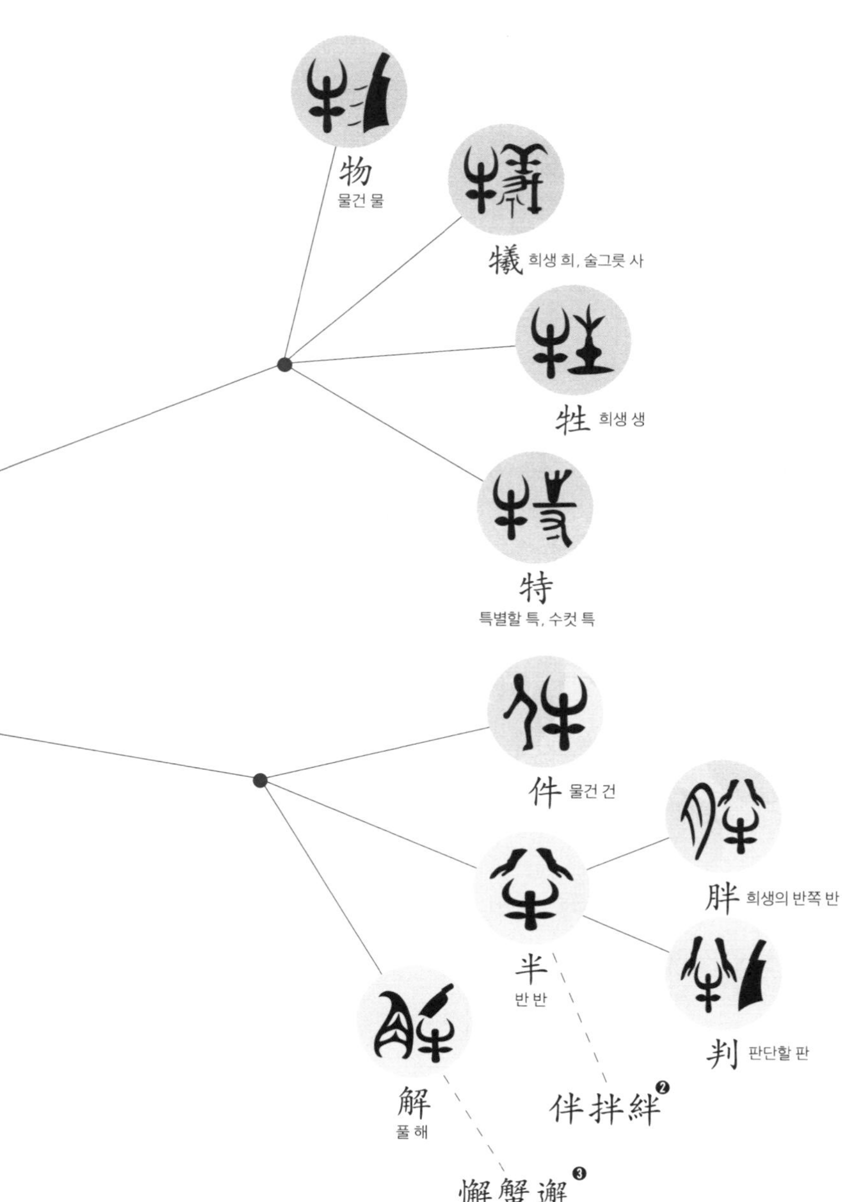
物
물건 물
犧 희생 희, 술그릇 사
牲 희생 생
特
특별할 특, 수컷 특
件 물건 건
牉 희생의 반쪽 반
半
반 반
判 판단할 판
解
풀 해
伴拌絆❷
懈蟹邂❸

소를 치다

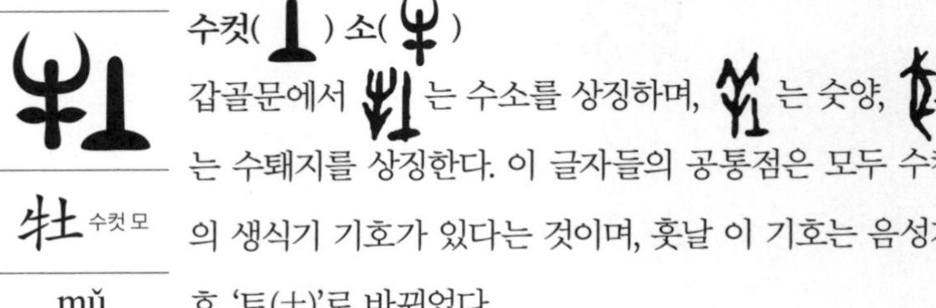

牡 수컷 모

mǔ

수컷( ) 소( )

갑골문에서 는 수소를 상징하며, 는 숫양, 는 수퇘지를 상징한다. 이 글자들의 공통점은 모두 수컷의 생식기 기호가 있다는 것이며, 훗날 이 기호는 음성기호 '토(土)'로 바뀌었다.

갑

금

전

牝 암컷 빈

pìn

암컷(, 匕비수 비)인 소( )

갑골문에서 은 암소를 상징하고 은 암양, 은 암퇘지, 은 암호랑이를 상징한다. 이 글자들의 공통점은 모두 '匕' 기호가 들어 있다는 것이다. 匕( )는 사람(人사람 인,)과 좌우대칭을 이루는 한자이다. 따라서 匕는 여성을 대표하며, 가령 尼(여승 니·이, 말릴 닐·일,)는 서로 기대고 있는 한 쌍의 남녀이다. 牝은 '암컷'이라는 의미로 확장되었으며, 관련 단어로는 빈계(牝雞, 암탉) 등이 있다.

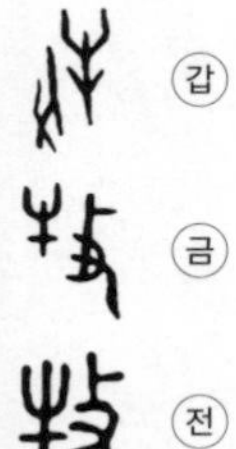

牧 칠 목, 땅 이름 목

mù

손에 기구를 들고( ) 소(牛소 우,) 떼를 지키다
('攵' 편 참조)

牢 우리 뢰·뇌, 깎을 루·누, 뒤져 빼앗을 로·노

láo

소(牛소 우,)가 외양간( )에 갇히다

갑골문 과 금문 은 외양간을 상징한다. 전서 는 가로 방향으로 빗장을 더하여 외양간을 닫아걸었으며, 다른 전서 는 외양간을 우사(牛舍, , 宀집 면)로 변경하여 소가 지내는 곳의 환경을 개선했다.

갑 금 전

牽 이끌 견, 끌 견

qiān

소(牛소 우,)를 줄로 끌어다(, 玄검을 현) 외양간( )에 넣다

전

牟 소 우는 소리 모, 보리 모, 어두울 무

móu

소(牛소 우,)가 울 때 입에서 목소리와 숨결(, 厶사사 사, 아무 모)을 토하다

소가 고개를 들고 음메 소리를 낼 때 콧구멍에서 운기(雲氣)를 내뿜는다('厶'에서 파생된 한자 참조).

전

소를 제물로 삼다

犧 희생 희, 술그릇 사

xī

제사를 지낼 때 사람을 위해 목숨을 잃는(, 羲복희씨 희) 소(牛소 우,)

전

犧는 '목숨을 잃다' 또는 '제사에 사용하는 가축'이라는 의미로 확장되었다.

금 전

물건 물 物

wù

칼(刀칼 도, 조두 조, , 勿말 물, 털 몰)을 휘둘러 소( )를 도살하여 제물로 삼는다

物의 갑골문 , , 은 모두 소의 머리를 향해 칼을 휘두르는 모습의 상형문으로, 옛 중국인들이 소를 죽여 하늘에 제사를 지내는 장면이다. 갑골복사에 '물우(勿牛)'라는 글자가 최소한 200회 이상 출현한다. 물우는 칼을 휘둘러 소를 죽인다는 의미이고, "정물우(貞勿牛)"는 점을 보고 제사를 관장하는 정인(貞人)이 소를 죽여 제사에 바친다는 의미이다. 또 "세기물우(歲其勿牛)"는 연말에 소를 잡아 하늘에 제사를 지낸다는 의미이다. 주나라 때 제사에 사용된 소에는 등급의 구분이 있었다. 가령 《예기》에 "천자는 흰 소를 쓰고, 제후는 살진 소를 쓰며, 대부는 구해 온 소를 쓴다(天子以犧牛, 諸侯以肥牛, 大夫以索牛: 천자이희우, 제후이비우, 대부이색우)"라고 되어 있다. 物은 원래 제사에 바치는 대상을 의미했으나 훗날 물건을 통칭하는 의미로 확장되었으며, 관련 단어로는 생물(生物), 동물(動物), 식물(植物) 등이 있다.

勿의 갑골문 과 금문 은 날카로운 칼을 상징하며, 칼날 주변의 작은 점은 핏자국 또는 부스러기를 의미한다. 勿은 '칼을 휘두르다'라는 원래 의미에서 '접근해서는 안 된다(이를 어기면 죽음의 화를 당할 것이다)'는 의미로 확장되었다. 관련 단어로는 청물(請勿qǐngwù, '~하지 마시오'를 의미하는 중국어), 물망(勿忘, 잊지 마시오) 등이 있다. 利(이로울 리·이)의 갑골문과 금문은 모두 勿의 기호를 포함하고 있으며, 날카로운 칼로 곡식을 베어 거두는 것을 상징한다.

현대 한자	갑골문	금문	전서
物 물건 물			
利 이로울 리·이			
勿 말 물, 털 몰			

牲 희생 생

shēng

키워서 제사에 사용하는 살아 있는(生날 생,) 소(牛소 우,)

犧(희생 희, 술그릇 사)와 牲은 옛 중국인들이 사육하여 제물로 삼은 동물을 가리킨다. 《예기》에 "사감(四監)에게 명하여 모든 고을에서 일정한 양의 꼴을 모아 희생(犧牲)에게 먹인다(命四監大合百縣之秩芻, 以養犧牲: 명사감대합백현지질추, 이양희생)"라는 기록이 있다. 牲은 도살하여 식용으로 이용하는 가축이며, 관련 단어로는 생축(牲畜shēngchù, '가축'을 의미하는 중국어), 생구(牲口shēng·kou, '가축'을 통틀어 칭하는 중국어) 등이 있다.

금

전

전

特 특별할 특, 수컷 특

tè

관청(, 寺절 사, 관청 시)의 제사에 보내는 소(牛소 우,)

옛 중국인들은 하늘에 제사를 지낼 때 튼튼하고 결함이 없는 수소 한 마리를 골라 관공서의 제사 행사에 보내고 자신도 참가했다. 特은 '남다르다'라는 뜻으로 확장되었으며, 관련 단어로는 특수(特殊), 특별(特別) 등이 있다. 진나라는 관청의 아문(衙門)을 '시(寺)'라고 불렀다('寺' 편 참조). 《예·교특생주(禮·郊特牲註)》는 "郊는 하늘에 제사를 지내는 것의 명칭이다. 소 한 마리를 이용하며, 고로 특생이라고 한다(郊者, 祭天之名. 用一牛, 故曰特牲: 교자, 제천지명. 용일우, 고왈특생)"라고 했다.

금 전

半 반 반

bàn

소(牛소 우,) 한 마리를 갈라 나누다(分나눌 분, 푼 푼, , 八여덟 팔)

전

判 판단할 판

pàn

어느 부위에 칼(刀칼 도, 조두 조,)을 넣어서 소를 정확히 반(半반 반,)으로 가를지 고려하다

判은 '판별하다'라는 의미로 확장되었으며, 관련 단어로는 판단(判斷), 심판(審判) 등이 있다. 《설문》은 "判은 나누는 것이다"라고 풀이했다.

件 물건 건

jiàn

제사에 참가한 사람(人사람 인,)에게 소(牛소 우,)를 각각의 분량으로 나눠 주다

《설문》은 "件은 나누는 것이다. 소는 크기 때문에 나눌 수 있다"라고 풀이했다.

전

소를 기물(器物)로 삼다

소가죽으로 북을 만들다

壴 악기 이름 주

zhù

발 받침이 있는 소(牛소 우,)가죽 대고(大鼓, 큰 북,)

소가죽으로 만든 대고는 그 연원이 오래되었다. 은허(殷墟)에서 출토된 토고(土鼓)는 도자기용 흙으로 북의 테두리를 만들고 그 위에 가죽을 씌운 큰 북이다. 壴의 구조 형태는 고대의 건고(建鼓)와 유사하다. 한나라 고묘(古墓)의 벽돌에 그려진 그림에서도 건고를 치는 경전(慶典, 경사를 축하하기 위하여 법도에 맞게 장엄하게 베푸는 의식)의 모습이 자주 발견된다. 그림 속의 건고는 그 형태가 상나라의 청동 건고와 상당히 일치하며, 모두 발 받침이 있는 대고이다. 대고의 위에는 각종 조형이 장식되어 있으나 아무 장식이 없는 것도 있다.

갑골문 , 은 모두 발 받침이 있는 대고를 묘사하고 있으며, 중간의 구성 요소가 북의 면을, 윗부분의 구성 요소 는 소가죽을 상징한다. 윗부분의 구성 요소가 장식품이라고 주장하는 학자들도 있으

갑

금

전

나, 고대 문물이 나타내는 장식품의 구조 형태가 일치하지 않는 부분이 많으며, 심지어 장식이 전혀 없는 건고도 있다. 따라서 그것이 장식품을 상징한다고 볼 수 없으며, 윗부분 구성 요소의 갑골문은 대부분 '屮'로 표시되어 있다. 따라서 이 상부 구성 요소가 소가죽을 표시한다고 추론할 수 있다. 그러나 글씨의 미관을 추구하고 막힘없이 자연스럽게 사용하기 위해 예서에서는 '屮'가 '士(선비 사)'로 변했으며, 이에 따라 소가죽으로 만든 북이라는 의미를 잃어버리게 되었다. 壴에서 파생된 상용한자에는 鼓(북 고), 彭(성씨 팽, 곁 방), 喜(기쁠 희), 嘉(아름다울 가), 豐(풍년 풍, 부들 풍), 豊(풍년 풍, 부들 풍, 예도 례·예, 굽 높은 그릇 례·예) 등이 있다('口'에서 파생된 한자 참조).

쇠뿔로 기물을 제작하다

갑

금

전

角 뿔 각, 사람 이름 록·녹, 꿩 우는 소리 곡

jiǎo 또는 jué

쇠뿔(牛角, 우각)

몽고족(蒙古族)과 묘족(苗族) 등은 우각배(牛角杯, 쇠뿔로 만든 술잔)로 술 마시는 습관이 있다. 사실 그보다 이른 상주시대부터 사람들은 쇠뿔을 술잔으로 애용했다. 角, 觶(잔 치), 觥(뿔잔 굉) 등 부수에 '角'이 포함된 한자는 모두 상주시대에 흔했던 술잔이다. 훗날 觶와 觥은 청동 기물로 변천하여 좀 더 고급스러운 주기(酒器)로 발전했다. 《설문》은 "觶는 술을 마시는 뿔잔이다", "觥은 무소의 뿔로 만들어 술을 마실 수 있는 것이다"라고 풀이했으며, 《예기》는 "신분이 높은 사람이 觶(잔 치, 觶의 본자)를 들고 신분이 낮은 사람은 角을 든다(尊者舉觶, 卑者舉角: 존자거치, 비자거각)"라고 했다.

解 풀 해

jiě 또는 jiè

칼(刀칼 도, 조두 조,)을 이용해 소(牛소 우,)의 뿔(角뿔 각, 사람 이름 록·녹, 꿩 우는 소리 곡,)을 잘라내다

갑골문 은 양손으로 쇠뿔( )을 소의 몸에서 떼내는 모습을 상징한다. 금문 과 전서 는 칼로 쇠뿔을 베어내는 것을 상징하며, 물체를 계속 해체한다는 의미로 확장되었다. 관련 단어로는 분해(分解), 해제(解除, 설치하였거나 장비한 것 따위를 풀어 없앰), 해석(解釋, 문장이나 사물 따위로 표현된 내용을 이해하고 설명함. 또는 그 내용) 등이 있다.

갑

금

전

告 고할 고, 뵙고 청할 곡, 국문할 국

gào

입(口입 구,)으로 소(牛소 우,)의 뿔을 불어 하늘에 제사를 올리며 고하다

갑골문 , 금문 , 전서 는 쇠뿔을 입으로 불어 하늘에 제사를 알리는 것을 묘사했으며, 후세 사람들이 '示(보일 시, 땅귀신 기, 둘 치)'를 덧붙여 '祰(고유제 고,)'로 변하게 되었다. 祰는 '신(神)'에게 제사를 '고(告)'한다는 의미이다. 告는 '통지하다', '선포하다' 등의 의미로 확장되었으며, 관련 단어로는 경고(警告), 고소(告訴, 고하여 하소연함. 범죄의 피해자나 다른 고소권자가 범죄 사실을 수사기관에 신고하여 그 수사와 범인의 기소를 요구하다), 보고(報告) 등이 있다. 다른 전서 는 牛, 口와 두 손으로 구성되어 두 손으로 쇠뿔을 힘 있게 부는 것을 표시했다. 告를 음성기호로 하여 파생된 한자에는 靠(기댈 고), 浩(넓을 호, 술 거를 고), 皓(흴 호), 窖(움 교, 부엌 조), 誥(고할 고), 梏(수갑 곡, 클 각), 郜(나라 이름 고, 성씨 곡) 등이 있다.

갑

금

전

호랑이가 돼지를 문다

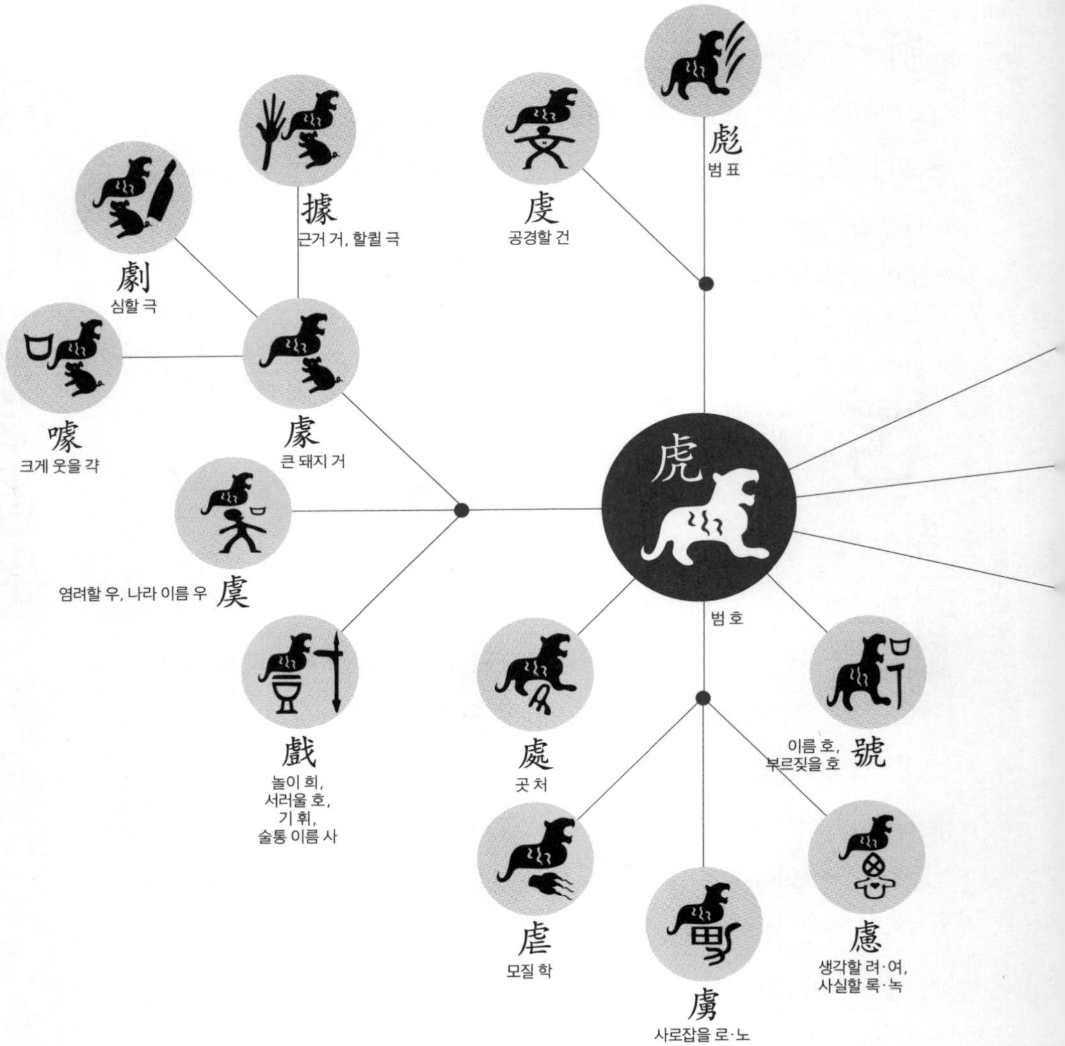

彪
범 표

虔
공경할 건

據
근거 거, 할퀼 극

劇
심할 극

噱
크게 웃을 갹

豦
큰 돼지 거

虞
염려할 우, 나라 이름 우

虎
범 호

戲
놀이 희,
서러울 호,
기 휘,
술통 이름 사

處
곳 처

號
이름 호,
부르짖을 호

虐
모질 학

虜
사로잡을 로·노

慮
생각할 려·여,
사실할 록·녹

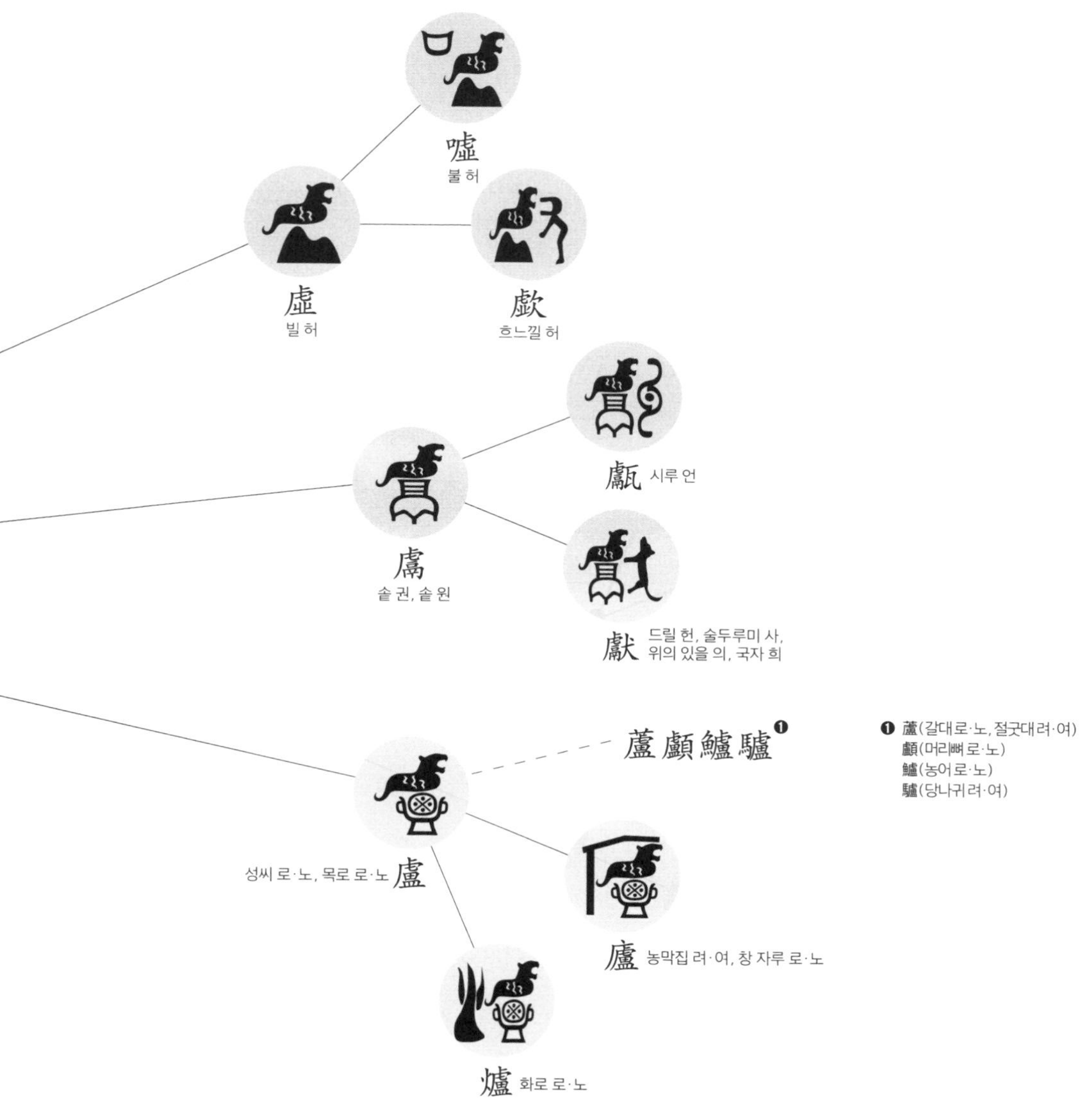

❶ 蘆(갈대 로·노, 절굿대 려·여)
顱(머리뼈 로·노)
鱸(농어 로·노)
驢(당나귀 려·여)

호랑이 길들이기와 호랑이 곡예

갑 금 전

虞 염려할 우, 나라 이름 우

yú

성대모사(, 吳성씨 오, 큰소리칠 화, 땅 이름 우)를 이용하여 호랑이(虎범 호,)를 길들이는 사람

백익(伯益)은 중국 최초의 동물 훈련사이며, 산림과 조수를 관장하는 최초의 관리인 '우인(虞人)'이기도 하다. 《사기·오제본기(五帝本紀)》에 따르면 순임금이 산에 있는 새와 짐승을 길들일 수 있는 사람을 찾았고, 신하들이 백익을 추천하여 그를 우인으로 삼았다고 한다. 《통전(通典)》에도 "우순(虞舜)이 천하를 소유하여 …… 백익은 우인이 되어 초목과 새, 짐승을 관장했다(虞舜有天下 …… 伯益作虞, 育草木鳥獸: 우순유천하 …… 백익작우, 육초목조수)"라고 기재되었다. 백익은 잡아들인 야생 짐승을 잘 길들여서 번식시켰고, 그 공로로 영씨(嬴氏) 성을 받았다. 주나라에 이르러 그의 후손 진비자(秦非子)는 말을 잘 키운 공로로 땅을 받아 진(秦)나라를 세웠다. 고대에는 새와 짐승을 기르는 곳을 '원유(苑囿)'라고 불렀는데 현대의 동물원에 해당한다. 《춘추번로》의 "걸(桀)과 주(紂)가 궁실을 호화롭게 꾸미고, 원유를 확장했다(桀紂 …… 侈宮室, 廣苑囿: 걸주 …… 치궁실, 광원유)"라는 기록으로 보아 하나라의 걸왕과 상나라의 주왕이 기른 새와 짐승이 많았음을 알 수 있다. 상의 주왕은 심지어 맨손으로 맹수와 격투를 벌이기도 했다.

虞의 갑골문 은 호랑이( )에게 쇠고랑을 단단히 채운( ) 모습을 상징하며, 이는 호랑이를 잘 포획하는 사람을 묘사한 것이다.

은 나무로 만든 수갑이다('幸' 편 참조). 금문 과 전서 는 나무로 만든 수갑 '幸(다행 행)'이 '吳( )'로 바뀌었다. 吳는 음성기호이면서 풍부한 의미를 담은 형부(形符)이기도 하다. 는 성대모사( )에 능한 사람( )이 동물이 짖는 소리를 내서 호랑이를 유인하는( ) 모습으로 보인다.

虞의 본래 의미는 '짐승을 길들이는 사람'이다. 이들이 묘책을 써서 야수를 길들이는 데 능하기 때문에 '속이다'라는 의미로 확장되었다. 관련 단어로는 이우아사(爾虞我詐ěryúwǒzhà, '서로 속고 속이다'를 의미하는 중국어) 등이 있다. 또 짐승을 길들이는 사람은 맹수의 공격에 항상 대비해야 했기에 여기에서 '우려하다', '대비하다' 등의 의미가 파생되었다. 관련 단어로는 불우궤핍(不虞匱乏bùyúkuìfá, '걱정이 없다', '부족할 우려가 없다'를 의미하는 중국어) 등이 있다. 이 밖에 짐승을 길들이는 과정은 구경꾼을 모으는 오락이 될 수도 있기 때문에 虞는 오락의 의미로도 확장되어 '우락(虞樂, 오락)'으로 쓰기도 한다. 虞는 娛(즐길 오,)의 옛 한자이다.

戲 놀이 희, 서러울 호, 기 휘, 술통 이름 사

xì

한 손에 고기가 든 솥(, 豆콩 두)을 들고, 다른 한 손에는 병기(兵器, , 戈창 과)를 들고 호랑이(虎범 호,)를 유인하다

금 · 전

《염철론(鹽鐵論)》은 "온갖 짐승과 곡마단, 호랑이 싸움(百獸馬戲鬥虎: 백수마희투호)"이라는 문장을 통해 서한에 곡마단에서 호랑이 싸움 공연이 있었음을 설명하고 있다. 그러나 虞,

戲 두 한자를 통해 일찍이 상주시대에 이미 호랑이를 놀리는 유흥 공연이 있었음을 알 수 있다. 금문 [금문자형] 은 무기를 들고([금문자형] , 戈창 과) 으르렁거리는([금문자형]) 호랑이([금문자형] , [금문자형])를 놀리는 모습이다. 다른 금문 [금문자형] 과 전서 [전서자형] 는 '口(입 구)'가 고기를 담은 기구인 '豆([금문자형])'로 바뀌어서 한 손에 먹을 것을 들고 유인하면서 다른 한 손에 든 무기로 호랑이를 위협하는 모습을 표현했다. 관련 단어로는 희사(戲耍xìshuǎ, '희롱하다'를 의미하는 중국어), 유희(遊戲), 희원(戲院xìyuàn, '극장'을 의미하는 중국어) 등이 있다.

호랑이 무늬

[금문자형] ㉠금
[전서자형] ㉠전

彪 범 표

biāo

호랑이(虎범 호, [갑골문자형]) 몸의 얼룩무늬([갑골문자형] , 彡터럭 삼, 성씨 섬)

彪는 '색이 선명하다', '체구가 크고 사납다'의 뜻을 파생했으며, 관련 단어로는 표병(彪炳biāobǐng, '화려하고 아름답다', '찬란하다'를 의미하는 중국어), 표한(彪悍biāohàn, '용맹스럽다', '사납다'를 의미하는 중국어) 등이 있다. 《설문》은 "彪는 호랑이 무늬이다"라고 풀이했다.

[금문자형] ㉠금
[전서자형] ㉠전

虔 공경할 건

qián

호랑이(虎범 호, [갑골문자형]) 몸의 무늬(紋무늬 문, [갑골문자형] , 文글월 문) 또는 명문(銘文, 금석(金石)이나 기명(器皿) 따위에 새겨놓은 글)

虔은 '경외스럽다'라는 의미로 파생되었으며, 연관 단어로는 건성(虔誠, 경건한 정성), 경건(敬虔, '공경하며 삼가고 엄숙하다'를 의미하는 '경건하다'의 어근) 등이 있다. 옛사람들은 호랑이를 무서워해서 호랑이 특유의 줄무늬만 봐도 두려워 벌벌 떨었다. 이를 토대로 주나라 때부터 호랑이 형상으로 군부(軍符, 군의 증표)를 삼는 특수한 문화가 출현했다. 이 군부를 '호부(虎符)'라고 불렀다. 호부의 구리로 된 호랑이 형상을 둘로 쪼개서 하나는 황제가 간직하고 나머지 반쪽은 성 밖을 수비하는 장군에게 나눠 줬다. 두 조각을 하나로 합체할 때 장군은 비로소 출병할 수 있었다. 따라서 호부는 지극히 높은 권력을 상징했으며, 황제가 병력을 이동시키고 장수를 파견하는 중요한 증표였다.

한나라는 호부를 활용했을 뿐 아니라 호랑이 가죽으로 옷을 만들어 입기도 했는데, 호랑이 무늬가 있는 이 의복은 장군만이 걸칠 수 있었다. 《후한서》에 따르면 동한시대에 원소(袁紹)가 조조(曹操)를 동군태수(東郡太守)로 임명했다. 그 후 연주(兗州) 자사(刺史) 유공산(劉公山)이 황건당(黃巾黨)의 손에 죽자, 원소는 조조를 연주 자사에 임명하고 호문(虎文) 옷을 입게 하였으며 대규모의 군대 병력을 내줬다. 《후한서》는 "호문을 입게 하고 군대의 지휘권을 줬다(被以虎文, 授以編師: 피이호문, 수이편사)"라고 소개했다.

사나운 호랑이가 출몰하다

虐 모질 학

nüè

호랑이(虎범 호,)의 발톱( )

虐은 '잔인하고 포악하다'라는 의미가 생겼으며, 관련 단어로는 사학(肆虐, 사나운 짓을 제멋대로 함), 학대(虐待) 등이 있다.

금

전

虜 사로잡을 로·노

lǔ

밭에서 일하는 남자(男사내 남,)가 호랑이(虎범 호,)에게 잡혀가다

한자 虜와 虐(모질 학)은 고대 호랑이의 무서움을 묘사했다. 《예기》에 이런 이야기가 있다. 공자가 제자와 태산(泰山) 근처를 지나던 중 한 여인이 묘지 앞에 꿇어앉아 대성통곡하는 모습을 보았다. 제자를 시켜 그토록 슬피 우는 연유를 물었더니 여인이 대답했다. "얼마 전에 제 시아버지가 호랑이에게 물려 돌아가셨는데 그 후 남편도 물려 죽었습니다. 어제는 제 아들까지 물려 죽고 말았습니다. 이런 일을 연이어 당하니 어찌 상심하지 않을 수 있겠습니까?" 공자가 나서서 말했다. "정말 불행한 일을 당하셨군요. 이 고을은 호랑이가 창궐하는 곳이라는데, 이토록 무서운 곳을 왜 떠나지 않습니까?" 여인이 눈물을 닦으며 대답했다. "이 고을이 무서운 곳이기는 하나 무거운 세금을 매기지는 않는답니다. 그래서 다른 곳으로 떠날 수가 없습니다." 여인의 말에 공자가 개탄했다. "가혹한 정치가 호랑이보다 무섭구나!" 虜는 새나 짐승을 사로잡는다는 뜻이 생겼으며, 산 채로 붙잡은 적을 '포로(俘虜)'라고 한다.

전

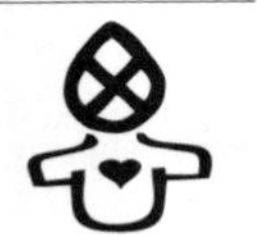

思 생각 사, 수염 많을 새

sī

마음(心마음 심,)과 두뇌(腦골 뇌, 뇌수 뇌, , 囟정수리 신)를 사용하여 사정을 고려하다

옛사람들은 어떤 것을 결정할 때 경우를 따져 이성적으로 분석할 뿐 아니라 타인의 기분까지 고려했다. 두뇌는 사람의 이성을 제어하고 마음은 감정을 통제하며, 둘을 합쳐서 '思'라고 한다. 전서 는 囟( )과 心( )으로 구성된 회의자이다. 囟은 정수리이며 머리 꼭대기에 있다. 예서는 '囟'이 '田'으로 바뀌어 현대 한자 思가 되었다. 연관 단어로는 사상(思想), 사념(思念), 심사(心思, 어떤 일에 대한 여러 가지 마음의 작용) 등이 있다.

慮 생각할 려·여, 사실할 록·녹

lǜ

전

호랑이(虎범 호,)를 생각(思생각 사, 수염 많을 새,)만 해도 무섭다

慮는 '걱정하다', '기획하다'의 뜻으로 확장되었으며, 관련 단어로는 사려(思慮, 여러 가지 일에 대하여 깊게 생각함. 또는 그런 생각), 우려(憂慮, 근심하거나 걱정함. 또는 그 근심과 걱정) 등이 있다.

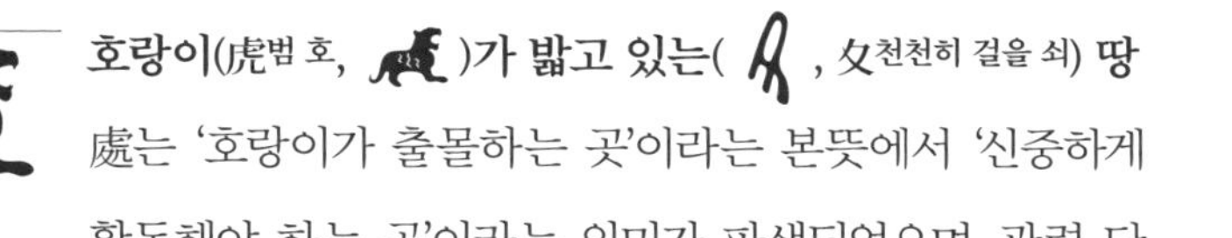

處 곳 처

chǔ 또는 chù

전

호랑이(虎범 호,)가 밟고 있는(, 夂천천히 걸을 쇠) 땅

處는 '호랑이가 출몰하는 곳'이라는 본뜻에서 '신중하게 활동해야 하는 곳'이라는 의미가 파생되었으며, 관련 단어로는 처소(處所, 사람이 기거하거나 임시로 머무는 곳), 처리(處理), 상처(相處xiāngchǔ, '함께 지내다'를 의미하는 중국어) 등이 있다.

號 이름 호, 부르짖을 호

hào 또는 háo

전

호랑이(虎범 호,)가 으르렁거리는 소리(, 号이름 호, 부르짖을 호)

号( )는 지팡이에 맞은(, 丂공교할 교, 숨 내쉴 고) 후 내는 울부짖음(, 口입 구)으로, 큰 소리로 외친다는 뜻이 생겼다. 號는 호랑이(虎)의 울부짖는 소리이며, '외치다', '호칭하다'의 의미가 파생했으며, 관련 단어로는 호도(號啕háotáo, '큰 소리로 울다', '통곡하다'를 의미하는 중국어), 호각(號角, 불어서 소리를 내는 신호용 도구), 명호(名號, 겉으로 내세우는 이름, 이름과 호를 아울러 이르는 말) 등이 있다. 같은 이치로 鴞(부엉이 효)는 지저귀는 것을 좋아하는 새를 가리킨다.

돼지와 호랑이의 싸움

금

전

豦 큰 돼지 거

jù

호랑이(虎범 호,)와 멧돼지(豬돼지 저, 웅덩이 저, 암퇘지 자, , 豕돼지 시)가 엉겨 싸우다

산시(陝西) 농촌에는 '첫째는 돼지, 둘째는 곰, 셋째는 호랑이'라는 말이 있을 정도로 이 세 종류의 맹수를 멀리하라고 경고하고 있다. 호랑이는 멧돼지를 포획하여 잡아먹지만 흥분한 멧돼지를 맞닥뜨리면 아무리 호랑이라도 일단 피하고 본다. 멧돼지의 포악함과 사나움은 혀를 내두를 정도여서 호랑이가 멧돼지 무리에 잘못 휘말리면 잡아먹힐 수도 있다. 豦는 멧돼지와 호랑이의 싸움이라는 본뜻에서 '격렬한 싸움'이라는 의미로 확장되었다. 《설문》은 "豦는 돼지와 호랑이의 싸움이다"라고 풀이하였으며, 《예기》는 "호랑이를 만나면 멧돼지를 먹게 한다(迎虎, 為其食田豕也: 영호, 위기식전시야)"라고 했다.

劇 심할 극

jù

칼(刀칼 도, 조두 조, , 刂선칼도방 도)을 들고 격렬하게 싸우다(, 豦큰 돼지 거)

두 사람이 칼을 들고 싸우는 모습이 마치 돼지와 호랑이의 격돌 같아서 한바탕 볼거리라는 의미로 확장되었다. 《설문》은 "劇은 더욱 심한 것이다"라고 풀이했다.

전

據 근거 거, 할퀼 극

jù

두 사람이 맨손(手손 수, , 扌재방변 수)으로 격렬한 격투(, 豦큰 돼지 거)를 벌이다

적수공권(赤手空拳)은 무기 없이 두 손만 사용하며, 남의 힘을 빌려 의지한다는 의미가 파생했다. 관련 단어로는 의거(依據, 어떤 사실이나 원리 따위에 근거함) 등이 있다.

전

噱 크게 웃을 갹

jué 또는 xuē

사람으로 하여금 놀라 소리치게 하는(, 口입 구) 돼지와 호랑이의 싸움(, 豦큰 돼지 거)

噱은 '볼만한 구경거리' 또는 '배꼽을 쥐게 웃기는 곡예'라는 뜻으로 파생되었으며, 관련 단어로는 갹두(噱頭 xuétóu, '익살', '우스개'를 의미하는 중국어), 발갹(發噱 fāxué, '웃기는 것', '웃기다'를 의미하는 중국어) 등이 있다.

전

대형 기물

虎(범 호)를 포함하는 옛 한자 중 어떤 것은 호랑이가 아니라 큰 치수를 상징한다. 유사한 구조 개념을 가진 글자로는 盧(성씨 로·노, 목로 로·노), 鬳(솥 권, 솥 원), 虛(빌 허) 등이 있다.

갑
금
전

盧 성씨 로·노, 목로 로·노

lú

호랑이(虎범 호,)를 배불리 먹여 위(胃위장 위,)를 채울 수 있는 대형 식기(, 皿그릇 명)

갑골문 은 호랑이가 그릇에 담긴 음식을 먹고 있는 것 같은 모습이며, 금문 , 전서 는 虎, 胃, 皿으로 구성된 회의자로 호랑이의 배를 채울 수 있는 대형 식기를 상징한다. 盧는 鑪(화로 로·노), 爐(화로 로·노)의 본자이며, '대형 식기'라는 본뜻에서 오늘날은 성씨에 많이 사용된다. 盧를 소리 기호로 하여 파생한 한자로는 蘆(갈대 로·노, 절굿대 려·여), 顱(머리뼈 로·노), 鱸(농어 로·노), 驢(당나귀 려·여) 등이 있다.

爐 화로 로·노

lú

불(火불 화,) 위에서 끓는 대형 식기(, 盧성씨 로·노, 목로 로·노)

鑪(화로 로·노)는 금속으로 만든 화로를 상징한다.

廬 농막집 려·여, 창 자루 로·노

lú

화로(, 盧성씨 로·노, 목로 로·노)가 있는 집 처마(, 广집 엄, 넓을 광, 암자 암)

'모려(茅廬)'는 띠풀로 지붕을 얹은 누추한 집이다. '여묘(廬墓)'는 가족의 상을 당한 사람이 무덤을 지키기 위해 근처에 지은 작은 움막이며, '전려(田廬)'는 밭 사이에 있는 작은 농막이다.

대형(, 虎범 호) 찜용 취사도구(, 鬲막을 격, 솥 력·역, 잡을 액)

鬳 솥 권, 솥 원

yàn

鬳은 음식을 찌는 찜솥인데 상하 두 층으로 되어 있다. 아래는 '격(鬲)'이라 하여 물을 담아 가열하는 부분이며, 윗부분은 음식을 놓는 '증(甑, 시루)'이다. 두 층 사이를 가로지르는 판은 '폐(箅시룻밑 폐, , 璧벽 벽)'라고 하는데, 많은 구멍이 뚫려 있고( ) 수증기가 통과할 수 있는 대나무(竹대 죽,)로 만든 받침( )은 오늘날 스티머 트레이(Steamer tray)에 해당하며, 전체적으로는 증기를 쏘여서 음식을 찌는 기구이다.

갑 금 전

甗 시루 언

yǎn

질그릇(瓦기와 와,)으로 만든 솥(鬳솥 권, 솥 원,)

전

獻 드릴 헌, 술두루미 사, 위의 있을 의, 국자 희

xiàn

솥(鬳솥 권, 솥 원,) 안에 든 개(犬개 견,)고기를 상으로 주다

주나라 때는 개고기를 삶은 갱탕(羹湯)을 '견갱(犬羹)'이라고 하여 예를 올릴 때 바쳤다. 가령 《예기》에 "견갱, 토갱(兔羹)", "개고기를 올리는 것이 갱헌이다(犬曰羹獻: 견왈갱헌)"라는 내용이 나온다. 《주례》는 "생고기를 바친다(膳獻: 선헌)"라

갑

금

전

고 했다. 이 밖에 글자 구조에서도 고대의 개고기 식용 풍속이 드러난다. 가령 肰(개고기 연, 그럴 연)은 개고기이고, 然(그럴 연, 불탈 연)은 불에 구운 개고기를 가리킨다. 獻과 獎(권면할 장)은 유사한 글자 구조 개념을 갖고 있으며, 둘 다 개고기를 예물이나 상품으로 주었다. 獻의 관련 단어로는 봉헌(奉獻, 물건을 받들어 바침), 헌제(獻祭, 제사를 드림), 공헌(貢獻, 힘을 써 이바지함) 등이 있다.

 ㊥

虛 또는 虗

빌 허

xū

황량하고 큰(大클 대, 큰 대, 클 태, , 虎범 호) 흙 언덕(丘언덕 구,)

고대에는 큰 토구(土丘, 흙 언덕)를 虛라고 했으며, 墟(터 허)의 본자이다. 《설문》은 "虛는 큰 언덕이다. 곤륜구(崐崘丘)를 곤륜허(崐崘虛)라고 부른다"라고 풀이했다. 《집운》에도 "丘는 虛라고 부른다(丘謂之虛: 구위지허)"라고 나온다. '丘'가 흙산을 뜻할 뿐 아니라 '황량하다', '공허하다'의 의미로도 확장된 것을 알 수 있다. 가령 구성(丘城, 텅 빈 성), 구원(丘園, 황폐한 집 뜰), 구정(丘井, 황폐한 마른 우물), 구묘(丘墓, 무덤), 구허(丘墟, 폐허) 등이 있다. 따라서 虛의 본래 의미는 황량한 큰 흙 언덕이다. 虛는 아무것도 없이 텅 비었다는 의미가 파생하였으며, 관련 단어로는 공허(空虛), 허가(虛假, 겉보기뿐이고 내용이 없는 것) 등이 있다.

丘 언덕 구

qiū

흙산

갑골문 과 금문 , 전서 는 모두 위로 솟은 두 개의 흙더미로써 丘를 표현했다. 관련 단어로는 구릉(丘陵, 땅이 비탈지고 조금 높은 곳), 산구(山丘shānqiū, '산 언덕'을 뜻하는 중국어) 등이 있다. 고대에 제사를 지내는 제단을 환구(圜丘) 또는 환구단(圜丘壇)이라고 했는데, 두둑이 쌓은 둥근 흙 언덕이며, 계단을 이용해 둥근 언덕에 오르면 제물을 태워 하늘에 제사를 지내는 평대(平台)가 있다. 《설문》은 "丘는 흙이 높은 것이다"라고 풀이하였으며, 《주례·춘관·대사악(春官·大司樂)》에는 "모든 음악은 동짓날이 되면 지상의 환구에서 연주한다(凡樂, 冬日至, 于地上之圜丘而奏之: 범악, 동일지, 우지상지환구이주지)"라고 나온다.

갑 금 전

嘘 불 허

xū

입(口입 구,)에서 허약(虛弱,)한 숨결을 내뿜다. 탄식을 금치 못하다

전

歔 흐느낄 허

xū

허약(虛弱,)한 숨결을 입에서 내뿜다(, 欠하품 흠, 이지러질 결)

豕에서 파생된 한자 

豕(돼지 시)의 갑골문 [glyph], [glyph], 금문 [glyph], 전서 [glyph]는 입을 벌린 돼지다. 豕에서 파생된 한자 중 비교적 중요한 것은 두 가지다. 하나는 멧돼지 사냥과 관련된 글자로, 逐(쫓을 축, 돼지 돈, 급급한 모양 적), 隊(무리 대, 떨어질 추, 길 수), 彘(돼지 체), 冢(덮어쓸 몽), 豖(발 얽은 돼지 걸음 축, 발 얽은 돼지 걸음 촉) 등이 있다. 나머지 하나는 사육과 관련한 글자로, 家(집 가, 여자 고), 豢(기를 환), 圂(뒷간 혼, 가축 환), 豚(돼지 돈) 등이 있다.

멧돼지 사냥

갑 [glyph]
금 [glyph]
전 [glyph]

[glyph]

逐 쫓을 축, 돼지 돈, 급급한 모양 적

zhú

멧돼지(野豬, 야저, [glyph], 豕돼지 시)가 길에서 빠르게 뛰다 ([glyph], 辶쉬엄쉬엄 갈 착)

갑골문 [glyph], 금문 [glyph], 전서 [glyph]는 모두 하나의 발바닥([glyph])이 돼지(豬돼지 저, 웅덩이 저, 암퇘지 자, [glyph], [glyph], [glyph])의 뒤를 쫓아가는 것을 묘사했다. 逐은 '쫓다'라는 의미가 파생했으며, 관련 단어로는 추축(追逐, 쫓아버림), 축록(逐鹿, 사슴을 뒤쫓는다는 뜻으로, 제위나 정권 따위를 얻으려고 다투는 일을 이르는 말), 방축(放逐, 자리에서 쫓아냄) 등이 있다.

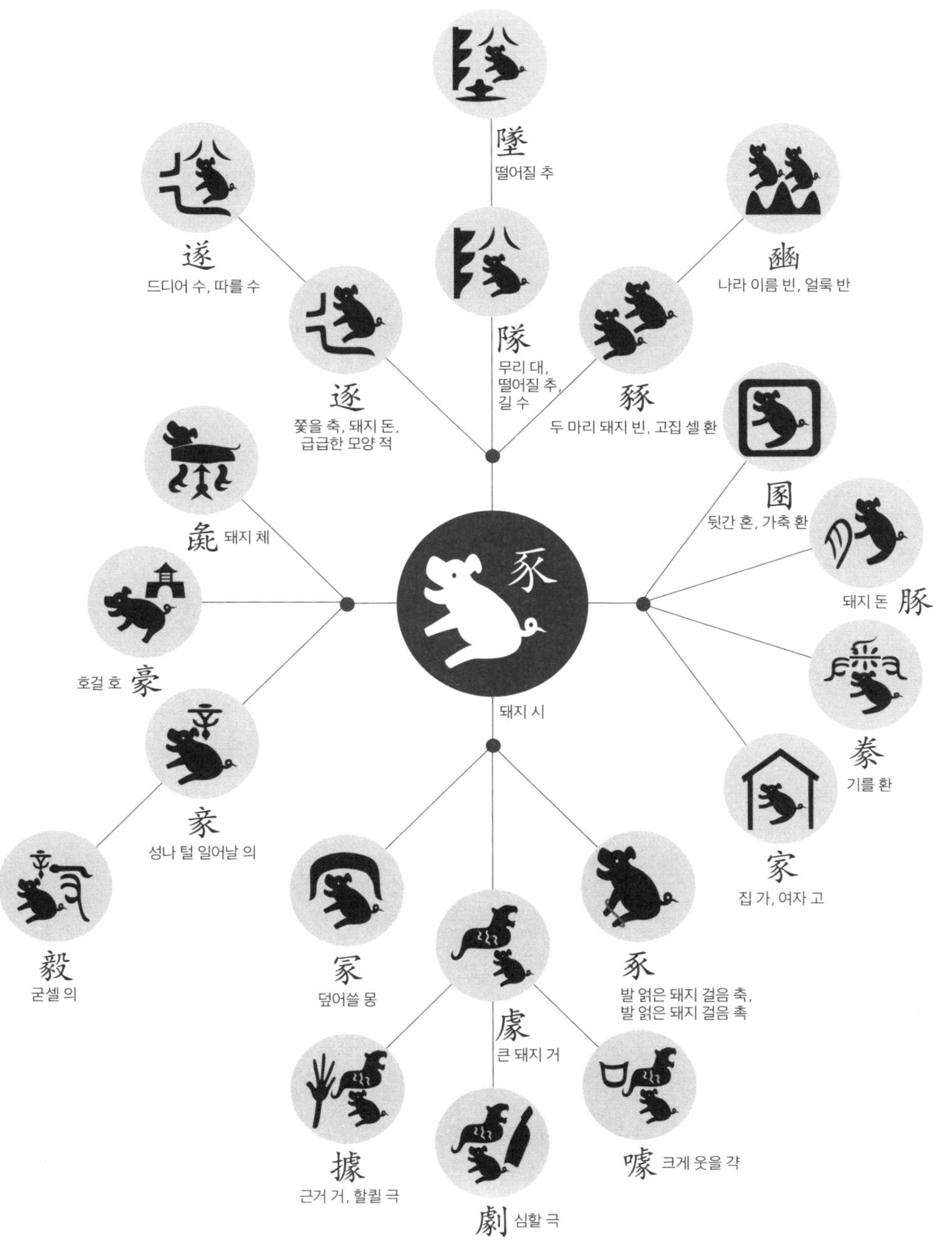

豕
돼지 시
墜
떨어질 추
隊
무리 대,
떨어질 추,
길 수
遂
드디어 수, 따를 수
逐
쫓을 축, 돼지 돈,
급급한 모양 적
豳
나라 이름 빈, 얼룩 반
豩
두 마리 돼지 빈, 고집 셀 환
圂
뒷간 혼, 가축 환
豚
돼지 돈
豢
기를 환
家
집 가, 여자 고
彘
돼지 체
豪
호걸 호
豙
성나 털 일어날 의
毅
굳셀 의
冢
덮어쓸 몽
豦
큰 돼지 거
豖
발 얽은 돼지 걸음 축,
발 얽은 돼지 걸음 촉
據
근거 거, 할퀼 극
劇
심할 극
噱
크게 웃을 갹

遂 드디어 수, 따를 수

suì

길을 갈라서(分나눌 분, 푼 푼,) **쫓다**(逐쫓을 축, 돼지 돈, 급급한 모양 적,)

고대 사냥꾼들은 멧돼지를 잡을 때 길을 갈라 쫓아가며 포위하는 방법을 알았다. 금문 은 길에서( ) 걷는( ) 기호에 길이 갈라지는(, 朮차조 출) 기호를 더하여 흩어져 쫓는다는 의미를 표현했다. 전서 는 分( )과 逐( )으로 바뀌었다. 遂는 '달성하다', '성공적으로 실현하다'의 의미로 확장되었으며, 관련 단어로는 순수(順遂shùnsuì, '순조롭다', '거침없이 진행되다'를 의미하는 중국어), 수심(遂心suìxīn, '마음에 들다', '만족하다'를 의미하는 중국어) 등이 있다.

隊 무리 대, 떨어질 추, 길 수

duì

길을 나눠서 도망가던(, 八여덟 팔) **돼지**(豬돼지 저, 웅덩이 저, 암돼지 자, , 豕돼지 시) **무리가 벼랑**(, 阜언덕 부)**에서 잇달아 떨어지다**

멧돼지가 벼랑이나 골짜기 또는 함정에 떨어지는 일은 더러 있었으며, 고대에는 더 흔한 일이었다. 특히 사냥꾼에게 쫓기는 상황에서는 그런 일이 더 잦았다. 옛 한자 중 隊는 바로 墜(떨어질 추)이다. 가령《예기》는 "사람을 물리칠 때는 심연에 떨어뜨려 다시 살아나지 못하게 하는 것처럼 한다(退人若將隊諸淵: 퇴인약장추제연)"라고 했다.《국어》에는 "공경할 줄 알면 명령을 잘못 수행하지 않을 것이다(敬不隊命: 경불추명)"라고 기재되어 있다. 갑골문 은 한 사람이 높은 담에서 떨어지는 것을 표현했다. 금문 은 사람이 '豕'로 바뀌었다. 전서 [seal-script glyph]는 여기에 '八(分)'을 더함으로써 길을 나눠서 달아나던 돼지 무리가 높은 담(또는 가파른 벼랑)에서 잇달아 떨어지는 것을 상징하고 있다. 다른 전서 [seal-script glyph]는 '辵(쉬엄쉬엄 갈 착(辶))'을 더하여 벼랑에서 떨어지는 돼지를 묘사했다. 隊는 '잇달아 추락하다'라는 본뜻에서 대열이나 무리를 이룬 사람이나 사물의 의미로 확장되었으며, 관련 단어로는 대오(隊伍), 배대(排隊páiduì, '정렬하다', '열을 짓다'를 의미하는 중국어) 등이 있다.

墜 떨어질 추

zhuì

흙(土흙 토, 뿌리 두, 쓰레기 차)덩이([glyph])가 높은 담 위에서 잇달아 떨어지다([glyph], 隊무리 대, 떨어질 추, 길 수)

墜는 '높은 곳에서 떨어지다'라는 의미로 확장되었으며, 관련 단어로는 추락(墜落), 하추(下墜xiàzhuì, '추락하다'를 의미하는 중국어) 등이 있다.

[seal-script glyph] 전

彘 돼지 체

zhì

화살([glyph], 矢화살 시)로 멧돼지(野豬, [glyph], 豕돼지 시)를 쏘아 죽이다

갑골문 [glyph]은 화살([glyph], 矢)로 돼지(豬돼지 저, 웅덩이 저, 암퇘지 자, [glyph])를 쏘는 모습이다. 금문 [glyph]과 전서 [glyph]는 멧돼지를 머리, 몸통, 두 개의 다리로 분해했다. 彘는 멧돼지라는 의미로 확장되었다.

[glyph] 갑

[glyph] 금

[glyph] 전

 갑
 전

冡 덮어쓸 몽

méng

돼지(豬돼지 저, 웅덩이 저, 암퇘지 자, , 豕돼지 시)를 덮어두다(, 冖덮을 멱)

冡은 蒙(어두울 몽)의 본자이다. 갑골문 기호 중 과 는 모두 어떤 물체를 덮어놓는다는 의미가 있다. 가령 갑골문 , 은 모두 새를 덮어놓은 것이고 갑골문 과 전서 는 돼지를 덮어놓은 것이며, 전서 는 토끼를 덮어놓은 것이다. 이는 모두 고대에 동물을 산 채로 잡는 모습을 표현했다. 《설문》은 "冡은 덮는 것이다"라고 풀이했다.

전

蒙 어두울 몽

méng

풀( )을 이용해 물건을 덮어씌우다(, 冡덮어쓸 몽)

蒙은 '가려서 막다(遮蔽, 차폐)'의 의미로 파생되었으며, 관련 단어로는 몽폐(蒙蔽, 덮어 감춤), 몽편(蒙騙mēngpiàn, '속이다', '기만하다'를 의미하는 중국어) 등이 있다.

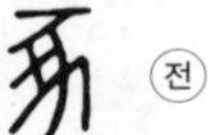 갑
전

豖 발 얽은 돼지 걸음 축, 발 얽은 돼지 걸음 촉

chù

네 다리를 묶어놓은 돼지

옛사람들은 사냥한 멧돼지의 네 다리를 묶은 다음 나무 막대기에 거꾸로 매달아 메고 운반했다. 椓(칠 탁,)은 네 다리를 묶은 돼지( )를 나무( ) 막대기에 걸어놓은 모습으로, '단단히 매달아놓다'라는 의미로 파생되었다. 가령 '탁선(椓船)'은 정박한 배를 나무 말뚝에 매달아놓은 것이다. 椓은 고대의 궁형(宮刑)을 가리키는 말이기도 하다. 사람을 단단히 매달아놓고 생식기를 제거하는 형벌로, 《상서·여형(呂刑)》을 참조하기 바란다. 돼지를 거꾸로 매달아 메고 집에 돌아온 후 다음 순서는 말하지 않아도 알 것이다. 剢(쪼을 탁)은 돼지(豖, 묶여 있는 돼지)를 잡는 칼(刀)을 의미하며, 칼로 죽인다는 뜻으로 확장되었다. 豖을 의미기호로 하여 파생된 상용한자로는 琢(다듬을 탁)과 冢(덮어쓸 몽)이 있다. 琢( )은 옥(玉,)을 돼지처럼 단단히 매달아놓고( ) 가공 작업을 용이하게 하는 것이다.

塚 또는 冢

무덤 총

zhǒng

흙( )을 이용해 병들어 죽은 돼지(, 豖발 얽은 돼지 걸음 축, 발 얽은 돼지 걸음 촉)를 덮어놓다(, 冖덮을 멱)

전서 , 는 돼지를 싸맨(勹쌀 포, 꾸러미 포,) 것을 상징한다. 다른 전서 는 흙으로 돼지를 덮어놓은 모습이다. 塚은 '불룩 솟은 무덤'의 의미가 파생했다. 《설문》은 "冢은 높은 무덤이다"라고 풀이했다.

전

豳 나라 이름 빈, 얼룩 반

bīn

멧돼지 무리(, 豩두 마리 돼지 빈, 고집 셀 환)가 서식하는 산(山메 산,), 즉 빈산(豳山)

豩의 갑골문 은 한 무리의 멧돼지가 뛰어다니는 상형자이다. 따라서 豳은 멧돼지가 서식하는 산이다. 《시경·빈풍》은 고대 빈(豳)나라(산시(陝西) 지역) 사람들의 농가 생활을 소개하는데, 겨울 사냥에서 작은 돼지는 잡은 사람이 갖고 큰 돼지는 관청에 제사용으로 바친다는 내용이 나온다. 빈나라 사람들이 빈산에서 멧돼지를 잡는 것이 일종의 풍습이었음을 알 수 있다.

갑

금

전

 전

豪 호걸 호

háo

높고(高높을 고,) **큰 돼지**(豬돼지 저, 웅덩이 저, 암돼지 자, , 豕돼지 시)

豪는 '높고 크다', '무지막지하다', '재주가 뛰어나다'의 뜻이 파생했으며, 관련 단어로는 호음(豪飲háoyǐn, '술을 통쾌하게 마시다'를 의미하는 중국어), 호우(豪雨, 줄기차게 내리는 크고 많은 비), 호걸(豪傑, 지혜와 용기가 뛰어나고 기개와 풍모가 있는 사람), 호방(豪放, 의기가 장하여 작은 일에 거리낌이 없다) 등이 있다. 고대에 이른바 '호저(豪豬)'는 결코 현대인들이 부르는 고슴도치나 바늘두더지 같은 소형 동물이 아니다. 서한의 《양웅전(揚雄傳)》에 "크고 작은 그물을 설치하여 곰과 말곰, 호저, 호랑이, 표범을 잡는다(張羅罔罝罘, 捕熊羆豪豬虎豹: 장라망저부, 포웅비호저호표)"라는 내용이 있다. 여기 나오는 웅비(熊羆), 호저(豪豬), 호표(虎豹)는 모두 대형 동물을 가리킨다. 고대 사람들이 지칭한 '호저(豪豬)'가 곧 대형 멧돼지임을 알 수 있으며, 이는 현대인이 사용하는 '호저(豪豬, 고슴도치)'와는 차이가 있다. 이것이 豪가 '높고 크다', '무지막지하다' 등의 의미로 쓰이게 된 이유다.

돼지를 기르다

jiā

아래층에 돼지(, 豕돼지 시)우리가 있는 집(, 宀집 면)

2010년에 허난성(河南省) 자오쭤시(焦作市)의 묘에서 서한시대의 도기 부장품들이 출토되었다. 그중 이층집 모형의 도기 한 점이 나왔는데, 아래층은 돼지우리, 위층은 살림집으로 되어 있으며 집 안에는 변소까지 있다. 사람의 배설물은 돼지우리로 흘러 들어가 돼지 똥과 섞여 거름으로 사용되었다. 이보다 오래된 신석기시대의 건축양식으로 저장(浙江) 위야오(餘姚)의 하모도 유적지에서 대규모로 발견된 간란식 건축이 있다. 먼저 땅속에 나무 말뚝을 박아 넣은 다음, 그 위에 가로 들보를 걸어 나무판자를 깐다. 그 위에 사람이 거주하는 집을 지은 것이다. 지어진 집의 위층에는 사람이 살고 아래층은 개방식 공간으로 남겨둔다. 지면과 집 사이에 공간을 둔 건축 방식은 수해와 야생동물의 침입을 막을 수 있을 뿐 아니라 아래층에 가축을 키울 수 있게 했다. 옛 중국인들에게 돼지는 경제적 가치가 큰 재산이었으며, 가정에 없어서는 안 될 존재였다. 갑골문 , 금문 , 의 구조 형태를 통해 사람과 돼지가 공존했던 옛 중국인의 생활 방식을 엿볼 수 있다.

금

전

 전

豢 기를 환

huàn

두 손( )으로 골라놓은 쌀(, 釆분별할 변)을 들고 돼지(, 豕돼지 시)에게 먹이는 모습으로, 정성껏 키우는 돼지임을 알 수 있다

 갑

 전

圂 뒷간 혼, 가축 환

hùn 또는 huàn

돼지우리이다

40년 전 대만의 시골에서는 화장실을 돼지우리 안에 지어놓았다. 이렇게 하면 사람과 돼지의 배설물을 합쳐 거름을 만들 수 있을 뿐 아니라 사람이 거주하는 곳과 멀어서 냄새를 줄일 수 있다. 《전한기》에는 "돼지 무리가 뒷간에서 나온다"라고 기재되어 있다. 아주 먼 옛날의 고고 문물 중에도 돼지가 변소에서 지내는 생활 형태는 흔히 볼 수 있으니 이런 풍습이 오래전부터 있었음을 알 수 있다. 갑골문 , 은 모두 돼지가 우리 안에 있는 모습이다. 圂은 돼지우리라는 본뜻에서 화장실의 의미가 파생되었다. 《설문》은 "圂은 뒷간이다. 돼지가 우리 안에 있다"라고 풀이했다. 《전한기》에는 "돼지 무리가 뒷간에서 나온다(廁中豕群出: 측중시군출)"라고 기재되어 있다.

豚 돼지 돈

tún

살(肉고기 육, 둘레 유,)**진 돼지**(豬돼지 저, 웅덩이 저, 암퇘지 자, , 豕돼지 시)

갑골문 은 豕와 肉 두 기호로 구성되어 한 마리의 살진 돼지를 상징한다. 금문 은 손 하나를 추가함으로써 손을 뻗어 작은 돼지를 잡는 모습을 묘사했다. 豚은 살진 작은 돼지 또는 이와 같은 모습을 한 돌고래(海豚: 해돈), 복어(河豚: 하돈) 등 동물을 의미한다.

갑 금 전

犬에서 파생된 한자

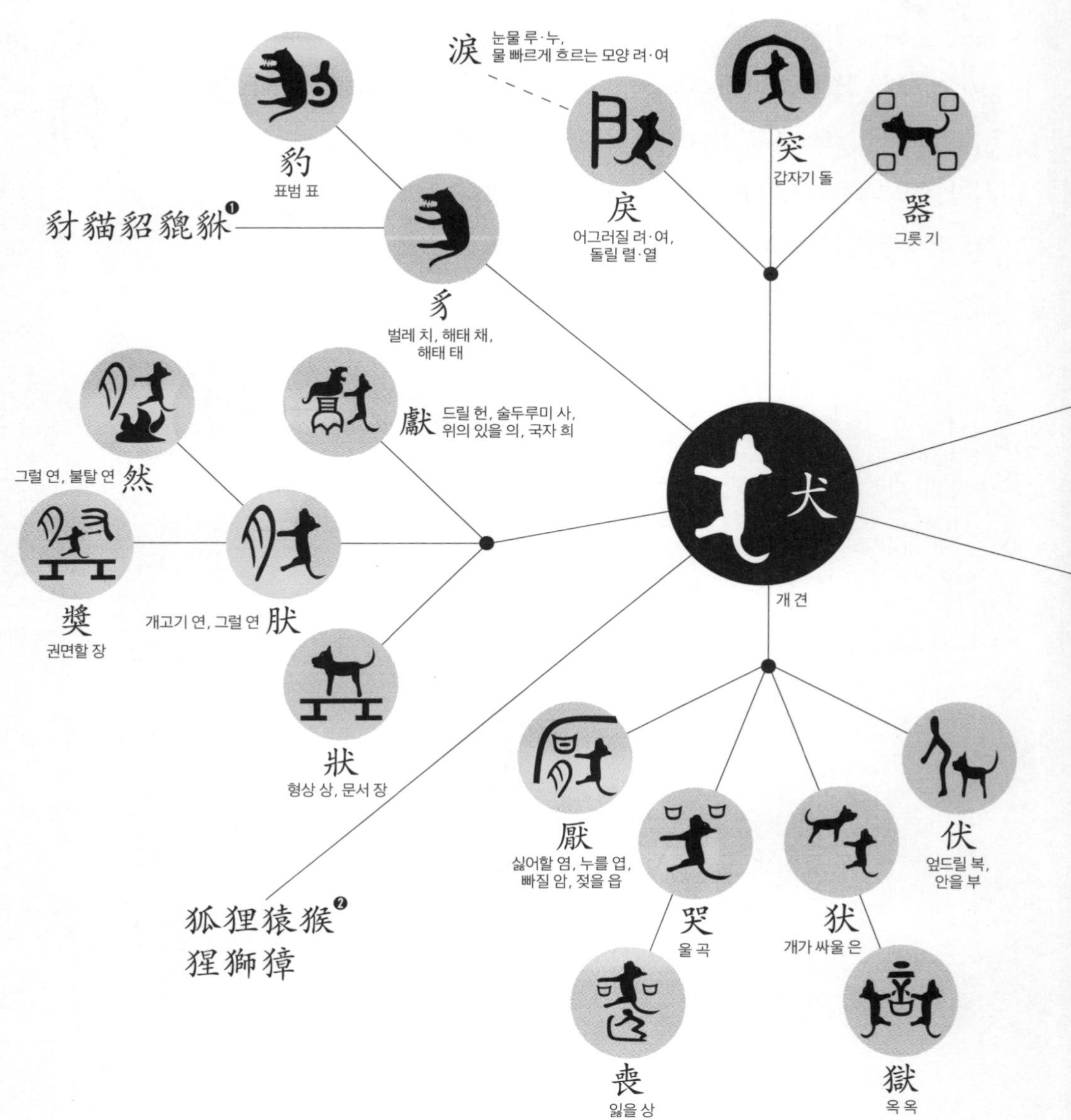

豹
표범 표
豺貓貂貔貅❶
豸
벌레 치, 해태 채,
해태 태
淚 눈물 루·누,
물 빠르게 흐르는 모양 려·여
戾
어그러질 려·여,
돌릴 렬·열
突
갑자기 돌
器
그릇 기
然
그럴 연, 불탈 연
獻 드릴 헌, 술두루미 사,
위의 있을 의, 국자 희
奬
권면할 장
肰
개고기 연, 그럴 연
犬
개 견
狀
형상 상, 문서 장
厭
싫어할 염, 누를 엽,
빠질 암, 젖을 읍
哭
울 곡
㹜
개가 싸울 은
伏
엎드릴 복,
안을 부
狐狸猿猴❷
猩獅獐
喪
잃을 상
獄
옥 옥

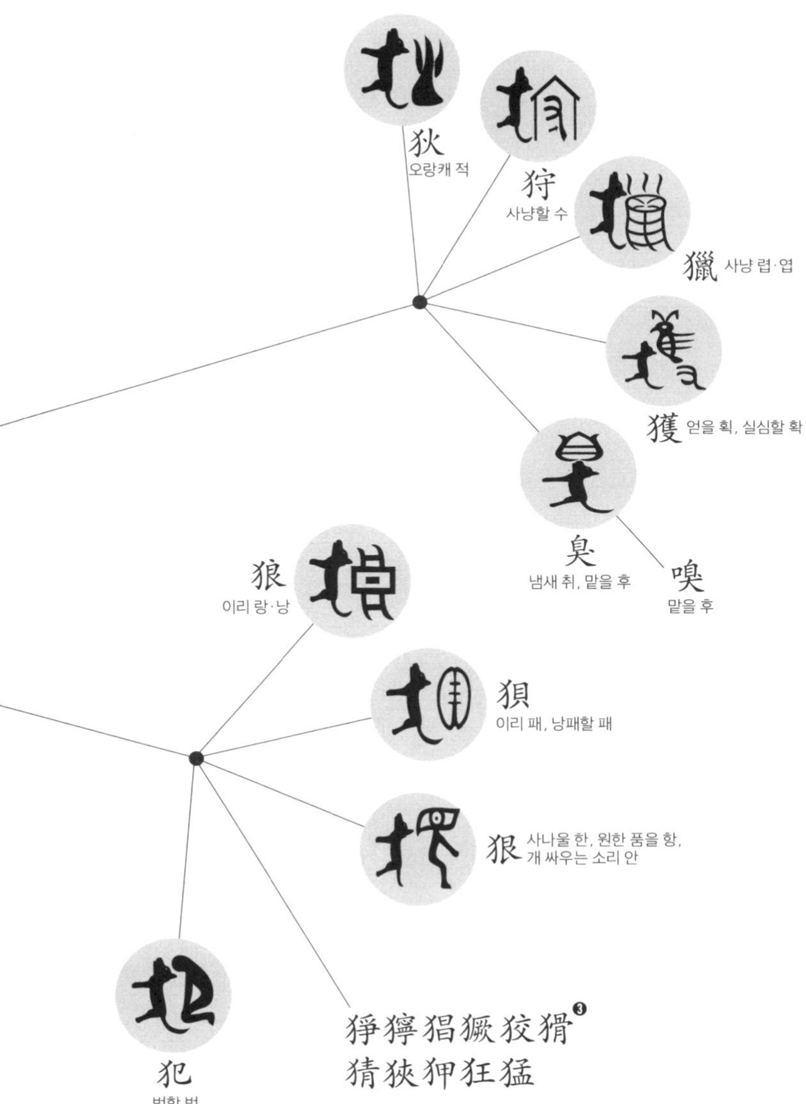

❶ 豺(승냥이 시)
貓(고양이 묘)
貂(담비 초)
貔(비휴 비)
貅(비휴 휴)

❷ 狐(여우 호)
狸(삵 리·이)
猿(원숭이 원)
猴(원숭이 후)
猩(성성이 성)
獅(사자 사)
獐(노루 장)

❸ 猙(짐승 이름 쟁)
獰(모질 녕·영)
猖(미쳐 날뛸 창)
獗(날뛸 궐)
狡(교활할 교)
猾(교활할 활)
猜(시기할 시, 시기할 채)
狹(좁을 협)
狎(익숙할 압, 익숙할 합)
狂(미칠 광, 개달릴 곽)
猛(사나울 맹)

犬(개 견)의 갑골문 [inline glyph], 금문 [inline glyph], 전서 [inline glyph]는 개 한 마리를 표현하는 상형자이다. 옛사람들은 개를 사냥개, 집 지키는 개, 식용 개, 이렇게 세 종류로 구분했다. 犬의 글자 구조로 볼 때 사냥개와 관련 있는 글자는 狩(사냥할 수), 獵(사냥 렵·엽), 狄(오랑캐 적), 獲(얻을 획, 실심할 확), 臭(냄새 취, 맡을 후) 등이 있다. 집 지키는 개와 관련된 글자는 器(그릇 기), 戾(어그러질 려·여, 돌릴 렬·열), 突(갑자기 돌) 등이 있다. 식용 개와 관련된 글자로는 肰(개고기 연, 그럴 연), 然(그럴 연, 불탈 연), 奬(권면할 장), 狀(형상 상, 문서 장), 獻(드릴 헌, 술두루미 사, 위의 있을 의, 국자 희) 등이 있다. 《비아》에서 "개는 세 종류가 있는데 첫째가 사냥개, 둘째가 집 지키는 개, 셋째가 식용 개다(犬有三種, 一者田犬, 二者吠犬, 三者食犬: 견유삼종, 일자전견, 이자폐견, 삼자식견)"라고 했다. 늑대도 개과에 속하기 때문에 사납고 교활하며 생김새가 흉악하다는 의미의 한자는 편방에 모두 '犬'을 포함한다.

사냥개

[inline glyph] 금

[inline glyph] 전

狄 오랑캐 적

dí

불(火불 화, [inline glyph])로 공격하는 것과 사냥개(犬개 견, [inline glyph])를 이용한 사냥에 뛰어난 민족

선진시대의 문헌에는 개를 '전견(田犬)'으로 표기하고 있으며, 불로 공격하여 동물을 사냥하는 방식을 '화전(火田)' 또는 '화렵(火獵)'이라고 했다. 이 방법은 사냥할 동물의 서식지를 둘러싸고 불을 지르되, 동물이 달아날 곳을 한 군데 남겨두어 길목을 지키고 있던 사냥개가 덥석 물어 올 수 있게 한 것이다. 한자 중에서 狄과 狩(사냥할 수)는 이러한 사냥 풍습을 가장 적절히 표현한 글자다. 주나라는 곤충이 동면에 들어가야 화전을 할 수 있도록 제한했다. 따라서 《예기》는 백성들이 "곤충이 잠들지 않으면 화전을 할 수 없다(昆蟲未蟄, 不以火田: 곤충미칩, 불이화전)"라고 규정했다. 화전이라고 부른 이유가 무엇일까? 《이아》는 "화전은 사냥이다(火田為狩: 화전위수)"라고 설명했다. 《노자》는 "못을 말려 고기를 잡지 않고, 숲을 태워 사냥하지 않는다(不涸澤而漁, 不焚林而獵: 불학택이어, 불분림이렵)"라고 했다. 狄은 고대에 사냥으로 생계를 유지하던 북방 민족으로, 상주시대에는 귀방(鬼方), 융적(戎狄) 또는 견융(犬戎)으로 불렸으며, 한나라 때는 흉노(匈奴)라고 불렸다. 《한서·흉노전(匈奴傳)》에는 그들을 이렇게 묘사하고 있다. "탐욕스러워 이익만 밝히고 머리는 산발에 옷깃은 왼쪽으로 여몄으며, …… 북쪽 변방의 추운 들판에 살면서 풀이 있는 곳을 따라다니며 가축을 치고 활로 사냥하며 살아간다(貪而好利, 被髮左衽, …… 辟居北垂寒露之野, 逐草隨畜, 射獵為生: 탐이호리, 피발좌임, …… 벽거북수한로지야, 축초수축, 사렵위생)."

狩 사냥할 수

shòu

사냥개(犬개 견,)가 숨어서 지키다가(守지킬 수,) 사냥감을 잡다

전

옛 중국인들이 화렵을 할 때 사냥개는 길목에 숨어서 사냥감을 기다렸다. 이것이 《이아》에서 언급한 '화전위수(火田為狩)'이다. 옛 한자 狩는 守와 통용되었다. 가령 《예기》는 "천자는 5년에 한 번씩 순행한다(天子五年一巡守(狩): 천자오년일순수)"라고 했다. 관련 단어로는 수렵(狩獵), 동수(冬狩, 겨울 사냥) 등이 있다.

鱲 목 갈기 렵·엽

liè

금

전

강(川내 천,)물 속에 통발(魚笱, 어구,)을 설치하여 물고기를 잡다

鱲은 고대의 어렵 생활을 묘사한 글자이다. 옛사람들은 그물로 물고기를 잡을 뿐 아니라 대나무로 만든 '笱(구)'라는 도구를 사용하기도 했다. 현대인들은 이것을 통발이라고 부른다. 하구(河口)나 둑 입구에 통발을 놓아두면 물고기들이 물의 흐름을 따라 헤엄치다가 실수로 그 안에 들어가게 된다. 통발은 그 구조가 한번 들어오면 나갈 수 없게 되어 있다. 중국은 주나라 때부터 어구(魚笱)에 관한 기록이 전해진다. 《시경》은 "낡은 구를 어살에 치니 방어와 환어가 잡혔네(敝笱在梁, 其魚魴鰥: 폐구재량, 기어방환)"라고 했다. 鱲의 금문 , , 은 큰 입, 반대로 뚫린 문, 이중 그물로써 어구를 묘사했다. 한나라 때의 《초씨역림》은 "강과 바다에서 물고기를 잡으니 통발 그물에 물고기가 많다(捕魚河海, 笱網多得: 포어하해, 구망다득)"라고 하였으며, 《설문》은 "대나무를 구부려 만든 통발이다"라고 설명했다.

獵 사냥 렵·엽

liè

개(犬개 견,)와 어구(漁具)를 사용하여 사냥(, 巤목 갈기 렵·엽)하다

금 전

臘 섣달 랍·납, 납향 랍·납

là

사냥(獵사냥 렵·엽, , 巤목 갈기 렵·엽)하여 얻은 고기(肉고기 육, 둘레 유,)

상주시대 사람들은 겨울에 사냥하여 잡은 고기를 소금에 절였다. 이를 '납육(臘肉)'이라고 불렀으며, 수렵하는 달을 '납월(臘月)'이라고 불렀다. 臘의 전서 는 수렵용 그물 '網(그물 망)'과 '肉'으로 묘사했으며, 소전에서는 '網'이 '巤'으로 바뀌었다.

전

獲 얻을 획, 실심할 확

huò

사냥개(犬개 견,)에게 사냥감을 잡아 오게(, 蒦자 확, 자 약, 자 획, 잡을 곽) 하다

전

臭 냄새 취, 맡을 후

xiù 또는 chòu

개(, 犬개 견)가 코(, 自스스로 자)를 이용해 사냥감을 추적하다

臭는 냄새를 판별한다는 의미로 확장되었다. 옛사람들은 개의 후각이 예민하다는 사실을 알았다. 갑골문 에 그려진 것은 개( )가 코( )를 이용해 사냥감을 쫓는 모습이다. 臭의 본뜻은 '嗅(맡을 후)'로 냄새를 판별하는 것이다. 후세 사람들은 이를 (嗅)로 바꿨다. 개가 사체의 냄새를 잘 맡기 때문에 臭는 '역겨운 냄새'라는 의미가 파생했으며, 臰(냄새 취, 맡을 후)와 함께 '취'로 발음한다. 관련 단어로는 악취(惡臭)가 있다. 《설문》은 "짐승이 지나갈 때 냄새로 그 흔적을 알 수 있는 것은 개다(禽走, 臭而知其跡者, 犬也: 금주, 취이지기적자, 견야)"라고 했다.

집 지키는 개

고대에 집 지키는 개를 폐견(吠犬) 또는 수견(守犬)으로 불렀으며, 주로 집이나 물건을 지켰다.

器 그릇 기

qì

한 마리의 개(, 犬개 견)가 사방의 기물(器物,)을 지키다

《예기》는 기물을 지키는 개를 '수견(守犬)'이라고 했다. 器의 본뜻은 지켜야 할 귀중한 기물이며, 여기에서 '재주 있는 사람'이라는 의미가 파생되었다. 관련 단어로는 기구(器具), 기관(器官), 재기(才器) 등이 있다. 《설문》은 "器는 밥 먹는 그릇이다. 그릇의 입의 모양을 본떴다. 개가 그것을 지키는 것이다(器, 皿也, 象器之口, 犬所以守之: 기, 명야, 상기지구, 견소이수지)"라고 풀이했다.

突 갑자기 돌

tū

개(, 犬개 견)가 동굴(穴구멍 혈, 굴 휼,) 안에서 튀어나오다

옛날 중원 지역에서는 사람들이 동굴에서 생활했다. 낯선 사람이 나타나면 집을 지키는 개가 동굴 안에서 튀어나왔고, 여기에서 '갑작스럽다', '돌출하다'의 의미가 파생되었다. 관련 단어로는 돌연(突然), 돌습(突襲tūxí, '기습(하다)'을 의미하는 중국어), 돌출(突出) 등이 있다.

갑 · 전

戾 어그러질 려·여, 돌릴 렬·열

lì

사나운 개(, 犬개 견)가 문(門문 문, , 戶집 호, 지게 호) 옆에서 지키다

집 지키는 개는 대체로 만만하지 않아서 낯선 사람이 아무 방비 없이 가까이 가면 물리기 쉽다. 따라서 戾는 두 가지 의미로 파생되었는데 그중 하나는 '도착하다' 또는 '손님이 찾아오다'의 의미이다. 《시경》에 "솔개가 하늘을 날아오르다(鳶飛戾天: 연비여천)", "노나라 제후가 찾아오다(魯侯戾止: 노후여지)"로 쓰였다. 두 번째는 '포악하다'의 의미이다. 이는 '갑자기 튀어나오는 사나운 개'에서 파생된 의미이며, 관련 단어로는 폭려(暴戾, '사람의 도리에 어그러지게 모질고 사납다'를 의미하는 '폭려하다'의 어근), 괴려(乖戾, '사리에 어그러져 온당하지 않다'를 의미하는 '괴려하다'의 어근) 등이 있다.

전

식용 개

2010년 12월, 고고학자들은 산시성(陝西省) 시안(西安) 부근의 옛 무덤에서 전국시대의 청동 솥 한 점을 발굴했다. 솥 안에는 요리된 개 한 마리가 그대로 보존되어 있었는데, 《예기》에 언급된 미식 '견갱(犬羹)'으로 보인다. 신석기시대의 하모도 유적지에서 고고학자들은 먹다 남은 개 뼈를 발견했다. 중국인의 개고기 식용 풍습이 최소한 5000~6000년 전으로 거슬러 올라감을 알 수 있다.

전

肰 개고기 연, 그럴 연

rán

개(, 犬개 견)고기(肉고기 육, 둘레 유,)

중국인이 몸의 보양을 위해 개고기를 먹던 풍습은 《예기·월령》에도 기재되어 있다. 가을이 깊어 찬 바람이 불어오면 천자가 개고기와 마(麻)를 먹어 몸을 보양했다고 한다. 《황제내경(黃帝內經)》에는 간이 안 좋은 사람에게 마와 개고기, 부추가 좋다는 내용이 나온다. 《설문》은 "肰은 개고기이다"라고 풀이했다.

금

전

然 그럴 연, 불탈 연

rán

개고기(, 肰개고기 연, 그럴 연)를 불(火불 화,)에 굽다

현대사회에서는 개고기 먹는 것을 야만적인 문화로 보지만 고대에는 주해(朱亥), 고점리, 번쾌(樊噲) 같은 유명인들도 개 잡는 백정 출신이었다. 고대에는 개고기를 요리하는 것이 생업의 일종이었음을 알 수 있다. 然의 본뜻은 개고기를 삶는 것이며 燃(탈 연)의 옛 한자이다. 《맹자》는 "마치 불이 처음 타오르는 듯하다(若火之始然(燃): 약화지시연)"라고 했다. 然은 '이렇듯이', '그러나'의 의미로 파생되었으며, 관련 단어로는 당연(當然, 일의 앞뒤 사정을 놓고 볼 때 마땅히 그러하다), 연이(然而, 그러나, 그러고 나서) 등이 있다.

奬 권면할 장

jiǎng

긴 걸상(, 爿나뭇조각 장, 나뭇조각 상, 양수사 판)에 앉아 손(手손 수, , 寸마디 촌)에 개(, 犬개 견)고기( )를 들고 먹다

전

고대에 개고기는 양고기나 돼지고기보다 더 가치가 있어서 공을 세운 전사에게 상으로 주곤 했다. 춘추시대의 월왕(越王) 구천(勾踐)은 심지어 개를 이용해 출산을 장려하기도 했다. 이 밖에도 개고기는 신에게 바치는 훌륭한 제물로도 여겨졌다. 가령 《예기》에 "종묘에 제사 지내는 예에 따르면 소는 일원대무(一元大武)라 부르고, …… 개는 갱헌(羹獻)이라고 부른다(凡祭宗廟之禮: 牛曰一元大武, …… 犬曰羹獻: 범제종묘지례: 우왈일원대무, …… 견왈갱헌)"라고 기재되었다.

狀 형상 상, 문서 장

zhuàng

죽어서 긴 나무 걸상(, 爿나뭇조각 장, 나뭇조각 상, 양수사 판)에 진열된 개(, 犬개 견)

전

병사들은 긴 나무 걸상에 진열된 잘 구워진 개고기를 보고 침을 흘리지 않은 자가 없었다. 그러나 이 특별한 미식은 용사(勇士)에게만 허용되었다. 狀은 양식(樣式), 공적(功績)의 의미로 파생되었으며, 관련 단어로는 형상(形狀), 장상(獎狀 jiǎngzhuàng, '상장'을 의미하는 중국어) 등이 있다. 《설문》은 "狀은 개의 형상이다"라고 풀이했다.

갑 금 전

獻 드릴 헌, 술두루미 사, 위의 있을 의, 국자 희

xiàn

솥(甗솥 권, 솥 원,) 안의 개(犬개 견,)고기를 상으로 주다

주나라 때는 개고기를 삶은 갱탕(羹湯)을 '견갱(犬羹)'이라고 하여 예를 올릴 때 바쳤다. 가령 《예기》에 "견갱(犬羹), 토갱(兔羹)", "개고기를 올리는 것이 갱헌이다(犬曰羹獻: 견왈갱헌)"라는 내용이 나온다. 《주례》는 "생고기를 바친다(膳獻: 선헌)"라고 했다. 이 밖에 글자 구조에서도 고대의 개고기 식용 풍속이 드러난다. 가령 肰(개고기 연, 그럴 연)은 개고기이고, 然(그럴 연, 불탈 연)은 불에 구운 개고기를 가리킨다. 獻과 獎(권면할 장)은 유사한 글자 구조 개념을 갖고 있으며, 둘 다 개고기로 예물이나 상품을 주었다. 獻의 관련 단어로는 봉헌(奉獻, 물건을 받들어 바침), 헌제(獻祭, 제사를 드림), 공헌(貢獻, 힘을 써 이바지함) 등이 있다.

사람에게도 개의 성정이 있다

伏 엎드릴 복, 안을 부

fú

사람(人사람 인,)이 개(, 犬개 견)처럼 엎드리다

伏은 '단 아래에서 엎드리다', '징벌을 받다'의 의미로 파생되었으며, 관련 단어로는 매복(埋伏, 상대편의 동태를 살피거나 불시에 공격하려고 일정한 곳에 몰래 숨어 있음), 복법(伏法, 형벌을 순순히 받아 죽음. 또는 형벌을 순순히 받아 죽게 함) 등이 있다.

금 전

犾 개가 싸울 은

yín

두 마리의 개(, 犬개 견)가 서로 물어뜯다

《설문》은 "犾은 두 마리의 개가 서로 물어뜯는 것이다"라고 풀이했다.

전

獄 옥 옥

yù

소송을 할 때 원고와 피고가 치열하게 공방하는 언사(言詞,)가 마치 두 마리의 개가 서로 물어뜯는 것 같다
(, 犾개가 싸울 은)

등석(鄧析)은 춘추시대의 대부(大夫)이며 당대의 유명한 송사(訟師), 즉 오늘날의 변호사였다. 《여씨춘추》에 따르면 등석이 백성의 송사를 맡을 때 "큰 송사에는 겉옷 한 벌, 작은 송사에는 짧은 솜저고리나 바지 한 점을 받았다(大獄一衣, 小獄襦袴: 대옥일의, 소옥유고)"고 한다. 獄의 본뜻은 소송이며, 훗날 '감옥', '감옥에 갇히

금 전

다'의 뜻으로 확장되었다. 《여씨춘추》에 따르면 등석은 변론의 귀재여서 그른 것도 그가 나서면 옳은 일이 되었으며, 옳은 일도 그가 말하면 그른 일로 바뀔 정도였다. 그가 마음을 먹으면 소송에서 반드시 이겼고 멀쩡한 사람에게 죄를 뒤집어씌울 수도 있었다. 정나라 사람들은 그에게서 소송의 비결을 배우려고 모여들었고, 등석은 혼란을 초래한 죄로 재상 자산(子產)의 손에 처형당했다. 등석의 유명한 '양가설(兩可說)'은 중요한 사상으로, '가(可)'와 '불가(不可)'가 모두 그의 손아귀에 있었다. 아래 소개하는 고사를 통해 약간의 힌트를 얻을 수 있을 것이다. 어느 마을에 홍수가 발생해 유하(洧河)강이 범람했고 어떤 갑부 하나가 급류에 휩쓸려 갔다. 며칠 후 어떤 사람이 갑부의 시체를 건져 올렸고, 시신을 넘겨주는 대가로 가족에게 큰돈을 요구했다. 갑부의 가족이 등석을 찾아가자 그가 이렇게 말했다. "안심하고 집에 돌아가시죠. 어차피 다른 사람은 그 시신을 살 이유가 없으니까요." 가족들은 등석의 말대로 시체 흥정에 응하지 않았고, 초조해진 상대방도 등석을 찾아갔다. 그는 이번에도 같은 말을 했다. "안심하고 돌아가세요. 어차피 그 가족은 당신 말고 다른 사람에게서 시신을 살 수 없을 테니까요."

금

전

厭 싫어할 염, 누를 엽, 빠질 암, 젖을 읍

yàn

개(, 犬개 견)가 감미(甘美)로운( ) 고기(肉고기 육,)를 물고 언덕(岸언덕 안, , 厂기슭 엄, 기슭 한, 공장 창)으로 가다

개는 배가 부르면 남은 고기를 물고 언덕으로 간다. 여기에서 두 가지 의미가 파생되었다. 하나는 '배가 부르다'는 의미이며, 관련 단어로는 탐득무염(貪得無厭tāndéwúyàn, '욕심이 끝이 없다'를 의미하는 중국어) 등이 있다. 나머지 하나는 '싫어하다'의 의미이며, 이와 관련된 단어로는 염권(厭倦yànjuàn, '싫증나다', '진저리가 나다'를 의미하는 중국어), 토염(討厭tǎoyàn, '밉살스럽다', '혐오스럽다'를 의미하는 중국어) 등이 있다. 금문 은 개( )가 입(口입 구,)에 고기(肉,)를 물고 있으며, 전서 는 '口'가 '甘'으로 바뀌고, 厂( )이 더해졌다. 厂은 산기슭이나 강가를 의미한다. 厭의 간체자는 厌이며 '肉'이 보이지 않고 강가로 가는 들개만 남아 있다.

哭 울 곡

kū

슬픔을 당한 사람이 개(, 犬개 견)처럼 계속 울부짖다 (, 吅부르짖을 훤, 부르는 소리 선, 다툴 송)

개가 울부짖는 소리는 꽤 멀리 퍼져서 겨울밤에 들으면 특히 처량하다. 옛사람들은 이를 빌려 사람의 울부짖는 소리를 묘사했다. 哭의 전서는 몇 가지 구조 형태가 있는데, 은 두 눈에 눈물이 가득 고인 사람이 울다 곧 쓰러질 것 같은 모습을 묘사했다. 은 대성통곡하는 사람의 모습이고, 은 계속 짖어대는 개를 나타낸다.

전

喪 잃을 상

sàng 또는 sāng

사랑하는 대상을 잃고(, 亡망할 망, 없을 무) 슬피 울다 ( )

('亡' 편 참조)

전

탐욕스러운 이리

이리와 개는 유전자가 유사하여 이리를 길들인 것이 개라고 주장하는 학자들도 있다. 한자의 측면에서 볼 때, 犬(개 견, 犭개사슴록변 견)도 狼(이리 랑), 狽(이리 패, 낭패할 패)를 대표한다. 따라서 악랄하고 교활한 것과 관련된 형성자에 이용된다. 가령 猙(짐승 이름 쟁), 獰(모질 녕·영), 猛(사나울 맹), 狠(사나울 한, 원한 품을 항, 개 싸우는 소리 안), 猖(미쳐 날뛸 창), 獗(날뛸 궐), 狡(교활할 교), 猾(교활할 활), 猜(시기할 시, 시기할 채), 狹(좁을 협), 狎(익숙할 압, 익숙할 합), 犯(범할 범), 狂(미칠 광, 개 달릴 곽) 등이 있다. 옛사람들이 글자를 만들 때 이런 연상을 한 것은 이리의 매우 날래고 기민한 본능에 기인해서라고 생각된다.

狽 이리 패, 낭패할 패

bèi

탐욕스러운(貪탐낼 탐, (image), 貝조개 패, 성씨 배) 개(犬개 견)과 ((image)) 동물

狼 이리 랑·낭

láng

개(犬개 견)과((image)). 良(어질 량·양, (image))은 소리 기호이다

과거에 우리는 狼과 狽(이리 패, 낭패할 패)를 다른 동물로 여겨서 狼은 앞다리가 길고 뒷다리가 짧으며, 狽는 앞다리가 짧고 뒷다리가 길다고 생각했다. 사실 이런 어처구니없는 오해는 당나라 단성식(段成式)의 영향 때문이다. 그는《유양잡조(酉陽雜俎)》에서 "狽는 앞다리가 짧아서 늘 狼과 함께 다녀야 하며, 狼이 없으면 움직일 수 없다(狽前足絕短, 每行常駕兩狼, 失狼則不能動: 패전족절단, 매행상가량낭, 실낭즉불능동)"라고 주장했다. 실제로 관찰해보면 狼의 앞다리는 뒷다리보다 조금도 길지 않다. 狽의 갑골문과 금문 구조 형태는 앞다리와 뒷다리의 길이가 같다. 결국 단성식의 주장은 상당히 터무니없는 것으로, 후세에 와서 더욱 와전되어 천고의 웃음거리가 된 것이다. 그렇다면 狽는 어떤 생물일까? 갑골문 [illegible], 금문 [illegible], [illegible], [illegible]은 모두 貝와 犬의 합체자이다. 그중 貝는 형용하는 기호로 재물에 욕심이 많고 탐욕스러운 것을 표현했다. 狼은 개과에 속하며, 따라서 전체적으로 볼 때 한 마리의 '탐욕스러운 이리(貪狼: 탐낭)'를 묘사했다. '탐낭(貪狼)'이라는 단어는 고전 문헌에 자주 등장한다. 가령 탐낭사벽(貪狼邪僻, 탐욕스럽고 괴팍하다), 탐낭축호(貪狼逐狐, 탐욕스러운 이리가 여우를 쫓다), 흉노탐낭(匈奴貪狼, 흉노가 탐욕스러운 이리 같다), 진왕탐낭포학(秦王貪狼暴虐, 진왕은 탐욕스럽고 포악하다), 탐낭지지(貪狼之志, 탐욕스러운 이리와 같은 생각) 등이 있다. 狼은 무리 지어 다니는 것을 좋아한다. 狽는 탐욕스러운 狼을 말한다. 이런 무리의 狼을 통칭하여 낭패(狼狽)라고 하며, 관련 단어로는 낭패위간(狼狽為奸), 낭패이주(狼狽而走) 등이 있다.

狽가 곧 狼이라는 가장 유력한 증거는 狽의 갑골문과 금문이며, 전서에 이르러 狼으로 바뀌었다. 어째서 狽가 갑골문과 금문에는 있고 전서에는 없을까? 또 狼이 전서에는 있는데 갑골문과 금문에는 왜 없을까? 이는 狽가 전서에 이르러 狼([illegible])으로, 즉 뜻을 나타내는 기호

'貝'를 소리를 나타내는 기호 '良'으로 바꿨기 때문이다. 이는 전서의 변혁에서 보이는 현상의 일종이다. 이 밖에 선진시대의 전적(典籍)과 고문(古文) 간의 모순도 또 하나의 증거가 된다. 어차피 갑골문과 청동명문(青銅銘文)을 통해 상주시대에 狽 자가 있고 狼 자가 없었다는 것이 밝혀진 상황에서 주나라 때의 문헌에 狽 자가 보이지 않고 狼 자는 자주 출현하는 이유는 무엇일까? 결국 후세 사람들이 狽를 狼으로 바꿔 썼기 때문임을 알 수 있다.

전

狠 사나울 한, 원한 품을 항, 개 싸우는 소리 안

hěn

이리(狼이리 랑·낭, , 犭개사슴록변 견)처럼 사나운 눈빛으로 고개를 돌려 노려보다(, 艮괘 이름 간, 그칠 간, 은 은)

狠이 짖는 소리와 눈빛은 깊은 인상을 남긴다. 이리 떼는 짖는 소리로 서로 정보를 전달한다. 길 가는 나그네가 이리의 포효를 들으면 모골이 송연해진다. 이리의 눈은 유난히 날카로워서 밤중에 사냥감을 찾으러 다닐 때는 괴괴한 녹색을 발하여 섬뜩한 느낌을 준다. 狠은 '흉악하고 잔인하다'라는 의미로 파생되었으며, 관련 단어로는 한독(狠毒), 한심(狠心) 등이 있다.

전

犯 범할 범

fàn

야생 늑대 또는 들개(, 犭개사슴록변 견)가 바닥에 웅크리고 있는 가련한 사람(, 㔾병부 절)을 공격하다

犯은 '공격하다', '능욕하다', '해치다' 등의 의미로 확장됐으며, 관련 단어로는 침범(侵犯), 촉범(觸犯, 꺼리고 피해야 할 일을 저지름), 범법(犯法, 법을 어김) 등이 있다. 《설문》은

"犯은 침범하는 것이다"라고 풀이했다. '犭'은 훗날 네발 달린 다른 육식 동물에도 활용되었으며, 狐(여우 호), 狸(삵 리·이), 猿(원숭이 원), 猴(원숭이 후), 猩(성성이 성), 獅(사자 사), 獐(노루 장) 등이 있다. 그러나 이런 종류의 한자는 모두 후기에 발전한 형성자이다.

큰 입을 벌리고 있는 육식동물

豸 벌레 치, 해태 채, 해태 태

zhì

큰 입을 벌리고 있는 육식동물

갑골문 과 전서 는 큰 입을 벌리고 있는 한 마리의 육식동물을 묘사했다. 벌린 입이 앞을 향하지 않고 아래를 향한 것으로 보아 이 맹수는 이미 먹잇감을 포획한 것으로 보인다. 고개를 숙이고 먹이를 찢어 성찬을 즐기는 육식동물의 형상을 간결하면서도 생동감 있게 묘사했다. 豸를 의미기호로 한 형성자로는 豺(승냥이 시), 貓(고양이 묘), 貂(담비 초), 貔(비휴 비), 貅(비휴 휴) 등이 있다.

갑

전

豹 표범 표

bào

몸에 국자(勺구기 작) 모양 무늬( )가 있는 사나운 동물(, 豸벌레 치, 해태 채, 해태 태)

豹의 갑골문 은 몸에 표문(豹紋)이 있는 것을 나타낸다. 표범은 전신을 뒤덮은 수많은 황갈색 원호(圓弧, 원둘레 또는 기타 곡선 위의 두 점에 의하여 한정된 부분)에 검은색 반점이 수놓아져 있어 그 형상이 국자(勺)와 비슷하다. 따라서 전서 는 표문이 '勺'으로 바뀌었다.

갑

전

馬에서 파생된 한자

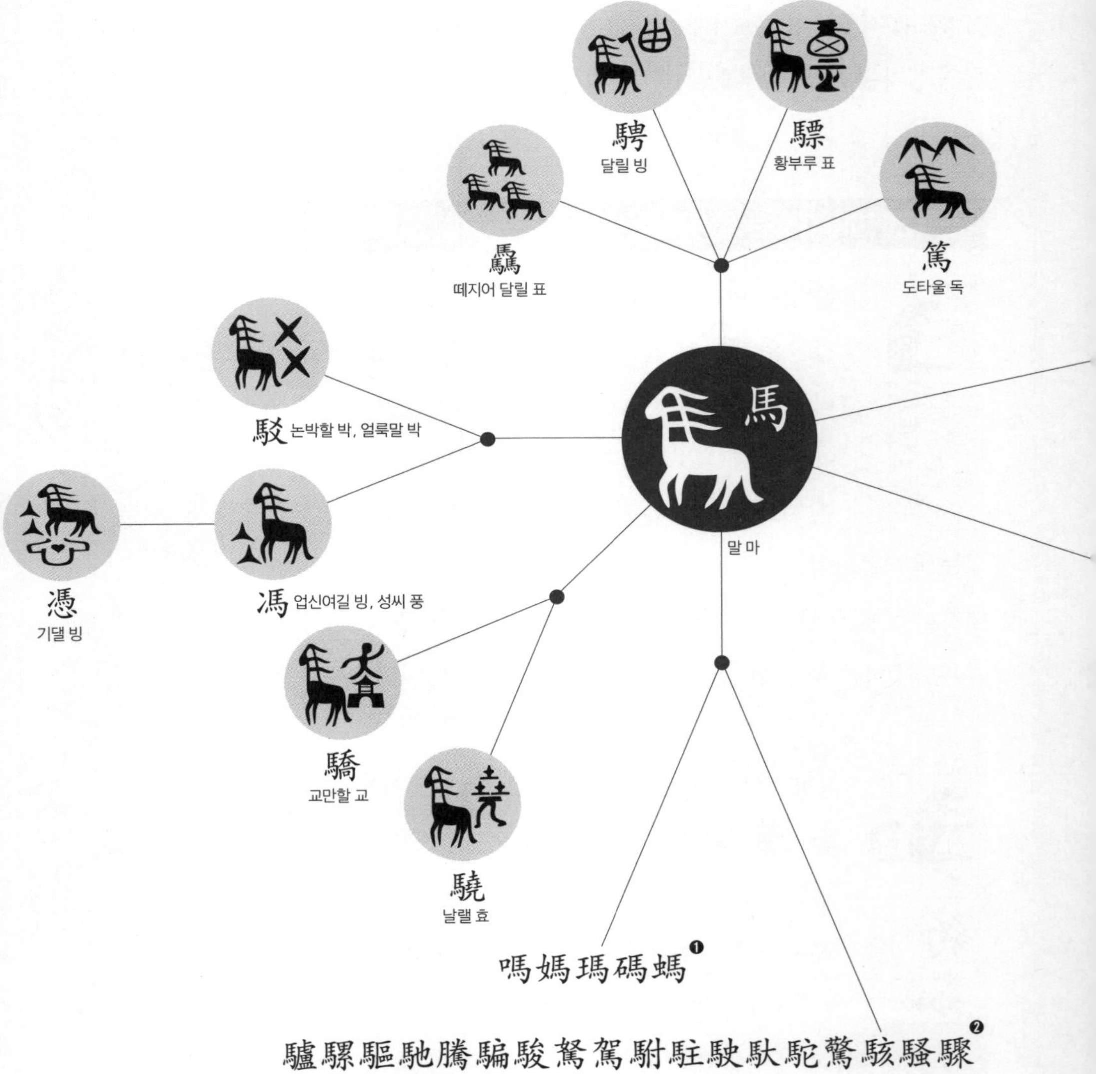

馬
말 마

騁
달릴 빙

驃
황부루 표

驫
떼지어 달릴 표

篤
도타울 독

駁 논박할 박, 얼룩말 박

馮 업신여길 빙, 성씨 풍

憑
기댈 빙

驕
교만할 교

驍
날랠 효

嗎媽瑪碼螞 ❶

驢騾驅馳騰騙駿騖駕駙駐駛馱駝驚駭騷驟 ❷

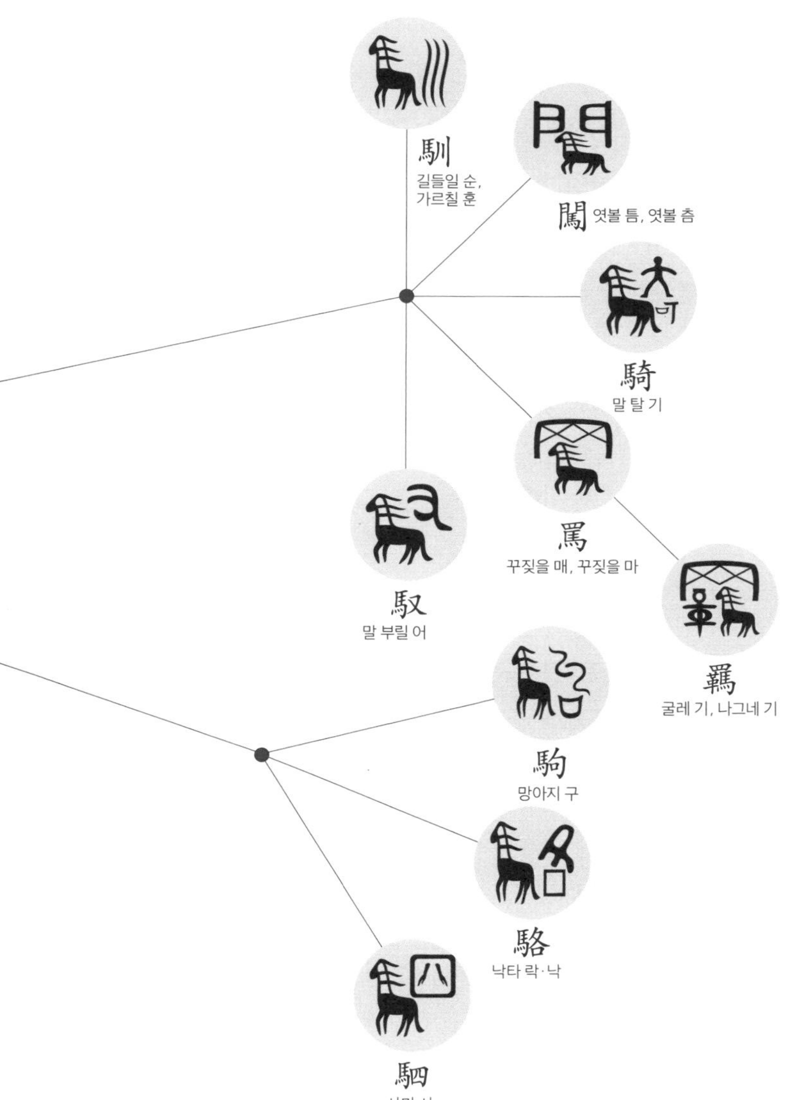

❶ 嗎(아편 마), 媽(어머니 마, 어머니 모), 瑪(차돌 마), 碼(마노 마), 螞(말거머리 마)

❷ 驢(당나귀 려·여), 騾(노새 라·나), 驅(몰 구), 馳(달릴 치), 騰(오를 등), 騙(속일 편, 말 탈 편), 駿(준마 준), 駑(둔한 말 노), 駕(멍에 가), 駙(곁마 부), 駐(머무를 주), 駛(달릴 사), 駄(짐 타, 실을 태), 駝(낙타 타), 驚(놀랄 경), 駭(놀랄 해), 騷(떠들 소), 驟(달릴 취)

馬(말 마)의 갑골문 과 금문 , 전서 는 말 한 필의 상형자이며, 馬에서 파생된 한자를 통해 상주시대에 말과 관련한 문화가 있었음을 알 수 있다. 야생마 길들이기부터 말을 이용한 마차, 말에 의지하여 강 건너기, 그리고 천리마 훈련까지 모든 것이 다 있다. 심지어 말을 통해 인간의 성정을 묘사하기도 했다.

갑
전

駁 논박할 박, 얼룩말 박

bó

무늬가 교차되는(, 爻사귈 효, 가로 그을 효) 잡색(雜色) 말(馬말 마,)

박마(駁馬)는 얼룩말이다. 《관자》에 "얼룩말을 타고 서성거렸다(乘駁馬而盤桓: 승박마이반환)"라는 내용이 있다. 갑골문 , 은 爻와 馬의 회의자이며, 爻는 형용 기호로 복잡하게 뒤섞인 것을 표현했다. 얼룩말은 통상적으로 두 가지 색깔이 전신에 불규칙적으로 분포되어 있다. 따라서 '爻'를 사용하여 교차되어 혼잡하다는 개념을 표현했다. 駁은 여러 색깔이 섞여 있다는 뜻 외에 두 가지의 상대적인 의견이나 사물을 의미하기도 한다. 가령 《춘추번로》는 "영광과 치욕은 상대적인 것이다(榮辱踔然相駁: 영욕탁연상박)"라고 하였으며, 관련 단어로는 박척(駁斥bóchì, '반박하다', '논박하다'를 의미하는 중국어), 변박(辯駁, 옳고 그름을 가리어 논박하다) 등이 있다. 《설문》은 "駁은 말의 색이 얼룩덜룩한 것이다"라고 풀이했다.

야생마 길들이기

罵 꾸짖을 매, 꾸짖을 마

mà

전

그물(, 网그물 망)에 걸려 화내는 말(馬말 마,)

야생마는 덫에 걸리면 빠져나오려고 발버둥 칠 뿐 아니라 콧김을 내뱉으며 분노의 비명을 내지르는 것이 마치 욕하는 것처럼 들린다. 말이 욕을 할 수 있을까? 《논형》에는 두 마리의 말이 서로 욕하는 상황이 기재되었다. 사천(四川) 광한(廣漢)에 동물의 말을 알아듣는 양옹중(陽翁仲)이라는 사람이 있었다. 어느 날 그가 마차를 타고 들판을 지나갔는데, 마차를 끄는 말 중 하나가 절름발이였다. 들판에 멀찌감치 있던 말 한 마리가 이쪽 말에게 시비를 걸었고 두 말은 서로 싸우는 것처럼 말을 주고받았다. 양옹중은 마부에게 그 말의 한쪽 눈이 멀었다고 말해주었다. 마부가 그걸 어떻게 아느냐고 묻자 그는 이렇게 대답했다. “저쪽에 있는 말이 이쪽 마차를 끄는 말에게 절름발이라고 하더이다. 그러니 이쪽 말이 저쪽에 있는 말에게 소경이라고 부르는 걸 들었소.” 마부가 그 말을 믿지 못하여 뛰어가 살펴보았더니 과연 말의 한쪽 눈이 보이지 않았다. 《논형》은 “이쪽에서 마차를 끌고 있는 말에게 절름발이라고 욕하니 이쪽에 있는 말이 저기 있는 말에게 소경이라고 욕했다(罵此輳中馬蹇, 此馬亦罵之眇: 매차원중마건, 차마역매지묘)”라고 했다.

羈 굴레 기, 나그네 기

jī

전

말(馬말 마,)을 그물(網그물 망, , 网그물 망)에 가두고 피혁(皮革,)으로 만든 고삐와 안장으로 속박하다

羈의 본뜻은 야생마를 길들이거나 말을 묶어놓는 물건

으로, 강제로 구속한다는 의미를 파생시켰다. 관련 단어로는 기관(羈管 jīguǎn, '가두고 통제하다'를 의미하는 중국어), 기역(羈役, 타관에서 벼슬살이를 하다), 기반(羈絆, 말이나 소 따위를 부리기 위하여 머리와 목에서 고삐에 걸쳐 얽어매는 줄) 등이 있다.

전

闖 엿볼 틈, 엿볼 츰

chuǎng

말(馬말 마,)이 마구간 문(門문 문,)을 뛰쳐나가다

闖은 말이 갑자기 마구간을 뛰쳐나가는 모습을 묘사한 것으로, 뒷일을 생각하지 않는 무모한 행동의 의미로 확장됐다. 관련 단어로는 틈탕(闖蕩chuǎngdàng, '세상을 떠돌아다니다'를 의미하는 중국어), 틈화(闖禍chuǎnghuò, '(주의를 소홀히 했기 때문에) 사고를 일으키다'를 의미하는 중국어) 등이 있다. 《설문》은 "闖은 말이 문을 뛰쳐나가는 모양이다"라고 풀이했다.

금

전

馭 말 부릴 어

yù

손(手손 수, , 又또 우, 용서할 유)으로 말(馬말 마,)을 통제하다

금문 은 손( )에 말고삐(좌우 두 개의 줄)를 잡고 말을 통제하는( ) 모습이다. 전서 는 손( )으로 말( )을 통제하는 모습이 단순화된 형태이며, 관련 단어로는 가어(駕馭jiàyù, '(거마 따위를) 몰다, 부리다'를 의미하는 중국어), 어마(馭馬, 말을 몰거나 부림) 등이 있다.

馴 길들일 순, 가르칠 훈

xún 또는 xùn

말(馬말 마,)을 길들여 마치 강물(川내 천,)이 흐르듯 유순하게 만들다

馴과 順(순할 순)에는 모두 '川' 자가 들어 있다. 川은 유창하게 흐르는 강물이며, 두 한자는 모두 川을 형용 기호로 하여 유창함을 상징한다.

馴 전

騎 말탈 기

qí 또는 jì

한 사람(, 大클 대, 큰 대, 클 태)이 말(馬말 마,)의 등에서 즐겁게 노래 부르다(, 可옳을 가, 오랑캐 임금 이름 극)

 전

말에게 마차 끄는 것을 훈련시키다

駒 망아지 구

jū

무거운 짐을 걸어서(勾굽을 구) 당길 수 있는( ) 말(馬말 마,)

 갑

 전

상주시대에는 말이 두 살이 되면 어미로부터 떼어내서 고삐를 씌웠는데, 이 과정을 '집구(執駒)'라고 한다. 이때부터 서서히 무거운 짐을 지고 마차를 끄는 훈련을 하게 되는데 이를 '공구(攻駒)'라고 한다. 이런 내용은 《대대례기·하소정(夏小正)》에 기재되어 있다. 이런 성년 의례와 훈련을 거친 말에게 비로소 駒라는 호칭이 주어진다. 따라서 駒는 훈련이 잘된 훌륭한 말이라는 의

미로 확장되었으며, '천리지구(千里之駒, 천 리를 갈 수 있는 말)'의 예처럼 쓰인다. 금문 [glyph], [glyph]은 句와 馬로 구성되었다. 句의 본뜻은 서로 고리로 연결된 것이며, 勾와 통용된다. 따라서 駒의 본뜻은 말과 무거운 짐을 고리로 연결한 것이며, 무거운 책임을 감당할 수 있는 좋은 말을 뜻한다.

갑 전

駱 낙타 락·낙

luò

대로(大路, [glyph], 各각각 각)를 다니는 말(馬말 마, [glyph]), 즉 고대의 노마(路馬)

各은 한 발로 집에 돌아간다는 본뜻에서('各' 편 참조) 훗날 '足(발 족, 지나칠 주)'을 붙여 '路(길 로·노, 울짱 락·낙)'가 되었다. '마로(馬路)'라는 단어는 《좌전》에 등장하며, 말이나 마차가 다닐 수 있는 큰길을 뜻한다. 이른바 '노마(路馬)'는 대로 위를 다니는 말을 지칭하며, '노거(路車)'는 대로 위를 통행하는 마차를 지칭한다. 고대에는 자동차가 없어서 아무리 신분이 높은 귀인이라도 출입할 때는 노마나 노거를 교통수단으로 이용했다. 《예기》에 "노마를 탈 때는 반드시 조복을 갖춰 입어야 한다(乘路馬, 必朝服: 승노마, 필조복)", "곤룡포와 면류관과 노거(卷冕路車: 권면노거)"라는 내용이 나온다. 나중에 노마는 생략형인 駱으로 표기하고 노거는 輅(수레 로·노)로 표기하게 된다. 駱과 輅는 모두 높고 큰 말이나 수레를 지칭하며, 통상적으로 천자나 제후가 타는 교통수단이었다. 《예기》는 "천자는 대묘(종묘)에 기거하고 융로(戎路)에 오르고 백락(白駱, 흰 마차)을 탔다(天子居總章大廟, 乘戎路, 駕白駱: 천자거총장대묘, 승융로, 가백락)", "이른바 '대로(大輅)'는 천자의 수레이다(所謂大輅者, 天子之車也: 소위대로자, 천자지거야)"라고 하였으며, 《대대례기》는 "제후의 상견례에서는 각자 규서(圭瑞, 신분을 나타내는 부절)를 들고 그 복장을 갖추며 그 마차를 탄다(諸侯相朝之禮, 各執其圭瑞, 服其服, 乘其輅: 제후상조지례, 각집기규서, 복기복, 승기로)"라고 했다. 천자가 타는 말과 마차를 '대락(大駱)'또는 '대로(大輅)'라고 불렀음을 알 수 있다. 이 밖에 대락은 주천자의 마부(馬伕), 즉 천자의 말을 관리하는 관리라고 할 수 있다. 진(秦)나라의 조상들은 말을 잘 다뤘기 때문에 대락에 봉해졌다. 그는 이 능력을 아들 조비자(趙非子)에게 전수해주고 대락의 직위도 물려주었다. 조비자는 주천자의 말을 정성껏 보살펴 천자의 총애를 받았고, 훗날 봉지를 받아 진(秦)이라고 했다. 秦의 글자 구성에는 말을 키우는 사람이라는 의미가 있다('秦' 편 참조). 이때부터 조비자는 성을 바꾸어 진비자(秦非子)라 불렀다. 《사기》에 이렇게 기재되어 있다. "대락이 비자를 낳았다(大駱生非子: 대락생비자)", "비자는 견구에 살았는데 말과 가축을 좋아하여 기르고 번식시키는 데 능했다. 견구 사람들이 주나라 효왕에게 이를 알리자 효왕이 비자를 불러 말을 보살피게 하였더니 크게 번식시켰다. 효왕은 비자를 대락의 후계자로 삼고자 했다(非子居犬丘, 好馬及畜, 善養息之. 犬丘人言之周孝王, 孝王召使主馬于汧渭之閒, 馬大蕃息. 孝王欲以為大駱適嗣: 비자거견구, 호마급축, 선양식지. 견구인언지주효왕, 효왕소사주마우견위지한, 마대번식. 효왕욕이위대락적사)".

駟 사마 사

sì

같은 마차를 끄는 네(四넉 사, 八) **필의 말**(馬말 마,)

주나라 때 네 마리의 말이 마차를 끌어 일승(一乘)이라고 했다. '천승지국(千乘之國)' 또는 '천사지국(千駟之國)'이란 1천 대의 마차를 보유한 대국이다. 《논어》에 "제경공에게 말 4천 마리가 있었으나 그가 죽자 백성들이 그의 덕을 칭송하지 않았다(齊景公有馬千駟, 死之日, 民無德而稱焉: 제경공유마천사, 사지일, 민무덕이칭언)"라는 내용이 있다. "한번 내뱉은 말은 네 마리의 말이 좇아도 따라잡을 수 없다"라는 속담이 있는데, 네 마리의 말이 끄는 전차의 속도가 매우 빠른 것을 방증하는 말이다. 《설문》은 "駟는 일승(一乘)이다"라고 풀이했다.

크고 튼튼한 말

驍 날랠 효

xiāo

높고 큰(, 堯요임금 요, 높을 요) **말**(馬말 마,)

驍는 용맹스럽다는 의미로 확장되었으며, 관련 단어로는 효용(驍勇, 날래고 용맹함), 효기(驍騎, 용감하고 날랜 기병), 효한(驍悍, 날래고 사나움) 등이 있다. 《설문》은 "驍는 좋은 말이다", "堯는 높은 것이다"라고 풀이했다.

驕 교만할 교

jiāo

높고 크게( ) 자라서 길을 걸을 때 건들거리는(, 夭일찍 죽을 요, 어릴 요, 어린아이 오, 땅 이름 옥, 예쁠 외) 말(馬말 마,)

驕는 구속되지 않고 제멋대로인 크고 튼튼한 야생마라는 본뜻에서 오만하다는 의미로 확장되었다. 관련 단어로는 교오(驕傲, 젠체하여 남을 업신여길 만큼 건방짐), 교사(驕奢, 교만하고 사치스러움), 교종(驕縱, 교만하고 방종함) 등이 있다. 喬(높을 교)의 글자 구성으로 볼 때 '키가 커서 걸을 때 흔들거리는 사람'이라는 본뜻이 있으며, 여기서는 형용 기호로 쓰여, 크고 당당한 말의 모습을 형용했다('喬' 편 참조). 공자가 말했다. "주공과 같은 훌륭한 재주를 가지고 있으면서도 교만하고 인색하다면, 그 나머지는 볼 것도 없다(如有周公之才之美, 使驕且吝, 其餘不足觀也矣: 여유주공지재지미, 사교차인, 기여부족관야의)." 《설문》은 "말의 높이가 여섯 자인 것이 驕이다"라고 풀이했다.

驕 전

빨리 달리는 말에 채찍질하다

篤 도타울 독

dǔ

죽편(竹鞭, 대나무 채찍,)으로 부리는 말(馬말 마,)

죽편은 고대 사람들이 말을 부릴 때 필요했던 도구로 策(꾀 책, 채찍 책)이라 불렀다('策' 편 참조). 말을 부릴 때 채찍을 쓰지 않으면 말이 느리게 가거나 산만해지고, 심지어 멈춰 서서 풀을 뜯어 먹기도 한다. 이때 채찍질을 해주면 말이 앞으

篤 전

로 나아간다. 따라서 《공자가어》는 "길들이지 않은 말을 다루려면 그 손에서 채찍이 떠날 수 없다(御狂馬不釋策: 어광마불석책)"라고 했으며, 《잠부론(潛夫論)》에도 "천리를 가는 말은 아무리 기본 법칙을 갖추고 있더라도 채찍질을 하지 않으면 도달할 수 없다(千里之馬, 骨法雖具, 弗策不致: 천리지마, 골법수구, 불책불치)"라는 말이 나온다. 아무리 천리마라고 해도 채찍질을 해야만 정신을 집중하여 목표를 확실히 달성할 수 있음을 알 수 있다. 《염철론》은 "징수하는 관리가 강한 자를 두려워하면 감히 독책하지 못한다(吏正畏憚, 不敢篤責: 이정외탄, 불감독책)"라고 했다. 여기서 독책(篤責)은 '독촉하여 맡은 바를 달성케 하다'라는 의미이다. 다른 관련 단어로는 독의(篤意, 한뜻으로 마음을 다하다), 독행(篤行, 확실히 집행하다) 등이 있다.

전

驃 황부루 표

piào

빠르게 질주하는 말( )이 마치 바람에 나부끼는(飄 나부낄 표, , 票표 표) 것 같다

驃는 원래 빠르게 질주하는 말을 뜻했으며, '빠른 속도', '용맹하다'의 의미로 파생되었다. 관련 단어로는 표용(驃勇piàoyǒng, '용맹스럽다'를 의미하는 중국어), 표기장군(驃騎將軍)이 있다. 곽거병(霍去病)은 중국 역사상 최초의 표기장군(票騎將軍, '驃騎將軍'으로도 표기함)이며, 한무제(漢武帝) 원수(元狩) 3년 봄에 표기장군으로 봉해졌다. 곽거병은 18세의 어린 나이에 흉노 정벌을 위해 처음 출정했다. 800명의 기병을 이끌고 적진 수백 리 안까지 깊이 침투하여 적의 병사 2천 명 이상을 죽이고 흉노 수령의 숙부를 포로로 잡아 이름을 알렸다. 그 후 수차례에 걸쳐 흉노 정벌을 위한 장정을 거치면서 죽인 적의 수가 셀 수 없었다. 그의 기세에 흉노는 대거 후퇴하여 다시는 침범하지 못했다. 안타깝게도 이토록 용맹을 떨친 표기장군 곽거병은 23세라는 젊은 나이에 병으로 세상을 떠났다. 《집운》은 "驃는 말이 질주하는 모습이다"라고 했다.

騁 달릴 빙

chěng

선물을 들고(, 甹말 잴 병) 빠른 말( )에 올라타 목적지를 향해 빠르게 질주하다

전

빠른 말을 타고 질주하는 것에서 중요한 임무를 띠고 있음을 알 수 있다. 서두르는 것은 아마도 빙례(聘禮, 혼인의 예절, 물건을 선사하는 예의)를 완수하기 위해서일 것이다. 騁은 聘(부를 빙)에서 나눠진 글자이기 때문이다. 《순자》는 "능력을 다해 그것을 변화시키는 것은 어떤가(孰與聘能而化之: 숙여빙능이화지)"라고 하였는데, 그중 '빙능(聘能)'이 곧 '빙능(騁能)'으로, 재능을 마음껏 펼친다는 의미이다. 騁의 관련 단어로는 치빙(馳騁, 말을 타고 달림) 등이 있다. 《옥편》은 "騁은 바로 달리는 것이며, 가는 것이다"라고 풀이했다.

驫 떼지어 달릴 표

biāo

말( )이 떼지어 달리다

전

용감하게 강을 건너는 말

금 전

馮 업신여길 빙, 성씨 풍

féng 또는 píng

말( )을 타고 얼음같이 차가운(, 冫얼음 빙) 강을 건너다

중국 북방 지역은 겨울이 되면 대다수 하천이 얼어붙는다. 평안하게 강을 건너기란 결코 쉬운 일이 아니다. 강물의 깊이를 가늠할 수 없기 때문이다. 강물은 살이 에이게 차가워서 자칫하다가는 물에 빠져 불행한 일을 겪을 수 있다. 따라서 옛사람들은 강을 건널 때 말에 의지했다. 금문 은 仌(얼음 빙, 엉길 응), 馬(말 마), 止(그칠 지)로 구성되었으며, 그중 말의 네 다리를 '大' 자 모양으로 펼쳤다. 발바닥의 기호는 마치 물에 잠긴 듯하여 말을 타고 차가운 강물을 건너는 것을 묘사했다. 전서 는 생략형인 仌과 馬로 구성되어 말이 얼음 위에 있음을 상징한다. 馮은 '물을 건너다', '세력에 기대다', '탐내어 구하다' 등의 의미가 파생되어 《시경》에서 "불감빙하(不敢馮河, 감히 강을 건너지 못하다)", "유빙유익(有馮有翼, 의지할 것이 있고 보조 날개가 있다)"으로 쓰였다. 《장자》에는 "빙이불사(馮而不舍, 탐내어 구하며 놓지 못하다)"로 쓰였다.

憑 기댈 빙

píng

말( )에 의지하여 얼음같이 차가운( ) 강을 건너는 마음(心마음 심,)

憑의 본자는 馮(업신여길 빙, 성씨 풍)이며, 훗날 '心'을 더하여 말에 의지해 강을 건너는 마음을 묘사했다. 憑은 '세력에 기대다', '의지하다'의 뜻으로 파생되었으며, 관련 단어로는 빙자(憑藉, 남의 힘을 빌려서 의지함), 빙공상상(憑空想像 píngkōngxiǎngxiàng, '근거 없이 상상하다'를 의미하는 중국어) 등이 있다.

기타 동물

象 코끼리 상

xiàng

象의 갑골문 , 과 금문 , 은 모두 코끼리의 구조 형태이다

《이아》는 "남방의 아름다운 것(南方之美者: 남방지미자)"이라고 코끼리를 찬미했다. 코끼리는 형태가 아름답고 성정이 온순하다. 상아(象牙)는 특히 진귀하여 주나라 귀족들의 사랑을 받았다. 갑골복사에 "왕전 …… 호 …… 상(王田 …… 虎 …… 象)"으로 기재되었는데, 이는 상나라 임금이 호랑이와 코끼리를 사냥한 사건을 기록한 것이다. 훗날 코끼리 개체 수가 줄어들자 주나라 귀족들이 사용하는 상아는 주로 서남이(西南夷)에서 받는 공물로 충당했다. 따라서 《시경》에 "큰 거북과 상아, 남쪽에서 나는 금을 크게 바친다(元龜象齒, 大賂南金: 원귀상치, 대뇌남금)"라고 기재되었으며, 동한의 허신은 "象은 남월(南越)의 큰 동물이다"라고 했다. 이로 미루어 볼 때 한나라 때 코끼리는 월남(越南) 등 국가에서 들여왔음을 알 수 있다. 코끼리가 중국에서 갑자기 종적을 감춘 이유는 무엇일까? 《좌전》에 "象有齒以焚其身(상유치이분기신)"이라는 내용이 있다. 코끼리가 진귀하기 때문에 상아를 얻으려는 사람들이 잡아 죽였다는 의미이다. 금문

갑

금

전

은 象, 爪(손톱 조), 攴(칠 복)의 합체자로, 도구를 이용해 상아를 취했음을 묘사하고 있다. 《일주서》에는 주나라의 무왕이 수만 마리의 동물을 사냥으로 잡은 내용이 등장하는데 호랑이, 사자, 고라니, 무소, 야크, 곰, 큰곰, 돼지, 담비, 사향노루, 노루, 사슴 등이 열거된 가운데 유독 코끼리만 빠져 있다. 당시에도 코끼리가 희소했음을 알 수 있다. 보통 사람들은 관련된 기물을 통해서만 코끼리를 인식할 수 있었다. 후난 박물관(湖南博物館)에서 상나라의 '상존(象尊)'을 소장하고 있다. 이는 술을 담는 청동 주전자이며, 코끼리 형태를 하고 있다. 코끼리가 코를 하늘로 쳐들고 있어서 술을 따를 때 코끼리 코에서 술이 나온다. 그 모습이 우아하면서도 재미있다. 이러한 상존에 관한 기록은 《주례》에도 "제사용으로 바치는 두 개의 상존(獻用兩象尊: 헌용양상존)"이라는 내용으로 등장한다.

전

像 모양 상

xiàng

사람(人사람 인,)이 상상하는 코끼리의 모양(, 象코끼리 상)

象은 像의 옛글자이다. 《좌전》은 "사물이 생겨난 후 상이 있게 되었다(物生而後有象(像): 물생이후유상)"라고 하였으며, 《주례》는 "모두 그 상을 그린다(皆畫其象(像)焉: 개화기상언)"라고 했다. 象은 생물의 일종이고 像은 '유사하다', '그림' 등을 의미하여 두 글자의 의미는 다르다. 그런데 옛사람들이 두 글자를 혼용한 이유는 무엇일까? 이에 대해 《한비자》는 이렇게 해석했다. "살아 있는 코끼리를 본 사람이 드물고 기껏해야 죽은 코끼리의 뼈만 볼 수 있기에 그림에 의존하여 그 살아 있는 모습을 상상할 수밖에 없다. 따라서 많은 사람이 상상에 의존하여 코끼리를 묘사했다." 전국시대에는 코끼리를 실제로 본 사람이 드물었으며, 그 뼈와 그림만으로 진귀한 동물인 코끼리를 인식했음을 알 수 있다. 따라서 象은 '상상하다', '유사하다', '모양'의 의미가 파생되었으며, 소전에 이르러 혼동을 피하기 위해 '人'을 더하여 像이 된 것이다. 관련 단어로는 상상(相像xiāngxiàng, '서로 닮다'를 의미하는 중국어), 인상(人像rénxiàng, '초상(肖像, 인체 또는 용모를 묘사한 그림이나 조각)'을 의미하는 중국어), 영상(影像, 빛의 굴절이나 반사 등에 의하여 이루어진 물체의 상) 등이 있다. 《역경》에는 "像이라 함은 이것을 형상화한 것이다(象也者, 像此者也: 상야자, 상차자야)"라고 나온다.

 할 위

wéi 또는 wèi

 갑

 금

 전

큰 코끼리(象코끼리 상, **)를 잡아(抓**긁을 조, , 爪손톱 조) **사람이 사용하게 공급하다**

코끼리는 무거운 물건을 운반할 수 있을 뿐 아니라 싸움을 하고 밭을 갈 수도 있다. 《여씨춘추》에 따르면 주나라 성왕(成王)이 등극했을 때 동쪽의 은상(殷商) 사람이 코끼리를 길들여 침략의 도구로 사용했다. 훗날 주공이 전쟁을 평정한 후 코끼리와 관련한 무곡(舞曲) 세 편을 만들어 이를 기념했다. 원문은 "상나라 사람이 코끼리를 길들여 동쪽 지역을 침략했다. 주공은 마침내 군대를 동원하여 그들을 쫓아내어 강남까지 밀어냈다. 이에 코끼리와 관련한 곡 세 편을 지어 그 덕을 찬미했다(商人服象, 爲虐于東夷, 周公遂以師逐之, 至于江南, 乃為三象, 以嘉其德: 상인복상, 위학우동이, 주공수

이사축지, 지우강남, 내위삼상, 이가기덕)”이다. 이 밖에 순임금도 코끼리를 밭 가는 데 이용했으며, 그가 죽자 코끼리가 그의 무덤 곁을 지키며 계속 밭을 갈았다는 말이 전해진다. 《논형》에도 “순은 창오에서 장사지냈고, 코끼리가 농사를 지었다(舜葬蒼梧, 象爲之耕: 순장창오, 상위지경)”라고 쓰여 있다. 오늘날에도 태국에서는 농부가 코끼리 등에 올라타 밭을 가는 광경을 볼 수 있다. 爲는 코끼리를 훈련하여 사람 대신 일을 시킨다는 본뜻에서 누군가를 대신하여 일을 해주는 것으로 의미가 확장되었다. 관련 단어로는 위료(爲了wèi·le, ‘~를 위하여’를 의미하는 중국어), 작위(作爲, 적극적인 행동. 사실은 그렇지 않은데도 의식적으로 하는 행위) 등이 있다.

전

僞 거짓 위, 잘못될 와

wěi

사람(人 사람 인,)이 한(爲 할 위,) 것, 천연이 아닌 것

상나라의 부호묘(婦好墓)에서 옥으로 만든 어린 코끼리 조각 한 점이 출토되었다. 크기는 작으나 상당히 정교하게 빚어졌다. 살아 있는 코끼리와 사람이 인위적으로 만든 코끼리는 어떤 차이가 있을까? 전자는 진짜요, 후자는 가짜다. 僞는 ‘진실이 아닌 것’, ‘위조한 것’을 가리키는 의미가 파생했으며, 관련 단어로는 위조(僞造), 허위(虛僞) 등이 있다.

能 능할 능, 견딜 내

néng

건장한 곰

能은 熊(곰 웅, 세 발 자라 내)의 옛 한자이며, 《논형》에 "곤이 기산에서 죽어 황능(황웅)이 되었다(鯀殛羽山, 化為黃能(熊): 곤극우산, 화위황능(웅))"라고 기재되어 있다. 能의 금문 , 과 전서 는 한 마리 곰의 상형문으로, 곰의 큰 입과 발바닥 두 개를 분명히 묘사했다. 현대 한자에서는 곰의 머리를 '厶(사사 사, 아무 모)'로, 큰 입을 '月(달 월)'로, 곰 발바닥을 '匕(비수 비)'로 표기한다. 곰은 호랑이나 표범보다 세고 두 발로 설 수 있어 건장한 용사를 방불케 한다. 《상서》에서 지칭하는 '웅비지사(熊羆之士)'가 바로 용맹한 전사이다. 따라서 황제의 부족을 '유웅씨(有熊氏)'라 일컬었으며, 곰을 토템으로 하여 부족의 강함을 상징했다. 能의 본뜻은 '곰'이며 '역량(力量)'이라는 의미가 파생됐다. 관련 단어로는 능력(能力), 재능(才能), 능간(能幹, '일을 잘 감당해나갈 만한 능력이나 재간이 있다'를 의미하는 '능간하다'의 어근) 등이 있다. 《회남자》에 "곰과 큰곰은 힘이 세다(熊羆多力: 웅비다력)"라고 나온다.

금

전

熊 곰 웅, 세 발 자라 내

xióng

큰 불(火불 화,)로 곰(, 能능할 능, 견딜 내)을 삶다

熊의 본자는 能이며 나중에 '火'를 더하여 두 글자를 구분했다. 이로써 상주 사람들이 곰을 보면 삶아 먹고 싶다는 생각을 했음을 엿볼 수 있다. 고대에 곰과 큰곰의 수가 많아져서 《일주서》에 이렇게 기재되어 있다. "무왕이 사냥으로 호랑이 22마리, 살쾡이 2마리, …… 곰 151마리, 큰곰 118마리

전

를 잡았다(武王狩, 禽虎二十有二, 貓二, …… 熊百五十有一, 羆百一十有八: 무왕수, 금호이십유이, 묘이, …… 웅백오십유일, 비백일십유팔).” 곰의 숫자가 호랑이나 사자의 수를 훨씬 넘어서자 무왕이 곰을 사냥하여 한 번에 269마리나 잡아들였다는 내용이다. 그런데 그토록 많았던 곰이 훗날 중국 땅에서 급격히 줄어든 이유는 무엇일까? 곰의 가죽과 곰고기에 경제적 가치가 있을 뿐 아니라 곰 발바닥을 즐겨 먹은 것과 연관이 있다. 예로부터 임금은 곰 발바닥을 즐겨 먹었다. 고대에는 이를 ‘웅번(熊蹯)’이라고 불렀다. 《논형》에 따르면 태자 상신(商臣)이 반란을 일으켜 자신의 부친인 초나라 성왕(成王)을 죽이려고 했다. 성왕은 죽기 전 곰 발바닥을 먹고 싶다고 했으나 거절당하자 목을 매서 자결했다. 《사기》에도 비슷한 내용이 나온다. 진영공(晉靈公)이 곰 발바닥 요리를 즐겨 먹었다. 한번은 요리사가 푹 삶은 곰 발바닥을 직접 바치지 않았다는 이유로 화가 치밀어 요리사의 목을 베어 죽였다.

전

罷 마칠 파, 고달플 피, 가를 벽

bà

곰(熊곰 웅, 세 발 자라 내, , 能능할 능, 견딜 내)이 그물(, 网그물 망)에 갇히다

옛사람들이 그물을 펼쳐 야생동물을 사냥한 기록은 쉽게 볼 수 있다. 가령 《한서》에 “그물을 펼쳐 곰, 큰곰, 멧돼지, 호랑이, 표범, 원숭이, 여우, 토끼, 사슴을 잡았다(張羅罔罝罘, 捕熊羆豪豬虎豹狖玃狐菟麋鹿: 장라망저부, 포웅비호저호표유확호토미녹)”라는 기록이 있다. 罷는 곰이 그물에 잡혔으니 사냥을 끝낸다는 원래 의미에서 ‘정지하다’, ‘면직하다’의 뜻이 파생되었으며, 관련 단어로는 파병(罷兵bàbīng, '전쟁을 중지하다'를 의미하는 중국어), 파관(罷官bàguān, '해직하다', '파직하다'를 의미하는 중국어) 등이 있다.

羆 큰곰 비

pí

그물(網그물 망, , 网그물 망)에 갇힌 큰곰(熊곰 웅, 세 발 자라 내, , 能능할 능, 견딜 내)을 불(火불 화,)에 굽다

羆는 큰곰을 의미한다. 《시경》에 "곰과 큰곰이로다(維熊維羆: 유웅유비)", 《상서》에 "붉은 호랑이와 큰곰을 사양했다(讓于朱虎熊羆: 양우주호웅비)"라는 기록이 있다.

전

態 모습 태

tài

마음(心마음 심,)속 재능(才能,)이 드러나다

사람의 재능은 자연스럽게 밖으로 드러난다. 밖으로 보이는 사람의 언행을 관찰함으로써 내재적인 능력도 추측할 수 있다. 態는 정신과 행동 또는 양식이라는 의미로 파생되었으며, 관련 단어로는 태도(態度), 태세(態勢), 형태(型態) 등이 있다. 態의 간체자는 态이다.

전

兔 토끼 토, 별 참

tù

달아나는 데(, 免면할 면, 해산할 문) 능하여 잘 잡히지 않는 동물

갑골문 , 은 한 마리 토끼의 상형자이다. 전서는 중대한 변화가 있었다. 免( )의 뒤에 획 하나를 추가하여 兔( )가 되었다('免' 편 참조). 免은 벗어난다는 의미가 있으며, 나중에 획 하나를 추가함으로써 토끼 꼬리를 상징함과

갑

금

전

동시에 달아난다는 의미를 포함하게 되었다. 兔는 '달아나다'라는 의미가 파생하였으며, '토탈(兔脫)'은 사냥꾼의 손에서 달아난다는 의미이다.

전

逸 편안할 일, 달아날 일

yì

토끼(兔토끼 토, 별 참,)가 도주(辵달릴 주, , 辶쉬엄쉬엄 갈 착)했다

逸은 사라져서 보이지 않는다는 의미로 파생되었으며, 관련 단어로는 도일(逃逸, 도망하여 몸을 피함), 은일(隱逸, 세상을 피하여 숨음. 또는 그런 사람) 등이 있다. 전서 , 는 모두 '兔'를 '免(면할 면, 해산할 문)'으로 표기한 것으로, 兔가 免에서 파생되었음을 알 수 있다.

전

冤 원통할 원

yuān

토끼(兔토끼 토, 별 참,)를 덮어씌우다(, 冖덮을 멱)

야생 토끼는 잡기가 힘들기 때문에 옛사람들은 함정을 설치해서 잡았다. 가장 흔한 방법은 토끼가 좋아하는 미끼로 유인하고 위에 덮개를 놓아두는 것이었다. 속아 넘어간 토끼가 미끼를 덥석 물면 그 옆을 지키고 있던 사냥꾼이 줄을 잡아당겨 토끼를 가둬버린다. 속아서 억울한 것을 冤이라고 하며, 관련 단어로는 원왕(冤枉, '원통한 누명을 써서 억울하다'를 의미하는 '원왕하다'의 어근), 원굴(冤屈, '원통한 누명을 써서 억울하다'를 의미하는 '원굴하다'의 어근) 등이 있다.

鹿 사슴 록·녹

lù

갑

금

전

집의 천막 아래에서(, 广 집 엄, 넓을 광, 암자 암) 기르는 사슴( )

갑골문 , 금문 , 전서 는 모두 한 마리의 사슴을 묘사한 것이다. 그러나 예서에 이르러 '广( )'이 더해져서 집 천막 아래에서 키우는 사슴을 표현했다. 고대의 '녹원(鹿苑)'은 사슴을 키우는 우리를 지칭한다.

慶 경사 경, 발어사 강

qìng

갑

금

전

정성 어린 마음(心 마음 심,)으로 천천히 걸어서(, 夊 뒤처져 올 치, 마칠 종) 사슴 가죽( )을 다른 사람의 집에 선물하며 축하하다

상주시대에 사슴(鹿, 禄 녹 록·녹과 음이 같음)은 상서로움을 상징했다. 사슴 가죽은 혼인의 예물로 사용했을 뿐 아니라 축하나 감사를 표시하는 선물로도 이용되었다. 금문 은 사슴뿔, 머리, 꼬리가 있는 사슴 가죽이며, 다른 금문 에는 '心'이 더해져서 성의를 다하는 진심을 표현했다. 전서 는 '夊( )'를 더하여 느리게 앞으로 나아가 공경을 표한다는 의미이다. 慶은 '좋은 일', '축하'의 의미가 파생했으며, 관련 단어로는 희경(喜慶, 매우 기쁜 경사), 경축(慶祝, 경사스러운 일을 축하함) 등이 있다. 慶의 간체자는 庆이며, 표면적으로는 개 한 마리가 처마 밑에 있다는 의미이다.

갑 금 전

侯 임금 후
또는
候 제후 후, 과녁 후
hóu

화살(, 矢화살 시)을 높은 곳에 걸린(, 𠂆우러러볼 첨, 위태로울 위) 과녁을 향해 쏘다

고대의 천자는 영재를 모집하기 위해 활쏘기 대회를 열고 '사후(射侯)'라고 칭했다. 이른바 侯는 높은 곳에 걸린 과녁으로, 짐승의 가죽으로 만들어 높은 곳에 걸어놓고 활쏘기에 사용했다. 훗날 짐승 가죽이 천으로 대체되어 그 위에 곰, 호랑이, 표범, 사슴 등을 그려놓고 웅후(熊侯), 호후(虎侯), 표후(豹侯) 등으로 구분했다. 갑골문 과 금문 , , 은 모두 수직으로 걸린 천(, 厂기슭 엄, 기슭 한, 공장 창)에 그려진 동물을 향해 화살을 쏘는 모습이다. 厂은 낭떠러지, 강기슭을 상징하며, 여기서는 수직으로 걸린 천을 의미한다. (한자 '盾방패 순, 사람 이름 돈, 벼슬 이름 윤'도 같은 구조 개념을 갖고 있다.) 전서 는 '厂'이 '𠂆'으로 바뀌었다. 𠂆은 危(위태할 위)의 본자이며, 높은 곳을 의미한다. 주나라 귀족들은 천자가 개최한 사후 대회에서 좋은 성적을 내면 높은 벼슬에 오를 수 있었다. 따라서 사후는 관직을 의미하며 제후(諸侯), 노후(魯侯), 후작(侯爵) 등으로 쓰였다. 《주례》에서 "왕이 대사를 행할 때, 왕이 쏘는 호후와 제후가 쏘는 웅후, 경이나 대부가 쏘는 표후를 과녁으로 설치했다(王大射, 則共虎侯, 熊侯, 豹侯, 設其鵠: 왕대사, 즉공호후, 웅후, 표후, 설기곡)"라고 했다. 《예기·사의(射義)》는 "따라서 천자가 개최하는 활쏘기 대회를 사후라고 불렀다. 사후에서 성적이 좋으면 제후가 되었다. 화살을 쏘아 맞히면 제후가 될 수 있고, 화살이 맞지 않으면 제후가 될 수 없다(故天子之大射, 謂之射侯. 射侯者, 射為諸侯也. 射中則得為諸侯,

射不中則不得為諸侯: 고천자지대사, 위지사후. 사후자, 사위제후야. 사중즉득위제후, 사부중즉부득위제후)"라고 하였다.

猴 원숭이 후

hóu

사후(射侯, , 矦임금 후)에 사용되는 개(犬개 견,)과 동물

산둥(山東) 자샹(嘉祥) 우자이산(武宅山)의 한나라 시대 묘실(墓室) 벽에 벽화가 한 점 새겨져 있다. 아랫부분은 끊임없이 이어지는 빈객(賓客)이고 오른쪽 위는 많은 사람이 주인을 배알(拜謁, 지위가 높거나 존경하는 사람을 찾아가 뵘)하느라 성황을 이룬 장면이다. 그림의 왼쪽 위에는 어떤 사람이 활을 들고 나무 위의 원숭이와 공작새를 조준하고 있다. 원숭이를 쏘는 것은 '사후(射侯)'를 상징하며, 공작새를 쏘는 것은 '사작위(射爵位)'를 얻는 것을 상징한다. 이를 통해 관가의 사람들이 누구나 '후작(侯爵)'의 지위를 얻고자 하는 상황을 표현했다. 이 밖에 猩(성성이 성), 猿(원숭이 원), 猴는 모두 '犬' 편방을 부수로 하는 형성자인데, 고대에는 원숭이가 개과에 속하는 동물이었음을 알 수 있다.《의례》에 기재된 '후시(猴矢)'는 곧 원숭이를 쏜 화살이며,《주례》에는 이를 '후시(鍭矢)'라 칭하여 사냥에 사용했다. 그러나 옛 중국인들이 원숭이를 활로 쏜 것은 결코 잡아먹기 위해서가 아니었다.《회남자》에 따르면 "초나라에서 어떤 사람이 원숭이를 삶아 이웃을 초대해 먹으려고 했다. 사람들은 그것이 개고기인 줄 알았는데 다 먹고 나서야 주인이 원숭이고기라고 알려줬다. 그 말을 들은 사람들은 먹은 고기를 다 토해냈다(楚國有烹猴而召其鄰人, 以為狗

전

羹也, 而甘之. 後聞其猴也, 據地而吐之, 盡寫其食: 초국유팽후이소기린인, 이위구갱야, 이감지. 후문기후야, 거지이토지, 진사기식)". 고대 귀족들이 원숭이를 사냥한 것은 단지 표적으로 삼아 사후를 연습하는 목적이었음을 알 수 있다. 《주례》에 "살시와 후시는 모두 가까운 거리에서 쏘거나 사냥하는 데 사용한다(殺矢, 鍭用諸近射, 田獵: 살시, 후용제근사, 전렵)"라고 기재되었다.

鼠 취서

shǔ

날카로운 이빨과 발톱으로 구멍을 뚫을 수 있는 동물

쥐는 설치(齧齒) 동물로, 날카로운 이빨로 단단한 핵과(核果)를 갉아 먹을 수 있다. 鼠의 갑골문 , 과 전서 , 는 모두 쥐의 세 가지 특징인 입안 가득 날카로운 이빨, 두 발과 긴 꼬리를 묘사했다. 상주시대에는 쥐의 종류를 鼠라고 통칭했으며, 전국시대 이후부터 구분하여 불렀다. 그러나 파생된 새로운 글자는 모두 鼯(날다람쥐 오), 鼴(두더지 언), 鼬(족제비 유) 등으로 성부(聲符)를 추가했다. 그중 오서(鼯鼠)는 날 수 있는 날다람쥐, 언서(鼴鼠)는 땅 밑에서 활동하는 두더지를 말한다. 유서(鼬鼠)는 몸동작이 민첩한 육식동물로, 담비(貂담비 초), 오소리(貛오소리 환), 황서랑(黃鼠狼, 족제비), 수달(水獺) 등이 이에 속한다.

 숨을 찬

cuàn

쥐(鼠쥐 서,)가 여기저기에 구멍(穴구멍 혈, 굴 휼,)을 뚫다

 금

 전

속담에 "용은 용을 낳고, 봉황은 봉황을 낳으며, 쥐의 새끼는 구멍을 잘 뚫는다"라는 말이 있다. 쥐가 구멍을 뚫는 것이 타고난 재주임을 보여주는 말이다. 선진의 여러 문헌에서 쥐가 담을 뚫는 것과 관련한 내용을 자주 볼 수 있다. 가령 《시경》은 "누가 쥐가 이빨이 없다고 말하는데 어떻게 내 담을 뚫었겠는가?(誰謂鼠無牙, 何以穿我墉: 수위서무아, 하이천아용)"라고 했다. 서한의 《산서(算書)》에는 쥐가 담을 뚫은 것을 예로 든 산술 문제가 기재되었다. 두께가 다섯 자인 벽이 있다. 쥐 두 마리가 벽의 양측에서 각각 파 들어온다. 첫째 날 큰 쥐가 한 자를 팠고, 작은 쥐도 한 자를 팠다. 큰 쥐는 다음 날 두 배를 뚫었고, 작은 쥐는 그 절반을 뚫었다. 이 두 마리의 쥐는 며칠 만에 마주칠 수 있을까? 이때 쥐 두 마리는 벽을 각각 몇 자씩 뚫었나? 《시경·빈풍》은 선민이 쥐의 피해에 대응하는 생활을 묘사했다(穹窒熏鼠, 塞向墐戶: 궁질훈서, 색향근호). 번역하자면 쥐구멍에 연기를 피워 쥐를 가둬 죽이고, 흙으로 문에 뚫린 구멍을 막는다는 의미이다. 《설원》은 "쥐는 모든 사람이 쫓아내야 한다(鼠者, 人之所薰也: 서자, 인지소훈야)"라고 하였다.

【 색인 】

나

다

라

마

바

사

아

자

차

카

타

파

하

지은이 **랴오원하오**廖文豪

국립 타이베이상업기술학원에서 장기간 학생들을 가르쳤으며, 컴퓨터센터 주임, 도서관장 등을 역임했다. 옛 한자 연구에 푹 빠져 20여 년 동안 갑골문을 연구했다. 〈한자 용(龍)은 원래 하늘의 이치를 거스른 용이었다〉 〈문신 풍속이 한자에 미친 영향〉 〈한자를 통해서 만난 하느님〉 〈한자 속의 술 향기에 취하다〉 등의 글을 발표했다. 전체적인 그림문자와 한자나무 체계를 독자적으로 개발하여 관련 특허를 취득했다. 퇴직 후에는 중화도상자교육유한공사(中華圖像字敎育有限公司)를 설립하여 CEO직을 맡고 있다. 《한자나무》 시리즈는 중문 간체판(전8권)으로도 출판되었다.

옮긴이 **차혜정**

서울외국어대학원대학교 한중통역번역학과를 졸업한 뒤 베이징 대외경제무역대학에서 공부했다. 가톨릭대학교 및 서울외국어대학원대학교에서 중국어 통번역 강의를 하면서 출판 번역 에이전시 베네트랜스에서 전문번역가로 활동했다. 옮긴 책으로 《화폐전쟁 1: 달러의 종말》 《대송 제국 쇠망사》 《공자가 내게 인생을 물었다》 《한비자에게 배우는 처세술》 《불광불급》 《새로운 중국을 말하다》 《넓은 땅 중국인 성격지도》 《적벽대전》(전2권) 등이 있다.

한자나무 3

초판 1쇄 인쇄 2025년 4월 21일
초판 1쇄 발행 2025년 5월 1일

지은이 랴오원하오 | 옮긴이 차혜정

편집 정소리 이원주 | 디자인 엄자영 디자인판 | 마케팅 김선진 김다정
브랜딩 함유지 박민재 김희숙 이송이 박다솔 조다현 김하연 이준희
저작권 박지영 형소진 오서영 조경은
제작 강신은 김동욱 이순호 | 제작처 영신사

펴낸곳 (주)교유당 | 펴낸이 신정민
출판등록 2019년 5월 24일 제406-2019-000052호

주소 10881 경기도 파주시 회동길 210
전화 031-955-8891(마케팅) | 031-955-2692(편집) | 031-955-8855(팩스)
전자우편 gyoyudang@munhak.com

인스타그램 @gyoyu_books | 트위터 @gyoyu_books | 페이스북 @gyoyubooks

ISBN 979-11-94523-21-5 03700